外資系投資銀行の現場 改訂版

Fund Business
M&A
Securitization
Derivatives

西村信勝[著]
前CIBC証券マネージングディレクター
兼東京支店長

日経BP社

はじめに

　1999年9月に本書の初版を上梓してすでに5年が過ぎました。初版の「はじめに」で、「今までの変化の速度に比べて、これからはかなり速いスピードで変化が起こってこよう。新しい日本への最後の産みの苦しみが始まろうとしている」と書きましたが、まさにこの5年間で、大手金融機関の統廃合、新生銀行や東京スター銀行など外資による日本の金融機関の買収、ファンドを中心とした金融再生ビジネスの活発化など、金融業界には激変ともいえるさまざまな出来事がありました。

　しかし、銀行を苦しめてきた不良債権問題もようやく長いトンネルの出口にきたこともあり、大手金融機関は金融持株会社を活用した新たなビジネスモデルの構築へ向けた取組みを始めました。多くの日本の金融機関は、本書の「リスクとリターン」の章で解説したリスクの計量的手法やRAROC（リスク調整後株主資本利益率）の考え方をすでに採用しているだけでなく、「証券化」や「デリバティブ」の金融技術についても外資系金融機関に劣らないほど進歩しました。

　1999年頃から活発化してきた企業再生ファンドの運用も、もはや外資系の独壇場ではなくなっています。IT（情報技術）の急速な進歩を背景としたグローバル化のなかで、金融の世界は確実にものすごいスピードで変化しています。

　その意味では、本書の初版のサブタイトルである「先端金融入門」は適切ではなく、この第2版ではサブタイトルを削除しました。しかし、だからといって日本の金融機関が外資系、とくにアングロサクソンでグローバルといわれている大手投資銀行に追いついたといえるでしょうか。表面的な金融技術では確かに格差は縮小（あるいはほぼ消滅）したかも知れませんが、投資銀行業務の本質的な点では依然としてギャップがあるといわざるを得ません。

　例えば、法人顧客へのアプローチを考えても、日本の金融機関は依然として銀行の目線で顧客にアプローチしているのではないでしょうか。顧客が何を欲しているかではなく、銀行が何を売りたいかというアプローチでは、顧客を満足させることは出来ません。例えば、シティグループは大手法人顧客に対して、商業銀行部門と投資銀行部門のリレーションシップ・マネジャー（RM）が二重でアプローチしていますが、経営・財務戦略的分野を担当しているCEOなど

の経営幹部には投資銀行部門のRMが担当し、現場的な発想で金融サービスを求める財務部長などは商業銀行部門のRMが担当するシステムを採用しています（Global Corporate and Investment Banking Group. Citigroup, November 4, 2003）。

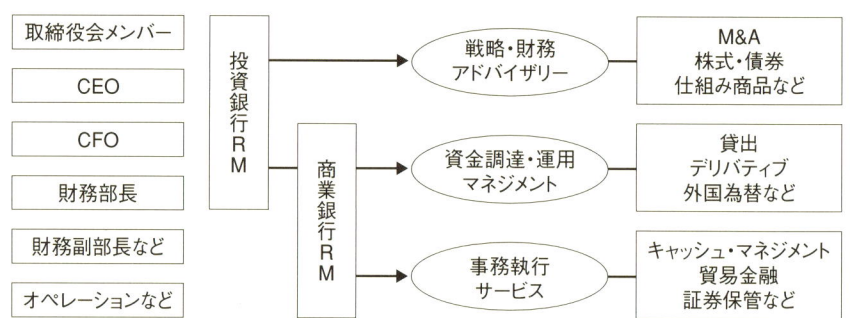

シティグループの顧客アプローチが日本の金融機関のアプローチよりベターだと言うつもりはありませんが、少なくとも顧客のニーズを満たすべく、各分野で高い専門性を持ったプロフェッショナルが顧客をカバーしようとしていることが窺えます。

今井光氏は「企業への財務アドバイザリー・サービスこそが真髄－組織ではなくコンセプトの転換が不可欠－」（『金融財政事情』2001年5月14日号）のなかで、投資銀行業務の本質は、「企業金融に係わる財務アドバイザリー業務」であるとして、投資銀行とは、「法人顧客に対して企業金融に係るあらゆる相談に応じ、その解決策を提案し、その結果として付随する資本取引が発生したときに、資本市場部門が債券・株式などの引受けを執行したり、またM&Aによる企業提携・買収の執行を行なう」業務であると述べています。したがって、「M&Aのアドバイザリー・フィーや証券の引受け手数料は、財務アドバイザリー業務の延長線上にある収入実現の具体的手段と見るべきである」との見解を採っています。

米国では、本書でも述べていますが、投資銀行はコンサルティング・ファームと同じように、顧客のニーズを満たすべく同時並行的かつテーラーメイド的なサービスを提供するプロフェッショナル・サービス・ファームだと考えられています。日本の投資銀行業務は、残念ながら、いまだプロフェッショナル・サービス・ファームの域に達していないといわざるを得ません。

本書は、今後金融の分野に興味がある若い金融マンや学生の方々を対象とし

はじめに

て、金融、とくに日本より一日の長がある米国の投資銀行業務について、読者の方々がその空気だけでも感じていただくことを目的に書いています。したがって、かなり広い分野をカバーしました。当然、内容は皮相的で単純化したものとなっています。例示なども簡単な数字を使っています。実際の投資銀行業務はさまざまな要素を含んでおり、本書の説明よりかなり複雑です。しかし、基本を理解すれば、応用はそれほど難しくはありません。むしろ、投資銀行業務の本質をキッチリと理解することが重要です。

もうひとつの本書の特徴は、投資銀行業務を英文で理解していただくよう、かなりの数の短い英文を挿入したことです。ますますグローバル化していく金融業界で英語を避けるわけにはいかなくなっています。外資系金融機関ではもちろん、日本の金融機関に勤務している場合でも、顧客にグローバルな商品を紹介していかなければなりません。また顧客のグローバル化に呼応して担当者である読者の皆さんの発想もグローバル化していかなければなりません。「ここは日本なのだ」的発想では通用しません。英語が苦手な人でも時間をかけて英文を読む努力をして下さい。読込んでいくうちにだんだん読むスピードが速くなっていくでしょう。各英文の後に訳例と金融関連英単語の解説を付していますので、金融英語の知識も自然と増すことを期待しています。

本書で取上げた多くの英文はインターネットのWebサイトから抜粋しました。インターネットがあなたに新しい金融の世界をもたらしてくれるのです。本の末尾に今回利用したインターネットのアドレス一覧表を掲載していますので、実際に自分でトライしてみて下さい。

これからの日本の金融業界には、まだまだ大きな変化やうねりが予想されます。激変する金融の世界で悔いのないように生き抜いていくためには、自分自身の実力を高めていくことが要求されます。終身雇用制の変化とともに人材マーケットの厚みや流動性が増してくるでしょう。力さえあれば自分自身でチャンスを開拓することができる時代になることは間違いありません。

この本はあくまでも金融の基本を解説しているに過ぎませんが、この本をもとに読者の皆さんが金融技術と専門性をさらに高めていかれることを期待しています。みなさんのご健闘をお祈りいたします。

2005年1月　　　　　　　　　　　　　　　　　　　　　　　　西村信勝

(注：初版時に使用したWebサイトの中で、現在利用できないサイトもありますので、その点ご了承ください。)

目次

外資系
投資銀行の
現場
CONTENTS

はじめに 1

第1章 激変する金融業界 9
- 第1節 護送船団方式の終焉 11
- 第2節 新しい金融パラダイム 15
- 第3節 台頭するファンド・ビジネス 20
- 第4節 金融持ち株会社 35
- 第5節 リスクとリターン 39
  - ①貸出資産の内容の差異 40
  - ②マーチャント・バンキング業務への取組み 42
- 第6節 グローバル化するホールセール・バンキング 49
- 第7節 日本市場における投資銀行の行方 52

第2章 アングロサクソン型コーポレートガバナンス 63
- 第1節 アングロサクソン型コーポレートガバナンス 65
  - ①取締役会と経営委員会の役割分担が明確 65
  - ②取締役会メンバーの過半数が社外取締役 67
  - ③取締役会の下に、いくつかの委員会を設置 69
- 第2節 なぜ株主第一主義か 71
  - ①敵対的買収の活発化 72
  - ②機関投資家の議決権行使 73
- 第3節 アングロサクソン型ガバナンスの実際 76
- 第4節 株主資本への取組み 82
- 第5節 今後の日本型コーポレートガバナンスの行方 88

第3章 外資系投資銀行で働く 91
- 第1節 投資銀行とは何か 92
- 第2節 外資系投資銀行はフラットで柔軟なネットワーク組織 98
- 第3節 縦割り型レポーティングライン 100

第4節 　投資銀行の典型的な組織　104
　　　①投資銀行部門(Investment Banking)　105
　　　　（ⅰ）アドバイザリー(advisory)　106
　　　　（ⅱ）引受け(underwriting)　108
　　　　（ⅲ）マーチャント・バンキング(merchant banking)　109
　　　②セールス＆トレーディング部門(Sales & Trading)　111
　　　　（ⅰ）株式(Equity)　111
　　　　（ⅱ）債券(Fixed Income)　112
　　　　（ⅲ）商品(Commodities)　114
　　　　（ⅳ）外国為替(Foreign Exchange)　115
　　　③資産運用部門(Asset Management)　116
　　　④調査部門(Investment Research)　117
　　　⑤審査部門(Risk Management)　119
　　　⑥法務部門(Legal)　119
　　　⑦コンプライアンス部門(Compliance)　120
　　　⑧資金決済部門(Operations)　120
　　　⑨システム部門(Technology)　120
　　　⑩経理部門(Controller)　121
　　　⑪資金調達部門(Treasury)　121
　　　⑫社内監査部門(Internal Audit)　122
　　　⑬人事部門(Human Resources)　122
第5節 　投資銀行の報酬　123
第6節 　投資銀行マンの条件　127
　　　①資格の有効性　127
　　　②現地社員vs.本社派遣社員　127
　　　③プロフェッショナルあるいはスペシャリストを狙え　129
　　　④外資系の考え方を習得せよ　132

第4章　リスクとリターン　135
第1節 　金融リスクの種類　137
　　　（a）信用リスク(Credit Risk)　137
　　　（b）市場リスク(Market Risk)　140
　　　（c）流動性リスク(Liquidity Risk)　140
　　　（d）法的リスク(Legal Risk)　142
　　　（e）業務リスク(Operational risk)　144
第2節 　リスクと現在価値　145
第3節 　リスクの計量化　147
第4節 　バリュー・アット・リスク(Value at Risk)　154

第5節	VaRによる信用リスクと市場リスクの計測 157	
第6節	VaRのメリットと問題点 160	
	①VaRのメリット 160	
	②VaRの問題点 162	
第7節	RARORAC 165	
	①RAROC 165	
	②RORAC 166	
	③RARORAC 167	
第8節	BIS規制(BIS CAPITAL ADEQUACY RATIO) 168	
	①1988年7月に合意されたBIS規制 168	
	②1996年1月に公表された市場リスクに関するBIS規制 172	
	③2004年6月に発表された改定BIS規制 174	
第9節	リスクキャピタル・アロケーション(Risk Capital Allocation) 180	
第10節	高いRAROCを達する商品戦略 183	

第5章 M&A 185

第1節	M&Aの最近の動き 186	
第2節	M&Aの目的 191	
	①時間を買う 196	
	②補完メリット 197	
	③相乗効果 198	
	④安定性の増加 199	
	⑤余剰資金の有効活用 200	
第3節	水平型M&Aと垂直型M&A 201	
第4節	M&Aのリスクと投資銀行の役割 204	
第5節	ターゲット企業にアプローチするまでのプロセス 206	
	①M&Aチームの結成 206	
	②買収ターゲット企業の選定(Screening) 208	
	③買収ターゲット企業へのアプローチ 209	
	④守秘義務契約を交わし必要な情報を入手する 210	
第6節	企業売却のプロセス 212	
	①アプローチの方法 212	
	②選別的競売の進め方 213	
第7節	買収価格の算定——DCF方式 215	
	①フリー・キャッシュフロー 217	
	②資本コスト 220	
	(A)株主資本コストの算出方式(CAPM) 222	
	(B)借入資本コストの算出方法 226	

　　　　　（C）加重平均資本コスト（Weighted Average Cost of Capital=WACC）　227
　　　　③DFC方式による価格算定　228
第8節　買収価格の算定──DCF方式の補完　230
　　　　①修正純資産方式（adjusted book value method）　230
　　　　②買収事例比較方式（acquisition multiple method）　231
第9節　買収の形態　234
　　　　①基本的相違点　234
　　　　②手続き　235
　　　　③法人格とリスクの継承　235
　　　　④税務上の相違点　236
第10節　基本合意　238
第11節　精査　241
第12節　最終合意書とクロージング　243
　　　　①表明と保証（representation and warranties）　243
　　　　②誓約（covenant）　244
　　　　③競争避止条項（non-compete clause）　244
　　　　④クロージングの前提条件（condition precedent）　245
　　　　⑤買収価格の修正（adjustment of purchase price）　245
第13節　敵対的買収　246
第14節　プライベート・エクイティ　249
　　　　①活発化するプライベート・エクイティ活動　250
　　　　②プライベート・エクイティの投資方法　254
　　　　③リミテッド・パートナーシップとフィー体系　257
　　　　④プライベート・エクイティのプロセス　259
　　　　⑤リターンとレバレッジ効果　262
　　　　⑥MBO（Management Buyout）　264

第6章　証券化　269

第1節　急拡大する証券化市場　270
第2節　ABSは他の債券とどのように異なるのか　275
第3節　ABSの仕組み　277
第4節　資産担保コマーシャルペーパー（ABCP）の仕組み　280
第5節　ABCPの具体的手順　283
第6節　証券化のテクニック1──格付け　285
第7節　証券化のテクニック2──信用リスク　288
　　　　①信用リスクの審査　288
　　　　　（A）受取債権回収リスク　288
　　　　　（B）原債権者の信用リスク　290

	②信用補完措置の構築 291
	（A）Overcollateralization（超過担保） 291
	（B）Subordinated debt（劣後証券）の発行 293
	（C）Credit Facility（支払い保証） 295
	（D）Cash collateral（現金担保） 296
第8節	証券化のテクニック3──流動性リスク 297
第9節	証券化テクニック4──仕組み上のリスク 299
	①倒産隔離（Bankruptcy Remote） 299
	②真正売買と第三者対抗要件（True Sales and Perfection） 300
	③SPCの活動制限（Restricted SPC's Activities） 302
第10節	ABSやABCPのメリット 303
第11節	ターゲット企業と営業戦略 307
第12節	条件表（Indicative Term Sheet） 309

第7章 デリバティブ 313

第1節	巨大なデリバティブ・マーケット 314
第2節	デリバティブの基本 318
	①スワップ（Swap） 318
	②オプション（Option） 324
	③先物（Futures）と先渡し（Forward） 330
第3節	デリバティブのメリット 333
	①ヘッジ機能 333
	②調達コスト軽減機能 336
	③レバレッジ効果 339
	④オフ・バランス化 340
第4節	デリバティブの仕組み商品 342
	①ステップ・ダウン/ステップ・アップ債 342
	②ノックアウト/ノックイン・オプション 343
	③スワップション 347
	④二重通貨建て債 348
	⑤天候デリバティブ 349
第5節	デリバティブ商品の営業 351
第6節	デリバティブ取引の留意点 354

あとがき 358
主要参考文献 360
URL一覧 362
金融英語インデックス 364

カバー写真©Shigeya Nakamura/image/COSMO & ACTION

第1章

激変する金融業界

第1章　激変する金融業界

　本書の初版は1999年9月に出版された。その第1章「激変する金融業界」第1節「歴史的転換点に立つ日本の金融機関」の中で、筆者は以下の諸点を記した。
・1996年11月に発表された日本版ビッグ・バンは、コーポレートガバナンスや会計制度などさまざまな分野で大きな変化をもたらした。たとえば、行政のあり方が「事前指導型」から「結果責任型」にシフトしたことで、金融機関の破綻やペイオフなど日本の金融機関にとって未体験の世界が始まった。
・「結果責任型」行政のもとでは、株式市場や格付け機関がより厳しい目で金融機関の信用リスクを判断するようになるため、金融機関の経営者には透明で説明責任（accountability）のある経営が求められるようになってくる。
・大幅な規制緩和は日本経済再生のためには不可欠な政策であり、金融機関にとって金融グローバル化時代に生き残るために通過しなくてはならない「産みの苦しみ」である。
・金融界を取り巻く環境は今後も大きく変化していくことになるであろう。生き残りをかけた大型合併、公的管理下に置かれる銀行、さらには整理・清算される銀行など金融界にはまだまだ激震が走ると予想される。

　本書の初版が出版されて5年強の歳月が流れたことになるが、この5年間の変動はまさしく「激震」というべき大きな変動であった。ある意味では、この5年間は「歴史的転換期」の最終段階、あるいは「新しい時代」の初期段階と位置づけられるのかもしれない。第2版（改訂版）の第1章では、今後の行方に重要な役割を果たすと考えられる6つのキーワードを中心に記していきたい。そのキーワードとは、「護送船団方式の終焉」「新しい金融パラダイム」「台頭するファンド・ビジネス」「金融持ち株会社」「リスクとリターン」「グローバル化するホールセール・バンキング」、そして「日本市場における投資銀行業務の行方」である。

 # 第1節 護送船団方式の終焉

　2004年7月16日、金融業界に衝撃的なニュースが流れた。「住友信託銀行は16日、UFJホールディングス（以下UFJH）が三菱東京フィナンシャル・グループ（以下MTFG）との経営統合のために、傘下のUFJ信託銀行を住友信託に売却する計画を白紙撤回したのは重大な契約違反にあたるとして、統合交渉差し止めの仮処分を東京地裁に申請し、受理された。UFJHと、白紙撤回を認めた役員個人への損害賠償請求も検討している。銀行業界の再編をめぐるトラブルが法廷に持ち込まれるのは異例だ[1]」。
　つまり、UFJHとMTFGの経営統合が、UFJHと住友信託銀行間で合意した「UFJ信託を住友信託に売却する」という基本合意書（letter of intent）の契約違反に相当するというわけである。その後、7月27日に東京地方裁判所が住友信託の交渉差し止めの仮処分申請を認め、UFJHとMTFGの統合交渉差し止めを決定。ただちにUFJHは東京地方裁判所に異議申し立てをしたが却下されたため、8月4日、UFJHはこれを「極めて不当な判断」として高等裁判所に抗告した。
　これに先立つ7月30日には、三井住友フィナンシャルグループ（SMFG）がUFJHに統合を申し入れ、MTFGとSMFGという2つのメガ・バンク・グループがUFJHをめぐって争奪戦を始めるという、従来の金融業界では考えられなかった事態に発展することになった。8月11日、東京高等裁判所は、東京地裁の決定を不服とするUFJHの抗告を認め、交渉中止の仮処分を取り消した。住友信託はこれを不服としてただちに最高裁判所に特別抗告を行ったが、8月30日、最高裁判所は住友信託の特別抗告を棄却した。この結果、UFJHとMTFGの全面統合への司法上の障害はなくなり、両グループの統合が加速されることになった。UFJHとMTFGの合併が実現すると、総資産規模約190兆円という世界最大の金融グループが誕生することになる。しかしながら、2004年10月28日に、住友信託はUFJグループ3社を相手取り、MTFGの信託部門統合の交渉差し止めを求める訴訟を東京地裁に起こしており、本書を執筆している時点（2005年1月）では、本件が完全に決着している状況とはいえない。さらに、SMFGが今後どのような動きを見せるのか、金融大再編は依然として進行中と

---

[1] 出所：asahi.com Webサイト：http://www.asahi.com/special/ufj/TKY200407160309.html

第1章　激変する金融業界

いえよう。
　UFJHを巡る一連の流れは以上の通りであるが、ここで重要なポイントは、金融機関の再編劇が従来の行政主導型の密室劇ではなく、日々の動きが克明にメディアによって報道される透明性の高いものであったということである。従来の日本型再編劇の特徴について、The Wall Street Journalは1999年に実現した日本興業銀行、冨士銀行、第一勧業銀行3行の合併（現みずほファイナンシャル・グループ）を取り上げて以下のように報じている。

　Much of the initial motivation for the deal came not from the banks themselves but from the government, which was pushing hard to consolidate Japan's big lenders in the midst of a bad-loan crisis.
　The merger details were designed with management – rather than shareholders – in mind. With the deal artfully designed to look like a merger of equals, the chief executives of the three founding banks all shared that title in the new company, while three corporate units were run by executives from each of the founding companies. For three years, the banks even kept three computer systems run by three separate contractors – something that was to cause a breakdown when the systems finally were merged.
　As for advisers, their roles were limited largely to rubber-stamping fairness opinions that affirmed that the deal terms were satisfactory for shareholders. Each signed off on a 1:1:1 merger ratio – meaning every share of one of the constituent banks would be worth one share of the new holding company – even though the three banks had different market capitalizations and were in varying degrees of health.
　In the U.S., shareholders would have complained. But in the Mizuho case, the banks' shareholders didn't: The biggest holders of stock in the three founding banks were business partners and allies. (*The Wall Street Journal*, August 16, 2004)

訳例

　この合併をはじめに望んだのは、銀行自身ではなく政府だった。政府は不良債権危機の只中で大銀行の合併を強力に後押ししたのである。合併の細目は株主、というよりむしろ経営者側を念頭において考えられた。あたかも対等な合併であるかのようにうまく練られたので、合併する3銀行の最高経営責任者はいずれも新会社で同じ肩書きを享受する一方、傘下の3つの会社はそれぞれ合併する3行の執行役員たちによって経営され

第1節　護送船団方式の終焉

ることになった。その上、3年の間、3行はそれぞれ異なった会社と契約したコンピュータシステムを維持してもいた－それは後にシステムが最終的に統合される段階で障害を起こすことになった。

　アドバイザーについて言えば、おおむねその役割は株主にとってこの合併が満足のいくものだということを確約する公正意見書（フェアネス・オピニオン）を書くこと程度に限定されていたのである。3社はおのおの1：1：1の合併比率を承認した。つまり、3つの銀行の時価総額が異なっており、財務体質も異なっていたにもかかわらず、各々の銀行の1株が新しい持ち株会社の1株と同じ価値を持つということであった。

　これがもしアメリカだったら、株主が文句を言ったであろう。だが、みずほの場合、株主は文句を言わなかった。それは、それぞれ3行の大株主が彼らの取引先や提携先だったからだ。

解説

- ***bad-loan crisis***：「不良債権危機」。銀行の不良債権は、non-performing loan、bad debtとも表現される。
- ***chief executives***：「最高経営責任者」で、通常はCEO (chief executive officer) とofficerがつく。日本の銀行では「頭取」や「代表取締役社長」がCEOに相当する。
- ***corporate units***：この記事では持株会社 (holding company) の傘下にある「会社」を指すので、このような表現となっている。会社の事業部はbusiness unitと呼ばれる。
- ***fairness opinion***：「公正意見書」とか「フェアネス・オピニオン」と訳される。M&A取引の際に、買収価格や合併比率などが会社の財務内容などから判断して公正なものであるか否かについて述べる書類をいう。
- ***merger***：mergerは「合併」。consolidationも合併であるが、mergerが合併会社のうち1社が存続する「吸収合併」を意味し、consolidationは合併に際して新会社を設立する「新設合併」を意味する。なお、acquisitionは「買収」、divestitureは「分割」「売却」を意味する。これら会社の再編を総称してM&AあるいはM&A&Dと呼ぶ。
- ***market capitalization***：「時価」すなわち「発行総株数×市場株価」で算出される「市場で株を100％購入するのに必要な金額」をいう。欧米企業の経営陣は時価を最も気にする。時価が小さいと買収のターゲットになりやすいからである。

しかし、同記事は今回の再編劇が裁判所を巻き込んで公の面前で行われたことを、新たな動きとして捉えている。

　But regardless of the outcome of the takeover battle, bankers say what is significant – and could change the merger landscape in Japan – is that Sumitomo Mitsui had the pluck to challenge its competitor's deal at all. In a land where deals have typically been backroom affairs with little regard for shareholders' interests, Sumitomo Mitsui's example could prompt a real sea change in deal making, bankers say.

第1章　激変する金融業界

"At last, we are seeing real auctions with multiple suitors demanding a chance to bid rather than the traditional private, quietly invited discussions which do nothing for shareholders, employees or Japan," says C.J. Wilson, founder of Global Alliance, a mergers-and-acquisition boutique in Tokyo.
(*The Wall Street Journal*, August 16, 2004)

訳例

　だが、銀行関係者によると、今回の買収合戦の結果如何にかかわらず、重要なことは、—そして日本での買収の様相を一変させてしまうかもしれないのは—、三井住友が競争相手に挑戦するという一歩を踏み出したことである。また株主の利益をほとんど考慮せずに密室でディールが行われるのが当たり前だった国では、三井住友の今回の例は買収交渉においてそのあり方を塗り替えてしまう可能性があるとしている。
　「ついに、私たちは今多数の参加者が入札の機会を求める本当のオークションを目の当たりにしているのです。それは、従来の個別に秘密裏に招待された人たちだけが行なう話し合いとは別のものです。そこでは、株主や従業員、また日本の国に対しては何も配慮がされなかったのです」と東京のM&Aのブティックハウス、グローバルアライアンスの創始者C.J.Wilsonは述べている。

　今回の再編劇の結末はともかく、三菱東京フィナンシャル・グループ、三井住友フィナンシャルグループ、UFJグループ、住友信託銀行という大手金融グループが、裁判所を巻き込んだ法廷闘争や買収提案合戦を繰り広げるという事態は、あきらかに護送船団方式[2]の終焉を意味している。なぜなら、護送船団方式と呼ばれた行政主導の時代には、規制に保護された金融機関がこのような行動をとることはなく、常に行政当局の顔色を窺いながら、密室の合意のもとで再編が行なわれていたからである。それだけ、「市場の力」（株主権、格付け機関[3]、株価、メディアなど）が大きくなったといえよう。もはや金融機関の経営陣は「市場の力」を無視した経営を行なうことができなくなったといえる。その意味で、生き残りをかけた真の競争がようやく始まったのではないだろうか。8月31日付の日本経済新聞も以下のように報じている。

---

[2] 護送船団方式（convoy system）とは、大蔵省が戦後一貫してとってきた政策で銀行を行政で保護し倒産を回避するもの。最も速度の遅い船（弱体な金融機関）にペースを合わせるので、このように呼ばれる。
[3] 格付け会社（rating agency）は、債券など有価証券を発行する企業の信用格付けを行なう会社。Moody'sやS&Pなどがグローバル・ベースで格付けを行っている。日本にも、格付投資情報センターや日本格付研究所などがある。

裁判所を舞台にメガバンク統合がもつれた異例の展開の背景には、市場と株主を意識した透明な経営を迫られる環境変化がある。企業の合併・買収（M&A）戦略が、法的リスクも重視する欧米型へと転換するきっかけにもなりそうだ。

 新しい金融パラダイム

　金融（finance）とは、一般的に、家計など資金の余っている主体（黒字主体＝surplus unit）から資金の不足している主体（赤字主体＝deficit unit）に資金を融通することを意味する。資金の循環方法としては、間接金融（indirect financing）と直接金融（direct financing）がその典型といわれる。戦後の日本は、大手銀行を中心とする間接金融方式によって、資金を効率的に黒字主体から赤字主体に循環させることで経済成長を可能とした。つまり、間接金融では、仲介機関（financial intermediary）の役割を果たす金融機関が資金運用リスクを全面的に負うため、資金の提供者（預金者）は確実に元本と利息を受け取ることができ、また、企業や政府関係機関など資金ニーズの高い赤字主体にとっても、必要な資金を確実に金融機関から借り入れることができた。これは、日本が欧米諸国にキャッチアップしようとしていた時代には充分機能するシステムであった。

　しかし、バブル経済の崩壊で発生した膨大な不良債権（non-performing loan）と長期にわたる景気の低迷が日本の金融機関を疲弊させ、金融仲介機関としてリスクを全面的に負うだけの体力を奪ってしまった。その上、IT（情報技術）の急速な発展は、瞬時に情報が世界を駆け巡る新たなグローバル金融市場を拡大させただけでなく、金融リスクをいっそう複雑なものとした。金融仲介機関がすべてのリスクを負担するという間接金融型の金融システムが機能しなくなったのである。

　それでは、日本は資金提供者である個人や事業法人（黒字主体）が、企業や政府関係機関など赤字主体が発行する株や債券を直接購入するという直接金融システムに移行するのであろうか。この問題を論じるときによく引用されるのが、日米間の個人金融資産の比較である。図表1　1で明らかなように、日本の個人金融資産1,412兆円（2004年3月末）のうち、55.2％が現金・預金の形で保有され、株式、債券、投資信託にはわずか13.2％しか投資されていない。一

方、米国の個人金融資産（34.9兆ドル、約3,840兆円）の場合、現金・預金はわずか13％に過ぎず、半分以上（53.9％）が株式、債券、投資信託に投資されている。この比較から、個人金融資産の資本市場への移行を促すような仕組み（資本市場の一層のインフラの整備や税制の変更など）を構築すべきとの議論がよくなされる。個人金融資産のうち5％（70兆円）が株式市場に投下されるだけでも大きなインパクトがあるというわけである。

しかし、そう簡単に個人金融資産が株式などの資本市場に流入するだろうか。個人などの一般の投資家が市場で資金を直接運用するには、金融商品のリスクが複雑で大きくなりすぎたことを見過ごしてはならない。ITの進展や多岐にわたるデリバティブ商品の開発などを背景に、一般投資家が理解できないほど、金融リスクが複雑・多岐になりすぎたのである。

Franklin Allen（ペンシルバニア大学ウォートン校教授）とDouglas Gale（ニューヨーク大学教授）はその共著 Comparing Financial Systems（2000）のなかで、市場と金融仲介機関が融合する「新たな金融パラダイム」（emerging paradigm）を提唱している。両教授によると、ITの進展に伴う金融技術の進展や金融商品リスクの複雑化を背景に、金融商品のリスクが複雑多岐にわたるようになったため、個人や一般事業法人だけでなく、大企業や高所得層でさえ、高度な金融技術を活用したリスクヘッジ手段を提供する新しいタイプの金融仲介機関を必要とする。つまり、金融仲介機関の果たす役割が、従来の「取引コストの軽減[4]」や「情報生産によるエージェンシー・コスト[5]の縮小」というものから、リスクを如何に運用するかというリスク・マネジメントに移行していると主張する。新しいパラダイムにおける金融仲介機関は、より高度化した市場とリスクヘッジ能力に欠ける投資家や企業を結び付けるアドバイザー的な役割を果たすよう

図表1-1　家計の資産構成（2004年3月末）

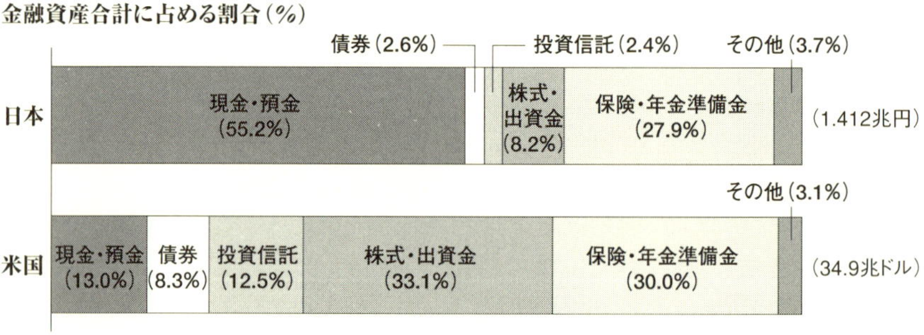

金融資産合計に占める割合（％）

	現金・預金	債券	投資信託	株式・出資金	保険・年金準備金	その他	
日本	55.2%	2.6%	2.4%	8.2%	27.9%	3.7%	(1,412兆円)
米国	13.0%	8.3%	12.5%	33.1%	30.0%	3.1%	(34.9兆ドル)

日本銀行調査統計局「資産循環の日米比較：2004年1Q」http://www.or.jp/stat/stat-f.htm

第2節　新しい金融パラダイム

になる。その意味で、従来の銀行だけでなく、投資銀行や投資ファンドなどプロフェッショナルな投資運用会社が仲介機関として果たす役割が重要になっていく。この結果、新しい金融パラダイムは図表1－2のようになっていこう。

少し長くなるが、両教授の著作 *Comparing Financial Systems* (2001) に記載されている金融仲介機関の役割に関する英文を読んでみよう。

The development of more sophisticated markets has provided a new and somewhat different role for intermediaries. As new markets have opened up and made new hedging opportunities available, they have increased the expertise necessary to devise strategies and make effective use of these opportunities. So while tangible transaction costs such as fees and the cost of observing prices may have fallen, some types of information costs have increased. To evaluate a complex security, a complex portfolio, or a complex strategy requires more than just knowing the facts about a firm's balance sheet. It requires financial expertise that an ordinary investor usually does not possess. Even large firms may lack this expertise. So intermediaries assume the role of advisers, bringing the gap between the investors' lack of knowledge and the expertise required to get the most out of sophisticated markets.

......Thus, intermediaries play a crucial role in allowing firms and investors to participate in financial markets and, at the same time, ensure that financial markets have enough depth to survive. In this sense, financial markets and financial intermediaries have a symbiotic relationship, each necessary to the other.

(Allen and Gale, *Comparing Financial Systems*, 2001)

訳例

より高度な金融市場が発達すると、金融仲介機関には新しい、従来とは幾分異なった役割が与えられる。新しい市場が開けて、新たなヘッジの機会が発生すると、金融機関は戦略を組み立て、新たな機会を有効に活用するために必要な専門性を向上させてきた。

---

4 「取引コスト」とは、信用リスク審査など「取引をするためにかけなければならない費用」をいうが、銀行など金融仲介機関と企業が長期的な取引関係にある場合には、これらの取引コストを節約できる。
5 例えば、株式会社の場合、株主は経営者に経営を委託するので、株主がプリンシパルで、経営者がエージェントとなる。この場合、経営者（エージェント）は株主にとって常に望ましい行動をとるとは限らない。このため、株主は自らの利益になるよう経営者を動機付けたり、監視（モニタリング）をしたりする。このコストをエージェンシー・コストという。

したがって、手数料のような目に見える取引コストや値付けのコストは下がったかもしれないが、その一方で、ある種の情報コストは上昇した。複雑な証券、複雑なポートフォリオ、あるいは複雑な戦略を評価するためには、単に会社のバランス・シートについての事実を知る以上のことが求められる。そこでは、一般の投資家が通常持っていない金融の専門性が必要なのである。大手企業でもそういった専門性は欠けているかもしれない。そこで、金融仲介機関は、投資家の知識の足りない部分と、洗練された市場から最大の果実を得るために必要な専門性との溝を埋める役目を引き受けるのである。

・・・こうして、金融仲介機関は、企業や投資家が金融市場に参加するのを助ける重要な役割を果たし、同時に金融市場が存続するために求められる厚みを確保している。その意味で、金融市場と金融仲介機関は互いに互いを必要とする共生の関係にあるのである。

解説

sophisticated market：sophisticatedには「洗練された」「先進的な」「高度な」などの意味があるが、ここでは「高度な市場」あるいは「先進国市場」と解釈できよう。matured marketやdeveloped marketも同様な意味となる。一方、emerging market（新興市場）、developing market（発展途上市場）、growth market（成長市場）は今後の成長が期待される市場を意味する。

expertise：「高い専門知識や技術」。

上記英文にあるように、新しい金融パラダイムにおける金融仲介機関は、投資家や企業を金融市場に参加させるという重要な役割を果たすだけでなく、市場が存続するだけの厚みを持たせることにも貢献する。その意味で、金融市場と金融仲介機関は互いが互いを必要とする共生的な関係となってくる。つまり、金融市場vs.金融仲介機関（あるいは直接金融システムvs.間接金融システム）という従来の分類はほとんど意味をなさなくなる。

図表1-2　新しい金融パラダイム

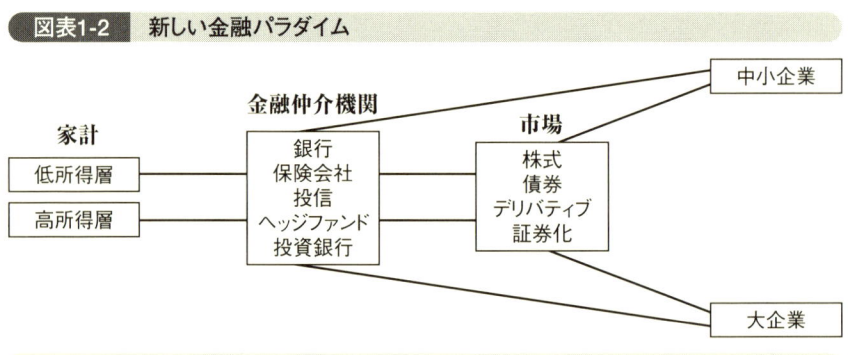

Allen and Gale［2001］をベースに筆者が作成

2002年7月に公表された『金融システムと行政の将来ビジョン』(日本型金融システムと行政の将来ビジョン懇話会)でも、今後の金融システムのあるべき方向として、銀行中心の間接金融ではなく、資本市場をより活用するシステムが提唱されている。このシステムは「市場機能を中核とした複線的金融システム」と名付けられているが、そのコンセプトは、「産業金融銀行モデル(間接金融)は今後とも存続するものの、複雑多岐にわたるリスクを適切な価格で幅広く分散していくためには、市場を中心とする市場金融モデルが主導的な役割を果たしていく」というものである。

「日本型金融システムと行政の将来ビジョン懇話会」の座長をされた故蠟山昌一教授は、今後の金融システムについて以下のように述べておられる。

> 伝統的な間接金融方式の縮小と同時に新しい資金の流れのチャンネル、新しい枠組みを作らなければいけない。その新しい枠組みは何か。それを一言で表すと、金融機関からリスクを遠ざけられている家計が自ら自発的にリスクを負担するような仕組みである。すなわち、広い意味での証券市場が金融の中枢に大きく存在し、一方では、そこに間接的に専門的金融サービスが付加された資金が投資家から流れ込む。さらに他方では、間接的にコーポレート・ファイナンス・サービスを伴った資金が借り手に流れて行く。これからはこうした広義の証券市場を中心としたシステムが大きくなる必要がある。こうした資金の流れを可能にする金融は市場型間接金融と命名できよう。伝統的な銀行、生保、郵貯といった金融機関を中心とする伝統的な間接金融と併存して、市場型の間接金融という仕組みをきちんと機能させるようにする。こういうことがこれからの日本金融には不可欠なのである。

おそらく、これからの金融市場はAllen、Gale両教授や蠟山教授が指摘されているような、市場と金融仲介機関が融合する新しいシステムに移行していくであろう。競争力のある金融機関となるためには従来の貸出に重点を置いた資産規模追及ではなく、顧客や商品・サービスのターゲットをきっちりと絞った上で、高い専門性に裏付けられた金融サービスを提供できるビジネスモデルとしていかなければならない。その意味で、前述の『金融システムと行政の将来ビジョン』が、今後のあるべき「ホールセール金融」[6]として、「金融技術を駆使して個々の企業のニーズに応じた資金調達を提供し、企業の合併や分社など企業再編に関わるアドバイス機能を果たす投資銀行業務の比重が高まる」と記述していることは興味深い。

 ## 第3節 台頭するファンド・ビジネス

　前節で見たように、新しい金融パラダイムではそれぞれの分野で専門性の高い金融サービスを提供できる金融機関が重要な役割を果たしていく。つまり、資金を提供する投資家が最終的なリスクを負うものの、投資家が提供した資金のプール（ファンド）のリスク管理や資産運用は各分野のプロフェッショナルが行うというファンド型金融ビジネスが大きな比重を占めていくことになる。投資家にとってファンドを利用するメリットとしては、①投資額が多額となるので分散投資（diversified portfolio）が可能となる（投資リスクの軽減）、②運用のプロフェッショナル（fund manager）が運用・管理するので高度な運用が期待できる、という点が挙げられる。ファンド型金融ビジネスの典型が投資信託（investment trust）である[7]。投資信託とは、不特定多数の投資家から集めた資金をまとめて（pool）、それを投資のプロフェッショナルであるファンドマネジャー（fund manager）が株式や債券などに投資して収益を上げることを目的とした金融商品をいうが、投資信託という金融商品自体は決して新しいものではない。1868年には英国で世界初の投資信託といわれている外国債ファンドが売出されたとの記録があるし、米国でも1924年には米国初の投資信託であるマサチューセッツ投資信託（Massachusetts Investment Trust）が誕生している。また、日本で初めて投資信託が登場したのも1941年と古い[8]。

　投資信託自体の歴史は古いが、投資信託が急速に拡大したのは比較的新しく、米国では1978年内国歳入法（The Revenue Act of 1978）の401（k）条項（Internal Revenue Code Sec. 401(k)））が導入されて以降といえる。401（k）条項とは、従業員が賞与（profit-sharing）をキャッシュで受け取る（この場合には当然課税される）か、あるいは退職時まで引き伸ばす（この場合には退職時に引出すときまで課税されない）という選択肢を与えた条項である（employees are not

---

[6] ホールセール金融（wholesale banking）とは、法人や政府・政府機関など大手顧客を対象とする金融をいう。これに対して、個人や小企業を対象とする金融をリテール金融（retail banking）という。
[7] 投資信託には何時でも新規資金を募集するオープン・エンド型と追加で資金を募集しないクローズド・エンド型があり、またファンドを株式会社方式とする会社型（company type）と信託勘定を使う契約型（contractual type）がある。米国で最も広く普及しているのは、ミューチャル・ファンド（mutual fund）と呼ばれる会社型オープン・エンド型である。ちなみに、米国ではクローズド・エンド型会社型をinvestment trustという。日本では、1998年の投資信託法改正までは契約型しか認められていなかったこともあり契約型が多い。
[8] 出所：http://www.nikko-am.co.jp/invest/column/b_number/020604_2.html

taxed on the portion of income they elect to receive as deferred compensation rather than as direct cash payments) が、これによって、税引前ベースで資金を退職時まで運用することができるようになった。1981年にはこの税優遇措置が賞与だけでなく従業員の給与および会社からの拠出額についても適用されることとなったため、401 (k) を採用する企業が急増した。ただし、401 (k) は確定拠出型年金プラン (defined contribution pension plan) と呼ばれるシステムで、確定給付型年金プラン (defined benefit pension plan) と異なり、受け取る年金給付額が積み立てた拠出金の運用成績次第で変動する。つまり、年金の給付金額は拠出者の自己責任となる。このため、401 (k) の拠出金の多くがプロのファンドマネジャーが運用する投資信託に流入することとなった。

日本における投資信託の残高は米国に比べるといかにも少ない(投資信託協会によると2004年11月現在の投資信託純資産残高(公募・私募)は55兆円)が、1998年12月1日に解禁となった銀行窓口での投資信託の販売や、2001年10月に施行された確定拠出年金法に基づく日本版401 (k) の導入によって今後大きく増加するものと予想される。

本節のタイトルである「台頭するファンド・ビジネス」は、流動性の高い株式や債券を中心に投資する投資信託だけでなく、代替投資(オルターナティブ・インベストメント＝alternative investment) と呼ばれるファンド・ビジネスも意味する。代替投資とは、ファンドのメリットである「分散投資」と「専門家による運用」を活用して、株式や債券との相関関係が低い資産に投資することで、株式や債券の動向とは無関係に収益を上げることを狙った投資をいう。投資信託が個人投資家向けの金融商品であるのに対して、ファンドを活用した代替投資は機関投資家向けの金融商品といえる(ただし、個人投資家向けの代替投資ファンド(たとえば不動産など)も登場しているので、将来的には個人投資家による代替投資も活発化していこう)。

Alternative asset class — a class of investments that includes private equity, real estate, and oil and gas, but excludes publicly traded securities. Pension plans, college endowments, and other relatively large institutional investors typically allocate a certain percentage of their investments to alternative assets with an objective to diversify their portfolios

(http://mba.tuck.dartmouth.edu/pecenter/resources/glossary.html#alternative)

訳例

　代替資産の種類：プライベート・エクイティ（非公開株式）、不動産、原油やガスなどの資産をいい、市場で売買される証券は除く。年金基金や大学基金など比較的大きい機関投資家が、投資ポートフォリオの分散化を目的として、一定の投資額を代替資産に配分することが多い。

解説

private equity:「未公開会社の株式」。public companyが公開会社でprivate companyは未公開会社。private equity fundは「未公開会社に投資するファンド」。

real estate:「不動産」。商業用不動産（commercial real estate）などに投資をするファンドをREIT（real estate investment trust）という。

publicly traded securities:株式（stock, equity, share）や債券（bond, note）など市場で自由に売買できる証券を指す。

institutional investor:年金基金（pension fund）や保険会社（insurance company）などの「機関投資家」をいう。個人投資家はindividual investorあるいはretail investor。

　ニッセイ基礎研究所REPORT（2002年8月）「オルタナティブ投資（代替投資）の基礎知識－ヘッジファンド・ブームのかげにリスクあり－」（英文題：Introduction to Alternative Investment － Risks Lurking Behind the Hedge fund Boom）[9] によると、以下のように代替投資を分類しているので、英文で理解してみよう（ただし、原文の一部を省略）。

Hedge fund	Strategy
Global macro	・high market risk, high return ・invest globally in forex, securities, equity, etc.
Managed futures	・short-term trades in commodities futures and financial futures
Market neutral	・offsetting trades of similar products (stocks, etc.): buy undervalued stocks while selling overvalued ones ・avoid market risk, take advantage of distortions from fair value
Emerging markets	・invest in bonds & stocks in emerging markets, seeking high returns
Event driven	・seek out promising mergers, buy acquired firm and sell acquiring firm, thereby taking advantage of convergence of stock prices (merger arbitrage)

---

[9] 出所：中窪文男「オルタナティブ投資（代替投資）の基礎知識―ヘッジファンド・ブームの影にリスクあり」ニッセイ基礎REPORT 2002.8 WEBサイトはhttp://www.nli-research.co.jp/doc/eco0208b.pdf（和文）、http://www.nli-research.co.jp/eng/resea/econo/eco021022.pdf（英文）

	· invest long-term in failed companies (distressed securities) · focus on key events; restructuring, spinoff of subsidiary or divisions, etc.
Private equity	**Strategy**
Venture capital	· invest in promising venture companies
Buyout	· acquire matured companies, insert new management and enhance company's value, and then sell company for a profit
Real estate investment	**Strategy**
Property investment	· invest in real estate properties, seeking capital gains and rent income
Securitized products	· invest in real estate investment trust (REIT), mortgage backed securities (MBS), commercial mortgage backed securities (CMBS), etc.
Natural resources	**Strategy**
Oil, natural gas	· invest in development projects and mining rights for oil and gas fields
Forest resources	· invest long-term investment seeking income gains from lumbering, and capital gains from forest land appreciation · trade global warming gas emission rights

ヘッジファンド	戦略の概要
グローバルマクロ (マクロ予測に基づいた運用)	・大きな市場リスクをとり、高収益を狙う ・世界各国の為替・債券・株式などへ投資
マネッジド・フューチャーズ (先物を駆使した運用)	・商品先物や金融先物などによる短期売買
マーケット・ニュートラル (市場リスクに中立な運用)	・類似した商品(株式など)のうち、割安なものを買い割高なものを売る組合せ売買 ・市場リスクをとらずに適正価格の歪みを利用
エマージング (新興諸国市場への投資)	・新興市場の債券や株式に投資し高収益を狙う
イベント・ドリブン (会社の重要イベントの成否に賭けた運用)	・成功が予想される企業買収について、被買収企業を買い、買収企業を売ることで両社株価の収斂を利用(マージャー・アービトラージ) ・破産した会社に長期投資(ディストレスト証券) ・リストラ、子会社や事業部門の独立など、会社にとって重要なイベントに着目
プライベート・エクイティ	**戦略の概要**
ベンチャー・キャピタル	・潜在的高成長が見込めるベンチャー企業に投資
企業買収(バイアウト)	・成長鈍化した成熟企業を買収し、経営に参加して企業価値を高めた後、他に売却して収益をあげる

不動産投資	
現物投資	・現物の不動産物件に投資を行い、値上がり益と賃料収入を狙う
証券化商品	・不動産投信（REIT）やモーゲージ証券（MBS）、商業用不動産担保証券（CMBS）などへの投資
天然資源	戦略の概要
石油・天然ガス	・油田やガス田の開発事業や採掘権等への投資
森林資源	・森林伐採によるインカムゲインと、その土地の値上がり益を狙う長期の投資 ・温暖化ガス排出権の売買

（日本文、英文ともニッセイ基礎研REPORT）

　上記のとおり、代替投資は伝統的な投資信託に比べると、一般投資家には馴染みの薄い投資手法を使うか、あるいは馴染みの薄い資産を投資対象としている。馴染みの薄い投資手法を使うファンドの代表例がヘッジファンドである。1940年代に登場したといわれるヘッジファンドは、元来、市場動向に左右されることなく割安な証券を購入し、割高な証券を売るという市場全体のリスク（market risk）に対してヘッジをかけつつ投資をしていた（market neutral）が、現在では、それにとどまらず、新興市場の証券への投資（emerging markets）、企業買収（M&A）を睨んだ株式投資（merger arbitrage）、破産した会社への長期投資（distressed securities）など、ハイリスク・ハイリターン型投資を行っている。特に、1992年と93年の欧州通貨危機、1997年のタイバーツの事実上の切り下げに端を発したアジア通貨危機など国際通貨危機の影には常にヘッジファンドの存在が指摘されており、ヘッジファンドに対するイメージは「投資家」というより「投機家」と必ずしも良くない。また、1998年にノーベル賞学者2人を擁したヘッジファンドLTCM（Long Term Capital Management）がロシア通貨危機によって大きな損失を蒙ったことで、ヘッジファンドのリスクの大きさも認識されるようになった[10]。

---

10 中尾武彦（1998）（「ヘッジファンドと国際金融市場」大蔵省広報誌『ファイナンス』1999年7月号webサイト http://www.mof.go.jp/jouhou/kokkin/ko036.htm）は、LTCMについて以下のように記述している。「LTCMはこのうちボンド・アービトラージ型に属するヘッジファンドの典型である。LTCMは、99年はじめのユーロ発足に向けた金利などのコンバージェンスをにらんで、98年前半に、その時点では高金利であるが近い将来相対的に金利下落、債券価格の上昇が予想されたイタリアやスペインなどの国債を保有（ロング）し、相対的に金利上昇、債券価格の低下が予想されたドイツの国債を先物で空売り（ショート）していた。しかし、結果的には、8月のロシア危機の影響などもあって安全資産への選好が高まり、秋にかけてコンバージェンスは進まず、かえってこれらの国の間で金利スプレッドが拡大し、LTCMは大きな損を蒙ることになった。このように、マーケット・リスク（この場合、各国の絶対的な金利水準の動向）をヘッジしているからと言って、安全な投資であるという保証はもちろんない。むしろ、このようなアービトラージ取引の場合、少ない利鞘から大きな利益を上げるため、レバレッジは大きくなりがちで、その分リスクが高まるとの指摘もある。」

しかしながら、ヘッジファンドは増加を続けており、The Hedge Fund Association (Webサイト：http://www.thehfa.org/advantages.cfm) によると、ヘッジファンドの数は過去9年間で年率20％の伸びを示し、現在約7000にのぼるヘッジファンドが4000億〜5000億ドル（約40から50兆円強）のファンドを運用している。投資リスク分散とより高いリターンを目指して、機関投資家を主体としたヘッジファンドへの投資は今後も増加していくものと思われる。

Hedge funds invest in marketable securities but, unlike conventional mutual funds, performance is not driven primarily by market movements. Hedge funds have far more latitude to use sophisticated techniques such as short sales and derivatives, which enable them to profit from inefficiencies in the financial markets, regardless of whether the markets are up or down.
(http://www.fleet.com/privateclients/ps_ias_alt_investment.html)

訳例

　ヘッジファンドは市場で売買される証券に投資するが、伝統的なミューチャル・ファンドと異なり、運用成績は市場動向に左右されるものではない。空売りやデリバティブなどの先進的なテクニックをより柔軟に駆使することで、市場の動向にかかわりなく、金融市場の非効率性から収益をあげることが可能となる。

解説

- *marketable securities*：marketには「不特定多数が参加して商品を売買する場所」の意味があり、そこでは商品が活発に売買される。したがって、marketable securitiesは「容易に売買できる証券」となる。上場株式や債券がこれに相当する。
- *short sales*：「空売り」あるはそのまま「ショートセル」。証券の現物を有していないのに売却をすること。株価が下がると見込んだときなどにショートセルをする。short position（売り持ち）は現物がなくて売りの状態、long positionは現物を持っている状態をいう。
- *inefficiencies in the financial markets*：市場価格が必ずしもすべての情報を正しく反映していない状況をいう。

伝統的な投資信託には馴染みの薄い資産に投資するファンドの一つに不動産投資ファンドがある。不動産投資ファンドには、ファンドがダイレクトに商業ビルなどに不動産投資をする場合と、主として個人投資家をターゲットとしたREIT (real estate investment trust) と呼ばれる形態がある。米国のREITには、不動産の権利を購入する株式型REIT (equity REIT)、不動産担保ローンを購入

するモーゲージ型REIT (mortgage REIT)、株式型とモーゲージ型を混合したハイブリット型REIT (hybrid REIT) の3つのカテゴリーがある。

What is a REIT?

 A Real Estate Investment Trust, or REIT, is a company that owns, and in most cases, operates income producing real estate. Some REITs finance real estate. To be a REIT, a company must distribute at least 90% of its taxable income to shareholders annually in the form of dividends.

Types of REITs

 There are approximately 180 publicly traded REITs in the U.S. today, with assets totaling $375 billion. The shares of these companies are traded on major stock exchanges, which sets them apart from traditional real estate. Other REITs may be publicly-registered but non-exchange traded or private companies. REITs are classified in the following categories:

・Equity REITs own and operate income-producing real estate.
・Mortgage REITs lend money directly to real estate owners and their operators, or indirectly through acquisition of loans or mortgage backed securities.
・Hybrid REITs are companies that both own properties and make loans to owners and operators.

(National Association of Real Estate Investment Trusts : http://www.investinreits.com/learn/reitory.cfm)

■訳例

REITとはなにか
　不動産投資信託 (REIT) は所得を生む不動産を所有し、多くの場合それを運用する。不動産に融資するREITもある。REITとしての資格を得るためには、少なくとも毎年にわたって課税所得の90％を株主に配当の形で支払わなければならない。
REITの種類
　今日アメリカには約180の上場REITがあり、総資産は3,750億ドルにのぼる。これらのREITの株式は主要な株式市場で売買されており、それらは伝統的な不動産とは区別されている。そのほか、(SECに) 登録はしていても上場されていないREITや私募REITもある。REITには以下のカテゴリーがある。
・株式REITは所得を生む不動産を所有し運用する。
・モーゲージREITは不動産の所有者かその運用者に直接融資するか、あるいはローンやモーゲージ担保証券の取得を通じて間接的に融資する。
・ハイブリッドREITは不動産を所有しなおかつ不動産の所有者や運用者に融資する投

資法人である。

> **解説**
> - ***income producing real estate***：ここでいうincomeは賃貸収入など定期的なキャッシュフローを意味する。したがって、income producing real estateは商業ビルやホテルなどを指す。
> - ***taxable income***：「課税所得」。REITの特徴はREITの段階で収入に対して課税されるのではなく、配当（dividend）としてREITの株主に支払った金額に対して株主に課せられる。一方、株式会社の場合には、法人税を支払った後で配当を支払うので法人と株主の2回の段階で税金を徴求されることになる。
> - ***publicly-registered but non-exchange traded***：SECに登録されている（詳細な情報が開示されている）が上場されていないREITを意味する。登録されているので一般投資家も購入することができるが、上場されていないので流動性はない。途中で換金したい場合には、高い手数料を支払うことになる。株式市場の動向に影響を受けることを嫌う長期的な投資家をターゲットとしたREITといえる。
> - ***mortgage backed securities***：住宅ローンからの返済金を返済資源として発行する資産担保証券。売掛金（account receivable）などからのキャッシュフローを返済資源として発行する証券はasset-backed securities（ABS）。

REITの魅力としては、①賃貸料（rent）を主体とした比較的安定した収入が得られる、②少額で分散化した不動産投資が可能となる、③不動産の性格上インフレに対する抵抗力がある、という点が挙げられる。REITは1960年代に登

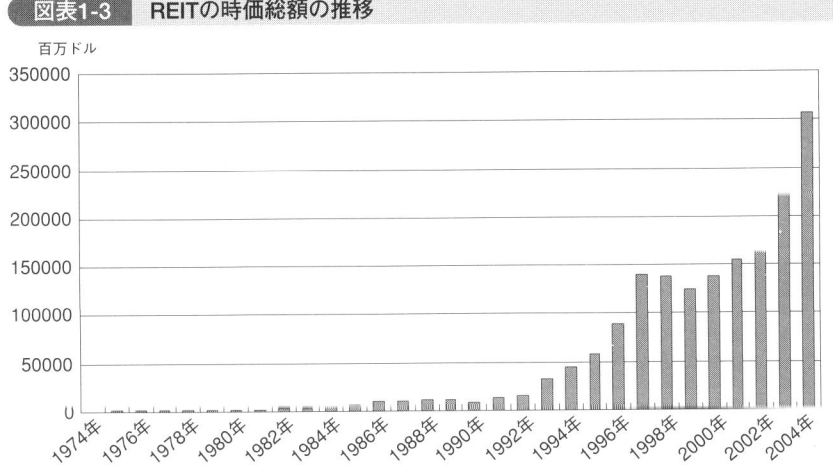

図表1-3　REITの時価総額の推移

出所：National Association of Real Investment Trusts：Webサイト http://www.nareit.com/library/industry/marketcap.cfm

場したが、近年急速な拡大を示している (図表1−3)。

日本では、2000年11月施行の改正投資信託法によって、投資信託による不動産投資が解禁され、米国のREITに似た不動産投資信託 (J-REIT) が誕生した。2004年末現在で上場されているJ-REITは15社と少ないが、前述したREITの持つメリットから、今後米国市場で見られたように急速な増加を示すものと予想される。しかしながら、J-REITの場合、日本の特殊な賃貸慣行から生じ得るリスクに留意する必要がある。つまり、米国などでは長期賃貸契約を締結した場合賃借人が契約期間すべての賃借料の責めを負うが、日本では長期賃貸契約という慣行はなく、3ヶ月あるいは6ヶ月の事前通知で解約が可能となる。もちろん、解約時の現状復帰コストを賃借人が負担しなければならないが、新築ビルに移転されるというリスクは米国より高い。その意味でも、不動産市場のプロフェッショナルによる運用とリスク軽減のための分散化が不可欠といえる。

天然資源への投資ファンドは、油田／ガス田の開発・採掘権、森林伐採や森林投資、温暖化ガス排出権などへの投資を目的としている。スタンフォード大学 (Stanford University) の資産運用会社であるStanford Management Company (SMC) は、全運用資産 (2003年6月現在82億ドル) のうち7％を天然資源に投資しているが、2003年レポートによると、天然資源への投資が高いリターンを生んだことを以下のように述べている。

The Natural Resources portfolio is comprised of domestic and international investments in timber, direct oil and gas assets, and oil and gas private equity partnerships. The natural resources sector enjoyed generally strong performance over the last twelve months, buoyed by higher commodities prices. SMC continues to build a diverse portfolio of outstanding managers in the oil, gas, energy, and timber industries. (Report from the Stanford Management Company 2003

(http://www.stanfordmanage.org/Annual_Report.pdf)

訳例

天然資源のポートフォリオは、国内および国際市場における木材、石油、天然ガスに対する投資と、石油および天然ガスのプライベート・エクイティ・ファンドに対する投資からなる。天然資源分野は、高い商品価格に支えられて過去12ヶ月の間、概して良好な運用成績を収めてきた。SMCは石油、天然ガス、エネルギー、木材産業分野における優れた運用スペシャリストからなる広範なポートフォリオを引き続き構築していく。

代替投資の中で、最近もっとも頻繁にメディアで報道されているのがプライベート・エクイティ (private equity) であろう。プライベート・エクイティとは、文字通り未公開企業 (private company) に投資して、将来の高いリターンを狙うものである。プライベート・エクイティは、将来性が見込まれる設立間もない企業 (early stage) や成長初期段階の企業 (later stage) に投資するベンチャー・キャピタル (venture capital) と、初期段階ではない未公開企業に投資するバイアウト (buy out) に大別できる。ベンチャー・キャピタルは米国で1960年代に登場しており、決して新しい金融サービスではない。日本でも銀行系や証券会社系のベンチャー・キャピタル会社は多数存在しており、すでに多くの投資企業がIPO (initial public offering＝新規株式公開) を成功させている。

むしろ最近メディアで注目されているのは、ベンチャー・キャピタルではなくバイアウト・ファンドである。プライスウォーターハウス・クーパーズ (PricewaterhouseCoopers) と有力プライベート・エクイティ会社のひとつである３ｉが共同で行ったサーベイ Global Private Equity 2004 (http://3i.customer.clara.net/pdfdir/gpe_2004.pdf) によると、2003年に投資されたプライベート・エクイティは1,550億ドルにのぼり、そのうち1,180億ドル (約76%) をバイアウト・ファンドが占めている。日本でも1997年以降、外資系バイアウト・ファンドが積極的な活動を展開し、米国系のリップルウッド・ホールディングス (Ripplewood Holdings) が運用するバイアウト・ファンドが2000年3月に買収した日本長期信用銀行 (現新生銀行) を、2004年2月にIPOさせて膨大なキャピタルゲイン及び評価益を得たことは記憶に新しい。その後も、ローンスター (Lone Star Group) による東京相和銀行 (現東京スター銀行、2001年1月、401億円)、リップルウッドによるフェニックス・リゾート (2001年5月、162億円) や日本テレコム (2003年8月、2,613億円)、カーライル・グループ (Carlyle Group) と京セラによるDDIポケットのPHS事業部 (2004年6月、2,200億円) の買収など外資系ファンドによる大型投資が相次いだ。外資系だけでなく、日系ファンドも活動を活発化させており、ユニゾン・キャピタルによるキリウ (2001年11月、74億円) や東ハト (2003年3月、183億円) など、野村プリンシパルによるダイクマ (ヤマダ電機と共同で、2002年4月、200億円以上) やハウステンボス (2003年9月、110億円) などの大型案件が相次いでいる。

一橋大学大学院国際企業研究科助教授でありGCA代表取締役の佐山展生氏が日本経営財務研究学会の第28回全国大会(2004年10月)で発表された「投資ファンドと企業再生」によると、図表1－4に示されているように外資系だけでなく独立系・銀行系・証券会社系の日系ファンドもバイアウト市場に参入して

いる。

　バイアウトは長期的な視点から未公開企業に出資をして、企業価値を高めた上で株式公開や第三者への売却によってキャピタルゲインをあげることを目的としている。したがって、上場株や債券など伝統的な投資と異なり、バイアウト・ファンドの運用者による投資対象案件の発掘（origination）や選択（screening）だけでなく、投資後の経営への関与がきわめて重要となる。日本銀行のワーキング・ペーパー・シリーズ「事業再生におけるバイアウト・ファンドの役割—事業再生研究機構・日本銀行共催セミナーにおける議論の概要—」によると、ファンドを活用するケースとして以下の諸点を挙げている[11]。

① 同族経営が続く企業をバイアウトし、資本面及び人事面で同族色を排除した経営体制を整備するケース
② 企業が不良債権処理原資確保等の目的で売却する戦略部門を、当該企業と共同出資形態で別法人化するケース
③ 潜在的収益力を持ちながら、経営実行力の弱い企業をバイアウトし、資本面・経営面での体制整備を行うケース

図表1-4　主要ファンドの位置付け

	バイアウト主体	バイアウト/VC	VC主体
日系	ユニゾン・キャピタル アドバンテッジ MKS みずほキャピタル フェニックス・キャピタル 日本みらい 野村プリンシパル 日興プリンシパル 大和プリンシパル	ジャフコ ソフトバンク 東京海上キャピタル	邦銀系VC オリックス・キャピタル
外資JV	アクティブ		エイバックス・グロービス
外資系	カーライル リップルウッド JPモルガン	ウォーバーグ・ピンカス	

出所：佐山展生「投資ファンドと企業再生」日本経営財務研究学会：http://www.zaim.jp/08.pdf

---

[11] 大澤真「事業再生におけるバイアウト・ファンドの役割—事業再生研究機構・日本銀行共催セミナーにおける議論の概要—」日本銀行のワーキング・ペーパー・シリーズ、2002年10月23日　http://www.boj.or.jp/ronbun/02/kwp02j07.htm)

④ 法的整理下の企業の再生にBOファンドが利用されるケース

日本で見られるバイアウトのケースは、上記の③の経営不振企業と④の法的整理下の企業が多い。前述の佐山展生氏は、企業を5ランクに分類したうえで、「やるべきこと」を"そこそこ"やっている企業（3ランク）と「やるべきこと」をやっていない企業（2ランク）がバイアウト・ファンドの投資対象となり、上記2ランクの企業と「やってはいけないこと」をやっている企業（1ランク）を再生ファンドの対象としている（図表1－5）。

再生ファンドは多くの場合、法的整理あるいはそれに近い状況にある企業の再生を目的として投資するものであり、米国などではturnaroundあるいはcorporate renewalと呼ばれる。turnaroundに関する啓蒙活動を目的として1988年に設立されたThe Turnaround Management Association（TMA）（www.turnaround.org）はシカゴに本部を持つ非営利団体で、米国各地に加え英国、カナダ、ニュージーランドなどに33の支部を有し、6,700名の会員(2003年末現在)を擁している。turnaroundのプロフェッショナルの育成にも力を入れており、certified turnaround professionalという資格も創設されている。日本にもTMAの支部が開設される予定（TMA 2003 Annual Report）とのことであり、企業再生ファンドの活動がますます盛んになっていくものと思われる。

ただ、ここで留意していただきたいのは、再生ファンドとハゲタカファンドの区別である。外資系ファンドの多くはハゲタカファンドであると一般に理解されているが、ハゲタカファンドは不良債権を安値で購入して、短期間で回収を図ることで高いリターンを狙うもので、再生ファンドあるいはバイアウト・ファンドのように中・長期的な視野で企業価値の向上を図るものとは区別する

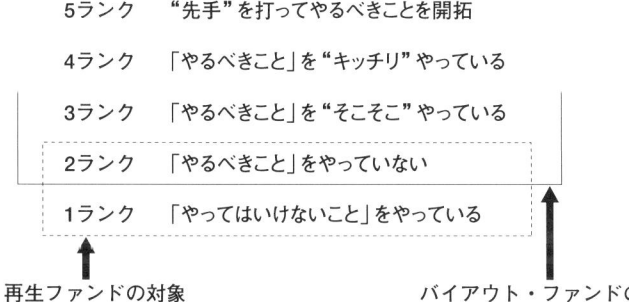

図表1-5 ファンドの対象企業ランキング

5ランク	"先手"を打ってやるべきことを開拓
4ランク	「やるべきこと」を"キッチリ"やっている
3ランク	「やるべきこと」を"そこそこ"やっている
2ランク	「やるべきこと」をやっていない
1ランク	「やってはいけないこと」をやっている

再生ファンドの対象　　　バイアウト・ファンドの対象

出所：佐山展生「投資ファンドと企業再生」日本経営財務研究学会：http://www.zaim.jp/08.pdf

必要がある。その意味で、日本の銀行の不良債権を一括して購入（バルクセール）して短期間で回収を図ったファンドはともかく、外資系ファンドのすべてをハゲタカファンドと位置づけることは間違っている。

Vulture capitalist
Negative term for an investor who smells fast money and who is not serious about investing in companies with long-term potential
Venture capitalist
The manager of private equity fund who has responsibility for the management of the fund's investment in a particular portfolio company. In the hands-on approach (the general model for private equity investment), the venture capitalist brings in not only moneys as equity capital (ie without security/charge on assets), but also extremely valuable domain knowledge, business contacts, brand-equity, strategic advice, etc.
（European private equity and venture capital association:
(http://www.evca.com/html/PE_industry/glossary.aspaction=search&letter=yes&AZ=vwxyz)

訳例

ハゲタカ・キャピタリスト
　短期的な儲けに臭覚が鋭いが、企業の長期的な将来性の観点からは投資をしない投資家をさす言葉でネガティブな意味合いを持っている。
ベンチャー・キャピタリスト
　特定の対象企業に対する投資運用に責任を持つ、プライベート・エクイティ・ファンドのマネージャー。ハンズオン・アプローチ（プライベート・エクイティ投資の通常のやり方）では、ベンチャー・キャピタリストは株主資本として資金を提供するだけでなく、当該企業の分野に関するきわめて有用な知識、ビジネス人脈、ブランド・エクイティ、戦略的アドバイスなども提供する。

解説

hands-on approach：そのまま「ハンズオン」と訳されることが多い。企業に投資するファンドが投資をした企業の経営に関与する場合にこの言葉を用いる。
equity capital：「株式資本」。これに対して外部からの借り入れを借入資本（debt capital）という。経営者にとってはいずれもリターンを求めている資本であるが、借入資本に比べ株主資本は高いリターンを求める。したがって、equity capitalに対する利益率（return on equity=ROE）が重要な経営指標となる。
domain knowledge：domainはビジネスモデル上の「事業分野」を意味するので、ここでは「投資をする企業が属する産業に関する知識」を意味する。

brand-equity:「ブランド・エクイティ」とそのまま訳されることが多い。マーケティングでよく使われる言葉で、ブランドは企業の無形資産と見なす概念をいう。

　本節の最後に、米国の機関投資家の代替投資に対する姿勢を見ることで、日本における代替投資の行方を探ってみたい。

　世界最大の年金基金であるカリフォルニア州公務員年金基金（CalPERS）の運用資産は、図表1－6の通り、1,650億ドルにのぼっているが、このうち不動産に9％、代替資産に7％を配分している。

　また、スタンフォード大学の資産を運用するStanford Management Companyの2003年レポートによると、同大学基金も82億ドルの運用資産（2003年6月末現在）のうち高い比率を代替資産に配分している（図表1　7）

　さらに同レポートによると、過去10年間の年率換算による代替投資のリターンは、上場株式や債券投資という伝統的な投資に比べ高い結果を示している（図表1－8）。

　このように、米国の大手機関投資家は相当の資金を代替資産投資に配分している。これは代替投資の高いリスクを理解したうえで、分散投資とプロフェッショナルによる高度な運用を狙ったものと考えられる、一方、わが国の機関投

図表1-6　カリフォルニア州市金基金の運用内訳

Global equities（グローバル・ベースでの上場株式）	58%
Global fixed income（グローバル・ベースでの債券）	26%
Real estate（不動産）	9%
Alternative investments（代替投資）	7%

出所：CalPERS Alternative Investment Management (AIM) Program May 2004　http://www.longbeach-recycles.org/zoneworks_presentations/6-04_chu.pdf

図表1-7　スタンフォード大学の資産ポートフォリオ

Public equities（上場株式）	40%
Fixed income（債券）	12%
Real estate（不動産）	16%
Private equity（プライベート・エクイティ）	10%
Natural resources（天然資源）	7%
Absolute return（ヘッジファンド）	15%

出所：Stanford Management Company 2003　http://www.stanfordmanage.org/Annual_Report.pdf

資家の代替投資はまだ低い水準にあるといわざるを得ない。大和総研の年金レポート[12]によると、2002年度の厚生年金連合会の資産運用実施調査では、日本の年金基金（厚生年金基金）1,561基金のうちオルタナティブ投資を実施している基金はわずか121基金（全体の7.8％）にすぎない。ただし、未実施の1,440基金のうち228基金（14.6％）がオルタナティブ投資を検討予定としており、今後の増加が予想される。

　前述したように、わが国におけるオルタナティブ投資は今後増加していくものと考えられるが、同じファンド・ビジネスでも投資信託に比べると、オルタナティブ投資はハイリスク・ハイリターンであるだけでなく、多くの点で相違がある。特に、オルタナティブ・ファンドは少数の特定投資家（機関投資家など）を対象にしているので、監督官庁の規制が投資信託に比べ緩く、そのためファンドに関する詳細な開示義務が課されていないことに留意する必要がある。それだけに信頼のおける運用のプロフェッショナルの存在が重要となってくる。

図表1-8　スタンフォード大学の10年間の実績

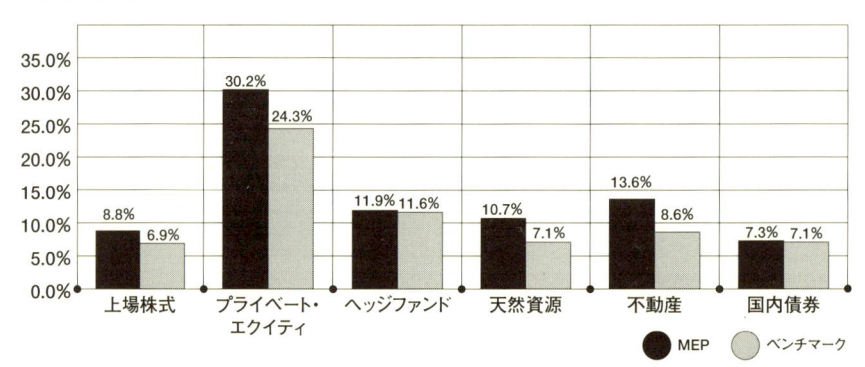

資産クラス	MEP	ベンチマーク
上場株式	8.8%	6.9%
プライベート・エクイティ	30.2%	24.3%
ヘッジファンド	11.9%	11.6%
天然資源	10.7%	7.1%
不動産	13.6%	8.6%
国内債券	7.3%	7.1%

MEP（Merged Endowment Pool）とは、金融商品や不動産に投資運用されているスタンフォード大学の基金。2003年の報告時点で82億ドル。

出所：Stanford Management Company 2003：http://www.stanfordmanage.org/Annual_Report.pdf

---

[12] 俊野雅司「オルタナティブ投資入門」大和総研年金レポート、2004年3月1日

第4節 金融持ち株会社

　新しい金融システムのもとで勝ち残るビジネスモデルの基本的フレームワークとなるのが「金融持ち株会社」(financial holding company) であろう。
　1999年8月に発表された、富士銀行、第一勧業銀行、日本興業銀行3行による事業統合（現みずほフィナンシャルグループ）は、共同持ち株会社方式によるものであった。現在のみずほフィナンシャルグループは、金融持ち株会社である「株式会社みずほフィナンシャルグループ」のもとに、「みずほホールディングス」(銀行・証券持ち株会社) を設置し、そのもとにリテール金融を提供する「みずほ銀行」と、ホールセール金融を提供する「みずほコーポレート銀行」を置き、さらにそれぞれの子会社としてリテール証券会社である「みずほインベスターズ証券会社」とホールセール証券の「みずほ証券会社」を置いている。そのほか、信託銀行、投資運用会社、クレジットカード会社、ベンチャーキャピタルなども金融持ち株会社の傘下に入っている。つまり、金融持ち株会社を頂点として、傘下の兄弟会社あるいは子会社を通じてあらゆる金融サービスを提供できる仕組みとなっているのである（図表1-9）。

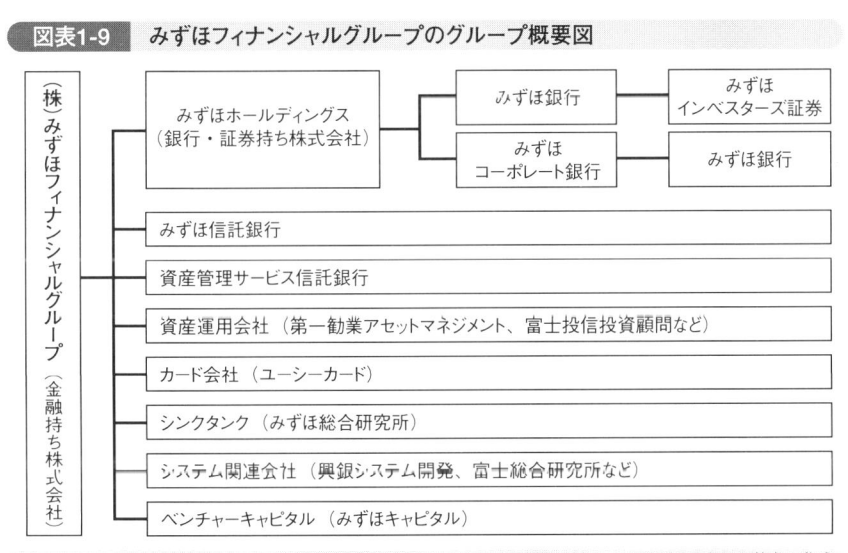

図表1-9　みずほフィナンシャルグループのグループ概要図

（株）みずほフィナンシャルグループ（金融持ち株会社）
- みずほホールディングス（銀行・証券持ち株会社）
  - みずほ銀行 ─ みずほインベスターズ証券
  - みずほコーポレート銀行 ─ みずほ証券
- みずほ信託銀行
- 資産管理サービス信託銀行
- 資産運用会社（第一勧業アセットマネジメント、富士投信投資顧問など）
- カード会社（ユーシーカード）
- シンクタンク（みずほ総合研究所）
- システム関連会社（興銀システム開発、富士総合研究所など）
- ベンチャーキャピタル（みずほキャピタル）

みずほフィナンシャルグループのHPのグループ概要図をもとに筆者が作成

持ち株会社とは複数の企業の株を保有する会社をいうが、自らは事業を行わず傘下にある企業の経営戦略の立案に携わる純粋持ち株会社と持ち株会社自体も事業を行なう事業持ち株会社がある。金融持ち株会社は、傘下に銀行や証券会社などの金融機関を置く純粋持ち株会社を意味する。日本では独占禁止法（antitrust law）によって持ち株会社の設立が禁止されていたが、事業リスクの分散や円滑な業界再編の実現を目的として1996年6月に独占禁止法が改正され、持ち株会社が条件付きで解禁された。これにともない、1998年3月から金融持ち株会社の設立が可能となった。

Financial Holding Company
　A financial holding company is a type of holding company established by banks, securities companies and other financial institutions. Two laws enacted in March 1998 legalized the establishment of financial holding companies. Lifting the ban was the centerpiece of the Japanese Big Bang financial reforms and is expected to sharply improve financial institutions' management efficiency by spurring consolidation of the financial industry beyond areas such as banking, insurance and brokerage. It should also make possible closer scrutiny of the profitability of each division of a financial firm.
(Nikkei Net Interactive, Business Glossary,
⟨http://www.nni.nikkei.co.jp/FR/TNKS/TNKSHM/glossary/⟩)

訳例
　金融持ち株会社は銀行や証券会社、その他の金融機関によって設立される持ち株会社の一種である。1998年3月に成立した2つの法律によって、金融持ち株会社の設立が法的に可能となった。規制の撤廃が日本版金融ビッグ・バン金融改革の最重要項目であり、銀行、保険、証券の業態を超えて金融業界の統合を促進することで、金融機関の経営の効率性を飛躍的に改善することが期待されている。それはまた、金融機関の個々の部門の収益性をより精細に調査することを可能にする。

解説
　financial holding company：「金融持ち株会社」。
　securities company：「証券会社」。日本では「証券会社」と一括りとしているが、米国では、引受け（underwriting）やアドバイザリー業務（advisory）などホールセール業務（wholesale）を行なう投資銀行（investment bank）、自己勘定で証券売買を行なうディーラー（dealer）、顧客への委託売買仲介を行なうブローカー（brokerage）と区別される。
　Japanese Big Bang：「日本版ビッグ・バン」。ビッグ・バン（大爆発）は、もともと

1986年の英国の証券制度の自由化を指すが、1996年に発表された"free, fair, global"をモットーとする日本の金融自由化を日本版ビッグ・バンと呼んでいる。

金融持ち株会社方式のメリットとしては以下の諸点が挙げられる。
① 銀行、証券、信託、クレジットカードといったさまざまな金融サービスを金融持ち株会社の傘下におくことで、幅広いサービスを顧客に提供できる。
② 金融持ち株会社が株主として会社の経営方針の決定権や人事権を握るため、グループ内の個々の企業ではなく、グループ全体の利益を優先する経営戦略が可能となる。
③ 各々の事業戦略は傘下の企業が行なうので、事業に関する意思決定が迅速になる。
④ 金融持ち株会社傘下の企業はそれぞれ独立しているので、不採算事業の売却や他企業の買収などグループ内の再編を柔軟に推進できる

なかでも、①の幅広い金融サービス、つまりワンストップ・サービスを提供できるメリットは大きい。日本では、証券取引法65条で銀行と証券の分離（いわゆるファイアウォール）が規定されており、以前は銀行と証券会社との業務は完全に分離されていた。その後、銀行の証券子会社化（あるいは証券会社の銀行子会社化）や、銀行と証券会社が同じフロアで店舗を構える「共同店舗」が許されるなど規制の緩和が進み、ファイアウォールは低くなってきているが、今回の金融持ち株会社方式を活用することで、銀行、信託、証券業務をより一層効果的に顧客に提供することが可能となった。

たとえば、三菱東京フィナンシャル・グループのディスクロージャー誌（2004年）のトップによる「ごあいさつ」のなかには、以下のように「銀行・信託・証券のそれぞれの専門機能の融合」を謳うコメントが記載されている[13]。

> 連結事業本部制度のもと、グループ内の諸機能の重複を解消し、スケールメリットと効率性を追求するとともに、グループにおける銀行・信託・証券のそれぞれの専門機能を融合することにより、さまざまな商品・サービスをグループ一体となってご提供します。また、「融合型シナジー」を追求することにより、新たなサービス・チャネルを創造、展開してまいります。このようにして、真のお客さまニーズの充足をめざしてまいります。

---

[13] 三菱東京フィナンシャル・グループのディスクロージャー誌（2004年）の会長、副会長コメントから抜粋（http://www.mtfg.co.jp/finance/disclosure/2004/pdf/dis2004_03.pdf）

また、みずほフィナンシャルグループのディスクロージャー誌（2004年）の社長による「グループ経営のご報告」の中にも、以下のように「銀行・証券会社の連携体制」を強調するコメントがある[14]。

> 顧客セグメント別に銀行・証券会社の連携体制を強化するとともに、信託銀行、クレジットカード会社、システム関連会社等の戦略会社が、高付加価値の商品・サービスをグループ内外に幅広く提供し、グループの総合力向上を図っています。例えば、ワンストップ・ショッピングによりお客さまの利便性向上を実現するため、みずほ銀行がみずほインベスターズ証券やみずほ信託銀行等と共同店舗を展開したり、また、お客さまに最適な金融ソリューションを提供するため、みずほコーポレート銀行がみずほ証券の債券・株式関連機能やインベストメントバンク機能を活用する等、そのシナジー効果はすでに表れています。

米国でも、1999年11月に成立したグラム・リーチ・ブライリー法[15]（Gramm-Leach-Bliley Act）によって、証券・銀行間の垣根が実質的に撤廃された。同法では、金融持ち株会社を通じて銀行、証券会社、保険会社などを保有するか、あるいは、一定の条件を満たした国法銀行[16]であれば証券会社や保険会社を子会社化する、という2つの方法を通じた金融相互乗り入れを認めている（図表1-10）。このように、米国においても、金融持ち株会社あるいは直接子会社方式による金融サービスのワンストップ・バンキング化が大きく進展している。

米国だけではない。幅広い金融サービスを1つの銀行が提供できるというユニバーサル・バンク[17]が許されているドイツ、スイス、フランスの銀行も、米国や英国の専門性の高い投資銀行を買収するなど、さらに高度な金融サービスを提供する体制を構築している。

このように、銀行や証券という提供金融商品・サービスをベースとした従来

---

14 みずほフィナンシャルグループのディスクロージャー誌（2004年）の社長コメントから抜粋（http://www.mizuho-fg.co.jp/pdf/disclosure/mhfg/data0404d/04.pdf）

15 銀行が証券業務を行なうことや証券会社が銀行業務を行なうことを禁止する目的で制定されたグラス・スティーガル法（1933年銀行法）のうち、第20条（銀行が証券の引受等を主たる業務とする会社と系列関係を持つことの禁止）と第32条（銀行と、証券の引受等を主たる業務とする会社との間で取締役等を兼任することを禁止）がグラム・リーチ・ブライリー法で廃止された。しかし、第16条（銀行の国債などを除く証券業務の禁止）と第21条（証券会社が、預金を受け入れることの禁止）は引き続き効力を持っている。したがって今後も、銀行が本体で株式引受等の証券業務を行なうことや、証券会社が本体で預金を受け入れることは禁止される。

16 合衆国である米国は歴史的に州の権力が強く、銀行も州の免許を取得している州法銀行と国の機関である通貨監督庁（Office of the Comptroller of the Currency）の免許を得た国法銀行が存在するいわゆる二元銀行制度となっている。

17 ユニバーサル・バンクとは、1つの金融機関がすべての金融サービスを提供できるシステムをいう。同じ資本系列で銀行や証券会社を営むことができる英国型も広義のユニバーサル・バンクということもある。

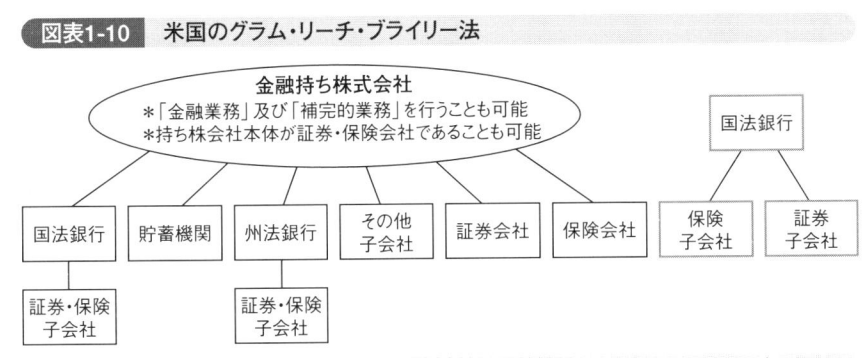

図表1-10　米国のグラム・リーチ・ブライリー法

```
                    金融持ち株式会社
          ＊「金融業務」及び「補完的業務」を行うことも可能
          ＊持ち株会社本体が証券・保険会社であることも可能              国法銀行

  国法銀行  貯蓄機関  州法銀行  その他    証券会社  保険会社   保険      証券
                              子会社                        子会社    子会社

  証券・保険          証券・保険
  子会社              子会社
```

出所：野々口秀樹、武田洋子「米国における金融制度改革法の概要」『日本銀行調査月報』2001年1月28日

のビジネスモデルではなく、顧客セグメント別にターゲットを絞った上で、業態を超えたワンストップ・バンキング化というビジネスモデルが今後の生き残りの鍵となっていくものと思われる。そのためにも、金融持ち株式会社を有効に活用した新たなビジネスモデルの構築が、日本の金融機関にとって喫緊の課題といえよう。

第5節　リスクとリターン

　日本の金融機関が勝ち残っていけるビジネスモデルを構築するにあたっては、米国の金融機関がお手本となる。米国の金融機関は、日本の金融機関が今たどっている歴史を20年前から経験してきたからである。米国では、1970年代に株式委託手数料や金利の自由化などが実施され、金融の自由化が大きく進み、1980年代における米国金融業界の競争は激化の度を増していくことになった。預金獲得競争の結果、預金金利が上昇し、銀行の資金調達コストを引き上げた。資金調達コストの上昇をカバーするために、高い金利で融資を行なう必要がでてきたのである。しかし、米国では株式市場や債券市場が発達していたこともあり、リスクの低い優良企業はもっぱら株式の増資や債券の発行などの方法で資金を調達し、銀行融資に頼る必要がなかった。このため、米国の銀行は、リスクは大きいがリターンも高い、中南米諸国の政府・金融機関に対する融資や、米国内の商業不動産関連融資を積極的に推進する結果となった。

　1980年代、こうした融資から多額の焦げ付きが発生し、多くの米銀が経営

不安に陥った。大手銀行の1つであったコンチネンタル・イリノイ銀行（Continental Illinois）が倒産したほか、有力銀行であったバンク・オブ・アメリカ（Bank of America）やシティバンク（Citibank）なども深刻な経営危機に直面し、大幅なリストラを余儀なくされた。1980年代後半には、リスクの高い不動産担保ローンの焦げ付きから、約半数の貯蓄貸し付け組合（savings and loan association = S&L）が倒産に陥った。1980年代の米国金融業界は、ちょうどバブル崩壊後の日本の金融業界と同じような状況にあったといえる。

しかし、金融の自由化は、米国の金融業界に危機だけでなく同時に改革ももたらした。統計学を利用した緻密なリスク管理システムが開発されるなど、革新的ともいえるさまざまな金融技術が開発され、リスクの計測化が可能となった。とくに、NASA（National Aeronautics and Space Administration = 米航空宇宙局）に勤務していた多くの技術者が金融業界に転職したことが、スワップやオプションなどを組み込んだ新しい金融商品の開発に大きく貢献した[18]。さらに、高い収益性を求めてさまざまな経営戦略が積極的に打ち出されたことも見逃せない。資産規模の拡大を求めず、株主資本利益率（return on equity = ROE）や時価総額（market capitalization）の向上を最大の経営目標としたのである。リスクとリターンを極力計量的に分析したうえで、利益の極大化を図るべく資本の最適配分（optimum capital allocation）や運用資産の見直しなどにも経営資源を注力していった[19]。このようにして、1990年前半には、米国の銀行はその競争力を回復し見事に立ち直ったのである。

米国の銀行と日本の銀行との差異が際立っているのが、①貸出資産の内容と②マーチャント・バンキング業務への取組みであろう。以下では、この分野に焦点を当てて簡単に日米銀行の相違点を挙げてみたい。

① 貸出資産の内容の差異

貸出資産の差異をみるために、ここで代表的な日本と米国の銀行であるシティグループと三菱東京フィナンシャル・グループを取り上げてみたい。シティグループの2003年の年次報告書によると、総資産1.2兆ドル、純利益178億ドル、時価総額2380億ドルと世界最大規模の金融コングロマリットとなっている。これを三菱東京フィナンシャル・グループと比較してみると、総資産で約1.3倍、純利益で約3.5倍の規模を誇る。とくに、株主が評価する時価総額（株

---

[18] 1980年代に、NASAの予算削減の影響で、NASAで宇宙開発に従事していた技術者（数学者など）が投資銀行など大手金融機関に転職した。
[19] 詳しくは第4章リスクとリターンを参照。

価×発行株数）（market capitalization）についてみると、シティグループ（2,380億ドル）は三菱東京フィナンシャル・グループ（594億ドル）の約4倍に達している（図表1－11）。

貸出資産の内容では、両行グループの差異がより明確となる。図表1－12に示されているように、シティグループの貸出資産のうち個人向け貸出が総資産に占める比率は30.1％と、法人向け貸出資産の7.8％を大きく上回っている。これを貸出資産に対する割合でみると、個人向け貸出が79.5％、法人向け貸出が21.5％と、個人向け貸出が圧倒的に高くなっている。一方、三菱東京フィナンシャル・グループは、法人向け貸出資産が総資産のうち39.2％（対貸出資産では、83.6％）、個人向け貸出が7.7％（対貸出資産では、16.4％）と法人向け貸出が圧倒的なシェアを占めている。

シティグループと三菱東京フィナンシャル・グループの子会社構成が異なるので、この数字をそのまま当てはめて両行の貸出方針の違いを論じることは乱暴かもしれないが、このように個人向け貸出と法人向け貸出の残高がまったく逆になっていることは見逃せない。つまり、三菱東京フィナシャルグループは

図表1-11　シティグループと三菱東京ファイナンシャル・グループとの資産の比較

（単位：百万ドル、1ドル＝110円で換算）

	シティグループ （2003年12月末）	三菱東京FG （2004年3月末）
総資産	1,264,032	969,227
株主資本	98,014	39,045
純利益	17,853	5,098
時価総額	238,032	59,462
Tier1自己資本比率	8.9％	7.1％
ROE	19.8％	17.9％

注：時価総額は2004年8月20日現在

図表1-12　シティグループと三菱東京ファイナンシャル・グループとの貸出資産の比較

（単位：百万ドル、1ドル＝110円で換算）

	シティグループ（2003年12月）		三菱東京FG（2004年3月）	
	金額	比率	金額	比率
個人向け貸出	379,932	30.1％	72,284	7.7％
法人向け貸出	98,074	7.8％	369,121	39.2％
貸出額総額	478,006	37.8％	441,404	46.8％
総資産	1,264,032	100.0％	942,737	100.0％

出所：両行の年次報告書などから作成

法人向け貸出主体という従来のビジネスモデルの色彩が依然として強いが、巨大金融グループであるシティグループは、貸出先ターゲットを法人から小口の個人にシフトしているのである。

この個人への貸出シフトはなぜ起こったのだろうか。いくつかの理由が考えられる。第一に、個人向け貸出の方が競争の激しい法人向け貸出より利ざや（spread）が高い。その上、小口で幅広く分散するので「大数の原則」（law of large numbers）からリスクをある程度計量化することが可能となる。さらに、貸出時の信用審査をモデル化（スコアリング）することで貸出プロセスの効率化とコストの削減を図ることができるのである

一方、シティグループにとって法人向け貸出の目的は、貸出から金利を稼ぐという側面より、貸出を通じて顧客との長期的リレーションシップを構築することで、キャッシュマネジメント、資本市場取引、さらにはM&Aを含む財務戦略アドバイザリーなど幅広い取引関係に発展・持続させることにある。このことは、シティグループの投資家向けプレゼンテーション資料（図表1－13）でも明らかである。これによると、過半数の企業がキャッシュマネジメント、債券引受け、株式引受け、M&Aなどの取引を借入れ銀行に優先的に与えていることがわかる。貸出はむしろ信頼関係を強めて取引関係を深めるためのコミットメントを示すツールとなってきたのではないだろうか。

② マーチャント・バンキング業務への取組み

日本の銀行と大きく異なるもう1つの点がマーチャント・バンキング業務である。マーチャント・バンキングは主として米国の投資銀行が積極的に推進し

図表1-13 借入銀行へ他の業務を優先的に与えている会社数の比率

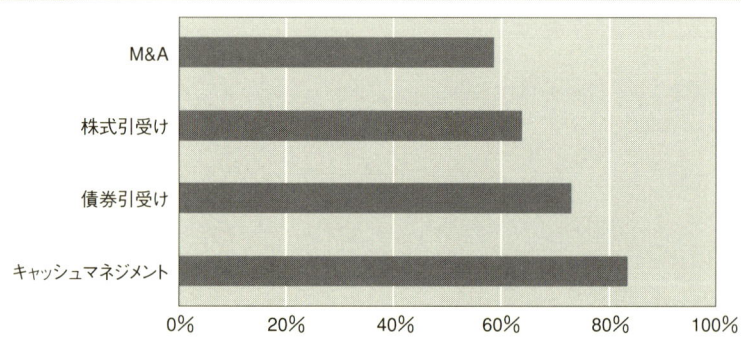

出所：2003年11月4日付けシティグループのプレゼンテーション（http://www.citigroup.com/citigroup/fin/data/p031104.pdf）

てきた業務であるが、貸出ではなく資本（equity）やメザニン・ファイナンス（mezzanine financing）[20]という通常の貸出より劣後したポジションで資金を提供する業務をいう。劣後したポジションとは英語ではjunior position とかsubordinated positionというが、要は債権者（creditor）としての地位が貸出人など一般の債権者に比べ劣後することを意味する。ただし、ポジションが劣後するだけにそれに見合う高いリターンを求めることになる。ハイリターン・ハイリスクというわけである。

一般的に貸出からの収入はあらかじめ決められた金利となるので、リターンに限度がある。たとえば、金利3％の貸出では3％以上の金利を得ることはできないが、株の形で資金を提供するとそのリターンに限度はない。つまり場合によっては何倍あるいは何十倍という高いリターンを享受できることなる。これがマーチャント・バンキング業務である（図表1－14）。

マーチャント・バンキング業務には、自ら投資先を発掘する方法とプライベート・エクイティ・ファンド[21]に投資をする方法がある。後者の典型的な例が、新生銀行への投資である。日本長期信用銀行が一時国有化された後に、外資のファンドが1,200億円を出資し、わずか4年後の株式公開の際に保有株の一部を売却することで、ファンドの出資者は出資額の2倍以上を稼ぎ、現在なお多額の含み益を享受している。このファンドの出資者の大半がシティバンクなど欧米の大手金融機関であることは興味深い。

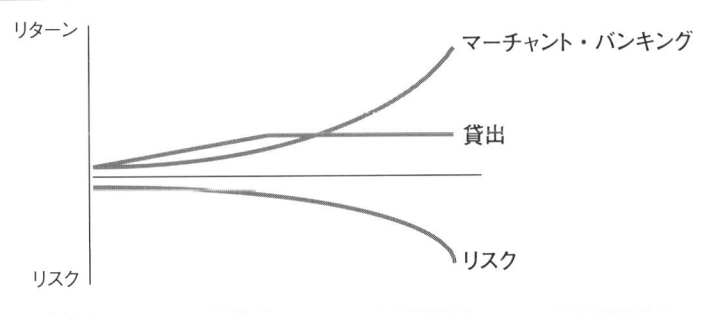

図表1-14 高いリターンが可能なマーチャント・バンキング

[20] メザニン・ファイナンスとは、優先株や劣後社債など通常の債権に劣後するが、株主には優先する、つまり優先債権者と株主など劣後債権者の中間に位置するのでメザニン（中2階）と呼ばれる。
[21] プライベート・エクイティ・ファンドについては、5章M&Aを参照。

第1章　激変する金融業界

Shinsei Bank Shows How To Make A Recovery

　From being in rehabilitation under Japan's Financial Services Agency from October 1998 until March 2000, to a successful initial public offering on the Tokyo Stock Exchange in February 2004, is good going for a bank earlier regarded as a 'basket case'. Such is the recovery of Shinsei Bank (previously known as the Long-Term Credit Bank of Japan) since it was purchased from the Japanese government by a consortium of foreign banks and finance companies led by US private equity group Ripplewood for $1.2bn in March 2000. The current consortium, operating under the name New LTCB Partners, includes UBS/Paine Webber, Deutsche Bank, Mellon Bank, The Bank of Nova Scotia, Santander Central Hispano, RIT Capital Partners (UK), GE Capital, Travelers Investment group, and Ripplewood. The IPO was for approximately one-third of the consortium's holding of common stock and yielded approximately $2.4bn, double their initial investment. The share price rose 58% on the first day, valuing the consortium's remaining holding at between $8bn and $9bn.

(*The Banker*, Apr 01, 2004)

訳例

新生銀行はどのように再生したのか

　1998年の10月から2000年の3月まで日本の金融庁のもとで再建を目指していた状態から、2004年2月の東京証券取引所でのIPOの成功は当初「死に体」とみなされていた銀行にとって、すばらしい旅立ちとなった。それは、新生銀行（かつての日本長期信用銀行）の再生である。新生銀行は2000年3月に12億ドルでリップルウッドというアメリカのプライベート・エクイティ・グループに率いられた外国銀行や金融機関のパートナーシップによって日本政府から買い上げられた。現在のパートナーシップはニューLTCBパートナーズという名のもとに業務を行っているが、その中にはUBS、ペインウエーバー、ドイツ銀行、メロン銀行、ノバスコシア銀行、サンタンデールセントライスパノ銀行、RITキャピタルパートナーズ（UK）、GEキャピタル、トラベラーズ投資グループ、リップルウッドが含まれる。パートナーシップの持つ普通株式のほぼ3分の1がIPOを通じて約24億ドルで売却されたが、それは初期投資額の2倍に相当する。株価はIPO初日に58％増加し、パートナーシップが所有する残りの株式は80億ドルから90億ドルの価値となった

解説

Financial Service Agency：「金融庁」。日本では金融庁が銀行、証券、保険会社を監督するが、米国では国法銀行は通貨監督庁（The Office of the Comptroller of the Currency =OCC）、商法銀行は州当局、証券会社や投資銀行は証券取引委員会（Securities and Exchange Commission）、金融持ち株会社は連邦準備銀行（Federal

Reserve Bank=FRB）と監督システムは複雑である。一方、英国では日本同様、金融サービス機構（Financial Service Authority）が金融機関を一元的に監督している。
- ***initial public offering***：「新規株式公開」で通常IPOと略して呼ばれる。IPOの際には、新規に発行される株式だけでなく、既存の大株主が保有している既存株式も売り出されることが多い。
- ***consortium***：consortiumには「共同事業体」や「組合」などの意味があるが、ここでは出資者がリミテッド・パートナーとして有限責任しか負わない組合（リミテッド・パートナーシップ）を意味している。

　米国の銀行だけではない。欧州の金融業界も1990年代に大きく変貌した。英国では1986年に株式委託手数料が自由化された。この自由化は、英国の証券業界に大きな再編をもたらしたことから、大爆発「ビッグ・バン」と呼ばれた。日本の大手都市銀行に相当するNational Westminster BankやBarclays Bankなど、英国の大手商業銀行（Clearing House）は、英国のビッグ・バンを証券ビジネスに進出するチャンスと見て、中堅証券会社の買収などによって証券業務の分野に進出したが、その後多くの英国大手銀行は証券部門を縮小してリテール金融に重点を置くようになった。むしろ、ビッグ・バンを活用したのは米国や欧州大陸の大手金融機関であった。彼らは、米国の投資銀行に相当するSG Warburg、Kleinwort Benson、Morgan Grenfellなどのマーチャント・バンク（Merchant Bank）[22]を買収することで英国市場でのプレゼンスを高めた。マーチャント・バンクは高い専門性と実績を誇っていたが、資本金が比較的小規模であったこともあり、独自で生き残りを図るよりも大資本の銀行の傘下に入る道を選択した。デリバティブ取引で大損を出して経営危機に陥った名門マーチャント・バンクであったBearingを買収したのも、INGというオランダの大手金融グループである。その結果、自国の金融市場で圧倒的な力を誇る欧州の大手銀行が、英国のマーチャント・バンクの買収を通じて投資銀行部門の金融技術を獲得、米国の銀行にも対抗できる国際金融競争力を付けたのである。

　別掲（48頁）の大手格付け機関であるMoody'sの格付けを見ていただきたい。1987年当時、多くの大手邦銀は最上級のAaa格を享受していたが、現在では最上級から5～6ランク下のA格まで低下している。一方、欧米の銀行はAA格という高い格付けを現在も維持している。邦銀と外銀の評価は完全に逆転したのである（格付け記号の定義については、46, 47頁の格付け説明を参照）。

---

[22] マーチャントバンクとは、貿易金融だけでなく、外国の政府債券を英国の富裕層に転売することで業務を拡大させた英国の金融業者を意味する。

格付け記号の定義

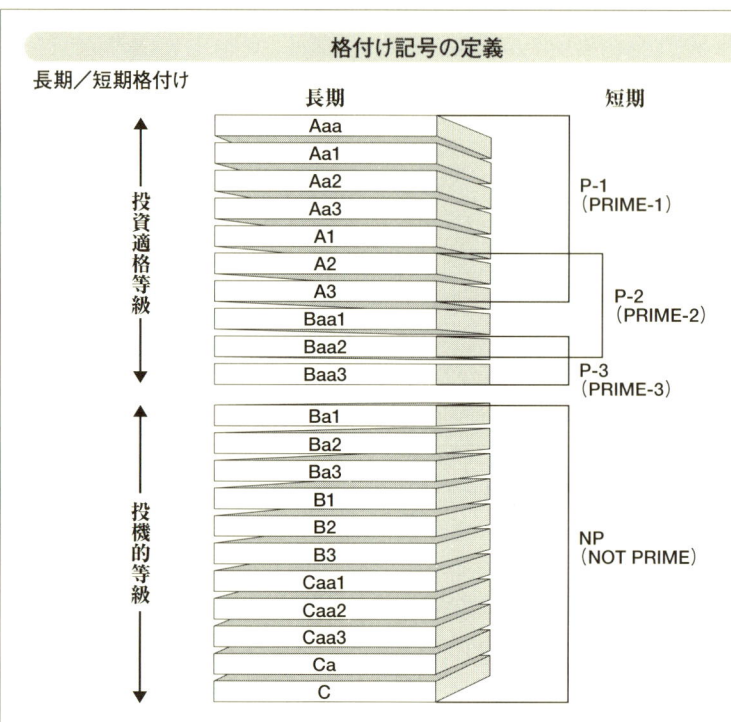

長期／短期格付け

長期	短期
Aaa	
Aa1	
Aa2	P-1
Aa3	（PRIME-1）
A1	
A2	
A3	P-2
Baa1	（PRIME-2）
Baa2	
Baa3	P-3（PRIME-3）
Ba1	
Ba2	
Ba3	
B1	
B2	NP
B3	（NOT PRIME）
Caa1	
Caa2	
Caa3	
Ca	
C	

Aaa〜Baa3：投資適格等級
Ba1〜C：投機的等級

《ムーディーズ長期格付けの定義》

Aaa（トリプルエー）
　極めて優れていると判断された債券に対する格付け。一般的に「一流債券（ギルト・エッジ）」と呼ばれ、投資の対象としてリスクは最小限である。
　利払いは大きな、もしくは非常に安定した利益によって余裕をもって保護されており、債券の元本が予定通り支払われる確実性が最も高い。債務履行の確実性に関するいくつかの要素が変化することも考えられるが、こうした変化が債券の基本的な安全性を阻害することはない。

Aa（ダブルエー）
　総合的に優れていると判断された債券に対する格付け。Aaa格の債券とともに、一般的に上級債券と総称される。Aaa格の債券との相対的比較から、元利払いの安全性の余裕度が小さく、債務履行の確実性に関する要素に変動幅があり、もしくは、長期的なリスクに影響を及ぼすような要因が存在しうる債券である。

A（エー）
　投資対象として数多くの好材料が認められ、中級の上位と判断された債券に対する格付け。元利払いの確実性は認められるが、将来ある時点において、債券の安全性を低下させるような事柄が出現する可能性がある。

Baa（ビーダブルエー）
　中級と判断された債券に対する格付け。（元利払いの確実性が極端に高くなく、また低くない。）現時点では元利払いの確実性が認められる。しかし、長期的観点から見ると、特定の要素について、その確実性が低いか、あるいは信頼性の低い性質のものがある。このような債券は投資適格を満たす顕著な特性が不足しており、また、事実投機的な要素をもっている。

Ba（ビーエー）
　投機的な要素を含むと判断された債券に対する格付け。将来の安全性に不確実性がある。元利払いの安全性は中位で、長期的には、情勢によってその安全性が維持されない場合もありうる。不確実性という言葉で特徴づけられる債券である。
B（ビー）
　好ましい投資対象としての適正さに欠けると判断された債券に対する格付け。長期的な観点から見ると、元利払い及び契約条項の遵守の確実性は低い。
Caa（シーダブルエー）
　安全性が低いと判断された債券に対する格付け。債務不履行に陥っているか、あるいは、元利払いを困難にする要素が認められる。
Ca（シーエー）
　非常に投機的であると判断された債券に対する格付け。債務不履行の状態にあるか、また重大な危険性が認められる。
C（シー）
　長期債券に対する最も低い格付け。有効な投資対象となる見込みは極めて薄い。

Aaa Bonds which are rated Aaa are judged to be of the best quality. They carry the smallest degree of investment risk and are generally referred to as "gilt edged." Interest payments are protected by a large or by an exceptionally stable margin and principal is secure. While the various protective elements are likely to change, such changes as can be visualized are most unlikely to impair the fundamentally strong position of such issues.

Aa Bonds which are rated Aa are judged to be of high quality by all standards. Together with the Aaa group they comprise what are generally known as high-grade bonds. They are rated lower than the best bonds because margins of protection may not be as large as in Aaa securities or fluctuation of protective elements may be of greater amplitude or there may be other elements present which make the long-term risk appear somewhat larger than the Aaa securities.

A Bonds which are rated A possess many favorable investment attributes and are to be considered as upper-medium-grade obligations. Factors giving security to principal and interest are considered adequate, but elements may be present which suggest a susceptibility to impairment some time in the future.

Baa Bonds which are rated Baa are considered as medium-grade obligations (i.e., they are neither highly protected nor poorly secured). Interest payments and principal security appear adequate for the present but certain protective elements may be lacking or may be characteristically unreliable over any great length of time. Such bonds lack outstanding investment characteristics and in fact have speculative characteristics as well.

Ba Bonds which are rated Ba are judged to have speculative elements; their future cannot be considered as well-assured. Often the protection of interest and principal payments may be very moderate, and thereby not well safeguarded during both good and bad times over the future. Uncertainty of position characterizes bonds in this class.

B Bonds which are rated B generally lack characteristics of the desirable investment. Assurance of interest and principal payments or of maintenance of other terms of the contract over any long period of time may be small.

Caa Bonds which are rated Caa are of poor standing. Such issues may be in default or there may be present elements of danger with respect to principal or interest.

Ca Bonds which are rated Ca represent obligations which are speculative in a high degree. Such issues are often in default or have other marked short-comings.

C Bonds which are rated C are the lowest rated class of bonds, and issues so rated can be regarded as having extremely poor prospects of ever attaining any real investment standing.

Senior Unsecured Long Term Debt Credit Rating by Moody's Investors Service

Japanese banks	12/1987	2/1999	8/2004
Bank of Tokyo Mitsubishi	Aaa	A2	A2
Daiichi Kangyo Bank	Aaa	Baa2	A3 (Mizuho)
Sumitomo Bank	Aaa	A3	A3 (Mitsui-Sumitomo)
Sanwa Bank	Aa1	A2	A3 (UFJ)

Senior Unsecured Long Term Debt Credit Rating by Moody's Investors Service

Non-Japanese banks	8/2004
Citibank, N.A.	Aa2
Deutsche Bank AG	Aa1
Barclays Bank	Aa1
ABN Amro bank	Aa3
Canadian Imperial Bank of Commercec	Aa3
Union Bank of Switzerland (Old)	Aa1

解説

- ***senior unsecured long term debt***：senior（優先）は会社清算時などの際の資金回収の優先順位が最も高いものを指す。優先順位としては、優先貸出債権（senior debt）、劣後貸出債権（junior debt）、優先株式（preferred stock）、普通株式（common stock）となる。unsecuredは「担保が付与されていない」という意味。cleanと同義。long term debtは長期借入で通常10年以上の借入を指す。1年以内の短期借入はshort term debt、またその中間の中期借入はmedium term debtと言う。
- ***credit rating***：信用格付け。
- ***Moody's Investors Service***：信用格付け会社の1社。Moody's社のほかに、Standard and Poor's（S&P）やFitch Ratingsが世界的に高い評価を得ている。日本では、日本格付研究所と日本格付投資情報センターが代表的格付け機関。

第6節 グローバル化するホールセール・バンキング

　蘇った米国の銀行や国際競争力をつけた欧州の銀行を軸に、今世界の金融地図が大きく変わろうとしている。金融の国境が消えようとしているのだ。金融機関にとってはお金そのものが商品であり、顧客からの信用獲得が最も大切なことである。顧客が身近に接し親近感を感じる自国の金融機関が有利であることは疑いの余地がない。その意味で外国の金融機関がトップクラスの地位を確立することは決して簡単なことではない。しかし、インターネットなど情報・通信手段の飛躍的進歩が金融のグローバル化を現実的なものにした。ここ数年の間で、世界市場の制覇を狙った巨大合併や国境を超えた買収・合併が次々と実現しているのである。

　図表1-15を見ていただきたい。シティバンク（Citibank）とトラベラーズ・グループ（Travelers Group）の合併によって、銀行・生命保険・投資銀行（証券）業務でトップクラスの地位を持つ巨大金融機関が誕生したほか、JPモルガン（JP Morgan）とチェース（Chase）による大型米国銀行同士の合併やスイスの大手銀行であるUBS・SBCの合併や、ドイツ最大の銀行であるドイツ銀行（Deutsche Bank）による米国のバンカーズトラスト（Bankers Trust）の買収など、巨大金融機関が次々と誕生している。

　金融機関、とくに大手企業、機関投資家や政府を取引対象とするホールセール・バンキング（投資銀行業務）でグローバル化が急速に進んだのはどのような背景によるのであろうか。これには、いくつかの要因が考えられる。

　第一の要因としては、投資銀行にとって重要な収入源である株式や債券など資本市場（capital market）が米国市場をはじめとして大きく拡大したことが考

図表1-15　大手金融機関のの合従連衡

Citigroup	CSFB	Deutsche	JP Morgan	UBS Warburg
Citibank	Credit Suisse	Deutsche Bank	Manufactures	SWiss Bank
Salomon Brothers	First Boston	Morgan Grenfell	Hanover Chemical	Phillips & Drew
Smith Barney	Donalson,Lufkin&	Alex Brown	Chase Manhattan	S.G. Warburg
Schroder	Jenrette	Bankers Trust	Hambrecht & Quist	O'Connor
Nikko	Pershing		Robert Fleming	Dillon Read Paine
			Beacon group	Wabber
			JP Morgan	

Steven I. Davis *Investment Banking*, 2003

えられる。とくに、金融リスクが複雑・多岐にわたる「新しい金融パラダイム」[23]では、運用のプロフェッショナルにグローバルな観点からの資金運用を委ねざるを得なくなる。その意味で、高い金融技術力や実績だけでなく、グローバルな情報ネットワークが不可欠となってくる。

第二に、投資銀行の重要な顧客である大企業の多くがM&A（合併、買収）[24]という手段を通じてグローバル化戦略を推進したことが挙げられる。国境をまたぐクロスボーダーM&A(cross border M&A)では、買収ターゲット先の選定、買収価格の算定、買収条件の設定だけでなく、買収企業が属する国の法律、税制、人事慣行、規制当局の意向などローカルな知識や経験が求められることになる。

第三に、投資銀行業務が単なる証券の仲介というエージェンシー機能（agency function）だけでなく、大口証券の引受け（underwriting）[25]や自己取引（proprietary trading）[26]、さらにはM＆A完了時までの繋ぎ融資（bridge financing）、自己勘定での企業への投融資（merchant banking、proprietary investment）[27]、デリバティブ取引（derivatives）[28]など自己勘定で行なう取引が主流となってきたことから、リスクを支える資本金を拡大する必要があったことが挙げられる。

Steven I. Davisはその著書 *Investment Banking* の中で、グローバル・ベースの資本市場取引額が急増していること（図表1－16）を示したうえで、以下のように述べている。

> A second driver in recent decades has been globalization. This over-used term can mean different things to different constituencies, but to investment bankers it means essentially cross-border investment flows. Cross-border mergers and acquisitions in the developed world as well as direct and portfolio investment in emerging markets have fuelled the profitability of the handful of banks, primarily US-based, who have had the relationships and networks to capture these flows. (Steven I. Davis, *Investment Banking*, 2003)

[23] 本章2節を参照。
[24] 第7章M&Aを参照。
[25] 引受けとは、企業が発行する証券を一旦投資銀行が買取った後に、投資家に転売する業務をいう。投資家に転売できなかった残額は投資銀行が一時的に保有することになり、その分市場リスクにさらされる。
[26] 投資銀行の自己名義で証券の売買（トレーディング）を行なうこと。ディーリング（dealing）ともいう。
[27] 本章前節「リスクとリターン」のマーチャント・バンキングを参照。
[28] 第5章「デリバティブ」を参照。

訳例

ここ数十年の第二の推進力はグローバル化の流れである。この使い古された言葉は人によって異なった意味となり得るが、投資銀行家にとっては本来国境を越えた投資資金の流れを意味する。新興国市場への直接投資やポートフォリオ投資だけでなく、先進国の国境を越えたM&Aは、これらの資金の流れを捉える顧客関係とネットワークを築いてきた一握りの銀行（主にアメリカに本拠を置く銀行だが）の利益を激増させた。

解説

- ***mergers and acquisitions***：mergersは「合併」でacquisitionは「買収」。企業の合併や買収、提携や売却などのアドバイスをして手数料（commission）を得る業務をM&A advisoryという。
- ***cross-border M&A***：国境を超えたM&Aを意味する。外国企業による日本企業の買収をout-in、逆に日本企業による外国企業の買収をin-outともいう。
- ***investment banker***：「投資銀行」あるいは「投資銀行業務（investment banking）に従事するプロフェッショナル」を意味する。投資銀行（investment bank）は、主として、資本市場での債券や株式の発行の引受けおよび売買、M&Aの仲介業務などの金融サービスを提供する。貸出を中心とした銀行業務をcommercial bankingという。
- ***direct and portfolio investment***：direct investmentは事業活動を行なう目的で出資をする「直接投資」を意味し、portfolio investmentは主として売却益であるキャピタル・ゲイン（capital gain）や配当収入などのインカムゲイン（income gain）をねらう「証券投資」を意味する。
- ***emerging market***：開発途上の市場を意味する。developing marketともいう。これに対して先進国市場をdeveloped marketあるいはmatured marketという。

図表1-16　資本市場取引額

($ in billion; years ending 31/12)

	1983年	1988年	1993年	2000年
Worldwide M&A （グローバル・ベースM&A）	96	527	460	3,461
Worldwide equity issued （グローバル・ベース株式発行）	50	51	172	322
Worldwide debt issued （グローバル・ベース債券発行）	146	631	1,546	2,604
Worldwide equity market capitalization （グローバル・ベースの株式時価総額）	3,384	9,728	14,016	32,260
Worldwide pension assets （グローバル・ベースの年金資産総額）	1,900	3,752	6,560	9,100

出所：Steven I. Davis, *Investment Banking*, 2003

高い専門性、巨大な資本力、グローバル・ネットワークを武器に世界市場制覇をねらうグローバル・プレーヤーは、世界の主要市場であるニューヨーク、ロンドン、さらにはユーロ圏市場だけでなく、世界第2の経済大国で1,400兆円という膨大な個人金融資産をもつ日本市場をターゲットにしていることはいうまでもない。本章の締めくくりとして、次節では日本市場における今後の投資銀行業務について展望していく。

第7節 日本市場における投資銀行の行方

一昔前まで、日本市場は外国の金融機関にとって巨大で魅力的ではあったものの、いくつかの問題点のために参入の困難な市場と考えられていた。しかし、今ではその状況が大きく変わった。

まず規制（regulation）の問題。欧米では、金融当局（regulatory authorities）は違法行為などには厳しく対処するが、細かいことにはいちいち口出しをしな

図表1-17　日本、アメリカ、イギリス、ドイツ、フランスの税率比較

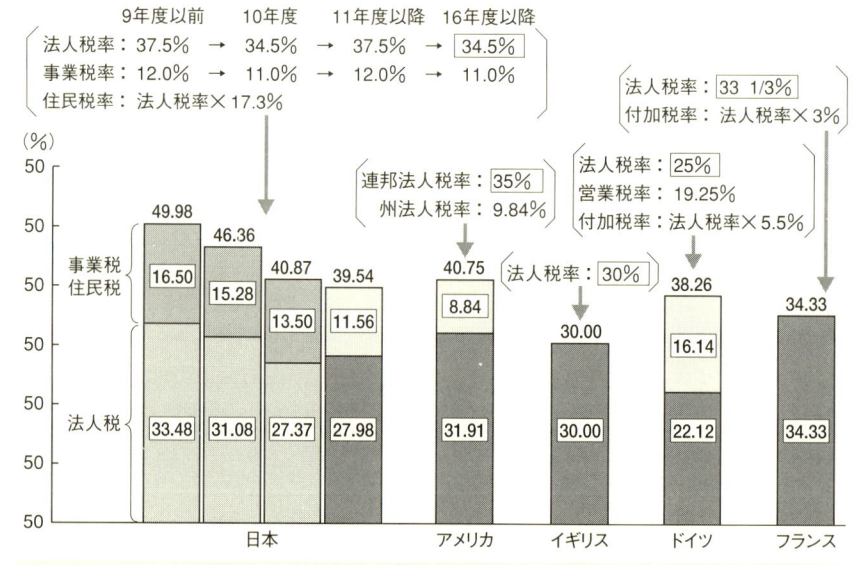

日本
- 9年度以前：法人税率 37.5%、事業税率 12.0%、住民税率：法人税率×17.3%
- 10年度：法人税率 34.5%、事業税率 11.0%
- 11年度以降：法人税率 37.5%、事業税率 12.0%
- 16年度以降：法人税率 34.5%、事業税率 11.0%

アメリカ
- 連邦法人税率：35%
- 州法人税率：9.84%

イギリス
- 法人税率：30%

ドイツ
- 法人税率：25%
- 営業税率：19.25%
- 付加税率：法人税率×5.5%

フランス
- 法人税率：33 1/3%
- 付加税率：法人税率×3%

	9年度以前	10年度	11年度以降	16年度以降	アメリカ	イギリス	ドイツ	フランス
合計	49.98	46.36	40.87	39.54	40.75	30.00	38.26	34.33
事業税・住民税	16.50	15.28	13.50	11.56	8.84	—	16.14	—
法人税	33.48	31.08	27.37	27.98	31.91	30.00	22.12	34.33

出所：財務省：http://www.mof.go.jp/jouhou/syuzei/siryou/084.htm

第7節　日本市場における投資銀行の行方

い。基本的には結果責任行政である。ところが、日本では新しい商品を出すときなど、その都度大蔵省（現金融庁）にお伺いをたてなければならない。外資系にとってこの行政指導的（administrative guidance）なやり方はなかなか理解できないものであった。そのうえ、「何をするにも当局の許可を得るのに時間がかかり過ぎる」、「新商品を持ち込んでもはたして創業者メリットを享受できるのかわからない」といった不満が外資系にはあった。しかしながら、今回の三菱東京フィナンシャル・グループ、住友信託銀行、三井住友フィナンシャルグループによるUFJグループをめぐる買収訴訟合戦で明らかなように、日本の金融業界の透明性が増してきており、外資系金融機関にとってやりやすい環境になってきた。

　次に税金や会計制度の変更が挙げられる。法人税率が10～20％台の香港やシンガポールといったアジアの金融市場に比べると日本の税率は如何にも高く映ってしまうが、図表1－17にあるように、日本の法人税の実効税率は39.54％と米国の40.75％を下回り、フランス、ドイツとほぼ同じ水準になってきた。また、最近の改正商法による会計基準の変更も、外資系金融機関にとって歓迎すべきものであった。時価会計（market value accounting）[29]、キャッシュフロー会計、連結財務諸表（consolidated financial statement）中心主義[30]などグローバル・スタンダードに沿った会計基準が導入されたため、企業財務の透明性が向上し、公正な競争原理が促進される環境が整ったからである。それだけでなく、持ち株会社方式、企業の分社・分割、株式交換などの導入によってM&Aが従来に比べ圧倒的に実行しやすくなったことも見逃せない。このように、日本の税制や会計基準の変更によって、日本市場がわかりにくいミステリアスな市場から理解しやすい市場へと変化したといえる。

　三番目の点として、膨大な不良債権処理による体力の大幅低下や市場や株主の力の増大を背景に、日本の金融機関が従来のような利益を軽視した市場拡大戦略を採ることができなくなったことが挙げられる。バブル時代の日本の金融機関は強大な資本力・資金力をバックに、外資系から見れば採算割れともいえる思い切った条件を提示し、優良取引先をどんどんさらっていった。外資系にとってみれば、日本の金融機関と競争するだけ時間の無駄といった時期もあっ

---

[29] 時価会計主義とは、資産と負債を毎期末の時価で評価する会計をいう。これに対して取得原価主義（historical cost accounting）とは購入時の価格（取得原価）で貸借対照表に計上する方法をいう。この場合、売却してはじめて利益や損失を確定するので、その間どんなに価格が変化しても貸借対照表の金額は再評価されない。

[30] 商法改正前は、単体財務諸表（non-consolidated financial statement）が許されていたが、2000年3月期の決算から連結財務主義となった。

た。しかし、バブル崩壊で状況が一変した。膨大な不良債権の処理に苦慮し、低い格付によって不利な資金調達を強いられている日本の金融機関は、もはや破格の条件を提示できる状況にはない。また、株主を軽視した経営を行なうと株主代表訴訟で責められる惧れも高くなった。外資系にとって、日本の金融機関と同じ土俵で戦うことが可能となったのである。

日本の金融機関の体力の低下や環境の変化に伴なって、日本企業の外資系金融機関に対する見方も変わってきた。「外資系は長期的な取引関係を大事にするよりむしろ短期的な利益を追求するので、真の信頼関係を築くことは困難」というのが今までの見方だった。しかし、邦銀の貸し渋りや株の持ち合い解消など、今までとは違って邦銀が必ずしも100%頼りになるとは限らなくなってきた。それだけでなく、邦銀の画一化された金融商品や情報に比べ、外資系は各分野でかなり専門的なサービスを提供できる体制を持っている。こういったことから、最近では積極的に外資系との取引関係を深めたいと考える日本企業が増加している。

さらに、会計基準の変更、機関投資家の株保有比率の増加、信用格付制度の定着などを背景に、企業経営者もROEやEVA®などの経営指標を取り入れて収益向上を最優先としたり、外部取締役を導入したりするなど経営姿勢に変化が見られるようになった。このように急速に変化する経営環境の中で、従来日本になかったビジネス、たとえば、①事業部門や子会社の経営者が親会社から支配権を買収して自ら株主として経営するMBO（management buyout）、②未公

図表1-18 日本企業が関わるM&Aアドバイザリーランキング（公表案件　取引金額ベース）

アドバイザー	2003年				2002年		
	取引額（百万ドル）	順位	市場シェア	案件数	取引額（百万ドル）	順位	前年比
シティグループ	22,819.3	1	26.1%	30	8,304.1	2	174%
メリルリンチ	18,133.6	2	20.8%	11	1,642.5	15	1,004.0%
野村ホールディングス	17,966.4	3	20.6%	121	20,541.2	1	-12.5%
ドイツ銀行グループ	17,253.4	4	19.8%	6	4,708.9	8	266.4%
みずほファイナンシャルグループ	15,347.7	5	17.6%	108	6,356.2	6	141.5%
三菱東京ファイナンシャルグループ	14,462.9	6	16.6%	47	3,213.0	11	350.1%
大和証券SMBC	11,453.7	7	13.1%	66	7,944.9	3	44.2%
リーマン・ブラザーズ	11,411.9	8	13.1%	9	450.6	24	2,432.6%
JPモルガン・チェース	9,867.7	9	11.3%	15	6,303.1	7	56.6%
UFJホールディングス	8,640.8	10	9.9%	56	1,009.0	19	756.4%
その他	13,310.7		15.3%	1,502	11,792.4		12.9%
合計	87,282.9		100%	2,115	63,674.9		37.1%

出所：トムソン・フィナンシャル：http://www.thomsonfinancial.co.jp/pdf/2003/MA2003jp.pdf

開企業に資本を注入して数年後の公開や売却を通じて収益をあげることをねらったプライベート・エクイティ・ファンド (private equity fund)、③「投機的格付=non-investment grade」でリスクは高いが将来性のある企業が発行する高利回り債 (high yield bond) などの新しいビジネスチャンスが急拡大している。新しいビジネスチャンスを捉えるべく、日本の大手金融グループも急速に金融技術を向上させてはいるが、これらの分野の専門性と実績を誇っている欧米の投資銀行が依然として数歩先行しているのが現状ではなかろうか。

　上記のように、日本市場、特に資本市場はグローバルなネットワークを誇る外資系投資銀行にとって、魅力的な市場となってきた。それでは、外資系投資銀行の活動は今後さらに活発になっていき、日本の金融市場を席巻していくのであろうか。ビッグバン後の英国市場で見られたようなウィンブルドン現象[31]が起こるのであろうか。英国では、米国や欧州大陸の大手金融機関がマーチャント・バンクなど英国の資本市場における重要なプレーヤーを買収することでウィンブルドン現象が進んだが、日本市場ではどのような発展をみせるのだろうか。

　今後の展開を考える前に、現在の日本の資本市場における外資系の最近の活動を、投資銀行業務の中核ともいえるM&Aに焦点を当てて見てみたい。

　図表1-18は、トムソン・フィナンシャルによる2002年と2003年の日本企業が関わるM&Aアドバイザリー業務獲得ランキングである。

　上位10社の中には、純粋な外資系グループ（メリルリンチ、ドイツ銀行グループ、リーマン・ブラザーズ、JPモルガン・チェースの4社）、日本の銀行系グループ（みずほフィナンシャルグループ、三菱東京フィナンシャル・グループ、UFJホールディングスの3社）、日本の証券系グループ（野村ホールディングス）、日本の銀行と証券会社の合弁会社（大和証券SMBC）、それに外資系と日本の証券会社の合弁会社（シティグループ）の4つのタイプの金融グループが入っている。このランキングから以下の現状を読み取ることができよう。

① 純粋な外資系グループが上位10社中4社も入っているが、案件数はいずれも少ない（逆に言えば1件当たりの取引額が大きい）。また、外資系はM&Aの獲得案件が年によって大きくぶれる傾向が強い。例えば、2003年のM&A獲得金額で2位にランクされているメリルリンチの2002年のラン

---

31 ウィンブルドン現象とは、1986年に英国で実施された証券取引所を中心とする改革（通称ビッグ・バン）によって、英国の資本市場の中核的役割を果たしていたマーチャント・バンクが米国や欧州大陸の大手金融機関に買収されるなど、英国資本市場が英国以外の金融機関に支配された現象を意味する。これは、テニスのウィンブルドン大会で英国以外のプレーヤーが上位に入っていることに由来する。

キングは15位であった。同様に、2002年トップ10にランクされたモルガン・スタンレーとゴールドマンサックスは2003年のランキングに入っていない。これは、外資系の従業員数が少ないことや報酬が高いこと、それに顧客ネットワークが限定されていることなどから、大型案件にターゲットを絞っていることが理由だと考えられる[32]。

② 逆に日本の銀行系、証券系のM&A取引数は外資系に比べて圧倒的に多い。逆に言えば、1件当りの取引額は小さい。これは、日本の銀行・証券グループがM&Aのターゲット先を大企業だけに限定せず、中堅企業を含む既存の取引先に設定していることによる。また、顧客との取引関係が貸出や預金、外国為替など幅広くM&A手数料だけに頼ることがないので、M&A取引額の多寡によって取引を選別しないことも関係していよう。

③ 日系では野村ホールディングスが依然として高いマーケットシェアを占めているが、みずほフィナンシャルグループや三菱東京フィナンシャル・グループという大手銀行系グループが急速にマーケットシェアを拡大している。これは、従来から大手都市銀行がメインバンクとして顧客企業と親密な取引関係を構築していたことによるものと考えられる。しかしながら、大口案件は外資系に奪われるケースも多く、グローバルに展開をする大企業や大型案件では外資系が有する金融知識や実績を武器に依然として優位性を維持していることが窺われる。

④ 外資系(シティグループ)と日本の証券会社(日興コーディアルグループ)の合弁会社が2002年2位、2003年1位とトップにランキングされていることが注目される。取引金額だけでなく、取引数も比較的多く、外資系と日系双方の強みを生かしているといえよう。

上記から、少なくとも日本市場においては、外資系投資銀行が市場を支配するというウィンブルドン現象が発生している状況にはないが、同時に日本の金融グループも市場を支配しているとはいいがたい。むしろ、純粋な外資系、日本の金融グループ、それに外資と日本の合弁グループが互いにせめぎあっているのが現状といえる。

Nicole Pohl (2003) はその論文Foreign Penetration of Japan's Investment-Banking Market: Will Japan Experience the "Wimbledon Effect" のなかで、グローバル・プレーヤーとローカル・プレーヤーの強みを以下のようにまとめて

---

[32] M&Aのアドバイザリー手数料は、一般的に取引金額に一定の料率をかけるので、取引額が大きいほど手数料も大きくなる。

いる。

Global capabilities
- Experience operating in deregulated, competitive markets
- Flexibility to adapt to a changing environment
- A global network of branches and subsidiaries
- Global research capabilities concerning macroeconomics developments, regions, countries, products, industries
- Ability to interpret and synthesize global and local data in a changing environment
- Knowledge of international standard
- Global reputation, trustworthiness
- Ability to attract skilled personnel
- Ability to tailor products and packages to the customer; ability to create new products

Local knowledge
- Reputation as an established local/domestic player
- A large domestic network of clients and institutional investors
- Understanding of locally idiosyncratic features and requirements
- Personal ties and trusted relationships
- Local market knowledge
- Enjoy the benevolence of regulatory agencies

訳例

グローバル プレーヤー
・規制が緩和された競争的市場での経験
・変化する環境への柔軟な適応性
・支店や子会社によるグローバルなネットワーク
・マクロ経済の発展，地域，国，金融商品，産業に関するグローバルな調査能力
・急速に変化している環境において、グローバルとローカルのデータを解釈し合成する能力
・国際標準基準に関する知識
・グローバル ベースでの高い評価と信用
・能力の高い人材を引き付ける能力
・顧客の需要に応じてテイラーメイドの商品やパッケージをつくる能力、新商品をつくる能力

ローカル プレーヤー
・基盤が確立したローカル国内プレーヤーとしての評価
・顧客や機関投資家との幅広い国内ネットワーク
・国内特有のことがらや規制に対する理解
・人的な結びつきや信頼関係
・国内市場に関する知識
・監督官庁との友好な関係

　上記で指摘されているように、外資系金融機関の強みは、グローバルなネットワーク、資産運用（global asset management）や仕組み金融商品（structured financial products）、証券化（securitizatin）など、投資銀行分野での金融技術・実績などである。しかし同時に外資系の最大の弱点は、日本市場での顧客ネットワークが限られていることや日本市場特有のビジネス慣行に習熟していないことである。日本市場で外資系が成功するためには、長年にわたって築きあげられた日本の金融機関の顧客取引関係は、外資系にとってのどから手が出るほど欲しいものである。では外資系金融機関はどの様にして日本市場に食い込もうとしているのであろうか。
　外資系が日本市場へ食い込む戦略としては、いくつかの方法が考えられる。
　1つは独力で築いていく方法である。東京の拠点にすでに1,000名規模の人員を擁している何社かの大手銀行や投資銀行は、おそらく独力で日本でのビジネスを拡大する戦略をとっていくと思われる。この方法のメリットは、提携相手の企業文化（corporate culture）や経営方法（management approach）の相違を気にすることなく、自社の企業文化のなかで戦略を進めていくことができることである。また、日本側の提携相手と収益面の調整をする必要がないというメリットもある。ただし、この方法は、独力でも取引関係を築いていくことが可能な大企業や機関投資家を対象とする卸売り投資銀行分野（wholesale investment banking）に限られよう。しかも、取引相手が大企業や機関投資家であるだけに、卸売り投資銀行の競争は激しく収益的にも厳しい。
　2つめは、顧客ネットワークを持っている日本の金融機関と、特定の商品や分野に限定して業務提携（business collaboration）をすることである。いまのところ、最も多いのがこの形態といえる。とくに、年金の運用委託や運用商品の共同開発の分野でこの形態の提携が多く見られる。外資系にとってのメリットは、提携相手の販売ネットワークや顧客基盤などをすぐに活用できることである。日本側にとっても外資系が築いてきた金融手法や資産運用技術を手に入れるというメリットがある。しかしこの形態の場合、資本提携ではないためどう

しても両社の間で一体感が弱くなりがちとなる。

　三番目が互いに資本を提供する形、たとえば合弁会社を設立したり、互いに出資をしたりする方法である。資本関係が確立されるので両者の結びつきがそれだけ強くなり、提携が成功する確率が高くなるというメリットがある。実際、すでに見たとおり、日興コーディアル・グループとシティグループによる合弁投資銀行である日興シティグループ証券会社は高い実績を残している。しかし、合弁会社を形成する適切なパートナーを見つけることは必ずしも容易ではない。仮に適切なパートナーを見つけたとしても、企業文化の異なる企業同士が親会社を別々に残したままで特定の事業を統合する合弁企業を成功させるのは決して容易ではない。とくに、合弁のパートナーが双方とも高いマーケットシェアを有する場合には、合弁会社が成功するほど、あるいはパートナーのいずれか一方が合弁の目的を達する（例えば、外資系が顧客基盤を構築する、あるいは日系が金融技術を習得する）と合弁事業を解消する可能性もでてくる。逆に合弁事業のパートナーの市場におけるポジションが弱い場合には、合弁事業そのものが成功しないことになる。前述のNicole Pohlはその論文の中で、合弁事業について以下のような示唆に富むコメントをしているので読んでみよう。

　While the example of Nikko Salomon Smith Barney has pointed toward the potential success of joint ventures, we believe that it will be very difficult − although not impossible − for other companies to replicate this success. The risks involved in joint ventures are one of the reasons there have up to now been no endeavors similar to the NSSB joint venture. The choice of an adequate partner is a difficult step, in particular in case in which each partner has already acquired significant market share on its own. Meanwhile it is doubtful that joint ventures between weaker partners are promising in a business so dominated by a few strong players and undergoing consolidation.

(Nicole Pohl, Foreign Penetration of Japan's Investment-Banking Market: Will Japan Experience the "Wimbledon Effect", 2003)

訳例

　日興ソロモンスミスバーニー（NSSB）の例は、ジョイントベンチャーのもつ成功の可能性を示しているが、私たちは、他の会社が同じような形態を採ることは不可能とはい

わないまでも、かなり難しいと確信している。現在までNSSBのようなジョイントベンチャーを設立する試みがなされていないのは、このジョイントベンチャー形態の持つリスクも一因であろう。適切なパートナーを選択することは、パートナーになるべき両社ともかなりのマーケット・シェアを得ている場合には特に困難なステップとなる。しかしながら、少数の強力なプレーヤーがビジネスを支配し、統合が進展している状況では、弱者同士のジョイントベンチャーが成功することも難しい。

解説

Nikko Salomon Smith Barney：現在の日興シティグループ証券会社に名称変更する前の会社名。現在シティグループとなっているSalomon BrothersもSmith Barneyも米国の有力投資銀行であった。

　四番目が直接日本の金融機関本体を買収するケース。一般的に、欧米の企業は提携や合弁などより、過半数の株を取得して会社全体の支配権を握る方を好む。提携や合弁では提携相手との企業文化や戦略の違いを調整しなければならないが、支配権を握ると自分の思い通りの経営ができるからである。しかしながら、バブル経済の崩壊以降、大半の日本の金融機関は不良債権を抱えており、欧米の経営者にとって日本の金融機関を買収するリスクは小さくなかった。このため、これまでは旧日本長期信用銀行や旧東京相和銀行に見られたように、不良債権を整理して健全な資産や収益的に期待できる体質までスリムにした上で買収するケース（破たん型買収）が主流であった。特に、わずか4年で高いリターンを実現した新生銀行（旧日本長期信用銀行）のケースに触発された外資系ファンドが、この方式による買収を今後とも試みることは十分に考えられよう。

　しながら、大手銀行グループの不良債権処理がほぼ目途が立ってきたことから、今後大型の「破たん型買収」が起こる可能性は小さいと思われる。むしろ、2007年に導入が予定されている外国企業の株式を交換手段とする株式交換（stock for stock）を活用して、日本の大手金融グループを買収する可能性に留意する必要があろう。特に、日本の金融グループが有力なグローバル金融グループに比べて、時価総額（market capitalization）の点で大きく差をつけられている現状では、株式交換を利用した大型買収もまったくの夢物語ではなくなってくる。

　たとえば、2004年10月2日現在のシティグループ、バンク・オブ・アメリカ、JPモルガン・チェースの時価総額はそれぞれ2,324億ドル（約25.5兆円）、1,796億ドル（約19.7兆円）、1,436億ドル（約15.8兆円）と、三菱東京フィナンシャル・グループの6.1兆円、みずほフィナンシャルグループの5.1兆円、三井住友フィ

ナンシャル・グループの3.8兆円を大きく上回っている。
　単独の形態、業務提携、資本提携、あるいは買収といずれの方法を採るにしても、大きく変動している日本の金融市場において勝者となるためのビジネスモデルを構築していくことは、外資系投資銀行にとっても、また日本の金融グループにとっても、重要ではあるが決して容易ではない課題といえよう。

第 2 章

アングロサクソン型
コーポレートガバナンス

外資系金融機関の攻勢が今後ますます激しくなっていくなか、外資系で働くチャンスは増加しよう。外資系だけではない。改正商法で委員会等設置会社が導入されたように、日本の金融機関もアングロサクソン型の経営システムをある程度取り入れていくようになるであろう。その意味で、日本の金融機関に働いている人達にとっても、アングロサクソン型の経営方式に触れていく機会が増えていくと考えられる。アングロサクソン型経営システムを認識しておくことは、今後外資系で働くにしろ日本の金融機関で働くにしろ無意味なことではない。本章では、アングロサクソン型経営システムについて説明していく。

第1節 アングロサクソン型コーポレートガバナンス

コーポレートガバナンスは日本語では「企業統治」と訳されている。ではその意味は何か。2003年2月に策定された日本の「厚生年金基金連合会株主議決権行使基準」には、以下のような定義がなされている。

> コーポレートガバナンスにおいて最も重要なことは、企業内部に株主利益の立場から企業経営をチェックする仕組みを築くことである。このような観点から、企業経営における執行と監督の機能を分離し、取締役会は株主利益の観点に立って経営を監督する機能を適切に果たすことが求められる。監督機能を有効に働かせるためには、当該企業と利害関係を一切有しない独立した社外取締役の登用が不可欠である。また、株主などに対し、企業経営に関する十分な質、量の情報開示と説明責任が果たされなければならない。（出所：http://mr.topica.ne.jp/ir/pdf/sem20030722_2_2.pdf）

米国型コーポレートガバナンスはまさに上記の考え方をベースとしており、その特徴として、①取締役会と経営委員会の役割分担が明確であること、②取締役会メンバーの過半数が社外取締役であること、③取締役会のもとに、いくつかの委員会（Committee）を設置していること、の3点が挙げられる。

① 取締役会と経営委員会の役割分担が明確

executive committee（経営委員会）は日本の執行役員会に相当するが、経営のプロフェッショナルとして会社を経営するグループをいう。日本でも取締役と執行役を分離する企業が増加しているが、日本の場合には依然として会社の経営権は取締役が持っており、執行役は取締役会が決定した事項を推進するとの認識が一般的である。一方、米国型では、経営委員会が経営のプロフェッショナルとして会社を経営する役割を担っており、取締役会（board of directors）は株主の代理として経営委員会の経営を監督し、経営には直接タッチしない。経営委員会の最高責任者である最高経営責任者は、Chief Executive Officer（CEO）とあくまでオフィサーであり、日本のように代表取締役ではないことに留意する必要がある。また、Chairman of the Boardはあくまでも「取締役会の議長役」ということであり、日本でいう業務執行者としての代表取締役会長とは異なる。このように、取締役会と経営委員会の責任と権限は日本型と米国型では大きな相違がある。

140万人の公務員の年金を運用している「カルフォルニア州公務員退職年金基金（カルパース）」(California Public Employees' Retirement System ; CalPERS)によると、オフィサーであるCEOの役割は、単なる業務執行ではなく会社経営であることが明確に理解できる。

図表2-1　米国型コーポレートガバナンス

```
                    株主総会
                      │
                 解任・選任
                 意思決定
                      ↓
    ┌────────────────────────────────────────┐
    │              取締役会                    │
    │   社外取締役            │   社内取締役    │
    └────────────────────────────────────────┘
監督      ⇩          ⇩          ⇩          ↑
    ┌──────┐   ┌──────┐   ┌──────┐       参加
    │監査委員会│   │報酬委員会│   │指名委員会│
    └──────┘   └──────┘   └──────┘
       監督        監督        監督
        ↓          ↓          ↓
    ┌────────────────────────────────────────┐
    │      経営陣（CEC、CFO、CIOなど）         │
    └────────────────────────────────────────┘
```

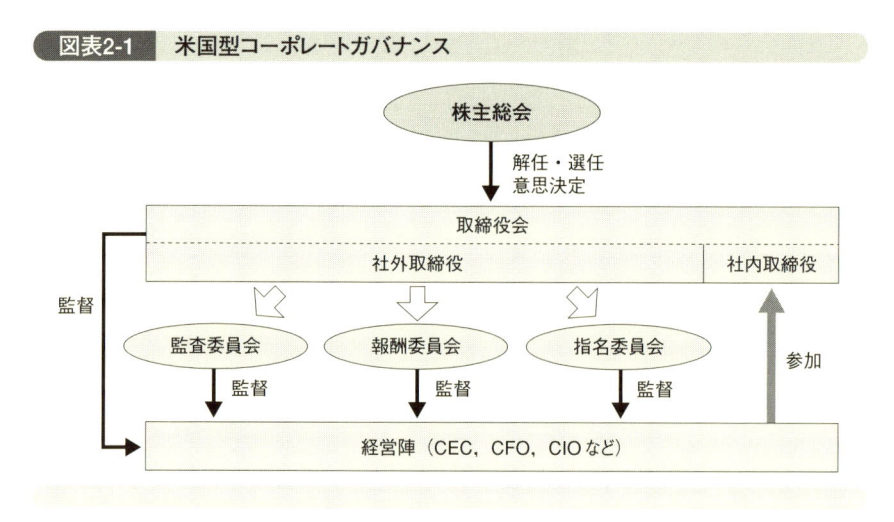

図表2-2　伝統的日本型コーポレートガバナンス

```
                    株主総会
                      │
   解任・選任      解任・選任
   意思決定            ↓
                    監査役
         ↑         │
         監査       │
         │         │
    ┌─────────┐    │監査
    │ 取締役会  │    │
    │大半が社内 │    │
    │ 取締役   │    │
    └─────────┘    │
       監督│         │
         ↓         ↓
    ┌────────────────────────┐
    │代表取締役、業務担当取締役│
    └────────────────────────┘
```

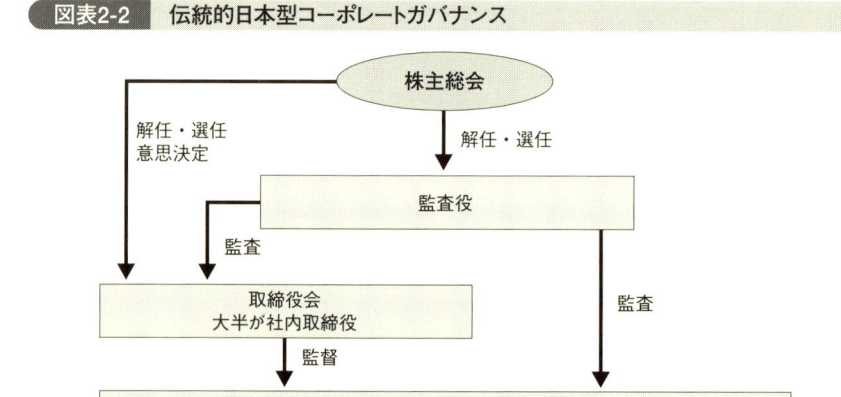

The chief executive officer is the senior executive of the Company. The CEO is responsible for:
・providing management of the day-to-day operations of the Company;
・recommending policy and strategic direction of the Company, for ultimate approval by the Board of Directors; and
・acting as the spokesperson of the Company

(http://www.calpers-governance.org/principles/domestic/us/page12.asp)

訳例

　CEO（最高経営責任者）は、会社の上級幹部である。CEOは以下の事項に責任を持つ。
・会社の日々の業務を経営すること
・会社の基本方針や戦略的方向性について取締役会に提案し、取締役会から最終的な承認を得ること
・対外的な会社の代表者として活動すること

② 取締役会メンバーの過半数が社外取締役

　日本の取締役会のメンバーの大半は社内で昇進した社内取締役であるが、米国では逆に社外取締役（non-executive director, outside director）が過半数を占める。これは、①で述べたように、取締役会はあくまでも経営委員会（executive committee）の管理監督に徹し、日常の業務に係わる必要がないことによる。むしろ、日常の業務に係わると第三者として公正な判断ができないという考えに基づく。したがって、取締役会も年に10回程度しか開催されないし、取締役はその業務について高い専門性や経験を有する必要もない。ただし、社外取締役といえども忠実義務（duty of loyalty）や注意義務（duty of care）が課されるので、prudent man rule（慎重な対応）とbusiness judgment rule（経営判断原則）[33]にしたがって判断することが求められている。したがって、社外取締役は、取締役会に出席する前に経営委員会が作成した詳細な資料を入念に読み込む。

　「社外取締役が取締役会の過半数を占めるべき」という規定は、法律ではなくNYSE（ニューヨーク証券取引所）などの証券取引所（stock exchange）が定めている。つまり、取引所に上場（listing）するためには、取締役会の過半数を社

---

[33] business judgment ruleとは、たとえ取締役の経営判断が会社に損害をもたらしたとしても、その判断が誠実性かつ合理的になされたのであれば、注意義務違反を問うべきではないとする考え方をいう。

外取締役にしなければならない。エンロンやワールドコムなどの会計不正事件を背景にこの規定はさらに厳格化され、取締役会の過半数を単なる社外取締役ではなく、独立取締役 (independent director) としなければならなくなった。独立取締役とは、以下のCalPERSの定義のように、社外取締役以上に会社との係わりを排除したものとなっている。

Definition of Independent Director
Independent director" means a director who:
- has not been employed by the Company in an executive capacity within the last five years;
- is not, and is not affiliated with a company that is, an adviser or consultant to the Company or a member of the Company's senior management;
- is not affiliated with a significant customer or supplier of the Company;
- has no personal services contract(s) with the Company, or a member of the Company's senior management;
- is not affiliated with a not-for-profit entity that receives significant contributions from the Company;
- within the last five years, has not had any business relationship with the Company (other than service as a director) for which the Company has been required to make disclosure under Regulation S-K of the Securities and Exchange Commission;
- is not employed by a public company at which an executive officer of the Company serves as a director.
- has not had any of the relationships described above with any affiliate of the Company; and
- is not a member of the immediate family of any person described above.

(http://www.calpers-governance.org/principles/domestic/us/page13.asp)

▌訳例

独立取締役の定義
 独立取締役とは以下の条件を備えていなければならない
- 過去5年の間に当該企業に経営者 (管理者) として採用されていないこと
- 当該企業のアドバイザーないしコンサルタントである企業とかかわりを持っていないこと、あるいは当該企業の上級管理者の一員でないこと
- 当該企業の重要な顧客あるいは製品供給者とかかわりを持っていないこと
- 当該企業ないし当該企業の上級管理者と人的役務契約を結んでいないこと

・当該企業から相当な寄付を受けている非営利法人とかかわりを持っていないこと
・過去5年の間に当該企業と（取締役としての業務以外に）、レギュレーションS-Kに基づいた情報開示が求められるような業務上の関係を結んでいないこと
・当該企業の上級管理者が取締役として勤める公開企業に雇用されていないこと
・当該企業の関連会社と上記のいかなる関係も結んでいないこと
・上記のいかなる人物の家族の一員でもないこと

解説

executive capacity：executive officerのexecutiveは経営者（日本の商法では執行役員）、capacityは「資格」。
affiliated：ここでは「関係を持つ」という意味。子会社（subsidiary）に対して関係会社をaffiliateという。
senior management：CEO、CFOなど会社や部門のヘッドとして、会社や部門の方針や戦略に責任をもつ上級管理者をいう。地域長や支店長、チーム長などを含めることもある。
not-for-profit entity：非営利法人。non-profit organization (entity)と同義で、慈善や教育など公益事業を目的として設立された法人。entityは事業体や団体など主体を意味する。
Regulation S-K：米国の証券取引委員会（Securities and Exchange Commission=SEC）の規定で、証券の公募発行などの際求められるSECへの登録（filing）に関する規定。業務内容、発行証券の詳細、財務内容や経営陣など登録の際求められる開示事項が規定されている。
public company：株式を上場あるいは店頭公開している「公開会社」。ここでいうpublicは「一般の投資家」を指す。非公開会社はprivate company.

③ 取締役会の下に、いくつかの委員会を設置

　米国型システムでは、株主から選任された取締役会のもとに設置される、いくつかの委員会（committee）を通じて経営陣の管理監督を行なう。最も典型的な委員会が報酬委員会（compensation committee）、指名委員会（nominating committee）、監査委員会（audit committee）である。報酬委員会はCEOや他の経営幹部の年間給与、賞与、長期インセンティブなどを最終的に定める。指名委員会は、株主によって選任されるべき取締役候補者を推薦する役割を持つ。また、CEO（最高経営責任者）の後任者を取締役会に推薦する役割も持つ。監査委員会の主たる役割は、外部監査人の推薦、外部監査人報酬や独立性の審査、内部監査人の選任・解任、監査報告書の審査などである。ニューヨーク証券取引所（NYSE）では、上記3委員会の構成メンバーは全員独立取締役であるべきとしている。つまり、会社の経営は社内の経営幹部で構成される経営委員会が責任を持ち、それを社外あるいは独立取締役で構成された取締役会のもとに設

第2章　アングロサクソン型コーポレートガバナンス

置された各委員会が監督する仕組みとなっている。
　米国大手銀行であるJPモルガン・チェース（JP Morgan Chase）のWebサイトには、以下のように取締役会の責任に関する会長兼CEOのコメントが記載されている。この英文には、「取締役会は会社の株主のために経営を監視することである」としたうえで、その役割を極めて明確に規定している。

Responsibilities of the Board of Directors: The Board as a whole is responsible for the oversight of management on behalf of the Firm's stockholders. The principal functions of the Board are to oversee processes for evaluating the adequacy of internal controls, risk management, financial reporting and compliance with law and the Firm's code of conduct; to evaluate and determine the compensation of the Chief Executive Officer; to review the Firm's compensation and benefits programs and its succession planning and diversity programs; to review the major strategic, financial and other objectives of the Firm; to review the Firm's community-oriented activities; and to nominate directors and evaluate the structure and practices of the Board to provide for sound corporate governance. The Board accomplishes these functions acting directly and through its committees.
(http://www.jpmorganchase.com/cm/cs?pagename=Chase/Href&urlname=jpmc/about/governance)

訳例

取締役会の役割
　　取締役会は全体として、株主のかわりに会社の経営の監督に責任を持つ。取締役会の主たる機能は、内部管理、リスク管理、財務報告および法令及び社内規定の遵守が適切に行われているかを評価するプロセスを監視すること、CEO（最高経営責任者）の報酬を評価し決定すること、会社の給与と福利厚生のプログラム、後継者に関する計画や雇用人材の多様化プログラムを精査すること、会社の主要な戦略上及び財務上その他の目標を精査すること、会社の地域社会での活動を精査すること、取締役を任命し、健全なコーポレートガバナンスを行なうために取締役会の構成とその活動を評価することである。取締役会は直接あるいは取締役会が設置する委員会を通じてこの機能を果たしていく。

解説

　compliance with：「従順」とか「従う」という意味から、日本語でもコンプライアンスは「法令遵守」として広く使われるようになっている。
　Chief Executive Officer：略してCEOと呼び、会社経営陣のヘッドである「最高経営

責任者」。CFO（Chief Financial Officer）は「最高財務責任者」、CIO（Chief Information Officer）は、システム・情報部門の「最高情報責任者」をいう。

- ***compensation and benefits program***：compensationは給与やボーナスなどの「報酬」、benefitsは年金や社会保険費などの「福利厚生費」。
- ***succession planning***：CEOなどキーとなるリーダーの後継者を見つけ、育成する計画をいう。大半の外資系投資銀行では、中長期的後継者プランだけでなく、不意な状況にも対応できるように短期的な後継者プランを作成している。
- ***diversity program***：他民族で構成される米国では、公平性の観点からも幅広い人種を採用することが求められている。
- ***community-oriented activities***：ここでいうcommunityとは近隣地域などの地域社会を指す。会社は株主や従業員、取引先だけでなく、教育や環境問題への協力など地域社会への貢献も求められる。最近は企業の社会的責任（corporate social responsibility=CSR）が重視され、株式投資や格付けの際にもCSRを評価するようになっている。
- ***corporate governance***：「企業統治」とか「コーポレートガバナンス」と訳される。大半の株式会社では所有（株主）と経営（経営者）が分離しているため、経営の効率性と透明性について、経営者が株主をはじめとする利害関係者（stakeholder）に説明責任（accountability）を履行するよう管理監督する仕組みをいう。

第2節 なぜ株主第一主義か

　米国型コーポレートガバナンスはどのような背景で誕生したのだろうか。米国企業の経営者が自主的に現在のガバナンス・システムを構築したのだろうか。本項では、その点について考えていきたい。

　米国型経営システムの特徴は「株主第一主義」であるが、それは損益計算書（図表2-3）を参照すれば理解しやすい。株主は損益計算書の最後段に登場する。つまり、従業員、取引先、債権者、関係官庁（税務署）などのステークホルダーに必要な経費を支払った後の余剰金（税引き後利益）からはじめて株主への配当が支払われる。株主は他のステークホルダー（stakeholder）に比べてハイリスクなポジションに置かれているといえる。したがって、ハイリスクを取る株主が最も高いリターンを期待するのは当然という考え方となる。「ステークホルダーのなかで最も劣後なポジションにある株主を満足させれば、それ以上のポジションにあるその他のステークホルダーも満足することになる」というコメントを米国の経営者からよく聞くが、自己資本をコストのかからない自分のお金と考えるのではなく、最も高いリターン（リスクプレミアム）を期

待する外部コスト（株主資本）と見なすのが米国の経営者である。実際、重要な経営指標と考えられているROE（株主資本利益率 = return on equity）やEVA®（経済的付加価値 = economic value added）[34]は、株主コストを超える収益をあげることが基本となっている。

実は、このような株主第一主義は、必ずしも米国の経営者が自主的に始めたことではない。経営陣が株主を意識するようになったのは1980年以降であった。この変化をもたらした背景として、①敵対的買収の活発化、②機関投資家の議決権行使、の2点を挙げることができよう。

① 敵対的買収の活発化

日本では市場で株を売買することから得られるキャピタル・ゲイン（capital gain）が強調されるが、米国では株主が持っている経営参加権、つまり株主総会における議決権（voting right）も重要視される。米国で株主の議決権が注目されるようになったのは、1980年代に活発に行なわれた敵対的公開買付け（hostile takeover bid）によるところが大きい。敵対的公開買付けの場合には、買収者はターゲット企業の取締役会や経営陣ではなく、メディアを通して株主

図表2-3　ステーク・ホルダーと会社損益との関係

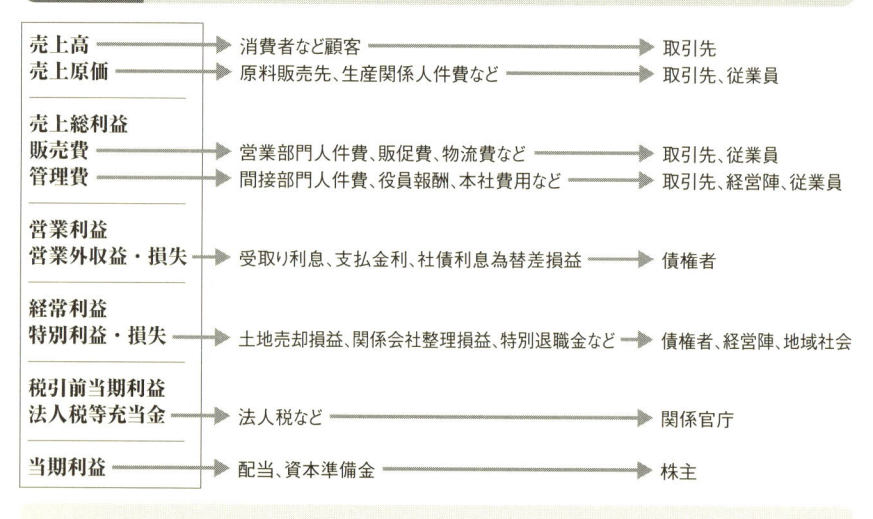

項目	内容	関係者
売上高	消費者など顧客	取引先
売上原価	原料販売先、生産関係人件費など	取引先、従業員
売上総利益		
販売費	営業部門人件費、販促費、物流費など	取引先、従業員
管理費	間接部門人件費、役員報酬、本社費用など	取引先、経営陣、従業員
営業利益		
営業外収益・損失	受取り利息、支払金利、社債利息為替差損益	債権者
経常利益		
特別利益・損失	土地売却損益、関係会社整理損益、特別退職金など	債権者、経営陣、地域社会
税引前当期利益		
法人税等充当金	法人税など	関係官庁
当期利益	配当、資本準備金	株主

---

[34] EVAはStern Stewart & Co.の登録商標。

に所有株の売却を直接要請する。この結果、株主が保有株を敵対的買収者に売却すれば、ターゲット会社の経営陣は直ちに退陣に追い込まれることになる。このため、ターゲット会社は投資銀行などをアドバイザーとして敵対的買収に対する防御策を立てたり、友好的な買収者（業界用語では白馬の騎士white knightと呼ばれる）に買収を依頼したりする（図表2－4）。しかし、敵対的買収のターゲットにならないためには、日頃から株主が満足するような経営を心がけたり、友好的な安定株主（stable shareholder, loyal shareholder）を増やしたりするなどの努力が不可欠となる。

このように、敵対的買収の活発化にともなって、これまで会社の経営に関心のなかった個人投資家も自らの存在意義を認識するようになったのである。また、経営者が講じたさまざまな敵対的買収対抗策が株主利益に反するとの意見が強くなり、公的年金等の機関投資家を中心にコーポレートガバナンスに対する関心が高まることになった。

② 機関投資家の議決権行使

機関投資家のコーポレートガバナンスへの関心は、敵対的買収だけでなく、401kと呼ばれる確定拠出型企業年金（defined contribution pension plan）の導入によるところも大きい。401kプラン（正式には即時／据え置き選択制度＝Cash or Deferred Arrangement）とは、米国の内国歳入法の401条k項の要件を満たした確定拠出型企業年金で、税制上の優遇（所得税の繰り延べ）だけでなく、転職しても継続が可能（portable）というメリットもある。掛金の運用は投

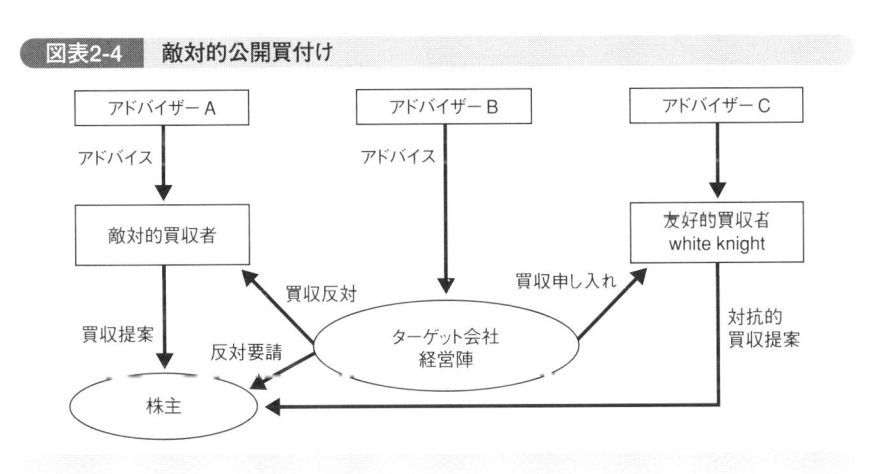

図表2-4　敵対的公開買付け

資信託などの運用商品の中から従業員が自己責任において選択する、つまり従業員のリスクで運用することになる。これが、年金給付額があらかじめ固定されている確定給付型企業年金 (defined benefit pension plan) との違いであるが、それだけに、確定拠出型年金の掛け金はリターンの高い株式や債券に投資されることになる（図表2-5）。

米国労働省のWebサイトには、2つの企業年金のタイプについて以下のような解説がなされているので、英文で理解してみよう。

Defined benefit pension plan：A retirement plan that uses a specific pre-determined formula to calculate the amount of an employee's future benefit. In the private sector, defined benefit plans are typically funded exclusively by employer contributions. In the public sector, defined benefit plans often require employee contributions.

Defined contribution pension plan：A defined contribution plan is a type of retirement plan in which the amount of the employer's annual contribution is specified. Individual accounts are set up for participants and benefits are based on the amounts credited to these accounts (through employer contributions and, if applicable, employee contributions), plus any investment earnings on the money in the account

(http://www.bls.gov/bls/glossary.htm)

訳例

確定給付型年金：従業員の将来の給付額を計算するために、特定のあらかじめ決められた計算式を用いる退職プラン。民間企業では確定給付年金は雇用主の拠出によっての

図表2-5　米国401kプランの仕組み

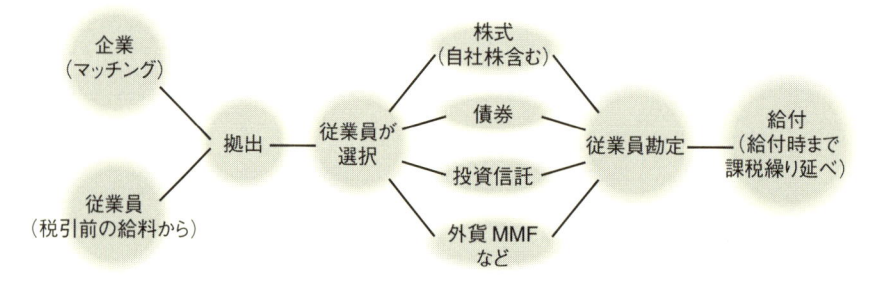

出所：個人投資家のための投信資料館：http://www.toushin.com/401k/basic/basic1_3.htm

み財源が確保される。公的機関では、従業員の拠出を伴うことが多い。
　確定拠出型年金：確定拠出年金は雇用主の年間の拠出額が固定されている退職年金である。年金受取人の口座が開設され、給付年金額は口座に入金される拠出金（雇用主の拠出金と、該当する場合には従業員の拠出も含む）とその資金を基にした投資運用益に基づいて支払われる。

解説

- ***defined benefit pension plan***：「確定給付型年金」。definedは「確定された」で、benefitは年金給付時の支払金（給付金）、つまり、将来給付される給付金があらかじめ確定している仕組みの企業年金。現在日本の企業年金は圧倒的にこの形態が多いが、拠出額の運用結果に拘わらず給付金が確定しているため、低金利が長期間続いている日本では大半の企業が年金負担に苦しんでいる。このため、確定拠出型年金へ移行する会社も増加しつつある。
- ***defined contribution pension plan***：「確定拠出型年金」。contributionは「年金への拠出金（払込金）」なので、年金拠出金は確定しているが、将来の年金給付金（benefit）は確定していない仕組みの企業年金をいう。
- ***investment earnings***：earningsは「収益」なので、ここでは投資からの運用益をいう。earningsは財務上で「収益」を表すときによく使われる。たとえば、EBITDAはearnings before interest, taxes, depreciation and amortization（金利、税金、有形資産償却額、無形資産償却額前利益）。

　本来、株主には「市場での売却」と「議決権の行使による経営への参画」という2つの選択肢があるが、機関投資家（institutional investor）も含め株主の多くは「安く買って高く売る」といういわゆるWall Street Ruleを好む。しかし、401kなどの年金資金が高いリターンを求めて、大量に年金基金（pension fund）や資産運用会社（asset management company、fund management company）に流入したため、これら機関投資家の株式保有額が膨大となった。この結果、市場で大量の保有株を売却すると株価の大幅な下落をもたらす惧れがあり、簡単に市場での売却という選択肢を採ることが困難となってしまった。このため、機関投資家は「売却」ではなく、株を中長期的に高めるために保有する議決権を行使する方法（経営参画）を採るようになっていく。つまり、株主の2つの権利である「売却か、議決権行使による経営への関与か」（exit or voice）のvoiceを選択せざるを得なくなったのである。
　さらに、1988年に米国労働省がエイボンプロダクト社の企業年金からの問い合わせに対して回答した書簡（エイボン・レター＝Avon letter）で、「議決権は資産である」とし、議決権行使は受託者（fiduciary）としての行為に含まれるとの見解を示した。この見解に後押しされて、機関投資家の議決権行使はより

積極的なものとなったのである。

　実際、前記のCalPERS（カルフォルニア州公務員退職年金基金）のWebサイトでは以下のように議決権の行使の重要性を述べている。

Shareowners collectively have the power to direct the course of corporations. The potential impact of this power is staggering. Through shareowner action, economic wealth can either be created or destroyed. In CalPERS' view, the responsibility that results from this power must be exercised responsibly.
(http://www.calpers-governance.org/alert/default.asp)

訳例

　集合体としての株主は会社の方向性を決める力を持つ。この力が持つ潜在的インパクトは莫大なものである。株主の行動を通じて、経済的富が創造されもすれば、破壊されもするのである。カルパースの見解では、この力によって引き起こされる責任は確実に履行されなければならない。

　以上見てきたように、アングロサクソン型コーポレートガバナンスは経営者自身が創ったというより、むしろ外的圧力によって創られたといえる。

第3節　アングロサクソン型ガバナンスの実際

　前節では、アングロサクソン型コーポレートガバナンスの考え方とその経緯について述べたが、本節では、実際に委員会（committee）がどのように運営されているのか、JPモルガン・チェース（JP Morgan Chase）のproxy statement（議決権行使についての参考資料）から読んでみよう。JPモルガン・チェースのproxy statement（2003年）によると、同社には図表2－6の5つの委員会（committee）が設置されており、すべての委員会のメンバーは経営に直接従事していない社外取締役（non-management director）で構成されている。

　ここで、その委員会のうち［報酬・経営推進委員会］（Compensation & Management Development）について少し詳しく読み込んでみたい。Proxy Statementには、報酬・経営推進委員会の役割を以下のように記載している。

第3節　アングロサクソン型ガバナンスの実際

図表2-6　JPモルガン・チェースの5つの委員会

Committee	Responsibility
Audit Committee	The Audit Committee is responsible for oversight of: ・the external auditor's qualifications and independence ・the performance of the Firm's internal audit function and external auditor ・the Chief Executive Officer's and senior management's responsibilities to assure that there is in place an effective system of controls reasonably designed to safeguard the assets and income of Firm ; assure the integrity of the Firm's financial statements; and maintain compliance with the Firm's ethical standards, policies, plans and with laws and regulations.
Compensation Management Development Committee	The Compensation Management Developoment Committee reviews and approves the Firm's compensation and benefit programs; ensues the competitiveness of these programs; and advises the Board on the development of and succession for key executives.
Governance Committee	The Governance Committee of the Firm exercises general oversight with respect to the governance of the Board of Directors.
Public Policy Committee	The Public Policy Committee reviews the charitable and community oriented activities of JPMorgan Chase and its subsidiaries.
Risk Policy Committee	The Risk Policy Committee is responsible for oversight of the Chief Executive Officer's and senior management's responsibilites to assess and manage the Firm's credit risk and market risk and is also responsible for reviewof the Fiem's fiduciary and asset management activities.

委員会	権限と責任
監査委員会	監査委員会は、以下の事項の監視に責任を持つ。 ・外部監査会社の適格性や独立性 ・社内外監査機能と外部監査会社の実績 ・最高経営責任者や上級経営陣が、会社の資産や収入の保護のために適切に構築された効率的なコントロール・システムが存在していること、会社の財務内容が正当なものであること、会社の倫理基準・方針・計画や手続きや法令を遵守していることなどを確実に実行する責任
報酬・経営推進委員会	報酬・経営推進委員会は、会社の報酬や福利厚生プログラムを審査し承認し、報酬や福利厚生プログラムが他社比競争力のあることを確かなものにし、そして、中核となる幹部社員の能力向上と後継者について会社にアドバイスを与える
企業統治委員会	企業統治委員会は、取締役会の企業統治能力に対する監査をする
公共政策委員会	公共政策委員会は、チャリティ活動や地域コミュニティー活動を審査する
リスク政策委員会	リスク政策委員会は、信用リスクや市場リスクに関する最高経営責任者や上級経営陣の評価・管理責任を監査し、また、会社の受託や資産運用活動についても審査する

（http://www.shareholder.com/jpmorganchase/edgar.cfm?doctype=proxy）

The Compensation & Management Development Committee reviews and approves the Firm's compensation and benefit programs; ensures the competitiveness of these programs; and advises the Board on the development of and succession for key executives.

(http://www.shareholder.com/jpmorganchase/edgar.cfm?doctype=Proxy)

訳例

報酬・経営推進委員会は、会社の報酬や福利厚生プログラムを審査し承認し、報酬や福利厚生プログラが他社比競争力のあることを確かなものにし、そして、中核となる幹部社員の能力向上と後継者について会社にアドバイスを与える。

その上で、以下のように、具体的な報酬に関する方針を明確にしている。

The Compensation Management Development Committee, which consists solely of non-management directors, administers the compensation and benefit programs of the Firm and its subsidiaries and determines the compensation of executive officers. The committee's determinations regarding officer directors are subject to ratification by the Board of Directors.

JP Morgan Chase's compensation programs are designed to attract, retain, and motivate top quality, effective executives and professionals. Our compensation policy for executive officers emphasizes performance-based pay over fixed salary and uses stock-based awards to align the interests of executive officers with our stockholders.

JP Morgan Chase seeks to provide compensation levels that are competitive with those provided by the appropriate peer groups of financial institutions in each of the markets and businesses in which we compete. During 2002, the committee received reports from independent consultants to ensure that the program, in the committee's judgment, remains competitive and able to meet its objectives.

(http://www.shareholder.com/jpmorganchase/edgar.cfm?doctype=Proxy)

訳例

報酬・経営推進委員会は社外取締役のみで構成されており、会社とその子会社の報酬に関する報酬・福利厚生プログラムを管理運営し、経営幹部社員の報酬を決定する。取締役を兼任する内部幹部社員の報酬に関する当委員会の決定は、取締役会の承認を得な

第3節 アングロサクソン型ガバナンスの実際

ければならない。

　JPモルガン・チェースの報酬プログラムは、トップクラスの能力を持った有能な経営幹部やプロフェッショナルを惹きつけ、会社にとどめ、モチベーションを高めるようにデザインされている。経営幹部社員に対する報酬は、固定給に加えて業績に連動した報酬に特徴があり、経営幹部社員の利益と株主の利益が連動するように株式をベースにした報酬を採用している。

　JPモルガン・チェースは、それぞれの市場や業務でわが社が競合する同業他社の報酬レベルに対して競争力のある報酬のレベルを提供するよう努めている。2002年に関しては、わが社の報酬プログラムが依然として競争力があり、期初の目標にかなっていることを裏付ける報告書を、独立系コンサルタントから受け取っている。

> **解説**
>
> ***non-management director***：non-managementとは、会社の経営に直接関与しない取締役、つまり「社外取締役」を意味する。outside directorと同義。
> ***subsidiary***：通常議決権のある株式 (voting stock) を50％超所有する会社を「子会社」というが、50％未満でも実質的に経営の支配権を握っている場合も「子会社」ということが多い。それに対して、経営権を握っていないが相応の株式を所有している会社を関係会社 (affiliate) という。
> ***executive officer***：経営に携わる幹部社員を指す。この最高の地位にいる幹部社員がCEO (chief executive officer) である。
> ***professional***：日本語でも「プロフェッショナル」というが、専門性の高い社員を指すことが多い。弁護士事務所、コンサルタント、投資銀行などは、professional service firmと呼ばれる。
> ***performance-based pay***：業績に応じて報酬額を決めるという「成果主義に基づく報酬」。これに対して。職能給はwage determined by job performing abilityあるいはpay according to functionと訳されている。
> ***stock-based awards***：ストックオプション (stock option) や長期間に亘って株式の形で分割払いする限定株式 (restricted stock) など、賞与を現金ではなく、株式で支払うことをいう。この場合、株価の動向によって受け取る報酬が変動するので、会社の業績と社員のモチベーションを連動させることが可能となる。

　上記の報酬基本方針にしたがって、JPモルガン・チェースのCEOなど幹部社員 (executive officers) に対する報酬は、以下のように基本給 (base salary) とボーナス (短期と長期 = short-term and long-term insentive bonos) で構成されている。

　Salaries – For each executive, the committee reviews salaries paid to similarly situated executives in the relevant competitor peer group. A particular executive's actual salary will be set based on this competitive review; the executive's performance and potential; and the Firm's emphasis on performance-based rather than salary-based compensation.

Incentives – Throughout the year, the committee reviews financial and operational results and strategic achievements, both for the Firm overall and by line of business, as well as market data and trends for the appropriate peer groups, to determine overall business incentive funding levels and individual awards for executive officers. Individual annual performance incentives are awarded based on the executive's success in achieving corporate, business unit and individual performance goals and the committee's assessment of the individual's current and potential contribution to the Firm's success.

Incentive mix – Incentives are awarded in cash and in the form of JPMorgan Chase equity. Because JPMorgan Chase believes that the grant of significant annual equity-based awards further links the interests of senior management and our stockholders, more than 50% of the incentives awarded to executive officers for 2002 were in the form of JPMorgan Chase equity. In January 2003, the committee approved awards of restricted stock units which will vest 50% in January 2005 and 50% in January 2006. The committee also approved stock option grants which will become exercisable 50% in January 2005 and 50% in January 2006. These options will expire on February12, 2013. All awards vest in case of death, disability, or retirement. These terms and conditions applied to awards for all employees across the Firm.

(http://www.shareholder.com/jpmorganchase/edgar.cfm?doctype=proxy)

訳例

基本給：幹部社員の基本給は、競合他社グループの類似ポジションにある幹部社員に支払われる基本給を参考とする。特定の幹部社員に実際に支払われる基本給は、競合他社比較、当該幹部社員の業績と潜在能力、そして基本給主義ではなく成果主義に基づいて決められる。

インセンティブ：報酬委員会は、年間を通して、会社全体と事業部門の財務・業績面の成果だけでなく、競合他社に関する市場データや動向を審査して、全社レベルのボーナスの資金枠と個々の幹部社員に対するボーナス支給額を決定する。個々の幹部社員に対する業績ベースによる年間の報酬は、会社全体・担当部門・当該幹部社員個人の当初目標達成度に加えて、当該幹部社員の現在及び将来の会社への貢献度を考慮のうえ支給される。

インセンティブ・ミックス：インセンティブは、現金とJPモルガン・チェースの株

式で支払われる。相当な額を株式ベースで支払うことによって、上級幹部社員と株主の利害をさらに連動させると確信しているので、2002年に幹部社員に支払われたインセンティブの内、50％を超える部分がJPモルガン・チェースの株式であった。2003年1月に、当委員会は、2005年1月と2006年1月にそれぞれ50％ずつ授与される制限付き株式による報酬を承認した。また、2005年1月と2006年1月にそれぞれ50％ずつ権利実行が可能となるストックオプションの付与も承認した。これらのストックオプションは、2013年2月12日に期限が到来する。すべての報酬は、本人の死亡、身体障害、定年退職の際には直ちに支払われる。これらの報酬に関わる諸条件は、全社員に同一に適用された。

解説

- ***competitor peer group***：「競合他社」。peerは「同業、同僚」などの意味があるが、ここでは類似の業種のグループを意味する。
- ***incentive funding level***：報酬の際に用いられるincentiveは「ボーナス」を指す。funding levelは「ボーナス資金源の大きさ」で、会社や部門の業績でその大きさが異なってくる。
- ***restricted stock***：「制限付き株式」で、株式の支給を今ではなく、将来の何年間にわたって行なうという制限が付いているので、このように呼ばれる。株価の動向によって、支給時の金額が変動することになる。
- ***stock option***：「ストックオプション」。特定の株価で特定の時期に購入する権利をいう。例えば、2005年12月1日以降権利行使が可能で、権利行使価格が100円のストックオプションの場合、2005年12月10日に株価が150円に上昇していれば、権利を行使して100円の株を購入して直ちにその株を市場で売却すれば50円の利益を得られる。

　JPモルガン・チェースのproxy statementでは、上記のような報酬体系を明記した上で、上級経営幹部（senior executive officer）個々人に関する詳細な報酬結果が報告されている。ようやく日本でも取締役への報酬全額が記載されるようになったが、米国では、取締役の報酬（これは幹部社員より圧倒的に低いが）だけでなく、主要な幹部社員の報酬が記載される。日本のメディアでしばしば批判されているように、米国大手企業の経営陣の報酬は極めて高い。しかし、多くの場合、基本給以外のインセンティブ部分は、制限付き株式やストックオプションとなっているため、将来の株価の影響を受けることに注意を向ける必要がある。つまり、将来の株価次第ではまったく無価値になる可能性がある。経営陣には将来の株価が高くなるような経営をすることが求められているのだ。その意味では、米国の経営陣は四半期毎の業績しか見ない極めて短期的な経営を行っているという批判は必ずしも当たらない。

　JPモルガン・チェースの取締役会の報酬に対する考え方をまとめると以下

のようになろう。
① 優秀な経営陣やプロフェッショナル人材を惹きつけ、ひきとめ、モチベーションを与えることが報酬システムの目的である。したがって、同じ業界の競合銀行より競争力のある報酬システムとする。
② 報酬は定量・定性要因によって定めるが、より成果主義の色彩が強い。
③ 報酬結果の正当性を得るために、専門のコンサルタントの意見を求める。
④ ボーナスなどインセンティブ部分は、株価の上昇と結びつけるために自社株で支給する。
⑤ 中期的視野で企業価値の増大を促すために、インセンティブ・ボーナスは数年後に受給資格ができる仕組みとなっている。したがって、実際の受取額はその時の株価による。
⑥ 最高経営責任者（CEO）だけでなく、主要な上級幹部社員の報酬を詳細に開示する。

第4節　株主資本への取組み

　米国型と日本型の基本的な相違点は、株主資本（equity capital）に対する認識の差といえる。日本の銀行は戦後の日本経済復興のために重要な役割を果たしてきた。日本の各産業に対する安定的な資金の供給者としての役割だけでなく、長期保有を前提とした戦略的株主としても各企業の発展に大きく貢献した。邦銀の経営者にとって取引企業の株主になる目的は、短期的な収益を求めることではなく、長期的な成長を支援することと取引関係を親密にすることであった。

　同様に、邦銀との株の持合を通じて邦銀の株主となった企業にとっても、邦銀株保有から短期的なリターンを期待してはいなかった。邦銀・企業双方にとって株主資本の提供は、経済的な意味よりむしろ長期的・戦略的意味合いの方が強かったのである。邦銀株を買った個人投資家についても同様のことがいえた。個人投資家にとって、邦銀株は長期保有を前提とした絶対に倒産しない超安定株であったのだ。邦銀の株主は、企業であれ個人であれ誰も短期的なリターンを求めていなかった。それだけでなく、個人投資家や企業株主には、邦銀の経営を監視する意思も意図もなかった。つまり、邦銀にとって株主資本は長期安定的かつ低いコストのまさしく自己資金であったのである。

このような環境のなか、邦銀の経営者が一般の株主に対して説明責任（accountability）を強く意識する必要性を感じなかったとしても不思議ではない。むしろ邦銀の経営者が説明責任を強く意識していたのは株主や株式市場ではなく、邦銀の経営を実質的に管理・監督していた行政当局だったのである。日本とは対照的に、米国の銀行はまさに株主資本によって管理・監督されている。米国では取引先との株の持ち合いは存在しない。また米国の金融当局は事前の行政指導ではなく、結果責任を厳しく追及する検査官的立場であり、経営者の経営方針に細かく口を挟まない。米銀の経営者を監視しているのは、銀行株を純粋な投資目的として保有している「大口の機関投資家」であり、個人株主が頼りにしている「信用格付け会社」（rating agency）なのである。機関投資家も信用格付会社も、銀行の財務内容に敏感に反応し、決算の結果次第で株価は大きく変動する。収益が低下すると格付けが下がり、その結果株価も下落する羽目になる。米銀の経営者にとって最も重要な目標は、収益を向上させ、格付けを高めて、株価の上昇を実現することといえよう。米国の銀行経営者はまさしく株主に対して説明責任義務を負っているのである。

邦銀の経営者にとっての株主資本がコストのかからない安定的な資金であるのに対し、米銀にとっての株主資本は、投資家から高いリターンを要求されている高いコスト（株主資本コスト = cost of equity capital）の資金である。資本金を日本では「owned capital = 自己資本」と呼び、米国では「equity capital = 株主資本」と呼ぶのが一般的であるが、この呼び方にも資本金に対する見方の違いが表れている。

投資家が期待している高いリターンをもたらすためには、「高い配当を行なうこと」と「株価の上昇によって値上がり益をもたらすこと」が必要になる。株価を上げて高い配当を行なうためには、高い収益を実現しなければならない。収益性を表わす財務指標のなかでも、株主資本利益率（return on equity = ROE）が最も株価に大きな影響を与える。ROEは「株主資本に対しどれくらいの利益をあげたか」を示す指標で、当期利益を株主資本金で除して求められる。欧米の大手金融機関では、このROEのターゲットを20％前後という高いレベルにおいている。では、ROEを高めるにはどうすればいいか。

一般的に、ROEは3つの要素に分解して解説される。つまり、

ROE ＝ 当期利益/売上高 × 売上高/総資産 × 総資産/株主資本

言い換えれば、

> ROE ＝ 売上当期利益率 × 総資産回転率 × ファイナンシャル・レバレッジ

となる。最初のふたつの式を1つにして、

> ROE ＝ 総資産利益率（ROA）× ファイナンシャル・レバレッジ

とした方がわかりやすい。

　総資産利益率（return on asset=ROA）は、金融の世界では頻繁に接する指標で、総資産に対してどれくらいの収益をあげたかを表わす。たとえば、1億円融資して利ざや（spread）として100万円の利益をあげた場合のROAは1%になる（正確には、人件費などの経費を差し引いた純利益を使う）。

　一方、ファイナンシャル・レバレッジは外部からの負債の割合を表わす。ROEを高くするためには、ROAを高めファイナンシャル・レバレッジを大きくすればいいことになる。しかし、ここで注意すべきことはファイナンシャル・レバレッジの程度である。いくらROEが高くても、ファイナンシャル・レバレッジが大きすぎると財務の安定性を欠くことになるからだ。簡単な例で説明しよう。A行、B行ともROAが同じ1.5%とする。しかし、A行は外部負債比率が高く、ファイナンシャル・レバレッジが20倍（つまり、株主資本1に対し総資産が20、言い換えれば、株主資本比率が5%）とする。一方、B行のファイナンシャル・レバレッジは10倍（株主資本比率10%）と仮定する。この前提条件で両行のROEを計算すると下記の通りとなる。

> A行のROE：　　1.5% × 20=30.0%
> B行のROE：　　1.5% × 10=15.0%

　両行とも同じROAにもかかわらず、A行のROEは30%、一方のB行のROEは15%と大きな差が出てしまう。ROEだけをみると、A行がB行より収益率が高い銀行と判断される。しかし株主資本比率を見ると、A行5%、B行10%で、B行の安定性の方が高い。このように、ROEは株主にとって収益性を表わす重要な指標ではあるが、ROEだけで判断することは危険である。総合判断を行なうためには、自己資本比率などその他の指標も検討しなければならない。

　以下の英文は、ウェルズ・ファーゴ銀行（Wells Fargo Bank）のWebサイトの「株式投資アドバイス」の中からピックアップしたものであるが、ROEとファイナンシャル・レバレッジの関係を分かりやすく説明している。

第4節　株主資本への取組み

　By taking on debt, a company can keep its equity small, thereby increasing the profit it can make as a percentage of that equity. So a company may leverage itself just in order to pump up returns on equity (ROE). Financial businesses, such as banks and credit card companies, are almost always highly leveraged as a nature of the business.

　When analyzing a stock, it is important to be sure that a company with a high financial-leverage ratio relative to its industry can meet interest payments year in and year out. Seek out companies with consistent and reliable cash-flow streams that are sufficient to cover those interest payments. If something goes wrong, either with the company itself or with the general economy, a highly leveraged company can quickly find itself in trouble.
(https://invest.wellsfargo.com/Education/trading/leverage.html)

訳例

　借り入れをすることによって、会社は株式資本額を少なくし、その結果一株あたりの利益率を増やすことができる。したがってROEを高めるために、レバレッジを利かせることもあり得る。銀行やクレジットカード会社のような金融機関は、その業務特性から、多くの場合高いレバレッジとなっている。

　株を分析する際には、同業他社に比べて高いレバレッジ（借入比率が高い）となっている会社であれば、その会社が毎年の支払い金利を履行しているかを確認することが重要である。金利の支払いを充当するに十分な継続的で変動のないキャッシュフローのある会社を探すことだ。会社自身あるいは経済一般に何か問題が起きたときは、高いレバレッジを利かせている会社はすぐに困難に陥るものである。

解説

debt：ここでは「外部借入金」で、銀行借入金、債券などが含まれる。debtに対するのがequity（株主資本）で、debtと異なり、基本的に返済をする必要がない。ただし、株主が期待しているリターン（売買益や配当）は高い。

leverage：「梃をきかす」ということから、外部借入金で資金調達することをいう。

financial-leverage ratio：「財務レバレッジ倍率」と呼ばれ、総資本を株主資本で割って求める。株主資本比率の逆。

interest payment：「金利支払い」。元本の支払いはprincipal payment。元本に対する金利を意味したいときには、interest on a debt（借入れ利子）、interest on a deposit（預金利息）などと前置詞はonを使う。

　ROEやROAにくわえ、EVA®を経営指標として採用する企業も増加している。EVA®はEconomic Value Added（経済的付加価値）を意味し、米国のコンサル

タント会社であるStern Stewart & Companyが開発した財務指標で、税引き後営業利益から資本コスト[35]（借入資本コストと株主資本コストの合計）を差し引くことで算出される。営業利益はキャッシュフローをベースに算出し、資本コスト（cost of capital）は借入金利と株主の期待リターンを合計したものである。つまり、キャッシュフロー・ベースで資本コストを超える利益をあげることのできない企業は、「経済的付加価値」のない企業となる。なお、EVA®の詳細については、Stern Stewart & CompanyのWebサイト（http://www.sternstewart.com/）を参照されたい。

　ROEを高めるために、米国の投資銀行の経営者はさまざまな戦略を取ってきた。その1つが、リスクとリターンを計量化したことだ。いうまでもなく、リスクとリターンは裏腹の関係にある。リスクを取らないとリターンは得られない。リスクとリターンを計量化することが不可欠となる。高度な数学を駆使して金利・株・為替・デリバティブなどの市場リスクを、現在価値（present value）で計測するバリュー・アット・リスク（value at risk=VaR）と呼ばれるリスク計測方法が開発されたが、このVaRがリスクとリターンの計量化の進歩に大きく貢献した。VaRは、過去のさまざまなデータを利用して、市場リスクの潜在的な「最大損失額」を統計学的に一定の確率で算出する手法である。今日では、大手邦銀を含め世界の主要銀行が市場リスクの計測方法としてVaRを取り入れるようになった。さらに進んだ銀行では、市場リスクだけでなく融資などの信用リスクについてもVaRで計測するシステムを開発している。

　米国投資銀行の経営者は、VaRをリスク資本の配分（risk capital allocation）のツールとして利用するようになっていった。つまり、「銀行の持つ潜在的な損失は、最悪のケースでも資本金の範囲内に抑えなければならない」、換言すれば「資本金は最後のバッファーである」という考え方から、VaR（推定最大損失額）をリスク資本金（これをリスク・キャピタルとかエコノミック・キャピタルと呼ぶ）とみなし、VaRに対し最も高い収益をあげる部門に、より大きなリスク資本金を配分するようになったのである（詳しくは、第4章リスクとリターンを参照）。

　このように、欧米の銀行はVaRを軸としてリターンの極大化をはかるべく戦略商品を絞っていった。つまり、推定最大損失額が少なく収益性の高い分野に経営資源を重点的に配分し、逆の分野から撤退・縮小する戦略を果敢に推進したのである。その結果、多くの銀行が、VaRが高い反面収益性に限界のある伝

---

[35] 5章M&Aを参照

統的な融資業務を縮小し、デリバティブ、証券化商品、M&Aアドバイザリー業務などVaRに対して収益率の高い商品に注力するようになった（これらの金融商品については、第5、6、7章を参照）。

収益が増加し、ROA（総資産利益率）やROE（株主資本利益率）が高くなると、株価がそれにつれて上昇する。時価（market capitalization）は総発行済株式数に株価を掛けることによって得られるので、時価（market capitalization）も大きくなる。つまり、時価とは今市場で100%の株を購入するのに必要な総額を意味する。金融業界大再編時代の中で生き残っていくためには、銀行の収益基盤を高め、M&A（買収・合併）などを通して業務を拡大していく必要がある。そのためにも、時価総額を大きくすることが銀行経営者の目標となる。収益が良くても時価が小さいと、格好の買収ターゲットになる惧れがあるからだ。銀行の強弱は資産規模の大きさではなく、時価の大きさで判断されるのである。

図表2-7を見ていただきたい。総資産規模では、米国の3大銀行と日本の3大銀行の格差はそれほどないが、時価総額では3大米銀は日本の3大銀行の3～5倍と圧倒的に大きい。資産規模では銀行に及ばない米国の投資銀行でも、時価総額では日本の3大銀行と遜色がない。株主資本総額で見ても、米国3大銀行が圧倒的に大きく、日本の3大銀行と米国投資銀行がほぼ同レベルとなっている。米国の投資銀行に相当する日本の証券会社は、時価総額、株主資本総額いずれにおいても、競争相手となる米国投資銀行に大きく格差をつけられている。この時価総額の格差は収益率の格差によることはいうまでもない。図表

図表2-7　日米銀行・投資銀行比較（2004年10月2日現在）

（単位：百万ドル、110円で換算）

	社名	①時価総額	②株主資本総額	③総資産	④株主資本比率	⑤ROA	①/②
米国大手銀行	Citigroup	232,438	98,311	1,396,569	7.0%	1.27%	2.4
	Bank of America	179,626	95,821	1,037,202	9.2%	1.49%	1.9
	JPMorgan Chase	143,629	45,941	817,763	5.6%	0.61%	3.1
米国大手投資銀行	Morgan Stanley	55,536	27,002	729,501	3.7%	0.77%	2.1
	Merrill Lynch	47,401	29,884	548,435	5.4%	0.93%	1.6
	Goldman Sachs	45,460	23,152	467,921	4.9%	0.98%	2.0
日本大手銀行	三菱東京FG	55,591	39,048	969,232	4.0%	0.55%	1.4
	みずほFG	46,873	33,131	1,252,274	2.6%	0.30%	1.4
	三井住友FG	34,582	27,918	929,229	3.0%	0.32%	1.2
日本大手証券会社	野村ホールディングス	25,736	16,234	270,482	6.0%	0.68%	1.6
	大和証券グループ	8,644	5,492	97,870	5.6%	0.42%	1.6

出所：bloombergやyahooのwebサイトの会社データから作成

2－7にあるように、日本の銀行・証券会社のROAは、米国の銀行・投資銀行に比べかなり見劣りがする。

第5節 今後の日本型コーポレートガバナンスの行方

　2003年4月に施行された改正商法で、わが国においても米国のシステムに近い「委員会等設置会社」という組織形態を選択することが可能となった。委員会等設置会社は取締役と執行役の責任範囲を分離するもので、取締役は、「指名委員会」「監査委員会」「報酬委員会」の活動を通じて、主として経営の監督を担い、取締役会が選任する執行役が業務執行を行なう。新制度が導入された初年度は、東芝、ソニー、コニカ、オリックスなど約80社が委員会等設置会社に移行した。金融機関では、野村ホールディングス、りそなホールディングスや日興コーディアル・グループが委員会等設置会社に移行し、UFJホールディングスも移行を前向きに検討中と報道されている（2004年6月1日共同通信）。しかしながら、社団法人日本監査役協会が2004年4月に実施した「委員会等設置会社への移行動向等コーポレートガバナンスに関するアンケート調査」（有効回答総数：1,443社（うち上場会社936社）回答率33.1％）によると、委員会等設置会社に移行あるいは移行を検討中の企業は2％を下回っており、大半が現行体制にとどまると回答している（図表2－8）。

　現行体制にとどまる理由として、①現行制度の中で取締役会改革により経営の健全性向上が図れる②現行制度の中で取締役会改革により経営の透明性向上が図れる、③現行制度が日本の社会風土に適合しているから、が上位にランク

図表2-8　委員会等設置会社への移行動向等コーポレートガバナンスに関するアンケート調査

貴社では、委員会等設置会社へ移行する予定はありますか？

	全体		上場		非上場	
	回答数	％	回答数	％	回答数	％
すでに移行済み	17	1.2	14	1.5	3	0.6
今後移行する予定	3	0.2	2	0.2	1	0.6
検討中	20	1.4	13	1.4	7	1.4
移行予定はない	1,241	86.0	813	86.6	428	84.3
わからない	161	11.2	93	9.9	68	13.4
回答なし	1	0.1	1	0.1	0	0.2
合計	1,443		936		507	

出所：社団法人日本監査役協会　http://www.kansa.or.jp/PDF/enquet4_040514.pdf

されている。それでは、日本企業では米国型（アングロサクソン型）のコーポレートガバナンスは定着しないのであろうか。

第1章で述べたように、日本の金融機関をめぐる環境は大きく変化した。行政は「事前指導型」から「結果責任型」にシフトした。従来の行政に変わる金融機関の監視者として、株式市場や格付け会社の役割がより重要になってきている。改正商法によって、連結主義、キャッシュフロー会計、時価会計などが導入された結果、会計基準もグローバル・スタンダードに近い形となった。これからは、市場に対してタイムリーに情報を開示する透明性の高い経営が求められる。その意味では、常に市場や格付け会社に注視されるROE中心のアングロサクソン型経営システムを取り入れなければならなくなっているのだ。もちろん、アングロサクソン型システムをそのまま取り入れることがいいとは限らない。アングロサクソン型システムにも問題点は多々あるし、果たして日本人にそのまま適用できるのか、疑問なしとしない。逆に、日本型システムにもアングロサクソン型システムが学ばなければならない多くの良さがある。日本経済が高度成長を示していたそれほど遠い昔ではない時代に、欧米諸国の経営者が「日本企業のチームワーク経営」を称賛していたのも事実である。アングロサクソン型の単なるコピーではなく、市場主義を取り入れつつ日本の土壌に合う新しい日本型システムの構築が求められている。しかし、我々に与えられた時間は多くない。走りながら考えていくことが要求されている。その意味でも、市場主義のもとで経営を行なってきたアングロサクソン型をまず学び、その長所・短所を知ることが大切なのではないだろうか。

以下の英文（Jay W. Lorschの論文の一部）が指摘しているように、取締役と経営者の関係はアングロサクソン型コーポレートガバナンスの本家である米国でも、決してやさしいことではない。絶対というシステムは残念ながら存在しない。あくまで改良を重ねていくしかないのではなかろうか。

　In the past, the CEO was clearly more powerful than the board. In the future, both will share influence. In a sense, directors and the CEO will act as peers. Significant change must occur in the future if boards are to be effective monitors and stimulators of strategic change. Directors and their CEOs must develop a new kind of relationship, which is more complex than has existed in the past.

(Jay W. Lorsch (1996) "The Board as A Change Agent," *THE CORPORATE BOARD*, http://www.corpgov.hbs.edu/pdf/lorsch_agent.pdf)

第2章　アングロサクソン型コーポレートガバナンス

訳例

　過去においては明らかに最高経営責任者（CEO）のほうが取締役会よりも力を持っていた。しかし、今後は両者が影響力を分かち合う時代になるだろう。ある意味では、取締役とCEOが対等の立場で行動していくことになろう。取締役会が効果的な監視役となり、戦略変更の推進役となるのであれば、今後著しい変化が起こっていこう。取締役とCEOは新しいタイプの関係を築き上げなければならず、その関係は過去にあったものよりもより複雑なものにならざるを得ない。

第3章

外資系投資銀行で働く

第1節 投資銀行とは何か

　投資銀行は英語のinvestment bankの直訳であるが、投資銀行については必ずしも正確に理解されているとはいえない。「投資」という単語が付されているので、「顧客の資産を投資するファンドマネジャー的な金融機関」と誤解する人や、「銀行」なので「顧客から預金を預かったり、資金を決済したりする」金融機関と考える人もいる。

　The New Oxford Dictionary of Englishでinvestment bankを引くと、"(in the US) a bank (similar to a UK merchant bank) that purchases large holding of newly issued shares and resells them to investors"（大口の新規発行株式を購入して、それを投資家に転売する米国の銀行で、英国のマーチャント・バンクに似ている）と説明されている。つまり、英国のマーチャント・バンクに似た米国の金融機関ということになる。それでは、英国のマーチャント・バンクとは何か。1997年の経済企画庁（当時）による『年次世界経済報告』によれば以下のように説明されている。

> 　マーチャント・バンクとは、イギリス特有の金融機関であり、18世紀以降ヨーロッパ諸国からロンドンに移住してきた貿易業者が貿易手形の引受を始めたことが起源とされ、貿易手形引受に重点をおく引受商社、証券発行業務に重点をおく発行商社の総称であった。最近の主要業務としては、少数の大口顧客を対象に、預金・貸付等の銀行業務、証券発行の仲介や引受、企業の買収・合併の仲介やアドバイス業務、投資顧問業務などとなっている。

　1986年に実施された英国証券制度の自由化（いわゆるビッグバン）以降、英国の伝統的なマーチャント・バンクの多くは米国や欧州大陸の大手金融機関に買収され、現在は数社を残すのみとなっているが、18世紀当時には高い金融技術と情報力を武器に米国など国際的に勢力を伸ばしていった。例えば、「ベアリング・ブラザーズ（現ING Group）は1736年に、ロスチャイルドは1837年にアメリカに進出している」[36]。当時米国にも多数の個人銀行が存在しており、これらの個人銀行はマーチャント・バンクの影響を受けて発展していった。ゴールドマン・サックス、リーマンブラザーズ、JPモルガンなど現在米国で投

---

[36] 井出・高橋『アメリカの投資銀行』日本経済新聞社　1977年　129ページ

資銀行と呼ばれる金融機関の起源は、1800年代前半に米国に移住したドイツ系ユダヤ人や米国ニューイングランドで設立された個人銀行に遡る。

これらの個人銀行は、1865年ごろから始まった米国西部での鉄道建設ブームの際に、鉄道会社のために膨大な資金調達を助けたことから、鉄道会社との関係を親密なものとしていった。彼らは、鉄道会社の資金調達すべてを取り仕切るだけでなく、鉄道会社の取締役に就任することで金融アドバイザーとしての地位を固めた。その後、鉄道だけでなく銅や鉄などの基礎産業、さらに軽工業、流通業、食品産業の分野における資金調達でも、個人銀行を中心とする投資銀行が重要な役割を担った。投資銀行に関する専門書として高い評価を得ている *Competition in the Investment Banking Industry* (1983)（Hayes, Spence and Marks）は、投資銀行と企業との関係を以下のように記述している。

In general, investment banking activity expanded by providing technical assistance with new issues and by supplying a wide array of financial advice and supporting services. As these involvements became more varied and extensive, longer-term loyalties between banker and client quite naturally emerged.

訳例

　一般に、投資銀行業務は、新規発行にあたって技術的手助けを提供し、広範囲にわたる財務上の助言と側面サービスを供給することによって拡大していった。これらの係わり合いが一段と多様かつ広範になるにつれて、投資銀行家と顧客企業との間の長期の誠実な関係が自然に現れた。

（宮崎幸二訳『アメリカの投資銀行』東洋経済新報社　1984年）

このように、当時の投資銀行は顧客企業との親密なリレーションシップをベースに、①株式（shares、stocks）や債券（bonds）など新規発行証券の引受け（underwriting）と、②顧客企業に対する財務アドバイザリー（financial advisory）を顧客企業に提供していた。特に、証券の引受業務では、投資銀行が引き受けた発行証券が必ずしも投資家にすべて転売されないという「引受けリスク」を軽減する目的から、投資銀行はシンジケート（syndicate）という分売の仕組みを編み出した（図表3－1）。syndicateをインターネットで検索すると "A group of people joined together in business to work on a project."（あるプロジェクト事業を行なうために集合した人々のグループ）と解説されているが、引受けにおけるシンジケートも、複数の投資銀行による引受けグループ（underwriting group）と多数のディーラーやブローカーを含む販売グループ（selling group）で構成されている。引受けグループは発行証券の引受けリスクを負うが、販売グループは引受けリスクを負わず販売だけを行なうため、地方の中小証券会社が多数販売グループに参加することができた。

投資銀行はシンジケートというピラミッドの頂点に立って、証券の発行条件・時期の決定、引受け額や販売額の配分、販売期間における発行証券の市場価格の安定操作など、シンジケートの運用について極めて広範な自由裁量を持っていた。前述の*Competition in the Investment Banking industry*では、1970年に出版された*Investment Banking in America*（1970）（Vincent Carosso）を引用して、以下のようにシンジケートの機能を4つに分類して説明している。

(1) Origination: the determination of the kinds, amounts, and terms of the securities to be underwritten
(2) Purchase: the actual purchase of securities from issuer or originating house for distribution and resale
(3) Banking: the provision by commercial banks of funds to purchasers, when resale was not quickly accomplished, so that they could keep obligations to issuers and originators
(4) Sales and distribution: the placement of securities with dealers or ultimate investors either on a straight commission or a contract basis.

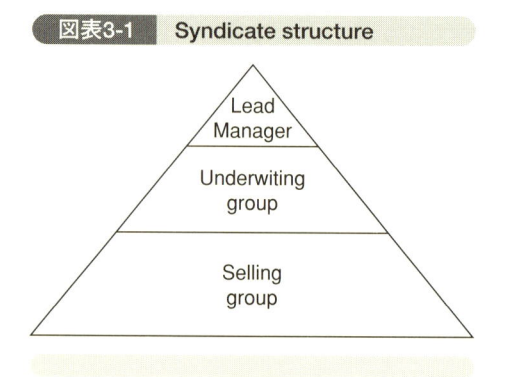

図表3-1　Syndicate structure

訳例

(1) 発案（オリジネーション）：引受けるべき証券の種類、金額、条件の決定。
(2) 購入：分売及び転売のために発行企業または発案業者より実際に証券を購入すること。
(3) 資金供給：購入者が転売をすばやく完了しないときに発行企業や発案業者に対し責任を持たせるよう、商業銀行から購入者に資金を用意すること。
(4) 販売と分売：証券を手数料ベースか契約ベースのいずれかで、ディーラーないし最終投資家たちにはめ込むこと。

（宮崎幸二訳『アメリカの投資銀行』東洋経済新報社　1984年）

解説

- *origination*：ここでは「発案」と訳されているが、広義では、「顧客との取引（引受けやM&Aなど）を開拓すること」を意味する。一方、証券化商品におけるoriginatorとは受取債権の元々の保有者を意味する（証券化の章を参照）。
- *terms*：ここでは「条件」を意味する。契約書などで「諸条件」という際には"terms and conditions"という。
- *distribution*：「分売」とは大量の証券を多数の投資家に販売することを意味し、primary distribution（新規証券の分売＝募集）とsecondary distribution（大口株主などが保有している既に発行されている証券の分売＝売出し）に分けられる。
- *placement*：投資家に販売する意味だが、実務では機関投資家など大口投資家に大量の証券を販売するときに使う。たとえば、限定された投資家に販売する私募債はprivate placementという。
- *contract basis*：あらかじめ定められた購入価格と、転売する際の転売価格との差額が収益となる方法。これに対して販売量に応じて手数料を売る方法がcommission basisとなる。

現在でも、米国の証券業者を意味する用語として、投資銀行（investment bank）、ディーラー（dealer）、ブローカー（broker）と使い分けられているが、これは上記の歴史的背景による。つまり、投資銀行が引受けとシンジケートを取りまとめるホールセール業者、ブローカーが販売業者、ディーラーが自己勘定による売買業者を意味している。

通信技術の進展に伴う資本市場の急速な拡大によって、M&Aアドバイザリーや引受け業務だけでなく、デリバティブを駆使した仕組み商品[37]の制作販売、マーチャント・バンキング、自己勘定でのディーリングなど、投資銀行の活動範囲は、特に1990年代以降飛躍的に拡張した。

---

[37] オプションやスワップを組み入れた二重通貨債や株式インデックス・リンク債、さらには企業信用リスクを売買するクレジット・スワップなど、さまざまな金融商品が開発されている。

ここで、投資銀行業務を理解するために、わが国の商業銀行と証券会社との対比で考えてみよう。図表3-2が示すように、伝統的な投資銀行業務は日本の証券会社のホールセール業務に近い。しかし、M&Aを含む財務戦略のアドバイザリーなどいわゆるコーポレート・ファイナンス（企業金融）業務が伝統的投資銀行の最大の強みであったことを考えると、むしろメインバンクとしてさまざまなアドバイザリー・サービスを提供していた日本の大手銀行に近いといえる。最近では、モルガン・スタンレーなど、販売部門の強化を目的としてリテール証券会社（ブローカー）を傘下に置いて、ホールセールだけでなくリテール（個人投資家向け証券の販売）業務を兼業する投資銀行も増えている。投資銀行は預金を原資とした貸出はできないが、外部借入金や内部自己資金で融資することは可能なので、M&A取引を完了させるまでの短期融資（bridge financing）やマーチャント・バンキング[38]で行なうメザニン・ファイナンス[39]（mezzanine finance）など、投資銀行業務における投融資の重要性も高まっている。その意味では、投資銀行が提供していないサービスは預金と決済機能の2つの業務だけといえる。

また、投資銀行はその業務を拡大した現在でも、投資銀行部（Investment Banking）と称する部署を必ず設置している。投資銀行（investment bank）の中

図表3-2　商業銀行・投資銀行・証券会社の関係

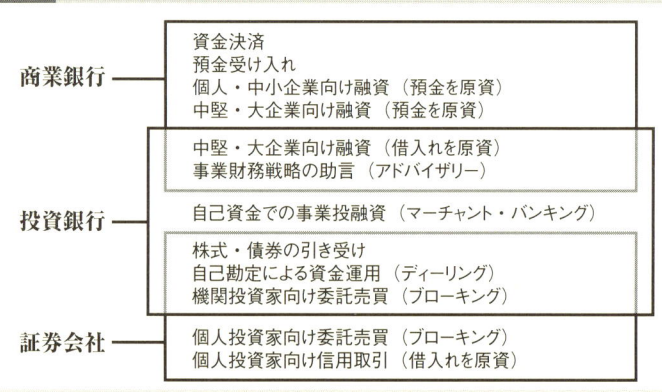

商業銀行	資金決済 預金受け入れ 個人・中小企業向け融資（預金を原資） 中堅・大企業向け融資（預金を原資）
投資銀行	中堅・大企業向け融資（借入れを原資） 事業財務戦略の助言（アドバイザリー） 自己資金での事業投融資（マーチャント・バンキング） 株式・債券の引き受け 自己勘定による資金運用（ディーリング） 機関投資家向け委託売買（ブローキング）
証券会社	個人投資家向け委託売買（ブローキング） 個人投資家向け信用取引（借入れを原資）

出所：『R&I金融業界展望2004』〈格付投資情報センター（2003）〉を基に筆者が作成

---

[38] マーチャント・バンキングとは、企業に出資したり、転換社債や劣後融資などメザニン・ファイナンスを提供することで、中期的に高いキャピタル・ゲインをねらう業務をいう。
[39] メザニン・ファイナンスとは劣後ローンや株式転換権付社債など、優先権の高い貸出と最も劣後な株式との中間に位置するファイナンスをいう。

に投資銀行部門 (investment banking) があるのは奇妙に響くが、投資銀行部門には伝統的な投資銀行の主要業務であった「証券の引受け」と「アドバイザリー」業務を置いており、取扱業務が拡大しても投資銀行の中核的業務は「伝統的な投資銀行業務」であるという投資銀行の誇りなのかもしれない。

　　The business of investment banking is intensely competitive and is trending toward one-stop shopping and globalization. The scope of investment banking operations has increased to include all major activities, such as underwriting, private placement, mergers and acquisitions, venture capital, market making, proprietary trading, financial engineering, clearing and settlement, and financing and money management. (K.T.Liaw *The business of investment banking*, 1999)

訳例

　　投資銀行の仕事は熾烈な競争にさらされており、業務内容はワンストップ・ショッピング化とグローバル化に向かいつつある。投資銀行業務の範囲は拡大し、引受け、私募発行、M&A、ベンチャー・キャピタル、マーケット・メイキング、自己勘定トレーディング、金融工学、決済業務、調達と資金運用など、あらゆる主要業務を含むようになった。

解説

- ***one-stop shopping***：「デパートのように一箇所ですべての買い物ができる」ということから、「1つの金融機関で銀行、証券、保険など主要な金融サービスすべてを提供することをいう。
- ***private placement***：「私募債」。私募債は機関投資家や一定限度以下の少数の個人投資家を対象に販売される。手続きが簡単というメリットがあるが、発行金額は一般的に小さい。不特定多数の投資家を対象に発行される場合は、公募債 (public issueあるいはpublic offering) という。
- ***mergers and acquisitions***：mergersは「買収」でacquisitionsは「合併」。企業の買収や合併に関わるアドバイザリー業務をM&A advisoryという。
- ***venture capital***：ベンチャーキャピタルとは、高成長性が見込まれる未上場企業に対して出資をし、将来株式公開 (initial public offering=IPO) や第三者に株式を売却することで高いリターンを狙う業務をいう。
- ***market making***：字義通りでは「市場を創る」、つまり投資家から売買申し出があったときに、「買い気配」(bid) あるいは「売り気配」(asked) 価格を提示することをいう。店頭市場 (over the counter market) で売り気配や買い気配、売買株数を公表し、その公表気配価格や株数の範囲内で顧客からの売買注文に応じる義務を負った証券会社のことをマーケット・メーカー (market maker) という。

proprietary trading：自己勘定で証券などの売買を行なうこと。dealingと同じ意味。proprietary tradingの場合には投資銀行や証券会社が取引の本人（principal）として取引を行なうが、自らは仲介人（agent）として顧客の勘定で取引を行なう場合にはbrokerageという。
clearing and settlement：証券の引渡しと売買代金の決済を行なう業務を意味する。
financing：「資金調達」や「融資」。financeは「金融、財政、財務」などお金に関するものを意味するが、複数のfinancesは「財源、財力」を意味する。

第2節 外資系投資銀行はフラットで柔軟なネットワーク組織

　間接金融の担い手である銀行は預金者の資金を原資として貸出を行なうが、銀行が破綻しない限り預金者の元本は保護される（ペイオフが実施されれば、決済用資金を除いて1000万円が保護される元本の限度となるが）。したがって、銀行は資金の借り手である企業だけに注意を向ければいいことになる。一方、投資銀行の引受業務のケースでは、証券発行を通じて資金調達する企業とその証券を購入する投資家を結びつける役割を果たす。この仲介を効果的に果たすためには、証券発行者（issuer）と投資家（investor）双方のニーズを満足させる取引形態や条件設定を行なう必要がある。そのためには引受けサイドと投資家サイドをカバーする担当者だけでなく、証券の条件決定に責任を持つ担当者、流通市場（secondary market）でマーケットを形成するトレーダー、市場情報を投資家に提供するアナリスト（research analyst）などさまざまな部門の担当者がネットワークを形成することになる。つまり、投資銀行は1つの取引を実行する際には、社内外で幅広いネットワークを縦横に駆使する。

　証券の引受業務だけでなく、M&A取引の場合も社内外のネットワークが駆使される。M&A取引では、顧客企業を担当するリレーションシップ・マネジャーを中心に、M&A取引スペシャリスト（M&A specialist）、業界スペシャリスト（industry specialist）などが買収候補先の絞込み（screening）、他の投資銀行への接触、業務内容の調査、買収価格の算定（valuation）、買収条件の設定・交渉などを担当し、買収資金の調達を検討する際には株式・債券引受けスペシャリスト、さらにはトレーダーやセールス（販売）チームが参加することになる。このように、M&A取引が完了するまでにはさまざまな部門が関与する（図表3－3）。

　資本市場の動きは速いだけでなく、投資家や証券発行企業の意向も市場の動

向に応じてすばやく変化する。また、商品も複雑多岐にわたる。ネットワークを構成する各部門の担当者は、市場や顧客の動きに敏感であるだけでなく、高い専門知識を求められる。ハーバード・ビジネス・スクールの教授であるR.G.EcclesとD.B.Craneはその著書 *Doing Deals* (1988) のなかで、投資銀行の特徴として「社外におけるネットワーク」、「顧客のニーズに合わせたリアルタイムの個別注文的制作プロセス」などを挙げたうえで、このような社外のネットワークを効率的に実行するためには、トップが戦略を決定して下部に指示するトップ・ダウンではなく、市場や顧客に最も近い人々が戦略に関する意思決定をするというボトム・アップ、つまり「草の根戦略策定」(grass-roots strategy formulation) が求められ、この「草の根戦略策定」を実行できるように、投資銀行の組織構造は、「フラットで伸縮的ネットワーク構造を持つ自己設計的組織」(self-designing organization with flat and flexible network structure) となる、と指摘している。2003年に出版された *Investment Banking* の中でも、著者S.I.Davisは *Doing Deals* から下記の文章を抜粋したうえで、"Investment banker's world has not changed much since the mid-1980s except to become even more complex and challenging."(投資銀行の世界は、複雑化が増して競争が激化した点を除けば、1980年央からそれほど変化していない。)と記述している。

図表3-3　投資銀行のネットワーク

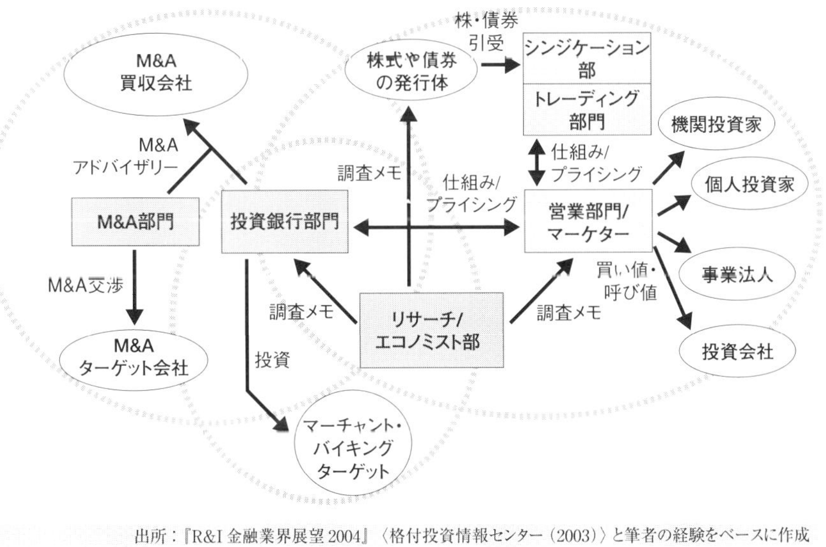

出所:『R&I金融業界展望2004』〈格付投資情報センター (2003)〉と筆者の経験をベースに作成

To a large extent, investment banks are self-designing organizations ....Because of the complexity of the business and the speed with which it changes, strategy is formulated largely below the most senior level through a grass roots or bottom-driven process....The self-designing organization gives people throughout the firm a high degree of autonomy.....Investment banks have an internal network that is unusually flat and flexible....[It] requires a high level of coordination among the people in an investment bank across both function and hierarchical levels (Eccles and Crane, *Doing Deals*, 1988)

訳例

　投資銀行はかなりの程度自己設計的組織である。業務の複雑化と変化の速さのおかげで、戦略は現場（草の根）ないしボトムアップのプロセスを通じて主として役員レベル以下で作られる。自己設計的組織は会社全体を通じて人々にかなりの自律性を与える。投資銀行には通常フラットで柔軟な内部ネットワークがある。そのために、会社の機能と階層の両方を通じて投資銀行に勤める人々の間に高いレベルの協調関係が求められることになる。

第3節　縦割り型レポーティングライン

　前節で述べたように、投資銀行の組織は「フラットで伸縮的ネットワーク構造を持つ自己設計的組織」であるが、階層がないということではない。組織である以上、階層は存在する。ただし、階層は低く、Associate、Director、Managing Directorという3層が一般的で、多くても4層といったところである。Managing Directorは、日本で言えば部長以上に相当する。Managing Directorは通常の業務でかなりの権限を与えられているので、Managing Directorの承認（sign off）でほとんどのことが決定される。6人も7人もの上司のハンコが必要な日本の金融機関に比べ、間違いなくスピーディーに結論を出せるフラットな組織となっている。別の味方をすれば、外資系の組織はManaging Directorを社長とした小さな会社の集合体であるともいえる。ただ、一人ひとりの仕事量の負荷は、その分かなり高くなる。

　組織的にはプロフィット・センターであるフロント・オフィス（債券部、株

式部、投資銀行部など）は事業部制、ミドル・オフィスやバック・オフィス（経理部、人事部、審査部、コンプライアンス部など）は職能別組織となっている（図表3-4）。

命令系統のことをレポーティング・ライン（reporting line）というが、投資銀行の場合には、フロント・オフィス（front office）もミドル/バック・オフィス（middle/back office）も、本部長を頂点とする縦割りのレポーティング・ラインとなっている。たとえば、債券部門の社員は、東京で勤務しようがロンドンで勤務しようが、最終的な上司は本部にいる債券部門のヘッドとなる。債券本部のヘッドが人事権や報酬の決定権を持っているのである。もちろん外資系投資銀行の本社はニューヨークやロンドンなどにあるので、東京など遠隔地の支店や拠点には、支店・拠点全体を統括する責任者として支店長や拠点長が配置される。しかし、外資系の支店長や拠点長に与えられている権限はかなり限定されている。外資系投資銀行の支店長や拠点長の主たる役割としては、
・担当支店における各部門の調整（coordination）
・担当支店における全般的なリスク管理や金融当局とのコンタクト
・顧客の役員クラスとのコンタクト（senior coverage）
といったところが一般的といえよう。

各部門の担当者は支店長への報告より所属本部への報告を重要視する。これは、収益をあげるフロント・オフィス中心の仕組みとなっていることによる。つまり、フロント・オフィスの部門毎に収益を計算するやりかたである。人事部や経理部などのミドル/バック・オフィスの経費は、利用頻度や頭割りなどによって各フロント・オフィス部門に割り振りされる。収益中心の組織だから「儲けている人間が一番強い」わけである。そこに、官僚的な組織が入りこむ余地は出てこない。

図表3-4 典型的な投資銀行の組織

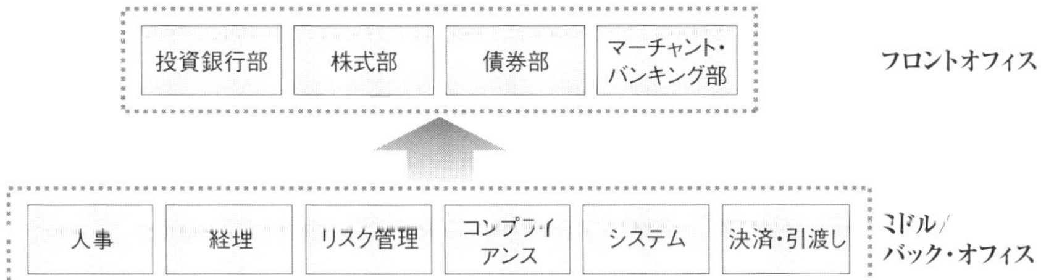

| 投資銀行部 | 株式部 | 債券部 | マーチャント・バンキング部 | フロントオフィス |

| 人事 | 経理 | リスク管理 | コンプライアンス | システム | 決済・引渡し | ミドル/バック・オフィス |

フラットで、フロント・オフィス中心の縦割り組織は、部門内部の意思統一を確実なものとし迅速な決定を可能にする。しかし、本社の各部門のヘッドに決定権が集中する体制の場合、いくつか弊害が出てくる。たとえば、海外の本部長が遠隔地から東京支店の人事評価を行なうため、公正を欠いた評価となる惧れがある。また、自分の部門の収益を最優先する結果、情報が部門間で共有されないという弊害も起こり得る。異なる部門との間に不必要な壁ができてしまうのだ。この結果、いくつかの部門の営業担当者が同じ顧客に同じような商品を提案し、顧客を混乱させるということが起こってしまう。さらに、支店全体として整合性のとれた戦略を策定できなかったり、支店が所在する国の経済やビジネスの方向性を見失ったりするという弊害も生じてくる。

　外資系ではこういった事態を回避する目的からさまざまな手段を講じている。1つの方法は、複数の部門がジョイント・ベンチャーを創り、部門間の共同事業とすることである。この場合、部門間の協働は容易となるが、ジョイント・ベンチャーを指揮するヘッドも複数となるため、ヘッド間の意見の相違（たとえば、利益配分方法）からジョイント・ベンチャー自体がうまく作動しないこともあり得る。

　複数の部門が共同で利益をあげた場合、その利益を均等分して配分するのではなく関係部門すべてに100％つけるという方法もある。たとえば、3つの部門が共同で取引を実現した結果15万ドルの収益があったとすると、その利益を3等分して5万ドルずつ各部門に配分するのではなく、15万ドルを各部門に配分する。この場合、収益を分割することなくすべての関係部門に100％の利益が配分されるため、部門間のチームワークを促進するというメリットがある。しかし、いくら100％の利益が配分されるといっても、15万ドルの収益は15万ドルであり45万ドルにはならない。あくまでボーナスの原資は15万ドルである。高いボーナスを獲得することを最大の目標としている社員には必ずしも説得力のある方法には映らない。

　個人の貢献度以上に、チームワークによる貢献度を高く評価する投資銀行もある。しかし、この方法も質的評価の域を出ないことから説得力に欠けるという弱点がある。このように考えると、日本の銀行の方がチームワークの点ではよほど優れているといえそうである。しかし、日本型チームワークの欠点は、だれもが他人に頼り、その結果誰も責任をとらない無責任なチームワークに陥る危険性があることだろう。

　最近では東京支店長やアジア地区ヘッドなど地域の長（regional head）に人事権や戦略に関する発言権を与えることで、事業部門長だけでなく地域の長の

意見も重視する、「マトリックス・マネジメント」(matrix management)を採用する外資系投資銀行が増えている。この場合、支店のスタッフが本部だけに注意を向けることをしなくなり、支店における部門間のチームワークが機能しなくなるという問題を軽減することができる。また、各地域特有の要因を加味した支店全体で整合性のある戦略を策定できるというメリットもある。しかしこの場合でも、商品や機能部門のヘッドが最終結論を下す縦割り型が基本となっていることにかわりはない。商品や機能部門の命令系統をstraight reporting line（直線のレポーティング・ライン）、地域の長の命令系統をdotted reporting line（点線のレポーティング・ライン）と呼んでいる。つまり、straight report lineの方が、dotted report lineより強いのである（図表3－5）。

外資系投資銀行のレポーティング・ラインが本部長を頂点とした縦割り型であるのに対し、日本の金融機関のレポーティング・ラインの場合には各拠点（部や支店）の長の権限が強い。支店に関しては融資部門であろうが預金部門

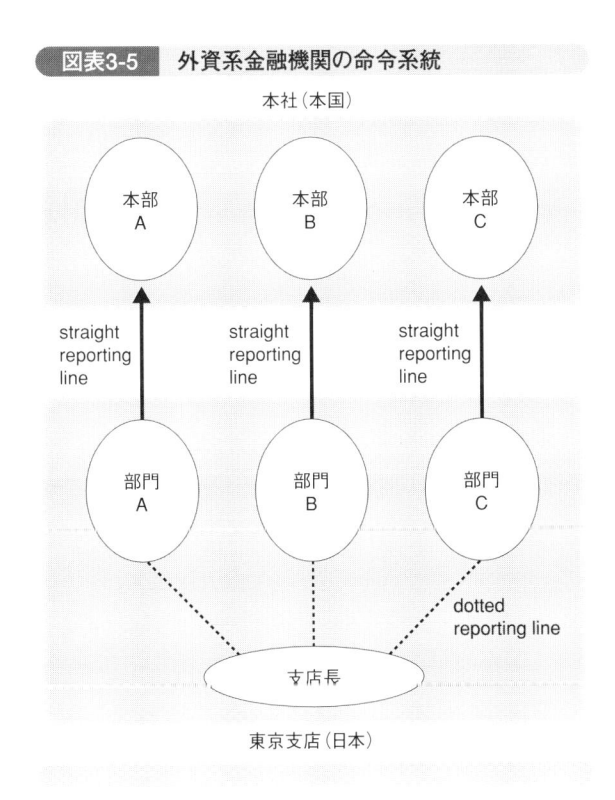

図表3-5　外資系金融機関の命令系統

本社（本国）

本部A　本部B　本部C

straight reporting line　straight reporting line　straight reporting line

部門A　部門B　部門C

dotted reporting line

支店長

東京支店（日本）

であろうが、支店長に人事評価権限が与えられている。人事評価だけでなく、支店の営業戦略に関する裁量権限も支店長に与えられている。つまり、本部長を頂点とする縦割り型ではなく、支店長が支店全体の経営に責任をもつ「横割り型」が基本となっている。しかし、グローバル化が急速に進み、高度な金融技術が求められる金融ビジネスでは、地域の長だけが幅広い分野を経営・管理することはもはや不可能である。競争力を失ったり、さらには管理ミスから大きな損失を被ったりするといった事態も起こりかねない。特に債券・為替・デリバティブズなど24時間体制でリスク管理が求められている分野では、横割型組織は全く対応できないことになる。最近では、日本でも縦割り型のレポーティング・ラインを採用する銀行が増加している。各支店の支店長は近隣地域の中小企業・個人客との取引にのみ特化して、法人顧客は直接法人本部が担当する形態がその典型といえよう。

おそらく今後は、外資系投資銀行だけでなく日本の金融機関も、部門ごとの縦割りを基本としたうえで、地域の長の発言も重視するマトリックス・マネジメントが主流になっていくのではないだろうか。

第4節 投資銀行の典型的な組織

大手の投資銀行はどこでも基本的には同じような組織形態を採用している。具体的には、金融商品のトレーディングや投資家への販売、証券の引受、M&Aのアドバイザーなど直接収益を生み出す部門であるフロント・オフィスと、これを支えるミドル/バック・オフィス（総称してサポート・オフィスともいう）に分けられる（図表3－6）。

通常、大手投資銀行のフロント・オフィスは、主として発行市場（primary market）での金融サービスを提供する投資銀行部門（Investment Banking）、流通市場（secondary market）での売買やトレーディングを担当するセールス＆トレーディング部門（Sales & Trading）、顧客の資産を運用する資産運用部門（Asset Management）、市場や経済動向などを調査・分析する調査部門（Research）などで構成される。ここでは、米国有力投資銀行であるモルガン・スタンレー（Morgan Stanley）など実際の投資銀行のWebサイトから、各部門の組織とその業務内容を英語で理解してみよう。

第4節　投資銀行の典型的な組織

① 投資銀行部門（Investment Banking）

　投資銀行部門は、主として発行市場（primary market）を舞台として活動する。投資銀行部門には、M&Aのアドバイザリーなど企業の経営戦略に関するアドバイザリー業務を主とするグループ、株式や債券の引受けを担当するグループ、自己資金やファンドを通じて企業に投融資するマーチャント・バンキン

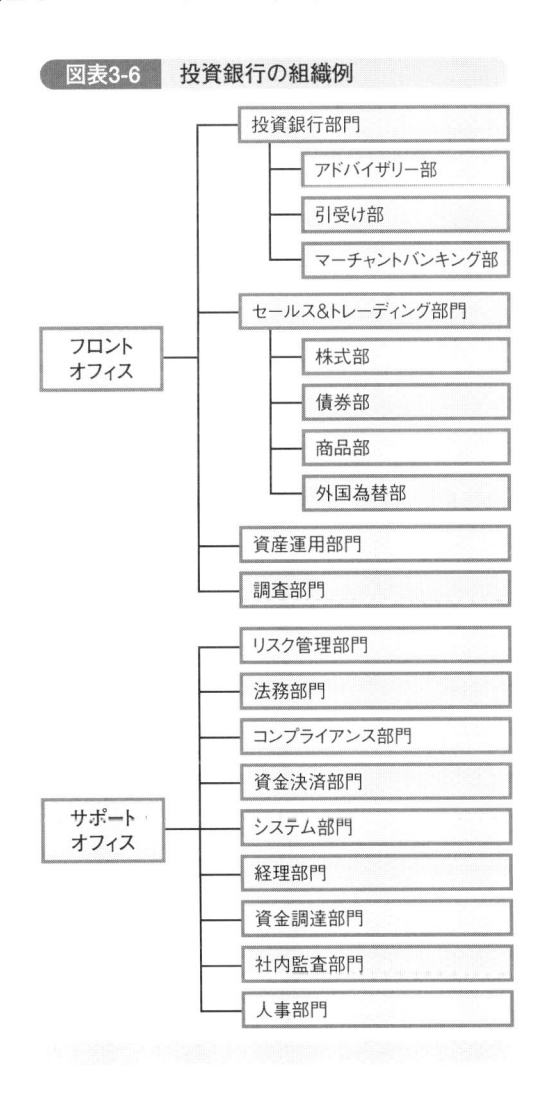

図表3-6　投資銀行の組織例

- フロントオフィス
  - 投資銀行部門
    - アドバイザリー部
    - 引受け部
    - マーチャントバンキング部
  - セールス&トレーディング部門
    - 株式部
    - 債券部
    - 商品部
    - 外国為替部
  - 資産運用部門
  - 調査部門
- サポートオフィス
  - リスク管理部門
  - 法務部門
  - コンプライアンス部門
  - 資金決済部門
  - システム部門
  - 経理部門
  - 資金調達部門
  - 社内監査部門
  - 人事部門

グ・グループが配置されるのが一般的である。また、投資銀行部門には、顧客を担当して顧客とさまざまな金融サービス部門の橋渡しをするリレーションシップ・マネジャー（relationship manager）が存在する。このリレーションシップ・マネジャーの役割は、経験豊富なシニアのプロフェッショナルが担うことが多い。彼らをインベストメント・バンカー（investment banker）と呼ぶが、担当顧客の事業再構築（restructuring）や資本の再構成（recapitalization）などの経営・財務戦略に深く関わっていくため、担当顧客の業界を熟知していなければならない。さらに、かなり広い範囲の金融商品の知識や経験がなければ、担当顧客にとって最適な資金調達方法や財務戦略に関する提案はできない。したがって、リレーションシップ・マネジャーは特定の産業分野の専門家であるだけなく、金融マーケットでの深い経験が求められる。彼らは、投資銀行部門の各グループだけでなく、セールス＆トレーディング部門など他部門とも常にコンタクトを保ち、担当顧客にとって最も有利な資金調達や財務戦略策を提案する。

（ⅰ）アドバイザリー（advisory）

買収・合併（M&A）や資本再構成（recapitalization）など企業の経営・財務戦略に関して専門的なアドバイスを提供するグループがアドバイザリー・グループである。投資銀行の顧客企業は、他社の買収や他社との合併、さらには特定部門の売却など、企業業績や株価の向上を短時間で達成する戦略を常に追求している。M&A業務における投資銀行の役割は、顧客企業のアドバイザーとして、買収あるいは合併の相手側との交渉（negotiation）、買収価格の評価（valuation）、事前精査（due diligence）などM&Aが完了するまでのすべてのプロセスを取り仕切ることである。なお、M&A業務では、買収・被買収企業間あるいは合併企業間に利害の対立（conflict of interest）があることから、かならずいずれか一方のアドバイザーしか務めない（M&Aについては第5章M&Aを参照）。

モルガン・スタンレーは、以下のようにM&Aアドバイザリー・グループを記述している。

Mergers & Acquisitions Group

The Mergers & Acquisitions Department (M&A) is responsible for structuring and executing a wide range of complex domestic and international transactions including acquisitions, divestitures, mergers, joint ventures, corporate restructurings, shareholder relations, recapitalizations, spin-offs, exchange offers, leveraged buyouts and defenses against unsolicited takeover attempts. The department also establishes and maintains strategic dialogues with existing and potential clients, provides financial advice and solutions to strategic problems and assists clients in achieving short- and long-term strategic objectives. The M&A group is oriented to provide the best solution for each individual client, and works closely with the Banking group and other Product Group Areas to best serve clients.

(http://www.morganstanley.com/institutional/invest_bank/corp_adv.htmlpage=inv_bank)

訳例

M&Aグループ

　M&A部門は買収、企業分割、合併、ジョイント・ベンチャー、企業リストラクチャリング、株主との関係事項、資本再構成、スピンオフ、株式交換、レバレッジド・バイアウト、敵対的買収の防御など広範囲にわたる複雑な国内外の取引を担当する。M&A部門は既存および潜在的な顧客と戦略的な意見交換を確立してそれを維持し、戦略的な問題に対して財務的なアドバイスと解決法を提案し、短期及び長期の戦略的目標を達成する手助けをする。M&Aグループは個々の顧客に最善の解決法を提案することを目指し、顧客に最良のサービスを提供するためにバンキンググループや他のプロダクトグループと緊密な連係プレーを行なう。

解説

structuring and executing：structureは「金融商品や取引の仕組みを作ること」で、executeは「必要書類に作成や資金決済など取引を実行・完了させること」をいう。

acquisition：「経営権を支配する目的で行なう買収」。buy-outも同じ意味。

divestiture：「企業の売却」や「企業の分割」。

joint venture：複数の企業が出資して設立する合弁企業。

corporate restructuring：restructuringは収益性の向上を目指して、商品やコストなど事業全体を抜本的に見直す「事業の再構築」を意味する。リストラはrestructuringの略。

recapitalization：「資本の再構成」。普通株や優先株の比率など、株主資本の構成を見直し、財務内容の向上を目指すこと。

spin-off：新会社を設立して事業部門をその新会社に分割譲渡することをいう。会社分割の方法には、spin-offのほか、split-offやsplit-upがある。

exchange offer：現金ではなく、買収する会社の株式と交換する形で買収を行なう「株式交換」。米国では株式交換を活用することで大型M&Aが頻発した。"stock-for-stock M&A" も株式交換によるM&Aという意味。

leveraged buyout：略してLBOというが、買収する企業の資産を担保として借入れた資金で買収することをいう。leveragedとは、借入れを「梃」として活用することから転じた。

- ***defense against unsolicited takeover attempts***：買収のターゲット（被買収）企業の経営者のために、敵対的買収（hostile takeover）に対する防御策を助言すること。友好的買収者（white knight）を見つけることも防御策の1つ。solicitは「勧誘をする」とか「依頼する」という意味。したがってunsolicitedとは、ターゲット企業の経営陣が依頼していないにもかかわらず「勝手に行なう」こと。
- ***banking group***：ここでいうbankingは銀行という意味ではなく、investment bankingのbankingであり、貸付を行なう部門ではない。顧客との全般的な取引関係を担当するリレーションシップ・マネジャーの部署を指す。

(ⅱ) 引受け (underwriting)

引受けとは、株式や債券など有価証券を発行する際に、投資銀行が発行有価証券を一旦買取ることで有価証券の発行を確実にすることをいう。引受けされた有価証券は、その後投資家に転売される。この引受け機能のおかげで、発行者は発行証券の売れ残りを心配する必要がなくなるが、その見返りとして投資銀行に引受け手数料（underwriting commission）を支払う。前に述べたように、引受けをする投資銀行はシンジケート（syndicate）を組成することで、引受けリスクを軽減する。シンジケートは、主幹事（lead manager）がその頂点に立って顧客との条件交渉、発行条件の決定、発行関係書類（発行目論見書＝prospectusなど）の作成、当局との折衝などを取仕切る。シンジケートのトップグループを占める投資銀行をバルジ・ブラケット（bulge bracket）といい、モルガン・スタンレーやゴールドマン・サックスなど大手の投資銀行がこのクラスに入る。

Securities underwriting

The capital markets services at Morgan Stanley originate, structure and market our clients' debt and equity offerings. We also underwrite public and private placements of high yield debt securities and municipal bonds, and use advanced securitization technology to convert loans and other financial assets into securities.

(http://www.morganstanley.com/institutional/invest_bank/index.html?page=inv_bank)

訳例

モルガン・スタンレーの資本市場部門は、顧客企業の債券や株式の募集や売出しを発案し、発行方法を考案し、市場での流通を支援する。また、私どもは高利回り債や地方債の引受けを行ったり、貸出資産などの金融資産を証券に転換する高度な証券化技術を活用したりもする。

> **解説**
>
> ***originate***:「発案する」あるいは「新規証券発行の主幹事 (lead manager) を獲得するために顧客企業に発行を提案する」ことを意味する。
> ***market***:市場での証券の売買をスムースにする、つまり流動性を高める活動をいう。投資家に買い気配 (bid) や売り気配 (asked) を提示する業者を market maker と呼ぶ。
> ***debt***:「債務、借金、負債」という意味だが、ここでは広義の「債券」を指し、株式と対比させている。
> ***equity***:「株式」。stock や shares も株式を意味するが、一般的に米国で stock、英国で share が使われる。
> ***offering***:ここでは「募集や売出し」と訳したが、offering はさまざまに使われる。新規証券の「募集」は primary offering、既存の証券の「売出し」は secondary offering、不特定多数の投資家に行なう公募は public offering。
> ***public and private placements***:新規株式を発行する方法としては、公募 (public offering) と私募 (private placement) の2通りがある。公募は個人投資家を含む不特定多数の投資家を対象として株を発行することをいい、私募は機関投資家など限られた数の投資の専門家を対象として発行することを意味する。私募の場合、発行手続きが比較的簡単というメリットはあるが、販売する投資家の数や転売などに制約条件が付くので大きな金額の発行は期待できない。一方、公募では、発行条件や発行者に関する詳細を記した目論見書 (prospectus、または information memorandum) を用意しなければならないが、一般的に私募に比べ、大きな金額を低いコストで発行できるというメリットがある。
> ***high yield debt securities***:設立後日の浅い企業などリスクも高いがリターンも大きい債券をいう。一時、ジャンク債 (junk bond) ともいわれた。
> ***municipal bonds***:州・市・群や地方公共団体などが発行する地方債。利子が非課税となる tax exempt bond も多い。
> ***securitization***:「証券化」。第6章証券化を参照。

(ⅲ) マーチャント・バンキング (merchant banking)

投資銀行自身が出資をする活動を意味する。モルガン・スタンレーでは、この活動を principal activities (自己勘定での活動) と呼んでいるが、マーチャント・バンキング (merchant banking) と名付けている投資銀行が多い。マーチャント・バンキングと英国のマーチャント・バンク (merchant bank) は混同しやすいので注意が必要だ。英国のマーチャント・バンクは商業や貿易などのビジネスと密接に結びついた伝統的な金融業者であり、1980年代までは、モルガン・グレンフェル (Morgan Grenfell)、S.G.ウォーバーグ (S.G.Warburg)、ベアリング・ブラザーズ (Bearing Brothers) などといった名門のマーチャント・バンクが、当時最新の金融技術を駆使して英国の金融業界をリードしていた。一方、米国の投資銀行でいうマーチャント・バンキングは、「数年後の値上がり益 (capital gain) をねらって、将来性のある企業へ資本参加を行なう業務」を

意味する。出資は、普通株 (common stock)、優先株 (preferred stock)、劣後転換社債 (subordinated convertible bond) など、資本金または資本金に近い形態で行なわれる。マーチャント・バンキング業務はあくまでも将来の株の値上がり益を期待しているので、長期間保有する意図はなく3～5年後に売却あるいは株式公開をする、つまり投資から脱出 (exit) する前提にたっている。CIBCワールド・マーケッツは、以下のようにマーチャント・バンキング・グループを説明している。

　The Merchant Banking Group focuses on cash flow positive businesses requiring private equity, mezzanine or bridge debt to finance internal growth, acquisitions, management/leveraged buyouts and recapitalizations. The group operates as a product specialist, delivering creative equity, structured equity and debt solutions across a wide range of industries. While the group does not focus on specific industries, it is able to lever the broad experience of its professionals and the extensive industry expertise afforded by its close relationship with the investment banking and equity research groups at CIBC World Markets. The professionals within the Merchant Banking Group have a diverse range of credit, investment banking, mergers and acquisitions, legal, consulting and industry experience.
(http://www.cibcwm.com/products_services/merchant_banking/mbg/)

訳例

　マーチャント・バンキング・グループは、企業の内部的成長に必要である、未公開株式の買収、メザニン融資あるいは繋ぎ融資、さらには買収、マネジメント・バイアウト/レバレッジド・バイアウト、資本再構成を必要とするような企業で将来有望なキャッシュフローが見込める先に特化する。当グループはプロダクト・スペシャリスト集団であり、創造的株式、仕組み株式、債券による資金調達ソリューションを広範な産業に提供する。当グループは特定の産業に特化しないが、当グループのプロフェッショナルたちが有する広範な経験と、CIBCワールドマーケッツの投資銀行部や株式調査部との緊密な関係からもたらされる広範囲にわたる産業の専門性を活用することができる。マーチャント・バンキング部門のプロフェッショナルたちは、貸付、投資銀行、M&A、法務、コンサルティング、各産業分野において、広範で高い専門性を持っている。

解説

　private equity：ここでいうprivateは未公開 (private) の株の購入あるいは買収をいう。機関投資家などから資金を集めて、将来の高いキャピタル・ゲインを狙って未公開

会社に投資をするファンドをプライベート・エクイティ・ファンド（private equity fund）という。5章M&Aを参照。

mezzanine：「中2階」という意味から、貸付など優先順位の高い債権（senior debt）と普通株式など優先順位の低い債権（junior debt）の中間に位置する債権で、劣後債券（subordinated bond）などをいう。

bridge debt：長期借入れをするまでの橋渡しという意味から短期つなぎ融資をbridge financeという。

management buyout：経営者自身が株式を買収して支配権を握ること。経営者には資金に限度があることから、バイアウト・ファンドや外部借入れを活用することが多い。5章M&Aを参照。

leveraged buyout：買収対象会社（target company）の資産を担保として借入れをすることで買収をすることをいう。略してLBOという。

product specialist：株式、債券、デリバティブ、M&Aなど金融商品の専門家を意味する。これに対して産業の専門家をindustry specialistと呼ぶ。

creative equity：株式にはさまざまな種類株（classified stock）があるが、企業のニーズに合わせてさまざまな種類の株式を提案することを指している。

structured equity：デリバティブ（derivatives）を活用した株式をいう。デリバティブについては、7章デリバティブを参照。

② セールス＆トレーディング部門（Sales & Trading）

主として流通市場（secondary market）における有価証券の売買を取り扱う部門をセールス＆トレーディング部門と呼び、発行市場（primary market）での活動を主体とする投資銀行部門と並列させている投資銀行が多い。この部門を資本市場部門（Capital Markets）と名付けている投資銀行もある。取扱金融商品は、株式（equity）、債券（fixed income）、商品（commodity）、外国為替（foreign exchange）など多岐にわたる。

（ⅰ）株式（Equity）

株式部門は債券部門とならび、投資銀行にとって重要な金融商品部門である。発行市場、流通市場を問わず、普通株式（common stock）、優先株式（preferred stock）、株式デリバティブ（equity derivatives）など株式関連商品すべてを取り扱う。株式部門は、一般的にセールス・グループ（sales group）とトレーディング・グループ（trading group）の2グループから構成される。セールス・グループは、個人投資家（retail investor）や機関投資家（institutional investor）などに株式を販売するグループを指す。機関投資家相手の営業をinstitutional salesとよび、個人投資家相手をretail salesと呼ぶ。個人投資家の中でも大口の個人投資家、いわゆる富裕層（wealthy individuals）はprivate clientと呼ばれる。

セールス・グループからの株の売買注文に価格を提示するのが株式のトレーディング・グループである。通常投資銀行は自己勘定での売買（proprietary trading）もやっているので、自己売買と顧客との売買を峻別することが厳しく要求される。自己勘定で株の裁定取引を行なう株式裁定トレーディング・グループ（equity arbitrage trading group）もこのグループに含まれる。

Equity：Morgan Stanley's equity sales and trading consistently ensure liquidity and provide sophisticated analytics to clients in the U.S. and around the world. We are recognized for our unique, global new-issue distribution capabilities and for our expertise in equity sales and trading. A leader in the equity derivatives market, we provide innovative solutions and sophisticated products to meet clients' investment needs.
(http://www.morganstanley.com/institutional/securities/index.html?page=securities)

訳例

　　株式：モルガン・スタンレーの株式セールス＆トレーディング部門は、株式市場の流動性を確かなものとし、また米国と世界中の顧客に対し高度な分析を提供している。弊社のユニークでグルーバルな新規発行株式の販売能力および株式の売買やトレーディングに関する専門性は高く評価されている。株式・デリバティブ市場のリーダーとして、弊社は顧客の投資ニーズを満たすべく、革新的で高度な商品を提供している。

解説

liquidity：ここでは、株式売買の流動性をつける、つまり「顧客の買い需要や売り需要にスムーズに応じること」を意味する。

distribution capabilities：ここでいうdistributionは証券の「販売」をいう。primary distributionは新規証券の販売（募集）、secondary distributionは大口投資家が保有している既存証券の販売（売出し）を意味する。

equity sales and trading：ここでは、前の新規発行株式に対比させて、流通市場における既存の株式の売買やトレーディングをいう。

(ⅱ) 債券(Fixed Income)

米国の連邦政府債（US Treasury）を始めとする主要国の政府発行債、ユーロ債（Eurobond）、デリバティブを組み込んだ仕組み債（structured note）など各種債券を取り扱う部門。

各種債券の売買価格を提示するのがトレーダー（trader）の役割だが、投資家

が満足するような価格を提示しながらトレーディング収益を上げなくてはならない大変な仕事といえる。債券など有価証券の売買では、投資家は希望する債券をいつでも売買できると期待している。債券価格の値付けを行なう業者をマーケット・メーカー (market maker) と呼ぶが、マーケット・メーカーは投資家の求めに応じて債券価格の買い呼値 (bid) や売り呼値 (offer) を迅速に提示しなければならない。顧客に呼値を提示する時にいつも反対取引があるとは限らず、自己勘定で売り持ち (short position) や買い持ち (long position) のポジション・リスクを持つこともしばしば生じる。したがって、一般的にマーケット・メイキング業務を行なうのは大手業者に限られる。

機関投資家などの投資家に債券を販売するグループをセールス (sales) という。トレーダーから競争力のある価格 (competitive price) を出させ、かつトレーダーがその取引から収益を上げるというのがベストだが、そのためにはセールスとトレーダーの息がぴったりと合うことが求められる。トレーダーがマーケットの動きを読めるような情報を流すのもセールスの重要な役割の1つである。

仕組み債の商品設計や値決めは、デリバティブ商品グループ (derivative products group) が担当する。デリバティブ商品グループは、スワップ (swap) やオプション (option) のポジションをとったりヘッジをしたりするトレーダーと、仕組み債を分析したり組み立てたりするクオンツ (quantitative analyst) などから構成される。

日本のモルガン・スタンレーのホームページには、以下のように債券部門の説明がなされている。

　Fixed Income: Morgan Stanley is a market leader in U.S. treasury bonds, Japanese Government Bonds (JGBs), other sovereign government bonds, corporate and municipal bonds, securitized products, repos, and derivatives. In derivatives, distressed assets and securitized products, we offer a full range of structuring and trading capabilities to meet our clients' investment, hedging, financing and balance sheet management requirements.
(http://www.morganstanley.co.jp/securities/fixedincome/index_e.html#sales_trading)

訳例
　債券部：モルガン・スタンレーは米国財務省証券、日本国債、その他の政府発行債券、社債、地方債、証券化商品、レポ、デリバティブの分野でマーケットリーダーとなって

いる。デリバティブ、不良資産、証券化商品の分野では、投資、ヘッジ、資金調達、バランス・シート上の財務管理などに関する顧客のニーズに答えるために、広範にわたって商品の仕組みづくりや売買サービスを提供している。

解説

fixed income：「債券」。interest rate productsとも呼ばれる。
U.S. treasury bonds：「米国国債」。満期（maturity）が1年以下の短期米国債をtreasury bill、1年超10年未満の中期米国債をtreasury note、10年超の長期米国債をtreasury bondと区別する。
JGB：日本の国債でJapanese Government Bondの略称。
corporate bonds：「事業債」。企業が発行する債券を事業債という。
municipal bonds：州、市、群などの地方政府や地方公共団体が発行する債券。利子が非課税（tax exempt）となっている地方債も多い。
securitized products：売掛金やリース債権などの受取債権（receivables）から生じる将来のキャッシュ・フローを返済原資として発行された証券を「証券化商品」という。「資産担保証券」（asset backed securities=ABS）や「住宅ローン担保証券」（mortgage backed securities=MBS）などがその代表的な証券。詳しくは第6章証券化商品を参照。
repos：「レポ」とは「買い戻し条件付の取引」で通常「現先」とも呼ばれる。
distressed assets：価値が大きく下落した資産。1990年代後半に、大量の不良債権（bad debt）を抱えた日本の銀行から、外資系投資銀行が大量のdistressed assetsを大幅な値引きで購入したこともあった。
balance sheet management：自己資本比率や株主資本利益率（return on equity）など、財務内容を改善する目的でデリバティブ取引や証券化を行なうという意味。

(ⅲ) 商品（Commodities）

金属やエネルギー関連商品取引も資本市場部門の一部門である。取り扱う商品が異なるというだけで、基本的には債券部門や株式部門と変わらない内部構成となっている。

Commodities: Morgan Stanley is a major participant in the energy and metals markets worldwide, trading both physical commodities and related derivatives for oil, natural gas, electricity, base metals and precious metals. We have been a leader in creating risk management strategies for more than 15 years.

(http://www.morganstanley.com/institutional/securities/index.html?page= securities)

訳例

商品：モルガン・スタンレーは世界のエネルギー市場や金属市場で主要なプレーヤーで、石油、天然ガス、電気、ベースメタル、貴金属の現物や関連デリバティブを取引している。弊社は15年間以上にわたってリスク管理戦略策定の分野ではリーダーであり続けてきた。

解説

commodities：穀物や貴金属など商品取引所や店頭市場で売買されている商品を指す。
physical commodities：商品の現物。これは商品現物を原資産（underlying asset）とするデリバティブと対比させていることによる。

(ⅳ)外国為替(Foreign Exchange)

外国為替業務は、むしろ投資銀行ではなく商業銀行（commercial banking）の領域に入る。多くの投資銀行は、自己勘定で外国為替業務を行なうのではなく、顧客との証券取引の一部として為替価格を提示することを目的としている。

Foreign Exchange : An expanding client base of global investors has placed Morgan Stanley in the top tier of foreign exchange dealers. Through our six offices worldwide, Morgan Stanley provides seamless, 24-hour service for spot, forward, option and futures trades in both major and emerging market currencies.
(http://www.morganstanley.com/institutional/securities/index.html?page=securities)

訳例

外国為替：顧客である投資家がグローバルに拡大してきたので、モルガン・スタンレーは外国為替取引分野でトップクラスに位置してきた。モルガン・スタンレーは世界の6つのオフィスを通じ、24時間にわたって途切れることなく、世界の主要通貨だけでなく新興成長国の通貨についても、現物取引、先渡し、オプション、先物取引を提供している。

解説

spot and forward：spotは直ちに実行するベースの「現物取引」で、forwardは先の一定の日に実行する「先渡し取引」。なお、先渡し取引は、先物取引所を通さず相対（over the counter）で行なう取引をいう。
option：特定の時期に特定の価格で買うあるいは売る権利をいう。
futures：「先物取引」。先渡し取引と同様に将来の特定日の実行を意味するが、先渡し

との相違点は、先物取引は先物取引所経由で行われること。Spot、forward、option、futuresについては7章デリバティブを参照。
emerging market：新興成長市場。これに対して成熟した市場はmatured marketという。

③ 資産運用部門(Asset Management)

　資産運用部門は、年金基金(pension fund)や機関投資家の資産の運用を行なったり、投資信託(investment trust、mutual fund)[40]など個人投資家向けのファンドを運用したりする部門である。この部門では、なんといっても資産運用担当者の役割が重要となる。株式、債券など証券の種類によって運用担当者が分れ、またマーケット別(米国市場、欧州市場、アジア市場など)にも運用担当者を配置している。運用結果は定期的に運用委託者である顧客に報告される。

　日本銀行(資金循環勘定)によると、2003年12月末現在、日本の1400兆円弱の個人金融資産のうち、わずか7.2％(93兆円)が投資信託を含む株式・出資金に投資されているに過ぎない。しかし、投信の銀行窓口販売が開始されたことや、将来確定拠出型企業年金(日本版401k)が導入される可能性もあることから、投資信託業務が今後大きく飛躍していく部門であることは間違いない(第1章第3節を参照)。

　Morgan Stanley Investment Management specializes in managing assets for a range of institutional clients, including 401(k)/defined contribution plans, endowments, foundations, pension funds, corporations, governments, and high-net-worth individuals.
As of March 31, 2004, Morgan Stanley Investment Management:
　・Manages $389 billion in assets for our clients globally
　・Offers over 50 globally-diversified investment products
　・Employs hundreds of global professionals in portfolio management, research, trading and relationship management
(http://www.morganstanley.com/im/about/index.html?page=about)

---

[40] オープンエンド型の会社型投信をmutual fundといい、米国で最も普及している。一方、クローズドエンド型の会社型投信をinvestment trustという。英国では、契約型投信をunit trust、会社型投信をinvestment trustと呼ぶ。

第4節 投資銀行の典型的な組織

訳例

　モルガン・スタンレーの投資管理部門は401k/確定拠出年金、さまざまな機関、財団、年金基金、企業、政府などの機関投資家や富裕層の資産管理に特化している。
　2004年3月31日現在でモルガン・スタンレー投資管理部門は
・グローバル・ベースで3890億ドルの顧客の資産を管理し
・国際分散した50種類以上の投資商品を提供し
・ポートフォリオ管理、調査、売買、顧客担当部門に数百人のプロフェッショナルを採用している

解説

　401k/defined contribution plan：企業と従業員が拠出する企業年金には、年金支給額があらかじめ確定している確定給付型年金 (defined benefit pension plan) と、支給額が運用実績次第で変動する確定拠出型年金 (defined contribution pension plan) がある。確定拠出型年金は米国の内国歳入法規約401条k項に規定されているので、401kと呼ばれる（第2章第2節を参照）。
　high-net-worth：富裕層のこと。富裕層を対象とする金融サービスをprivate bankingといい、一般の個人を対象とするretail bankingと区別する。

④ 調査部門（Investment Research）

　投資銀行の主要商品である株式や債券のセールスやトレーダーにとって、リサーチ・レポートは欠かせない。調査部門には大きく分けて以下の3つのタイプのプロフェッショナルがいる。

アナリスト：　個別株や特定産業を分析のうえ、今後の動向や見通しに関
（analyst）　　するレポートを出す。個別株の場合には、四半期ごとの決
　　　　　　　算発表の後や、買収・合併など大きな出来事があるつどレ
　　　　　　　ポートを発表する。通常、レポートには「買い推奨 (buy)」
　　　　　　　「当面保有 (hold)」「売り推奨 (sell)」という具合にアナリ
　　　　　　　ストの見解を記す。
エコノミスト：　マクロ経済の分析と金利・為替などの見通しを定期的な
（economist）　（たとえば月次、四半期毎）レポートとして顧客に提供す
　　　　　　　る。
ストラテジスト：証券投資戦略についての分析と推奨を行なう。運用資産の
（strategist）　投資配分 (asset allocation) 割合を、産業・市場・通貨など
　　　　　　　に分けてストラテジスト独自の観点から推奨する。

ストラテジストの推奨例
Global Equity Mix（世界市場ベースの業界別株式投資割合）
Resources（資源株）	8
Manufacturing（製造業株）	21
Consumer（消費関連株）	42
Utilities（公共関連株）	6
Financials（金融株）	22
Conglomerates（多国籍企業株）	1
Total（合計）	100（％）

モルガン・スタンレーのホームページには世界の経済・景気動向に関するエコノミストやストラテジストのコメントが記載されている。例えば、"Global Strategy Bulletin, The latest view of Morgan Stanley strategists and economists worldwide" と題されている2004年7月7日付けのページには、以下のような日本経済に対するストラテジストのコメントがある（一部を抜粋）。

Japan Strategy: Momentum Exhausted with the Tankan
Tankan review: Discounting for manufacturing gains. We think stronger-than-expected business sentiment among large manufacturers in the June 2004 Bank of Japan (BoJ) Tankan survey reflects robust external demand and limited expectations for domestic demand growth. The recovery mood is moderate for non-manufacturers. Since the stock market has already substantially discounted potential manufacturing gains in F2H04, attention may soon be shifting to slower growth in 2005.

Limited near-term market impact from political dynamics. We do not expect the election results to have much impact on the market. Investors are waiting for solid evidence of corporate improvement and the economy to overcome deflation before pursuing new highs. Political dynamics are unlikely to play a significant role until the switch to pay-off banking practices in 2005.
(http://www.morganstanley.com/about/gsb/index.html#x10)

【訳例】
　日本戦略：短観で景気減速
　短観概観：製造部門の利益を織り込み済み。我々は2004年6月の日銀短観に現れた大手製造業の予想以上の強気は、堅調な外需と内需主導の成長に対する限定的な期待を反

映するものと考える。景気回復ムードは非製造業においては緩やかなものとなっている。株式市場は2004年第2四半期の製造業における潜在的利益をすでに実質的に織り込み済みなので、マーケットの関心はすぐに2005年の景気減速に移っていこう。

政治は短期市場に対して限られた影響：選挙の結果はマーケットにさほど影響は与えない。投資家は株価の高値を追う前に、企業業績の回復や経済がデフレを克服することに対する確かな証拠を求めている。2005年にペイオフが解禁するまで政治がマーケットで重要な役割を果たすことはないだろう。

解説

Tankan：「短観」。日本銀行が四半期に一度発表する「主要（全国）企業短期経済観測調査」をいう。日本銀行が直接各企業の経営者に業況感を問うマインド調査で、景気動向を占う意味で注目されている統計。英語でもTankanで通用する。
manufacturing gains：ここで使われているgainは利益の意味。
pay-off：1000万円以下の元本と利息を限度として預金保険機構が預金者に保障をする制度。

以上が、いわゆるフロントオフィスと呼ばれる部門である。フロントオフィスは顧客や市場と直接コンタクトし収益を上げる役割を担っているが、さまざまなサポート部門の支援なくして営業活動を行なうことはできない。外資系投資銀行のサポート部門も大変なプロ集団である。

サポート部門には大きく分けて、審査部門や法務・コンプライアンス部門などのリスク管理部門と資金決済・システム・経理・総務・人事などのバック・オフィス（back office）と呼ばれる部門がある。ここでは、多くの投資銀行に共通しているサポート部門の構成を簡単に紹介したい。

⑤ 審査部門（Risk Management）

審査部門は、事業法人・金融法人・政府機関など取引相手の信用リスク（credit risk）を審査する信用リスク審査グループ（credit risk management）と、為替・金利・デリバティブなどのポジション（市場リスク＝market risk）を管理する市場リスク審査グループ（market risk management）の2つのグループから構成される。審査部門は、社内のリスク管理だけでなく、債券・株式の新規発行などさまざまな金融商品に対する信用格付け（credit rating）の予想・分析や、信用格付けに関する助言を顧客に提供することもある。

⑥ 法務部門（Legal）

欧米諸国は契約社会であり、顧客からの訴訟は日常茶飯事といえる。そのた

め社内に法務の専門家で構成される法務部門を設けている。法務部門は、ビジネスや経営に影響を与える法律、司法、および規制上の問題やその影響度について経営者にアドバイスをする。また、主要な金融および契約責任（contractual commitment）にかかわる法的事項の処理や新しい金融商品の開発についての法務面のアドバイスも担当する。訴訟（litigation）などの場合、外部の弁護士事務所に依頼することになるが、その場合でも外部の弁護士との折衝は法務部が担当する。

⑦ コンプライアンス部門（Compliance）

民間企業として収益を追求するのは当然だが、あくまで法的、社会倫理的に適切な方法で行なわれなければならない。コンプライアンス部門は、「企業の行動が法令に遵守しているか」を監視する部門である。各社員に与えられた権限と責任が適切に行使されるかを監視したり、社員のコンプライアンス関連の訓練や教育プログラムを担当したりする。金融商品が複雑化しているなか、コンプライアンスの役割は重要性を増している。多くの投資銀行では、新しい案件を進めたり新規商品を売り出したりする前に、社内のコンプライアンス・グループの承認を得なければならない仕組みとなっている。

⑧ 資金決済部門（Operations）

資金決済部門は、通常 Operations Department とか Settlement Department と呼ばれる。送金や入金確認をはじめとするさまざまな取引の決済関係事務を取り扱う部門で、正確で迅速な処理が求められる。事務処理で発生したミスによって顧客を失うことも少なくなく、地味だが重要な部門である。総務関連の業務をこの部門に含める銀行もある。

⑨ システム部門（Technology）

情報が生命線ともいえる投資銀行にとってシステム部門の存在は不可欠である。特にデリバティブなど仕組み商品はコンピューターの力なしでは全く機能しない。

システム部には、次のような業務が含まれる。
(i) 情報の交換や分析を迅速に行ない、かつ24時間体制で取引が実行できるよう、全世界ベースで各拠点と市場を直結させるコンピューター・システムや通信ネットワークの設計開発を行なう。
(ii) 社内の全部門に対しシステム面のアドバイスを提供したり、利用者のニ

ーズに応じてコンピューター・プログラムの設計・維持・変更・テストをしたりする。
(iii) システムの故障・事故等に対処する。

⑩ 経理部門（Controller）

投資銀行の経理処理全般を担当する部門。投資銀行の取引はグローバルで複雑なものが多く、経理処理といっても単純ではない。自己勘定によるトレーディング（proprietary trading）の市場リスク管理ができるような経理処理や、年次・月次損益計算書の作成を含む経営者のためのレポート（management report）も求められる。その他、政府や証券業界の規制当局（regulatory authority）から要求されている自己資本規制（capital requirement）上の比率をモニターしたり、当局に定期的に提出する経理関連レポートを作成したりすることも担当範囲となる。

⑪ 資金調達部門（Treasury）

資金調達部門は、投資銀行の業務活動に必要な運転資金を調達する部門。資金の運用・調達を効果的に運営（ALM=asset liability management）するのがこの部門の大きな役割といえる。

---

　asset/liability management (ALM):Coordinated management of all of the financial risks inherent in the business conducted by a financial institution. The process of balancing the management of separate types of financial risk to achieve desired objectives while operating within predetermined, prudent risk limits. Accomplishing that task requires coordinated management of assets, liabilities, capital, and off-balance sheet positions. Therefore, in the broadest sense of the term, ALM is simply the harmonious management of cash, loans, investments, fixed assets, deposits, short-term borrowings, long-term borrowings, capital, and off-balance sheet commitments. However, in practice, the term is often used to refer to segments of that broader definition such as only interest rate risk management or only interest rate and liquidity risk management.

(http://www.americanbanker.com/glossary.html)

訳例

アセット・ライアビリティ・マネジメント（ALM）：金融機関が取り扱う業務に伴うすべての金融リスクの統合的管理。予め慎重に定められたリスクの許容範囲内で活動しつつ、望ましい目的を達成するために、さまざまな金融リスクのバランスをとって管理するプロセス。それを達成するためには、資産、負債、資本、オフバランス上の資産の統合管理が必要になる。それゆえ、ALMは広い意味で現金、ローン、投資、固定資産、預金、短期と長期の借り入れ、オフバランス上の資産をバランスよく管理することである。しかし、実際にはその言葉は、単に金利リスクの管理あるいは金利と流動性リスクの管理のような、より広い定義のごく一部の分野を引用するために用いられる場合が多い。

解説

- ***prudent***：「慎重な」という意味で、他人のために資産を運用する受託者は注意義務や忠実義務を負うというprudent man ruleに従わなくてはならない。これは1830年のマサチューセッツの最高裁判事が述べた"Those with responsibility to invest money for others should act with prudence, discretion, intelligence, and regard for the safety of capital as well as income."に由来する。
- ***off-balance sheet***：バランス・シートに現れない資産や負債。デリバティブ取引（derivatives）や保証（guarantee）が該当する。
- ***position***：株式や債券などの持ち高。資産を保有している場合を買い持ち（long position）、逆に資産を保有していないのに売却した状態を売り持ち（short position）という。long positionの場合には、資産の価格が上昇すれば利益が出るが、short positionの場合には高い価格で買戻しをしなければならないので損失となる。
- ***interest rate risk***：金利が変動することから損失を被るリスク。債券を保有するとinterest rate riskがある。
- ***liquidity risk***：「流動性リスク」。何らかの理由で特定証券の売買ができなくなるなど、市場での売買が制限されることから被るリスクをいう。たとえば、金利が急上昇しているときに、市場で短期資金を思うように調達できなくなる状態が流動性リスクに相当する（リスクについては第4章を参照）。

⑫ 社内監査部門 (Internal Audit)

社内監査部門は、定期的に各拠点や各部門の監査を行なう。日本の銀行の検査部に近い役割だ。監査結果は部門長や拠店長に文書で知らせ、問題点の指摘だけでなく解決策も提案する。

⑬ 人事部門 (Human Resources)

日本の金融機関では人事部のことをPersonnel Departmentと呼ぶのが一般的だが、外資系ではHuman Resources Department (HR) と呼ぶ。「人財部」とでも訳すのが適切かもしれない。「人が最も大切な財」との認識からだ。最近は

「企業は人材をベースに発展する」という意味から、Human Capitalともいう。HRは、他の部門の社員を評価したり、人事異動や昇格を決定したりする権限を与えられていない。社員の評価は現場の上司と関連する部門が行なう。HRの主たる役割は、会社にとって必要な人材が残りたいと思うようなシステムを作ったり、効果的な評価体系を構築したりすることである。

　HRに所属する人たちは、自分の会社の同僚のことをcustomer（顧客）と呼ぶ。同僚たちが満足し喜んでくれる仕事をする、つまり、同僚達からの評価がHRにとっては最も大切な目標となる。HRから見れば、同僚達はお客様（customer）なのである。

第5節　投資銀行の報酬

　報酬は社員がやる気をおこすための重要な要素である。外資系金融機関の報酬体系は、一般的にいって、①基本給（base salary）②ボーナス（bonus）③長期インセンティブ（long-term incentive bonus）の三本立てになっている。

　基本給は、社員の職務内容（job description）、職級（job grade）、肩書き（title）を反映した基本給モデルにしたがって決められる。日本の場合には、入社年次や年齢が基本給の基準になっているが、外資系では、どんな仕事をしているのか、どの程度の責任を持たされているのか、などによって基本給のレベルが異なってくる。入社年次や年齢はまったく関係ない。基本給のモデルは、人事専門の外部のコンサルタントに依頼して、職務内容・職級・肩書き別に詳しく同業他社の給与水準を調査し、それを参考にして作成される。

　外資系では、ボーナス（short-term incentive bonus）が大変大きな意味合いを持っている。日本でも成果主義（performance-based pay system）を導入する企業が増えているが、依然としてボーナスはどちらかといえば基本給与の補完といった色彩がまだ残っており、職種の如何にかかわらず同期入社の社員間でのボーナスの格差は大きくない。また、会社の業績に必ずしも直結しておらず、ボーナスの支給額は比較的安定しているといえよう。一方、外資系のボーナスは、会社の業績によって大きく左右される。所属する部署の実績によっても大きく異なり、さらに同じ部署の中でも、個人の実績により大変な格差が生じてくる。

　一般的には、セールスやトレーダーなどのフロント・オフィスの場合、基本

給に対するボーナスの割合は圧倒的に大きくなる。基本給の2倍、3倍のボーナスが支払われることも珍しいことではない。逆に、実績が良くない場合には、ボーナスがゼロということもある。毎年のボーナス支給額のブレはかなり大きい。

　これに対して、フロントを支えるバック・オフィスでは、一般的にボーナスの割合はフロント・オフィスに比べると低い。ただし、基本給は高めに設定されている場合が多く、またボーナス支給額のブレは比較的小さく安定している。

　3つ目の報酬として、長期ボーナス (long-term incentive bonus) がある。長期ボーナスは、管理職やトッププレーヤーなど一部の社員に限定されるケースが多い。支払方法は、現金ではなく、ストックオプション (stock option) など自社株 (own stock) を利用した形が一般的である。自社株の株価が上昇すればそれだけ多くのボーナスを手にできることになる。つまり、普通のボーナスが個人や所属部署の実績を反映したものであるのに対し、長期ボーナスは個人や部署の実績とはまったく関係なく、会社全体の収益や株価に直結させている。

　長期ボーナスは次の2つの目的から導入されている。1つは、チームワークを高める目的である。普通のボーナスは個人や部署の実績に大きく左右されるだけに、どうしても個人プレーに走りがちになる。その結果、場合によっては情報が他の関係部署に流れなくなるなどの弊害が生じかねない。金融業務はますます複合的になっており、チームワークが成功の鍵を握っている。会社全体の利益に直結した長期ボーナスを導入することによって、チームワークを促進しようとしているのである。もう1つの目的は、会社にとって必要な社員をできるだけ長期間とどめることである。優秀な人ほど、ヘッドハンターに狙われる。報酬条件次第では、競争相手に引き抜かれる惧れもある。このため、長期ボーナスは一括払いではなく、一定期間後に支払うという条件をつけるのである。

　外資系の報酬体系は、個人の能力や実績を大きく反映したものということができる。能力の高い人や収益に貢献した人にとってはやりがいのあるシステムといえよう。しかし問題は、人事考課システムが能力や収益への貢献度を適切にまた公平に評価しているかということである。人間が人間を評価するのは容易なことではない。完璧な人事評価システムをつくること自体不可能といわざるを得ない。しかし、外資系では極力公平で透明な人事評価システムの構築に努力している。たとえば、多くの外資系で採用されている360度評価システムは、直属の上司だけでなく、同僚や部下、さらに他部署の上司、同僚など多く

の関係者の意見を幅広く反映させようとしたものである。

　それでも、人間の世界のこと、いろいろ政治的な動き (politics) もあるし、上司に気に入られようとしてゴマをする人、同僚の足を平気で引っ張る人もいる。残念ながらこれは避けられない。ただ、自分が正しいと思ったことは臆せず主張し、それを実行することが大事であるとアドバイスしたい。かならず、評価する人が出てくるからである。

　人事面で申し上げておきたいことは、外資系は簡単に社員を解雇するという理解は必ずしも正確ではないという点である。筆者は外資系投資銀行に17年間勤務したが、本社の最高経営陣の多くは、筆者が入社した時にすでに若手幹部社員として活躍していた人達である。もちろん、銀行として収益を追求する限り部門の縮小や撤退は避けられない。撤退や縮小される部門の社員の多くが解雇されることも少なくない。しかし、リストラの対象となった社員には通常妥当な水準の退職金 (severance package) が用意される。金額は銀行や個人によって異なってくるが、次の職場を見つけるまで必要と考えられる期間を充分カバーする水準が支払われているようである。また、リストラの対象となった社員の就職活動を支援する目的から、外部の再就職支援会社 (outplacement agent) を斡旋する銀行も多い。

　しかし問題は、日本では終身雇用が一般的であったため、「人材の二次市場」(human resources market) がまだ充分に発達していないことである。欧米では人材の二次市場の流動性が高く、リストラに対するセーフティネットがかなり完備している。これが欧米企業の再建に大いに寄与したことは否めない。日本の景気は回復基調にあるとはいえ、長期にわたる不況と企業のリストラのおかげで完全失業率は依然として4.5％（2004年11月現在、総務省）と高い水準にある。日本経済が大きく転換していく過程において産みの苦しみは避けて通れない。その意味でも、失業や転職のセーフティネットとしての人材の二次市場の拡充が急務である。

　The 360-degree evaluation is a common tool in human resource management. Simply put, it is a mechanism for evaluating someone's performance based on feedback from everyone with whom the individual comes in contact-supervisors, coworkers, partners, subordinates, the general public. It is a method of collecting input from many sources in an employee's environment.

　In the more traditional method of performance appraisal, supervisors meet with employees one-to-one to discuss performance. By contrast, the 360-degree method uses confidential input from many people who can truly respond to how an employee performs on the job. The supervisor and employee meet to discuss the feedback received.

The most challenging aspect of the 360-degree evaluation is the evaluators' concern about confidentiality. When implementing this type of evaluation, it's best to assure other employees that what they share will remain strictly confidential. Likewise, explain to each employee that he will be evaluated by many people, including those who know his work best.
(http://www.missouribusiness.net/cq/2002/360_performance_eval.asp)

訳例

　360度評価は人事管理で広く使われているツールである。簡単に言えば、業績考課を上司、仕事仲間、同僚、部下、一般の人々など個人が接触するあらゆる人のフィードバックに基づいて行なう仕組みである。つまり、従業員を取り巻く多くの情報源から情報を集める方法である。

　伝統的な業績評価の方法では、管理者が従業員と一対一で業績について議論する。一方、360度評価では、従業員の業績について真実の解答をする多くの人からの機密情報を用いる。管理者と従業員は受け取ったフィードバックについて話し合うために面接することになる。

　360度評価で一番問題となるのは、評価者がもつ守秘義務に対する懸念である。こういう評価を実施する際には、他の従業員に対してその人からの評価が厳格に守秘されることを保証するのが一番である。同様に、個々の従業員に対しても、彼らの仕事を一番良く知る人を含めて、多数の人に評価されているということを説明する必要がある。

解説

360-degree evaluation：「360度評価」。上司、同僚、部下と被評価者の周囲の人からの評価を基に業績評価をするのでこのように呼ばれる。米国の企業では360度評価が一般的となっているが、この評価システムを採用する日本企業も増えている。

partner：通常partnerとは共同して経営に当たる人を意味する。partnershipは日本の「組合」に相当し、partnerは無限責任を負う。ただし、limited partnershipは、無限責任を負うgeneral partner（ジェネラル・パートナー）と、出資額までの有限責任しか負わないlimited partner（リミテッド・パートナー）で構成される。

第6節 投資銀行マンの条件

　この章では、筆者の経験（大手邦銀で19年間、その後カナダ系投資銀行東京支店で17年間）もふまえ、外資と日系金融機関を比較しながら、外資系で生き残っていくためには何が必要かを考えてみたい。

① 資格の有効性

　邦銀では出身大学や入社年次が将来の昇進に与える影響度は無視できない。一流大学を優秀な成績で卒業することが、将来役員になるための必要条件である銀行も少なくない。また、優秀で仕事ができたとしても、少なくとも入社後10年程度は、年次の若い人が先輩を追い抜いて高い地位に就くことは、よほどのことがない限りあり得ない。さらに、中途入社の場合、往々にして新卒で入社した人達に比べて昇進が遅れがちである。

　一方、外資系では、日本での出身校や入社年次がその人の昇進や給与の決定に与える影響はほとんどない。もちろん名門の大学院で経営学修士（MBA=Master of Business Administration）を取得したり、Law Schoolで法律修士（LL.M=Master of Laws）や、さらには法学博士（J.D.=Doctor of Laws）の資格を取得したりすることは昇進に役立つ。公認会計士（CPA=Certified Public Accountant）等の資格を取得することも効果がある。外資系金融機関の東京支店の中には、新卒で採用した社員にMBAなどの取得を勧めているところもある。実際、MBA取得者がフロント・オフィスやミドル/バック・オフィスを問わず多くの部門で高い地位を得ている。同様に、CPAや法学修士などの資格が、財務部門、法務部門、コンプライアンス部門で効果を発揮する。引き受け部門やM&A（企業の買収・合併）などを担当する投資銀行部門（Investment Banking）でも、MBAや弁護士が重要視される。

　しかし、あくまでも効果的であるというだけで、資格を取得しているからといって自動的に高いポジションに指名されることはあり得ない。会社への貢献度（実績）が最も重要であることはいうまでもない。事実、MBAやCPAの資格を取得していなくても重要な地位に就いている人は少なくない。

② 現地社員 vs. 本社派遣社員

　日本の企業は、日本から海外の支店に派遣されている日本人に頼りすぎてい

る、現地の社員（local staff）により大きな任務を与えて現地化を進めるべきだという声をよく耳にする。では、日本に進出している外資系金融機関は、現地社員つまり日本人を重要な役職に付けているのだろうか。正確な数字を把握していないが、日本拠点のヘッドの半数近くが日本人だと思われる。部長クラスでは、営業（sales）分野は日本人、トレーディング（trading）分野は本社派遣社員（expatriate）が過半数を占めているだろう。

　審査や法務などのリスク管理分野は、日本人と本社派遣社員が大体半分位ずつといったところだろうか。人事・総務・決済などのバック・オフィスでは、日本人のヘッドが大半を占めているようだ。

　日本人と本社派遣社員の位置付けから、外資系投資銀行の本社幹部の見方の一面がうかがえる。つまり、為替・デリバティブなどのトレーディングは、地域単位というよりも24時間体制でグローバルに活動していることや、些細なトレーディングのミスが巨額の損失に繋がりかねないことなどから、信頼できる本社派遣社員を責任者とする傾向が強い。一方、日本の顧客を相手にする営業部門は、日本の商慣習に強く顧客の機微を敏感に読み取ることができる日本人、または日本に長く滞在していて日本語が堪能な外国人をヘッドにするほうがメリットがあると判断しているのだ。

　日本の法的な側面に通じていることや、金融当局との接触が重要な要素となる法務部門やコンプライアンス部門も、日本人をヘッドとするケースが多いようだ。しかし、リスクを判断する審査部門の場合、日本人とするか本社派遣社員とするか意見が分かれるところだろう。日本リスクを的確に判断するためには、日本市場や企業に関する知識・情報収集力が不可欠であることはいうまでもない。その意味では当然日本人のほうが好ましい。しかし、トレーディングと同様、リスクの判断次第で大きな損失を被りかねない。また一般的に、即断即決を求められるリスク判断が多く、現場に相応の裁量権を与える必要性が生じる。その観点から、本社幹部が信頼できる本社派遣社員をヘッドにする投資銀行も多い。

　「本社派遣社員と日本人の現地社員ではどちらが有利か」という質問に対して回答を見出すことは容易ではない。しかし筆者の感じでは、日本市場でのビジネス経験をつんでいくにつれて、日本人社員を幹部社員とする外資系投資銀行が増加しているようだ。いずれにしても、本社派遣社員か日本人社員かという表面的なことではなく、いかに投資銀行の業績に貢献できるかということが最も重要な要素であることはいうまでもない。

③ プロフェッショナルあるいはスペシャリストを狙え

　投資銀行には大きく分けて、各産業分野の専門家である「産業スペシャリスト」(industrial specialist)、金融商品の専門家である「商品スペシャリスト」(product specialist)、人事、法務、審査など各分野の専門家である「管理スペシャリスト」(functional specialist) が存在する。

　顧客担当マネジャー (relationship manager) は、顧客の役員・部長クラスなどキーパーソンを担当し、当該顧客の財務戦略など幅広い分野をカバーする。顧客にとって最善と思われる金融商品や戦略を提案するのが主な任務である。ある意味では、ゼネラリスト的な立場といえる。しかし、顧客担当マネジャーは担当先の業界のスペシャリスト (industry specialist) でなければならない。顧客の信頼を勝ち取り顧客の本音を聞くためにも、また、買収や合併に関する適切な提案や助言をするためにも、顧客と同等程度の業界知識や情報をもつことが不可欠となる。各業界から金融界に転じて産業のスペシャリストとして活躍している人が外資系投資銀行には多く存在している。

　顧客担当マネジャーが、担当顧客に具体的な提案を行なう時に招集するのが、商品スペシャリスト (product specialist) である。たとえば、担当顧客が業務基盤拡大のために企業買収をする場合には、M&Aのスペシャリストがチームに加わり、買収候補先の選定作業 (screening)、評価 (valuation)、交渉 (negotiation)、関係契約書の作成 (documentation)、買収企業の精査 (due diligence) など、M&Aに関わる全てのプロセスを取仕切る。M&Aスペシャリストの中には、弁護士資格を有している法務専門家が多い。

　また、担当顧客が資金調達を検討している場合には、債券 (fixed income) や株式 (equity) 部門の金融商品スペシャリストや調査 (research) 部門のスペシャリストの協力を仰ぐことになる。彼らは、顧客の信用格付け、財務内容、主要金融市場の金利、株式、為替、スワップなどさまざまな要因や、顧客のターゲットなどを検討の上、顧客にとって最も魅力的な資金調達方法を提案していく。場合によっては、証券化商品 (asset-backed securities) やデリバティブ (derivatives) を組み込んだいわゆる仕組み商品 (structured products) が効果的かもしれない。仕組み商品では、証券化やデリバティブに関するかなり高い理解とその応用力が求められる。顧客とのコンタクトから、顧客が求めている金融商品の仕組みを考えられる知識が要求される。仕組み商品のセールス部隊は、仕組み商品を組みたてるクオンツ (quantitative analyst) やトレーダーと協議しながら顧客の求めている商品を提供していく。

上記のように、商品スペシャリストと顧客担当マネジャーがチームを組んで、顧客の様々な企業戦略や資金調達などのニーズに答えていく方法を取っていくのが、一般的な投資銀行の顧客アプローチといえよう（図表3－7）。

Morgan Stanley bankers work hand in hand with corporations, institutions and governments to provide the best solutions for each of our clients' needs. In the Banking Group, Morgan Stanley bankers bring specific industry, regional and product expertise to each client, advancing Morgan Stanley's industry leadership in devising and executing the most innovative, customized answers to the most challenging issues in the global marketplace.

Each industry area within the Banking Group works closely with product team members in Mergers & Acquisitions, Leveraged Finance, Debt Capital Markets, Equity Capital Markets, Structured Finance, Real Estate, and other industry groups throughout the Firm to provide the relevant market insight, product creativity, and execution expertise to clients. The Banking Group extends across a diverse range of product areas, including initial public offerings; public and private equity and equity-linked financings; mergers, acquisitions and restructurings; defense advisory assignments; strategic partnerships; public and private debt placements; share repurchases; and hedging, swaps and derivative transactions. Connecting people, ideas and capital, we aim to be our clients' first choice for achieving financial aspirations.

(http://www.morganstanley.com/institutional/invest_bank/bg.html?page=inv_bank)

図表3-7　投資銀行の顧客アプローチ例

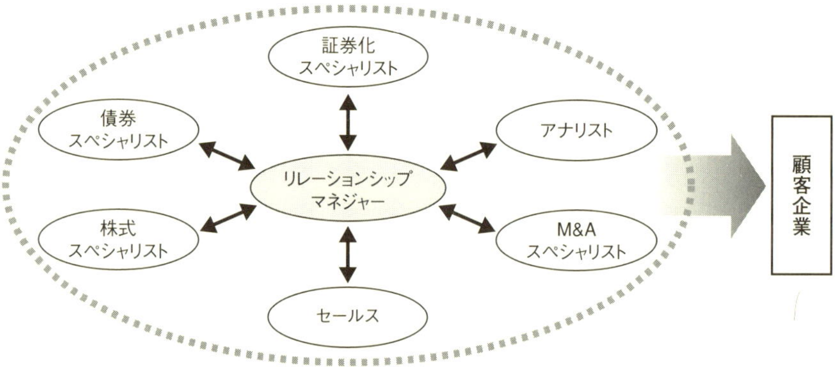

訳例

　モルガン・スタンレーのバンカーたちは、個々の顧客のニーズに対して最善のソリューションを提供するために、（顧客である）企業、機関、政府と共同して仕事をする。モルガン・スタンレーのバンキング部門のバンカーたちは、特定の産業セクター、地域、金融商品に関する高度な専門能力を個々の顧客に提供し、グローバルな市場における最も困難な問題に対して革新的でカスタマイズされたソリューションを考案・実行することで、モルガン・スタンレーの業界におけるリーダーシップを確固たるものにしているのである。

　バンキング・グループの個々の産業担当部門は当社のM&A、リバレッジド・ファイナンス、債券市場、株式市場、ストラクチャード・ファイナンス、不動産部門の商品スペシャリストや、その他の産業担当グループと緊密に連携し、顧客に対して関連する市場の見通し、創造的な商品や高度な取引執行能力を提供する。バンキング・グループが提供する金融商品は広範にまたがり、IPO、株式や株価連動証券の公募や私募、公開株と未公開株、及び株式に関連した調達、M&Aや企業再構築（リストラ）、敵対的買収に対する防御、戦略的提携、公募債と私募債、自社株の買戻し、ヘッジ取引、スワップやデリバティブが含まれる。人とアイデアと資本を結びつけることで、我々は顧客が財務上の目標を達成するためにまず我々を第一に選んでくれることを目指していく。

解説

- ***institutions***：ここでは「機関」と訳したが、保険会社や運用会社などの機関投資家（institutional investor）を意味することが多い。また、各種公共団体や協会もinstitutionという。
- ***execute***：証券の売買やM&A取引を「執行する」。つまり、取引を完了することを言う。取引完了のためには、法律関係、会計、資金受渡しなど多くのプロセスを適切にこなす能力が求められる。したがって、execution capability（執行能力）を高めることは投資銀行の社員にとってはきわめて重要である。
- ***mergers and acquisitions***：企業の買収・合併、略してM&Aと呼ばれる。第5章M&Aを参照。
- ***leveraged finance***：企業買収に必要な資金を供与することをいう。一般的にハイリターン・ハイリスクな金融商品といえる。
- ***debt capital markets***：「債券資本市場」で国債、地方債、社債など債券関連商品を取り扱う。
- ***equity capital markets***：「株式資本市場」で、普通株、株式連動証券、株式デリバティブなど株式関連商品を取り扱う。
- ***structured finance***：「仕組み金融商品」とも訳される。デリバティブを組み込んだ商品や証券化商品などを総称する用語。
- ***real estate***：「不動産」。多くの投資銀行は不動産関連商品、例えば、不動産に関するプロジェクト・ファイナンス、不動産の証券化、不動産投資信託（REIT）などを取り扱う。
- ***initial public offering***：「新規株式公開」で、未公開会社（private company）が株式を公開する際に、新規株式を発行して不特定多数の投資家に販売することをいう。

略してIPOという。
equity-linked：証券の価格が東京証券取引所のTOPIX（東証株価指数）など株価にリンクしているものをいう。
restructuring：事業の再構築。収益性の向上をめざして、商品やコストなど事業全体を抜本的に見直すこと。
partnership：ここでは、事業提携や合弁会社（joint venture）などの提携を指すと思われる。allianceやcollaborationにも同様の意味がある。
share repurchase：「自社株式の買い戻し」。ROE（株主資本利益率）など財務内容の改善や社員へのストックオプション（stock option）を目的として自社株の買戻しをする。

　ここでは、投資銀行業務の一部を例として取り上げたが、そのほかのさまざまな部門でも高い専門性が求められることはいうまでもない。
　特定の分野でスペシャリストになり会社の業績に貢献するようになってくると、社内の評価だけでなく、同業他社など外部からも注目されるようになってくる。外部から評価されることは、外資系で生き残るうえで極めて大切なポイントである。つまり、外部から注目されるということは、将来の選択肢が大きく広がるだけでなく、引き抜き防止の目的から現在の職場でも大切な人材として取り扱ってくれるということになるからである。

④ 外資系の考え方を習得せよ

　第2章で述べた通り、外資系と日本の金融機関の最も大きな考え方の違いは、株主資本コスト（cost of equity capital）やROEに対する認識といえる。外資系投資銀行に勤務する場合、まずROE的発想を身につけることが必要となる。いくら大きな取引を行おうとしても、ROEの観点から魅力的でないと社内の許可は取れない。ROE的な発想を身につけるためには、リスク（risk）とリターン（return）について学ばなければならない。収益には常にリスクがつきものであり。リスクを完全に避けることはできない。外資系投資銀行は、リスクを完全に避けるのではなくリスクを織り込んで収益計画を立てていく。
　たとえば、融資や資金・為替のトレーディングなど各々の金融商品について、信用リスクや市場リスクなどのリスクを織り込んだリスク調整後株主資本金利益率（RAROC）の目標値を設定する。このRAROCの目標値と計算式を、経営トップだけでなく末端の社員まで徹底させる。これにより、社員全体が同じ考え方と同じ計算式でリスクとリターンに取り組むことができることになる。その点で外資系投資銀行のリスクとリターンに対する取り組み方は、従来の日本

の金融機関に比べかなり徹底しているといえよう。資産を増やせばよいとか、有名な取引先であれば薄い利ざや（spread）でもやるべきだ、などという従来の日本的感覚でビジネスに取り組んでいると、上層部から評価されるどころか、逆に仕事ができない奴という烙印を押されかねない。あくまでRAROC的な発想を基本とすることが必要である（リスクやRAROCについては、第4章を参照）。

　リスクとリターンにも関係するが、将来の価値（future value）を含め、すべての価値を現在価値（present value）に置き換えて判断する「現在価値的発想」を身に付けることも大切である。今の1,000円と1年後の1,000円は同じ価値ではないという極めて基本的なことを、われわれ日本人はこれまで必ずしも厳密には考えてこなかったのではないだろうか。将来価値（future value）を現在価値に換算する考え方でリスクやリターンを判断してこなかったともいえる。欧米の金融理論では現在価値は最も基本的で最もよく使われる考え方である。金融の世界では、信用リスクも市場リスクもすべて現在価値に換算して検討される。現在価値的発想はすべての基本なのである。

　3番目の留意点は、あくまでも論理的な議論展開をすることである。外資系投資銀行は、フラットな組織だけに、若手の社員でもマーケティング戦略や商品戦略会議などに出席できる機会が多い。このような場面で論理的で説得力のある議論ができないと、上司や仲間からの信頼感を勝ち取ることはできない。説得力のある議論展開をするためには、それを裏付けるデータを用意することも有効となる。裏付けのない議論では説得力がないからだ。さらに、ストレートな言い回しや、簡潔な表現も不可欠となる。長すぎる議論では、聞く人たちの集中力が持続しない。

　もう1つ大切なポイントは、外資系投資銀行で重要なポジションに就くためには、本社の上級幹部と英語で議論できなければならないということである。外資系投資銀行はROEの向上を求めて、常に戦略を見直している。日本市場や経済の動向を的確に報告し、今後の見通しや戦略について自らの見解を論理的に述べなければならない。本社と見解が異なるときには、激しい議論をしなければならない場面もしばしば生じる。

　年少から英語に接していない限り、残念ながら日本人の英語の表現力や発音には限界がある。しかし、表現力や発音に限界があったとしても論理的に議論していく限り、本社の幹部は必ず理解してくれる。「ここは日本なのだから日本の商慣習に従え」とか、「昔から、日本ではこれが当たり前だ」などという議論では、本社は納得しない。「なぜ、そうなのか」、「法的にまたは会計的に見

るとどうなのか」など問題点や意見の相違点を1つ1つ丁寧に分析して議論していかなければならない。英語で議論できることは、外資系投資銀行で幹部として生き残る最低必要条件といえる。流暢に英語を話すことができたとしても、英語で論理的で説得力のある議論ができないと意味がない。英語の発音がよいとか流暢に話すとかいうことではなく、論理的でかつ説得力のある議論ができる人が最終的に本社の信頼を勝ち取る。

　最後に強調しておきたいのが、自己責任原則である。前にも述べたが、外資系投資銀行はフラットで、一人ひとりがプロフェッショナルとして活動している組織である。ちょうど、野球やサッカー、バスケットボールの選手と同じだ。自分のポジションに責任を持つという認識が必要である。そうしないと、自分だけでなく他の部門にも迷惑をかけることになる。自分のポジションは最終的には自分が守っていかなければならない。「誰かがやってくれるだろう」とか「上司の指示を待てばいいだろう」という姿勢では外資系投資銀行で生き抜いていくことはできない。もちろん、常に上司に報告をし、上司の承認を得ることは必要だが、待ちの姿勢 (reactive) ではなく、自分でイニシアティブを取っていく攻めの姿勢 (proactive) で仕事に臨んでいかなければならない。

第4章

リスクとリターン

第4章 リスクとリターン

　昔から「リスクのないところに儲けはない」といわれる。すべての企業は常にリスクを分析・管理して収益を追求している。なかでも、金融機関にとってリスクとリターンは最も基本的で、かつ最も重要な課題といえる。

　しかし、これまで日本の金融機関では、ともすればリスクとリターンの関係を軽視する傾向にあった。「リスクは避けるものである」との認識が一般的だったからである。したがって、各銀行審査部の最大の任務は1件毎の融資案件を詳細に審査し、少しでもリスクがある場合には不動産などの担保を取って万一の事態に備えることであった。貸出担当者にとっても、自分の担当先が倒産すること自体あってはならないことだったのである。つまり、日本の銀行はリスクをとらないという前提で融資をしているといっても必ずしも過言ではなかった。リスクをとらない前提なので、大口の融資先と中堅・中小の融資先に対する適用金利（つまり銀行にとってのリターン）にそれほど大きな格差はない。

　一方、欧米の金融機関では、早くからリスクとリターンの計量的な分析がなされ、それを実際の経営に反映していった。日本とは逆に、「リターンを求める以上リスクを避けていくことはできない」との認識からこの問題に取り組んだのである。つまり、①リスクを極力的確に計数化して許容できる最大のリスク量を把握する②その許容リスク量の範囲内で最大の利益を追求していく、という方法を確立していったのである。現在、欧米の金融機関と日本の金融機関の間に見られる経営基盤の格差は、リスクとリターンに対する認識や取り組み方の違いであったといえる。

　この章では、リスクとリターンをどのように把握し、それをどのように活用するのかにポイントを当ててみたい。

第1節 金融リスクの種類

リスクとリターンについて解説する前に、金融機関はその業務活動においてどのようなリスクに直面しているのか簡単に触れてみたい（図表4-1）。

(a) 信用リスク（Credit Risk）

信用リスク（credit risk）は、金融商品の取引相手（融資先や債券発行体など）が倒産などで債務不履行（default）に陥ることによって、元利金が約定通りに回収できなくなるリスクを意味する。

Credit risk:(1) Exposure to loss as a result of default on a swap, debt, or other counterparty instrument. (2) Exposure to loss as a result of a decline in market value stemming from a credit downgrade of an issuer or counter-

図表4-1　金融リスクの種類

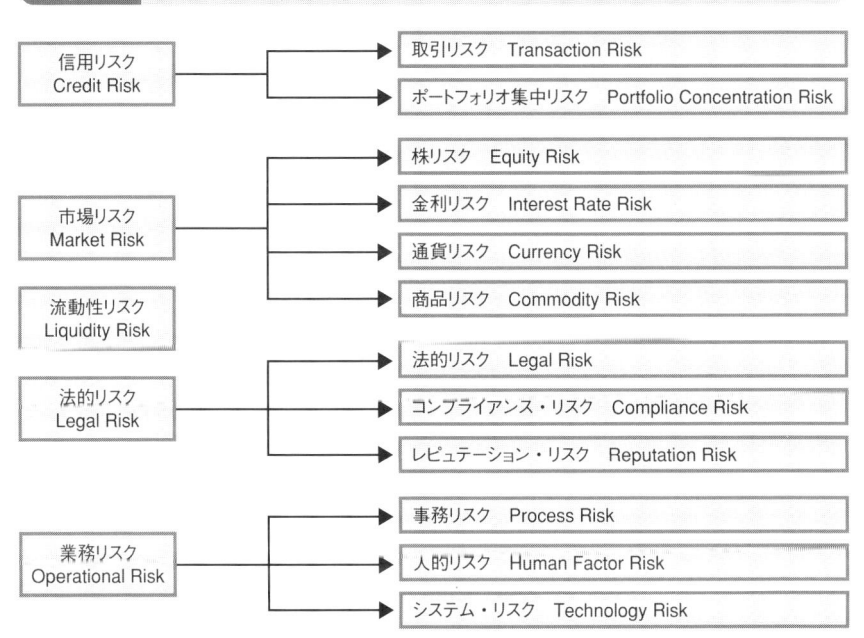

- 信用リスク Credit Risk
  - 取引リスク Transaction Risk
  - ポートフォリオ集中リスク Portfolio Concentration Risk
- 市場リスク Market Risk
  - 株リスク Equity Risk
  - 金利リスク Interest Rate Risk
  - 通貨リスク Currency Risk
  - 商品リスク Commodity Risk
- 流動性リスク Liquidity Risk
- 法的リスク Legal Risk
  - 法的リスク Legal Risk
  - コンプライアンス・リスク Compliance Risk
  - レピュテーション・リスク Reputation Risk
- 業務リスク Operational Risk
  - 事務リスク Process Risk
  - 人的リスク Human Factor Risk
  - システム・リスク Technology Risk

party. Credit risk may be reduced by credit screening before transaction is effected or by instrument provisions which attempt to offset the effect of a default or which require increased payments in the event of a credit downgrade.

(http://riskinstitute.ch/glossary.htm)

訳例

　信用リスク（1）スワップや貸出などの相手方の債務不履行の結果生じ得る損失のリスク。（2）債券発行者あるいは 取引相手方の信用格下げから市場価格が下落し、その結果生じ得るリスク。取引を行なう前に信用調査を行なうことや、債務不履行の際の損失を相殺することができる条件や、信用格付が引下げられた際に追加支払いを要求する条件などを付けることによって、信用リスクをあらかじめ軽減することができる。

解説

exposure：リスクにさらされている金額、すなわち「与信額」。
default：倒産などによって「債務不履行の状態」に陥ること。金融関係の契約書には、必ずevent of default（債務不履行の規定）条項がある。
counterparty：「取引相手」。counterparty riskとは、取引相手が債務不履行に陥るリスクを意味する。
credit downgrade：格付の引き下げなど、信用力に対する評価が低下すること。債券の利回り（yield）や貸出の利ざや（spread）は信用力を反映しているので、格付が下がると債券利回りが上昇する、つまり債券価格（bond price）が下落し、それだけ商品価格が下落することになる。

　融資や債券投資などのように、一方の当事者（借入人、債券発行者）のみが支払い義務を要する場合（片務契約＝unilateral contract）と、スワップ取引のように、当事者双方とも支払い義務がある場合（双務契約＝reciprocal contract）では、リスクの度合いがまったく異なってくる。
　融資などの片務契約の場合には、融資先が債務不履行に陥ると基本的に元本（principal）全額がリスクにさらされるが、スワップ取引などの双務契約では元本が回収できなくなるリスクではなく、同じ条件のスワップをその時点で新しい相手と結ばなければならないというリスク、つまり、再構築コスト（replacement cost）が必要となる。特に、銀行にとってデリバティブ取引を清算（unwind）すれば利益がでる状況の時にこの再構築コスト・リスクがある。再構築コストはそれを実行する時の市場実勢によって大きく異なってくる。
　市場状況によっては再構築の結果得をすることもある。たとえば、あなたの

銀行が固定金利（年率5%）を払い、変動金利（LIBOR）[41]を受取るという金利スワップを組んでいて、そのスワップの相手方が倒産に陥ったためその相手とスワップを続けることができなくなったと仮定しよう。5%の固定金利と交換にLIBORをあなたの銀行に支払ってくれていた相手がいなくなったのだから、あなたの銀行はその時の市場金利で残りの期間をカバーする金利スワップを組み直さなければならない。これが再構築コストである。仮に、その時の変動金利（LIBOR）に対する固定金利が年率4%とすれば、新しい金利スワップでは、あなたの銀行は4%の固定金利を支払いLIBORを受取ることになる。つまり、支払い金利が前のスワップに比べ、1%低くなったのである。再構築のおかげで年率1%得をすることになったわけである（スワップについては第7章「デリバティブ」を参照）。

Contingent credit risk arises on derivative instruments. When CIBC's entitlements under a derivative contract have developed value, CIBC is dependent on the counterparty honouring its obligations so that CIBC can realize that value. The contingent credit risk is represented by the market value of the contract, plus an allowance for potential increases in market value.

(Canadian Imperial Bank of Commerce Annual Report 1998)

訳例

デリバティブ契約には偶発的信用リスクがある。CIBCが行なったデリバティブ契約に価値が出てきた場合、その価値を実現するにはデリバティブの取引相手がデリバティブ上の債務を履行するかどうかにかかっている。偶発的信用リスクは、契約の現在の市場価値に将来増加し得る市場価値を加えたものを意味する

解説

- **contingent**：「偶発的な」とか「不確定の」という意味で、必ずしも起こるとは限らないが、なんらかの理由によって起こり得る場合に使われる。contingent liabilityは「偶発債務」。
- **honor**（**honour**）：ここでは「債務の履行をする」という意味。

---

[41] LIBORとは、London Inter Bank Offered Rateの略で、ロンドンの銀行間貸し出し金利をいう。ユーロ市場での金利取引のベース・レートとして広く使用されている。

(b) 市場リスク(Market Risk)

　市場リスクは、株価・金利・為替レート・商品価格などの市場要因（market factor）が不利な方向に変動することにより、銀行が保有している金融商品の市場価格（market price）が値下がりするリスクを意味する。たとえば、A社の信用力には変化はないが、経済のインフレ懸念から市場金利が上昇、その結果A社の株価が下落するケースなどが、典型的な市場リスクといえる。

　Market risk：The potential for financial loss from adverse changes in underlying market factors, including interest and foreign exchange rates, credit spreads, and equity and commodity prices. (Canadian Imperial Bank of Commerce Annual Report 2003)

訳例
　　市場リスク：金利、外国為替レート、クレジットスプレッド、株価や商品価格など基本的な市場要因がネガティブに変動することから生じ得る金融商品の損失。

解説
- ***financial loss***：financial lossには、「財政上の損失」の意味もあるが、ここでは株や債券など金融商品の持ち高（position）から生じる損失をいう。
- ***interest rate***：「金利」。interest rate productsは債券の意味。債券はfixed incomeとも呼ばれる。
- ***equity***：「株」。株を意味する単語には、その他、share, stock, stakeなどがある。
- ***credit spread***：同じ期間の国債と事業債の利回り格差など、信用力の格差から生じる利回り格差をいう。
- ***commodity***：「商品」という意味で、ここでは、穀物・原油など商品相場で売買される商品を指す。

(c) 流動性リスク(Liquidity Risk)

　流動性リスクとは、何らかの理由で市場が一時的に混乱したり、市場参加者が少なくなることによって、保有している資産を通常の価格で処分できなかったり、資金調達ができなくなるようなリスクを意味する。さらに、信用不安のうわさなどで預金の取りつけなどが発生し、その結果資金調達が困難となるリスクも流動性リスクの範疇に入る。企業が短期資金調達の手段としてコマーシャルペーパー（commercial paper）を発行する時に、あらかじめ銀行団から流動性保証（liquidity support）を受けるのはこの流動性リスクに備える意味から

である。

Liquidity Risk：(1) An adverse cost or return variation stemming from the lack of marketability of a financial instrument at prices in line with recent sales. Liquidity risk may be a problem because a given position is very large relative to typical trading volumes or because market conditions are unsettled. Liquidity risk is usually reflected in a wide bid-asked spread and large price movements in response to any attempt to buy or sell.

(2) In a depository institution, the cost or penalty associated with unanticipated withdrawals or the failure to attract expected deposits. Liquidity risk is usually managed by limiting holdings of illiquid positions, by matching asset and liability maturities, and by limiting any maturity gap. Also called Marketability Risk. (http://riskinstitute.ch/glossary.htm)

訳例

流動性リスク：（1）金融商品の市場性が極端に薄くなり、その結果、直前に取引された市場価格に比べ不利なコストとなったり、利回りが悪化したりすること。流動性リスクは、保有している金融商品のポジション（持ち高）が通常の市場取引高と比較して非常に大きいか、あるいは、市場環境が不安定である場合に発生する可能性がある。流動性リスクは、通常金融商品を売買するときに、売り呼値と買い呼値の幅が大きくなったり、売買の際に価格が大きく動いたりという形で表れる。

（2）銀行預金の場合の流動性リスクは、預金が予期しない時に引き出されたり、逆に期待に反して集まらなかったりすることによって、結果として高いコストを支払わざるを得なくなったり、何らかのペナルティを受けたりするリスク。

流動性の低い金融商品の保有額を制限すること、運用と調達期間を一致させること、満期時期のずれを制限することなどによって、流動性リスクをコントロールすることができる。流動性リスクはmarketability risk（市場性リスク）とも呼ばれる。

解説

marketability：「市場性」とか「流動性」。liquidityと同じ意味。
position：long positionは「買い持ち」、short positionは「売り持ち」と言う意味で、トレーディングのリスクを持っていること。
bid-asked spread：bidは「買い呼値」、askedは「売り呼値」。たとえば、投資家が米国債を売りたい時に、投資銀行はbid price（銀行にとっての買い呼値）を提示する。asked priceまたはoffered priceはその逆の場合。bid priceとasked priceの中間をmid priceという。bid-asked spreadは「買い呼値と売り呼値の差額」。
illiquid：流通性が薄い。liquid productsは日本国債や米国債のように容易に市場で売買ができる金融商品を指す。一方illiquid productsは、私募債などのように発行金額

も少なく、投資家も限られていることから、「市場で必ずしも容易に売買ができない流動性の低いもの」を指す。当然のことながら、liquid productsのbid-asked spreadは、illiquid productsより小さい。

matching asset and liability maturities：運用とそれを支える調達の期間を一致させること。たとえば、期間1年で資金を調達して、満期が1年の債券を購入することをいう。通常短期金利の方が長期金利より低いことを利用して満期1年の債券（金利1%）を購入し、一方調達は金利0.3%の翌日もの（overnight）で行なうことを、mismatched fundingという。この場合、現状金利レベルでは0.7%の順ざや（positive carry）となるが、将来短期金利が急上昇して1%を超える事態になれば、逆ざや（negative carry）になるリスクがある。通常、金利は期間が長くなるほど高くなり、これをグラフにすると右上がりの曲線を描く。これを順イールドカーブ（normal yield curveまたはpositive yield curve）という。逆に短期金利の方が中・長期金利より高い場合の右下がりの曲線を逆イールドカーブ（inverted yield curveまたはnegative yield curve）と呼ぶ。

(d) 法的リスク (Legal Risk)

法的リスクとは、取引の違法性から損失が生じ得るリスクを意味する。具体的には、取引自体が合法的であるのか、また取引相手が取引を行なう法的能力を有しているのかなどが法的リスクとなる。

> The most important legal risks in financial risk management are legal capacity or ultra vires risk (the risk that a counterparty is not legally capable of making a binding agreement) and regulatory risk (the risk that a statute or a policy of a regulatory body conflicts with the intended transaction).
> (http://riskinstitute.ch/glossary.htm)

訳例

　金融リスク管理面における最も重要な法的リスクの1つは、法的権限にかかわるリスク、つまり ultra vires risk（法的権限を超えた行為、法的拘束力のある契約書に署名する権限がない取引相手と取引をすることから生じるリスク）、もう1つは、違法リスク（行なおうとする取引が、法規あるいは規制当局の政策に抵触するというリスク）である。

解説

ultra vires risk：法的権限を有していない人が法的契約書に署名するリスク。
binding agreement：「法的拘束力のある契約書」。M&A取引の最終合意書（definitive agreement）である売買契約書はbinding agreementであるが、最終交渉前に署名される基本合意書（レター・オブ・インテント=letter of intent）は法的拘束力のない契約書（nonbinding agreement）である。ただし、基本合意書の中にも、守秘義務条

項（confidential clause）など法的拘束力のある条項もあるので、注意が必要だ。
regulatory body：金融監督庁などの「規制当局」を指す。self-regulatory bodyは、業界が自主的に設立した規制団体で、日本でいえば、証券業協会などがこれに相当する。

法的リスクの典型的な例として、英国のハマースミス・アンド・フルハム自治区のケースが挙げられる。この自治区は、金利スワップ、スワップション、金利キャップ等のスワップ取引を活発に行なっていた。しかし1990年の英国上院議会の最終判断により、地方自治体が行なうすべてのスワップ取引が違法であるとされ、この自治体と取引を行なっていた金融機関は総額6億ポンドという多額の損害を被る結果となった。法的リスクを回避するためには、新規取引を行なう都度、内部および外部の法律部門（Legal Department）の意見が反映されるようなシステムを構築することが不可欠である。

Hammersmith and Fulham, London Borough of: A local government in the United Kingdom that was extremely active in sterling swaps between 1986 and 1989. Swap volume was very large relative to underlying debt, suggesting large scale speculation by the borough council. The speculation was unsuccessful and a local auditor ruled that the transactions were ultra vires-beyond the powers of the council. The House of Lords sitting as the High Court ultimately upheld the auditor's ruling.

(http://riskinstitute.ch/glossary.htm)

訳例

ロンドンのハマースミス・アンド・フルハム自治区：1986年から1989年にわたって、極めて活発に英ポンドのスワップ取引を行なっていた英国の自治区。スワップの取引高は原債務に比べ極めて大きく、同自治区評議会が大規模な投機を行なっていることを表わしていた。投機は不成功に終わったが、自治区の監査役は、このスワップ取引自体が自治区評議会の法的権限を超えた取引（法的拘束力のない取引）であったと裁決した。最高司法機関としても機能する英国上院議会は最終的に監査役の裁定を支持した。

解説

London Borough：Greater London（大ロンドン）はCity of London（ロンドン市）、City of Westminster（ウェストミンスター市）など、28のBorough（自治区）から成っている。

underlying debt：「原債務」、つまりスワップの元となった債務。スワップ取引の特徴は、元の金額の何倍もの効果（逆に働けばリスク）を狙えると言うleverage（てこ）機能がある。第7章デリバティブの章を参照。

speculation:「投機」。Investmentは「投資」。
ultra vires-beyond the powers of the council:自治区評議会に付与された法的権限を超えた取引、つまり「法的には効力のない取引」。

なお、広義の法務リスクとして、コンプライアンス・リスク（compliance risk）とレピュテーション・リスク（reputation risk）がある。最近このコンプライアンスが新聞などでも大きく報道されている。コンプライアンスとは「法令を遵守する」という意味であるが、法律だけでなく規制当局からの通達・規則などに違反することから生じるリスクもこの範疇に入る。レピュテーション・リスクとは、文字通り「銀行の評価を下落させる」リスクで、ビジネス上の倫理（business ethics）に反する行為などがレピュテーション・リスクに含まれよう。

(e) 業務リスク（Operational Risk）

業務リスクは、取引システムの事故や故障、事務上のミス、また社員が権限規定を超えて取引を行なうことから生ずるリスクなどを指す。この業務リスクは往々にして軽視されがちである。しかし、業務リスクの不十分な管理が思わぬ大きな事故につながることは、最近のいくつかの事件がよく示している。この業務リスクを防止・軽減するためには、各リスク管理部門と経営陣の緊密なコミュニケーションが求められる。

CIBC categorizes operational risk as the potential for material dollar losses arising from events relating to people, process and technology.

People risks are associated with losses due to key people leaving, people competencies, people capabilities and criminal activities resulting from employee fraud.

Process risks are associated with losses due to improper completion of transactions, incorrect reporting of information and the breakdown or ineffectiveness of processes.

Technology risks are associated with losses due to technology or telecommunication failures, improper programming and improper systems security.

(Canadian Imperial Bank of Commerce, Annual Report 1997)

訳例

　CIBCは、従業員、決済プロセス、システムに関連する事項から損失を被るリスクを業務リスクと分類している。
　従業員に関するリスクとは、中核となる従業員の退社、従業員の資質や能力、従業員の不正行為などの犯罪行為から生じ得る損失に関連したリスクをいう。
　決済プロセスにかかわるリスクとは、取引手続き上のミス、間違った報告、決済システムの機能停止や非効率性から生じ得る損失に関連したリスクをいう。
　システムにかかわるリスクとは、技術面や通信関係の事故、不適切なプログラミング、不適切なシステム安全管理から生じ得る損失に関連したリスクをいう。

解説

material dollar losses：「大きな金銭的損失」。materialは大きなインパクトを与える場合に使われる。materialityは、株価に影響を与えるような情報やでき事（収益結果とか買収・合併など）を意味する。
process：「資金決済手続き」。
technology：金融業界では、コンピュータ管理やシステム開発を担当する部署をtechnology groupと呼ぶ。日本では、「システム部」と呼ぶのが一般的。

第2節　リスクと現在価値

　金融取引には、必ず上記のようなさまざまなリスクが付随する。リスクを取らずして収益はあがらない。理想的にはリスクを回避しながら収益をあげることだが、残念ながら将来の不確実なリスクを完璧に把握することは不可能なことといわざるを得ない。したがって問題は、どのようにすればこれらのリスクを極力正確に推定しつつ、収益の極大化を図ることができるかということになる。言いかえれば、許容できるリスクの範囲を理論的に算出し、それを収益計画や経営戦略に反映させていくということである。そこで、まずリスクをどのように数字として把握するか、つまり「リスクの計量化（quantitative risk evaluation）」が極めて重要となってくる。
　リスクを計量化するためには、まずその基礎となる現在価値（present value）を理解する必要がある。リスクは将来の価格変動や債務不履行から生じ得る損失、つまり将来価値（future value）であるので、これを現在の価値に換算して把握しなくてはならない。
　ここで、簡単に現在価値について解説しておきたい。たとえば、いま手元に

第4章 リスクとリターン

1,000円あるとしよう。この1,000円をそのまま手元におけば、当然のことだが1年後も1,000円のままである。現在の1,000円と1年後の1,000円は同じだろうか。1年という時間の経過と共に1,000円の価値は変化していく。今1,000円で買えるものが1年後に買える保証はない。時間は常にさまざまなリスクをはらんでいるからだ。インフレになって物の値段が上昇しているかもしれないし、また、自然の災害で農作物の値段が高騰しているかも知れない。このことを逆から見れば、将来の価値は今の価値と同じではないともいえる。つまり、1年後に予定している1,000円の収入は、いまの1,000円とは違うということになる。1年後の1,000円を将来価値（future value）といい、いまの1,000円をを現在価値（present value）という。

　では1年後の1,000円は一体いくらの現在価値を持つのか。現在価値を計算する時には「時間のリスク」と「投資案件特有のリスク」を考えなければならない。「時間のリスク」は基本的にインフレーションから生じる価格の上昇リスクを表わす。「投資案件特有のリスク」は、たとえば農作物であれば天候など需給関係に影響を与えるリスクを意味する。仮にインフレ率を2%とし、また過去のデータから農作物特有のリスクを3%とすれば、1年後のある農作物の価格1,000円は、インフレ率と農作物リスクを合計した率（105%）で割った952.4円が現在価値と算出される。インフレ率2%が将来の「時間のリスク」を表わし、3%が「投資案件特有のリスク」を表わしているのである。2年後、3年後の収入も同じように一定の利率（複利）で除して現在価値に換算することができる。将来価値を現在価値に換算する時に使う利率を割引率（discount rate）と呼ぶ。このように割引率はインフレ率だけでなく将来のさまざまなリスクを考えて決定される。

$$PV = \frac{FV}{(1+R)^N}$$
PV: present value
FV: future value
R: discount rate
N: number of years

　Present value is the cash value of future returns or income once a discount (capitalization) rate has been applied to it. The discount rate (capitalization rate) is an interest rate applied to a series of future payment to adjust for risk and the uncertainty of the time factor. A discount rate must be determined that takes into consideration how much risk is associated with each project or investment. Risk levels follow a simple rule: High risk means a high discount rate, and low risk means a low discount rate.

(A.A.Groppelli and Ehsan Nikbakht, *FINANCE*, Barron's Educational Series, Inc, 1995)

訳例

　現在価値は、将来のリターンや収入を割引率（またはcapitalization rate）で割って算出した現時点での現金の価値である。将来の支払いにかかわるリスクや不確実性を調整するために、割引率が適用される。割引率はそのプロジェクトや投資にかかわるリスクの度合いを考えて決定されなければならない。リスクの度合いは簡単な原則に従う。つまり高いリスクとは高い割引率を、また低いリスクとは低い割引率を意味するのである。

　金融の世界では、リスクも将来のリターンもすべて現在価値に換算して把握される。現在価値は金融すべてに適用される極めて重要な基本的概念といえる。

第3節　リスクの計量化

　この節では、Barron's Business Review Seriesの*Finance*という大学レベルのテキストにしたがって、リスクとリターンおよびその計量化の基本を解説してみたい。まず、次のリスクとリターンの定義を読んでいただきたい。

　Broadly speaking, risk is a measure of the volatility, or uncertainty of returns, and returns are the expected receipts or cash flow anticipated from any investment.
　In finance, risk is measured by the degree of volatility associated with expected returns. Volatility is the amount of fluctuation that occurs in a series of figures as they deviate from a representative average. For example, the average of series 1,2,3 is 2, and the average of the series 1,3,5 is 3. The second series is considered more volatile than the first series of figures. The higher the volatility, then, the higher the level of risk.

(A.A.Groppelli and Ehsan Nikbakht, *FINANCE*, Barron's Educational Series, Inc., 1995)

第4章 リスクとリターン

訳例

　広義では、リスクはリターンの変動幅（ばらつき）、あるいはリターンの不確実性を意味し、リターンは投資から予想されるキャッシュフローや期待利益を意味する。金融では、リスクは期待利益に対するボラティリティ（変動、ばらつき）の度合いで計測される。ボラティリティは、平均値から乖離する一連の変動幅を意味する。たとえば、一連の数字1,2,3の平均値は2であり、同じく1,3,5の平均値は3である。後者のボラティリティは前者より大きい。ボラティリティが高いと、それだけリスクが大きくなる。

解説

　volatility：金融商品の価格の変動率（標準偏差）を指す。
　cash flow：cash flowは、通常、当期利益（net income）に、減価償却（depreciation）など現金の支払いを伴なわない損益項目を加減した純粋な現金の流れを指す。損益計算書（Profit and Loss Statement = PL）や貸借対照表（Balance Sheet = B/S）を見ているだけでは、現金の流れ（cash flow）を掴むことはできない。P/L、B/Sのほかに資金の流れを示すキャッシュフロー報告書（The Statement of Cash Flow）がわが国でも2000年3月期から導入された。詳しくは、5章M&Aを参照。

　上記の通り、リターンは「将来の期待利益」であり、リスクは「将来の期待利益に対する不確実性」、言い換えれば、「将来の期待利益に対する、実際のリターンのばらつきの度合い（volatility）」ともいえる（図表4－2）。このばらつきの範囲が大きければ大きいほど、リスクも高くなる。上記の簡単な例で示されている通り、「起こり得るリターン」が1、2、3の場合、その平均値である2に対する「起こり得るリターン」のばらつきはプラス・マイナス1となる。これに対し、1、3、5の場合の平均値3に対するばらつきの幅は2となる。した

図表4-2　リターンのばらつき

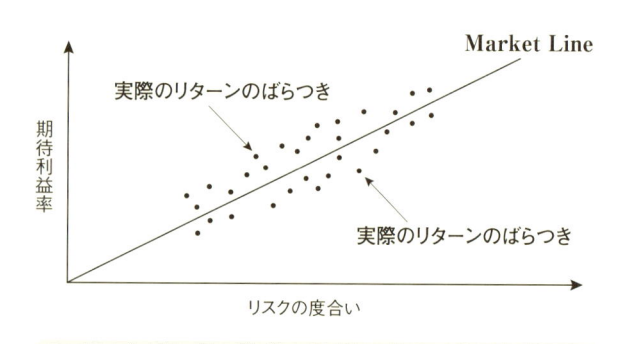

がって、1、2、3のケースのリスクは1、3、5のケースのリスクより小さいといえる。

期待利益に対して、「起こり得る利益」がどの程度の範囲でばらつくのかを見ることによってリスクの大きさを判断できるわけだが、では、これをどのように計量化できるのだろうか。同じBarron's Business Review SeriesのFinanceに用いられている簡単な例を使って考えてみよう。プロジェクトAとプロジェクトBという2つの投資案件があるとする。2つのプロジェクトとも将来の期待利益はほぼ同じだが、ばらつきの幅が異なる。ばらつきの幅とそれが起こり得る確率（probability）を、楽観的シナリオ（optimistic）、最も有り得るシナリオ（most likely）、悲観的シナリオ（pessimistic）の3通りのシナリオで予測する。

下記（図表4-3）の例では、プロジェクトAの場合、おそらく60%の確率で333の利益が予想されるが、楽観的予想では20%の確率で500の利益となり、悲観的予想では同じく20%の確率で100の利益しか期待できないと予想される。同様に、プロジェクトBでは、50%の確率で300、楽観的シナリオでは25%の確率で600となるが、悲観的シナリオでは80の利益しか期待できないと予想される。A、B両プロジェクトとも、3つのシナリオの加重平均値、つまり期待利益は320と同じだが、期待利益からのばらつきは、プロジェクトB（80—600）の方がプロジェクトA（100—500）より大きく、それだけリスクは大き

図表4-3 リスクの大きさの計量化

Obtaining Expected Values by Assigning Probabilities to Projected Returns

Probable Outcome	Projected Return (K)	Weight or Probability (P)	Probable Return (K×P)
Project A			
Pessimistic	100	0.20	20
Most likely	333	0.60	200
Optimistic	500	0.20	100
Expected Returns ($\bar{K}$)		1.0	320
Project B			
Pessimistic	80	0.25	20
Most likely	300	0.50	150
Optimistic	600	0.25	150
Expected Returns ($\bar{K}$)		1.0	320

A.A.Groppelli and Ehsan Nikbakht, *FINANCE*, Barron's Educational Series, Inc, 1995

いといえる。この平均値（mean）とばらつきからリスクの度合いを計量化することになる。

統計学では、ばらつきの分布具合は最終的に釣鐘型のカーブ（bell shape）を描く正規分布（normal probability distribution）に従うと仮定する。分りやすい例えでいうと、男性の身長のばらつき具合を分布していくと、最も多数が占める平均身長を中心に左右にほぼ均等に釣鐘型で広がっていく形になるが、これが正規分布である。確率計算をするために、1つひとつのばらつきと平均値の差額（これを偏差という）を求めていく。この偏差（deviation）はプラスにもマイナスにもなるので、それらをそのまま合計すると相殺されてしまう。そこで、同じ符号（プラス）とするためにまずその差を2乗する。その2乗した各々の数字に確率（この例では20％、60％、20％）を掛けていく。ここで求められる数字を分散（variance）という。そして、この分散の平方根で求められる数字を標準偏差（standard deviation）と呼ぶ。この標準偏差は、volatilityとも呼ばれ、ギリシャ文字のシグマσが用いられる。1シグマで表わされた数字は、統計学的に68％の確率で実際の価値がその範囲内に収まることを意味している。同様にシグマを2倍にした場合には、その確率は95％に高まるとされている（ここでは、なぜ統計学上、1シグマが68％で、2シグマが95％となるのかについては、本書の目的でもないので触れない）（図表4－4）。

このことを、下記の例を使って同じテキストから英文で読んでみよう。

By Assuming that all values are distributed normally-that the returns are

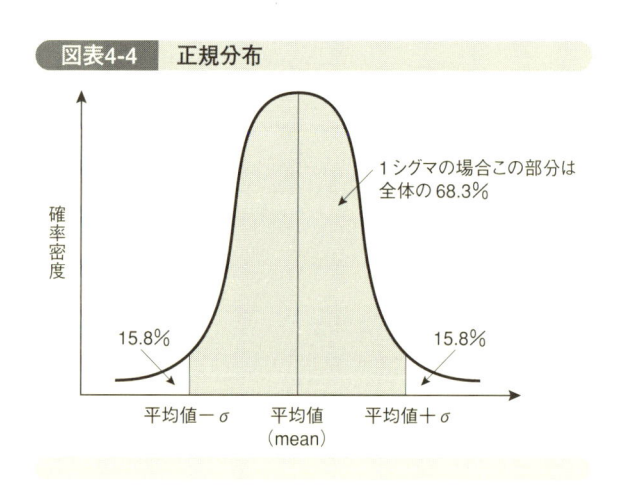

図表4-4　正規分布

（1シグマの場合この部分は全体の68.3％）

確率密度

15.8%　　15.8%

平均値－σ　　平均値（mean）　　平均値＋σ

第3節　リスクの計量化

distributed equally between the higher and lower sides of expected returns-it is possible to measure the volatility of returns for each project and, in turn, to measure their comparative risk. This can be done, for Project A, by subtracting the actual returns (100,333,and 500) in the range from the expected return ($\overline{K}$)of 320: (K－$\overline{K}$). The values derived from these calculations are then squared to eliminate the problem of minus signs. In a world of uncertainty, probabilities are assigned to each deviation to obtain a single representative value, which is called Variance. The square root of Variance is none other than the standard deviation,

(A.A.Groppelli and Ehsan Nikbakht, *FINANCE*, Barron's Educational Series, Inc.,1995)

訳例

　すべての価値は通常正規分布すると仮定、すなわちリターンは期待利益をはさんで同等に上下に分布すると仮定することによって、各プロジェクトのリターンのばらつきを測定することができる。つまり、プロジェクトごとのリスクを比較することが可能となる。プロジェクトAを例にとれば、期待利益$\overline{K}$（320）と実際におこり得る利益（100、333、500）の差（偏差＝deviation）を求める（K－$\overline{K}$）。（この偏差はプラスにもマイナスにもなるので、）マイナス要因を取り除くためにその偏差を2乗する。不確実性の測定では、それぞれの偏差に確率を掛けて1つの値、つまり分散（variance）を求める。その分散から平方根（square root）を求める。この分散の平方根は標準偏差（standard deviation）と呼ばれる。

標準偏差の定義式

$$標準偏差 = \sqrt{\frac{(測定値-平均値)^2 の和}{データ数}}$$

$$= \sqrt{\frac{偏差平方和}{データ数}} = \sqrt{分散}$$

　具体的に、プロジェクトAのケースで分散と標準偏差を求めてみよう（図表4－5）。

　下記の通り、3通りの実際に起こり得る利益（100、333、500）から期待利益（320）を差引いて、その差を2乗してそれぞれ48400、169、32400を求めていく。それに確率を掛け、それを合計することによって16261という分散が算出される。それを平方根して標準偏差128が求められる。

In finance, it is statistically acceptable to assume that probability distributions take a normal bell shape because this assumption facilitates the calculation of expected outcomes. For example, statisticians have discovered that in cases involving normal distributions one can expect 68% of the outcomes or returns to fall within plus or minus one standard deviation of the expected value. In the example, when you subtract and add one standard deviation (128) from the expected return of 320, the result will be a range of 192 to 448. This range indicates that, in 68 out of 100 times, you can expect returns to fall within the range of 192 to 448. When two standard deviations (128x2=256) are used, practically all of the values in the distribution (or 95%) should fall with in a range of 64 to 576.

In the case of Project B, a deviation of plus or minus one standard deviation produces a range of 135 to 505. Given these parameters, the risk of Project A can be compared to that of Project B. They have the same expected return, but because Project A has a smaller dispersion around the expected value-its standard deviation is lower-its risk is lower than that of Project B.

(A.A.Groppelli and Ehsan Nikbakht, *FINANCE*, Barron's Educational Series, Inc,1995)

訳例

金融の世界では、確率分布は標準的な釣鐘の形になると仮定される。この仮定を取ることによって、結果の予想が容易になされることになる。たとえば、統計学者は、正規分布の場合、実際の結果やリターンは68％の確率で期待値からプラス・マイナス1標準

図表4-5 分散と標準偏差

Calculating the Standard Deviation of Project A's Returns

i	K	$\bar{K}$	$K-\bar{K}$	$(K-\bar{K})^2$	probabilities (P_i)	$(K-\bar{K})^2 P_i$
1	100	320	-220	48,400	.20	9,680
2	333	320	+13	169	.60	101
3	500	320	+180	32,400	.20	6,480
						variance=16,261

Standaed deviation of Project=$\sqrt{\text{variance}}=\sqrt{16,261}=128$

Using the same approach,the standard deviation of Project B is 185.

A.A.Groppelli and Ehsan Nikbakht, *FINANCE*, Barron's Educational Series, Inc, 1995

偏差(one standard deviation)の範囲に収まることを発見した。プロジェクトAのケースでは、期待利益(320)に1標準偏差(128)を加減すると、192から448の範囲が求められる。このことは、100回のうち68回の確率で、実際のリターンが192から448の範囲内に収まることを意味する。また、2標準偏差(128×2)を使う場合には、95%の確率で実際の利益は64から576の範囲に収まると予想される。

プロジェクトBのケースでは、1標準偏差では135から505の範囲が算出される。この計測方法によって、プロジェクトAのリスクとプロジェクトBのリスクとを比較することができる。両プロジェクトとも期待利益は同じだが、プロジェクトAの期待利益に対する分布幅がより小さい、すなわち標準偏差がより少ないことから、プロジェクトAのリスクはプロジェクトBより小さいといえる。

以上の解説で、リスクとリターンの計測方法の基本を理解して頂けたと思う。現在、多くの金融機関は、基本的にこの標準偏差を使ってValue at Risk(VaR)と呼ばれるリスクとリターンの計測方法を採用している(図表4-6)。

図表4-6 プロジェクトのAとBの正規分布

Normal probability Distribution of Two Projects, A and B

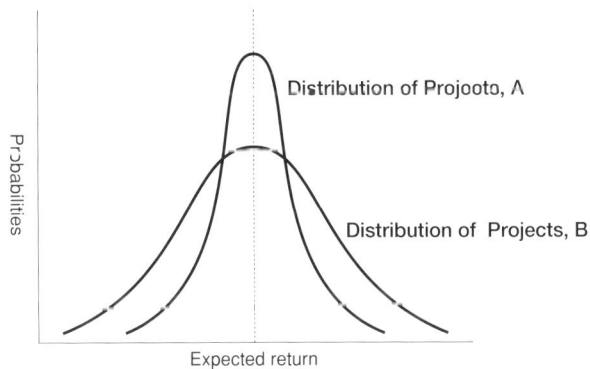

（Distribution of Project, A / Distribution of Projects, B の正規分布図）

A.A.Groppelli and Ehsan Nikbakht, *FINANCE*, Barron's Educational Series, Inc. 1995

第4章 リスクとリターン

第4節 バリュー・アット・リスク(Value at Risk)

バリュー・アット・リスク(VaR)は、前節で述べた標準偏差を使ってリスクを測定する方法である。VaRとは、文字通り「リスクにさらされている価値」、つまり「現在保有している資産がどれくらいのリスクを内在しているか」を計測するものである。JPモルガン(現JPモルガン・チェース)やバンカーズ・トラスト(現在はドイツ銀行に買収)が先駆者だが、現在では多くの金融機関が、市場リスクの計測方法としてVaR方式を採り入れるようになっている。

まず、英文でVaRの概念を読んでみよう。

　　As illustrated below, the concept behind VAR is extremely simple. First, value the current portfolio using today's "price list"; the components of this list will be called "market factors". For example, the market factors that affect the value of a bond denominated in a foreign currency are the term structure of the foreign interest rate and the exchange rate.

　　Then, revalue the current portfolio using an "alternative price list" and calculate the change in the portfolio value that would result, ie, the difference in the value of the portfolio using today's price list and the alternative price list. If the current portfolio is valued using a number of price lists, one obtains a distribution of changes in the value. Given this, VAR is specified in terms of confidence levels. The risk manager can calculate the maximum the institution can lose over a specified "time horizon" at a specified probability level. For instance, the risk manager can define the maximum loss for a one-day period at a 95% probability,
ie, the loss that should be exceeded on only five days out of 100.
(Smithson C. and Minton L. "Value at Risk (I) Understanding the various ways to calculate VaR" 1996)

訳例

　　以下の図(図表4-7)にあるように、VARの概念は極めて簡単である。まず、現在の市場価格(today's price list)を使って現在保有しているポートフォリオの時価を計算する。この市場価格の構成要素を市場要因(market factors)と呼ぶ。たとえば、外貨建て

債券価格の変動要因となる市場要因としては、その通貨の期間による金利水準や為替レートが挙げられる。次に、将来起こり得る市場価格（alternative price list）を使って同じポートフォリオの価値を計算し、「現在の市場価格で計算された時価」と「将来起こり得る市場価格を使って計算された価値」の差額を計算する。同様に、いくつか別の起こり得る市場価格を使ってポートフォリオ価値をそれぞれ計算していくと、いくつかの現在の価値との差額（つまり、損失か利益）を示す分布ができる。このようにして、VAR（リスクにさらされている額）を一定の信頼度で特定できる。リスク管理者は、特定の期間の最大リスク額（最大損失額）を特定の確率で測定できることになる。たとえば、リスク管理者は、95％の確率（信頼度）で1日の保有期間に発生し得る最大損失額を測定できる。換言すれば、100日の内5日間の確率でVARによって測定された最大損失額を上回る可能性があることを測定できる。

解説

confidence level：「信頼水準」。
probability：「確率」。

簡単な例でもう一度説明したい。たとえば現在、米国債を運用しているとしよう。この米国債のVaRを求めるために、過去の米国金利、ドル／円の為替レートなどの価格変動要因の動きをもとに考えられるさまざまな変動率を想定し、その変動率を使って現在保有している米国債の価格変動（ばらつき）を計算していく。この価格変動の分布は正規分布に従うと仮定する。そうして、すでに述べた方法で標準偏差を計算していくと、1シグマ（68％）の確率や2シグマ（95％）の確率で最大損失（正規分布の真ん中を現在の価格とすると左側の部分が損失）及び最大利益（同様に右側の部分が利益）を予測できることになる。

VaRを一口で言うと、「今後特定の期間内（保有期間 = specified time horizon）に、「特定の確率の範囲内（信頼水準 = specified confidence level）」でポートフ

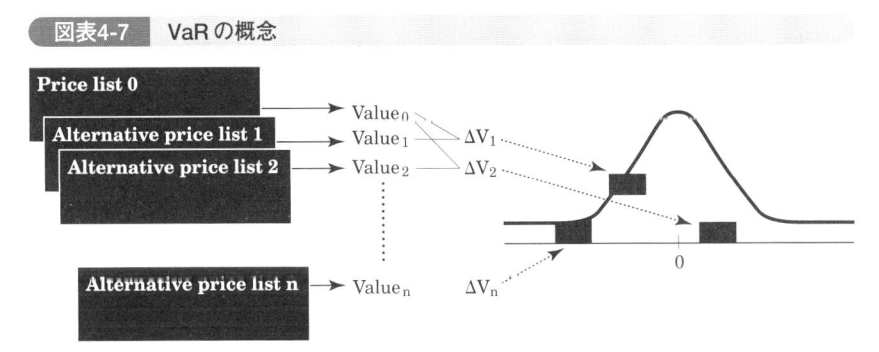

図表4-7　VaRの概念

Smithson C. and Minton L. "Value at Risk (I) Understanding the various ways to calculate VaR" 1996

第4章 リスクとリターン

ォリオに生じ得る最大損失額を、過去のデータをもとに統計的に測定する」と
定義づけられる。

> The models predict the probability of loss in the portfolio using observed historical relationships between the different instruments in the portfolio. For example, firms may assess the value at risk in their portfolio as being the maximum amount they are likely to lose if they had to hold the portfolio for a fixed period based on historical experience with a given level of confidence (normally 95% or 99%). In other words、 if the future is like the past, the amount estimated by the model to be at risk would be lost once in every twenty days or once in every hundred depending on the confidence level chosen, and then only if the firm was unable to take any action to mitigate its loss.
>
> (The Technical Committee, "The Implications for Securities Regulators of the Increased Use of Value at Risk Models by Securities Firms", IOSCO 1995)

訳例

> このモデル (VaR) は、ポートフォリオ (保有資産の集合体) の中のさまざまな金融商品の過去のデータを使って、ポートフォリオの損失の確率を予測するものである。たとえば、このモデルを使うと、ある一定の期間そのポートフォリオを保有したと仮定すれば、そのポートフォリオから生じ得る損失の最大額はどのくらいになるのか、過去の経験に基づいて特定の信頼できる確率 (通常95%から99%) で計測できる。言い換えれば、将来の市場動向が過去のデータと同様な動きをすると仮定すれば、信頼確率95%の場合20日に1日の割合で、また信頼確率99%の場合100日に1日の割合で、VaRで算出されたリスク額の範囲内で損失を被るおそれがあることを意味する (損失を軽減する手段をとることができなかったと仮定して)。

以上で、VaRの概念自体については理解されたことと思う。VaRの概念を理解することは比較的容易であるが、VaRを的確に算出するためにどのような変動要因をどのようにインプットすべきかは、決して簡単なことではない。たとえば、ボラティリティを確定するためには過去のデータをインプットする必要があるが、どのくらいの期間に遡ってデータを取るべきかについては適切な解答がない。データ採取期間が短すぎるとデータの信頼度が低くなるし、逆に長すぎると現状の市場実勢を反映しない惧れがでてくる (国際決済銀行＝Bank for International Settlementsは最低1年間のデータを利用することを規定している)。また、過去のデータをもとに将来のボラティリティのシナリオを推定

しなければならないが、この推定方法も簡単ではない。推定方法としてはヒストリカル・シミュレーション（過去の変動要因の動きをもとにシナリオを作る）やモンテカルロ・シミュレーション（過去のデータをもとに乱数を用いてシナリオを作る）などがあるが、ここでは触れない。詳細は専門書を参照されたい。

ボラティリティが算出されると、以下の計算式でVaRが算出される。

$$\text{VaR} = \text{ボラティリティ} \times \text{信頼水準(標準偏差)} \times \sqrt{\text{保有期間(年)}}$$

簡単な例でVaRを計算してみよう。額面100億円の債券のボラティリティを年率20％（250営業日）とし、保有期間10営業日、片側信頼水準95％（2標準偏差）と仮定して、VaRを計算する。

$$\text{VaR} = 100億円 \times 20\% \times 2 \times \sqrt{10/250} = 8億円$$

この例では、100億円の債券を10営業日保有した場合、95％の確率（信頼水準）で損失は8億円の範囲内に収まることになる。逆にいえば、5％の確率で8億円以上の損失を被る恐れがあるともいえる。

第5節 VaRによる信用リスクと市場リスクの計測

VaRを利用して市場リスクを計測・管理することは、1993年にGroup of Thirtyによって提言された。この提言では、「債券・株・デリバティブ取引などの市場リスク（market risk）の測定方法としてVaRを採用する」とし、対象を市場リスクに限定している。なお、この提言では、VaR測定の具体的方法として、各銀行の事情に合った内部モデルの使用を認めている。

Recommendation by Group of Thirty
Dealers should use a consistent measure to calculate daily the market risk of their derivatives positions and compare it to market risk limits.

Market risk is best measured as "value at risk" using probability analysis based upon a common confidence interval(e.g., two standard deviations) and time horizon (e.g., a one-day exposure). (The Groupe of Thirty, "Derivatives: Practices and Principles", 1993)

訳例

グループ・オブ・サーティによる提言
　ディーラーはデリバティブのポジションにかかわる日次ベースの市場リスクを首尾一貫した計測方法で把握し、それを市場リスク限度額と比較しなければならない。市場リスクは、共通の信頼水準（たとえば、2標準偏差）、共通の保有期間（たとえば、1日）をベースとして、バリュー・アット・リスクを用いて計測するのが最もよい。

　VaRは1990年代初頭から欧米金融機関で使用され始めていたが、上記の提言をきっかけにその後日本でも急速に普及した。現在では、すべての大手金融機関がVaRを導入している。先進的な銀行では、市場リスクだけでなく、融資などの信用リスク（債務不履行のリスク credit-risk）にもVaRを適用して推定最大損失額を計測している。

　信用リスクの場合、①期日に全額返済されるか、または　②債務不履行が起こると貸出債権の全額または担保不足部分の返済がなされないか、のいずれかであり、その意味では信用リスクはall or nothingといえる。しかし、同じレベルの信用リスクと考えられる多数の貸出債権を1つの集合体（loan portfolio）とすることによってリスクを分散（diversification）すれば、その貸出債権の集合体としての債務不履行発生率（default ratio）を推定することが可能になる。債務不履行発生率を推定できれば、ローン・ポートフォリオの信用リスクをVaRで計測することが可能となる。

　まず、貸出債権を外部（S&PやMoody'sなど）の格付会社や内部で行なった格付に基づき分類していく。格付会社による過去のデータや内部でのデータをもとに各分類毎に債務不履行発生確率を推定していく。次に想定元本回収率（recovery rate）を決めていく。債務不履行が発生しても必ずしも元本（principal）全額が損失となるとは限らず、担保処分や保証人からの弁済など一部回収の可能性があるからである。各貸出債権の担保価値等を検討した上で、分類ごとの想定元本回収率を決めていく。

　上記で求めた債務不履行発生率と想定元本回収率を使って、推定損失額を算定する。

推定損失額＝貸出債権の価値×予想債務不履行発生率
　　　　　－貸出債権×予想債務不履行発生率×想定元本回収率

上記で算出した推定損失額をもとに、過去のデータから債務不履行発生率や想定元本回収率の変動を予測し、市場リスクと同じように標準偏差を求めていくと特定の信頼水準における信用リスクのVaRを算出することができる（図表4-8）。信用リスクのVaR計測については、JPモルガン・チェースが開発したCreditMetricsなどが知られている。このように、現在では市場リスクだけでなく信用リスクもVaRで計測できるようになってきた。下記英文にあるように、2004年6月に発表されたBIS（国際決済銀行）の新しい自己資本規制では、信用リスクについても先進的銀行については内部格付け手法（internal rating system = IRB）による定量的分析を認めている。

　Subject to certain minimum conditions and disclosure requirements, banks that have received supervisory approval to use the IRB approach may rely on their own internal estimates of risk components in determining the capital requirement for a given exposure. The risk components include measures of the probability of default (PD), loss given default (LGD), the exposure at default (EAD), and effective maturity (M). In some cases, banks may be required to use a supervisory value as opposed to an internal estimate for one or more of the risk components.
(Basel Committee on Banking Supervision, "International Convergence of Capital Measurement and Capital Standards A Revised Framework", Bank for International Settlements, 2004)

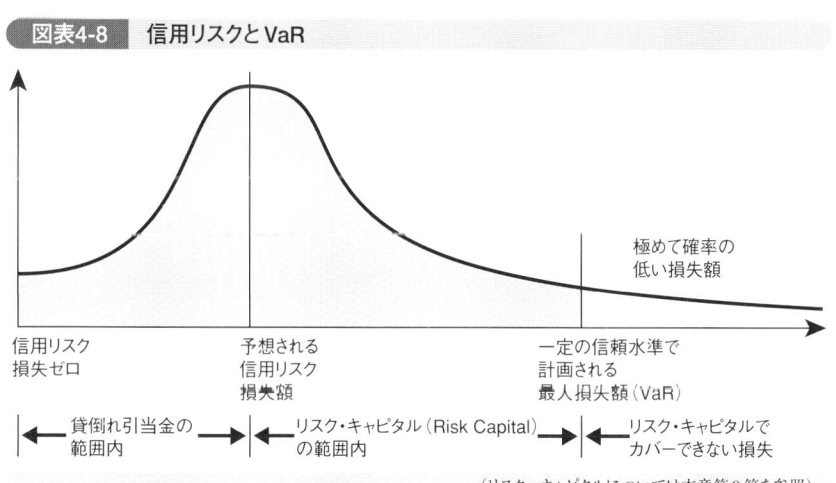

図表4-8　信用リスクとVaR

（グラフ：横軸に損失額、縦軸に確率密度をとった信用リスク分布）

- 信用リスク損失ゼロ
- 予想される信用リスク損失額
- 一定の信頼水準で計画される最大損失額（VaR）
- 極めて確率の低い損失額

←貸倒れ引当金の範囲内→　←リスク・キャピタル（Risk Capital）の範囲内→　←リスク・キャピタルでカバーできない損失

（リスク・キャピタルについては本章第9節を参照）

訳例

　一定の条件や開示要件をクリアするという条件付であるが、IRB（内部格付け）手法を使用する許可を監督当局から取得した銀行は、特定のリスク資産に必要な自己資本を決める際のリスク要因を内部的に推定することができる。この場合のリスク要因には、予想債務不履行発生率（PD）、債務不履行時の損失額（LGD）、債務不履行時の与信額（EAD）、実効期限（P）などが含まれる。ただし、リスク要因のうちいくつかの要因については、内部格付けにではなく、監督当局が指示する数字の使用が求められることもあり得る。

解説

- ***supervisory approval***：「監督当局（官庁）の認可（許可）」という意味。日本の金融庁（Financial Service Agency）や米国のSEC（Securities and Exchange Commission）などが監督官庁（supervisor）に相当する。
- ***exposure***：exposureは「さらされる」という意味。ここでは「リスクにさらされている資産」を指す。
- ***probability of default***（***PD***）：defaultは「債務不履行」あるいは「デフォルト」と訳される。PDはデフォルトが発生する予想確率を意味する。
- ***loss given default***（***LGD***）：「債務不履行（デフォルト）が発生したときに担保などで回収できなかった損失額」を意味する。「デフォルト債権額－回収率」に相当する。
- ***exposure at default***（***EAD***）：「デフォルト時の与信総額」で、信用供与枠（コミットメントライン）を供与している場合には、EADは実際に実行している与信額ではなく、信用供与枠総額となる。
- ***effective maturity***（***M***）：デフォルトが発生した時点における残存期間を意味する。

第6節　VaRのメリットと問題点

① VaRのメリット

VaRはさまざまなメリットをもたらす。たとえば、
(i) VaRを使うことにより、金利・為替・株などさまざまな金融商品で構成されているポートフォリオ全体のリスク額を、1つの金額として把握できる。つまり、VaR方式を使うことによって、経営者は、さまざまな取引から構成される金融資産全体の潜在的なリスクを総合的に1つの尺度で把握できることになる。シンプルで分りやすい画期的なリスク計測法といえる。
(ii) VaRで算出される推定最大損失額を利用して、トレーディングの限度額

第6節　VaRのメリットと問題点

を設定できる。つまり、経営者が許容できる損失額の範囲内でトレーディング・リスクを認めることが可能となる。
(iii) 投資リターンとリスクの関係を明確に示してくれる。たとえば、Aさんとさんが共に100億円の債券投資を行ない、共に5億円の利益、すなわち5％のリターンを実現したと仮定しよう。Aさんは100億円を地方債に投資し、Bさんは同額を事業債に投資してこの利益をあげた。二人の業績は同じだろうか。話を簡単にするために、地方債の信頼区間95％の確率で1年間のVaRを15億円、一方事業債のVaRを30億円とする。つまり、Aさんは95％の確率で最大15億円の損失を被る惧れがあり、Bさんは同じく30億円の最大損失の惧れがあったわけである。別の見方をすれば、Aさんは、15億円のリスク限度額に対して5億円のリターン、つまり33.3％の利益率、一方のBさんは30億円のリスク限度額に対して5億円のリターン、16.6％の利益率となり、Aさんの方がBさんに比べ2倍高い収益率であったと判断できる。

　Originally VaR was used as an information tool. I.e., it was used to communicate to management a feeling for the exposure to changes in market prices. Then market risk was incorporated into the actual risk control structure. I.e., trading limits were based on VaR calculations. Now it is commonly used in the incentive structure as well. I.e., VaR is a component determining risk-adjusted performance and compensation.
(http://www.gloriamundi.org/faq.asp)

訳例

　最初、VaRは情報伝達手段として利用された。つまり、VaRは市場価格の変動要因にさらされているリスク額の感じを経営者に連絡するために使用された。その後、市場リスクは実際のリスク・コントロール・システムに組み込まれるようになっていった。つまり、運用の持ち高限度額 (trading limit) をVaRをもとに決定するようになったのである。現在では、VaRはインセンティブ (ボーナス) システムにも広く利用されている。つまり、リスク調整後の運用成績を評価しそれに基づき報酬を決定するのである。

解説

　trading limits：為替・債券・株投資などの持ち高 (position) の限度額。
　incentive structure：外資では業績が直接ボーナスに反映される仕組みとなっている。業績に応じて支払われるボーナスを short term incentive bonus と呼ぶ。

compensation：報酬。compensationは、一般的に基本給与（base salary）、個人の短期業績を反映するボーナス（short term incentive bonus）と、会社の業績を反映して一部の管理者などに株などで支払われる長期インセンティブ・ボーナス（long term incentive bonus）から構成される。

② VaRの問題点

しかし、VaRにも次のような問題点があることを理解しておく必要がある。

(i) VaRは過去のデータをもとに統計的手法で将来を予測するため、インプットする過去のデータの取り方によってVaRの数値が異なってくる。つまり抽出するデータの期間や方法によって、VaRの答えが変わってくることになる。

(ii) VaRは過去の正常な市場環境（normal market conditions）におけるデータをインプットして計測されている。つまり、あくまで正常な市場環境の下での最大のリスク量を測定するものである。したがって、1997年のブラック・マンディ（Black Monday）のような異常な市場環境のときには、VaRで計測されたリスク量を大幅に上回るロスが発生することも充分起こり得る。

(iii) VaRは今後の価格変動を正規分布と仮定するという前提条件のもとで計測している。しかし、特別な状況の場合には、相場参加者がいっせいにヘッジ（hedging）や損切り（loss cut）など同じ方向に動く可能性が高く、VaRの範囲を超えることがあり得る。

VaRの限界については、1995年のIOSCO（証券監督局国際機構）のTechnical Committeeのレポートにも次のように記載されている。

It is important to note however that value at risk, even if it is based on a statistical model, is to a significant extent a judgmental concept. The models are based on observed statistical relationships which are of varying levels of reliability. They are also heavily dependent on the assumptions which the model builders make about the relationships between different financial instruments, the observation periods over which the relationships are estimated. In this sense, there is as yet no basis for defining any one 'correct' value at risk model.

(The Technical Committee, "The Implications for Securities Regulators of the Increased Use of Value at Risk Models by Securities Firms", IOSCO 1995)

訳例

バリュー・アット・リスクは統計学的モデルをもとにしているとはいえ、極めて主観的なものであることに留意することが重要である。VaRモデルは、信頼度の異なる過去の統計学上の相関関係に基づいている。さらに、このモデルはさまざまな金融商品間の相関関係を組み立てる際にどのような仮定を置くのか、相関関係を推定する際にどれくらい遡って過去のデータを取るのか、によっても左右される。その意味でも、今のところ、唯一正しいVaRモデルを定義する論拠はない。

上記の通り、VaRはあくまで過去のデータが将来にも適用できるという仮説と、変化は正規分布の形になるという仮説に基づいている。したがって金融機関としては、VaRだけに依存するのではなく、考えられる最悪の条件のシナリオを設定し、そのもとで生じ得る最大損失についても考慮に入れておく必要がある。これが、ストレス・テストによるリスク分析といわれるものである。

Stress tests can take a variety of forms. In the most typical situation, a user specifies one or more scenarios for the performance of markets over the next day, week or month. For example, if a British bank were cross-hedging the US dollar against the Canadian dollar, a risk manager at the bank might want to explore the risk of the two currencies moving against each other.

Historically, the Canadian dollar has correlated closely with the US dollar. A VaR model that incorporated that historical correlation into its analysis would ignore the possibility of the two currencies dramatically moving against each other-more specifically, it would recognize the possibility, but assign it a very low probability.

With a stress test, the risk manager could directly analyze what might happen if the correlation between the two currencies broke down. She might do so by considering two scenarios:

(1)The Canadian dollar appreciates 10% against the US dollar over the next week. (2)The Canadian dollar depreciates 10% against the US dollar over the next week.

Note that the two scenarios have nothing to do with the historical trading patterns of the two currencies. No probability is assigned to either scenario. The risk manager simply asks: "what would happen if one of these scenarios came to pass?" She re-values the bank's portfolio under each scenario, and determines what the market value impact of each would be.

By analyzing the impact that stress scenarios would have on a portfolio, the user can identify exposures that might not be identified by statistical risk measures.

(Contingency Analysis, http://www.contingencyanalysis.com)

訳例

　ストレス・テストにはさまざまな方法がある。最も典型的な方法は、翌日、翌週ないし翌月のマーケットの動きに関して、1つないしそれ以上のシナリオを作ることである。たとえば、あるイギリスの銀行が米ドルのヘッジをカナダドルで行なっていた場合、その銀行のリスク管理者は両通貨が互いに反発する方向に動いた場合のリスクを調べたいと思うかもしれない。

　歴史的に、カナダドルは米ドルと極めて同じような動きを示している。VaRモデルではそういった両通貨の過去の相関関係のみ組み込まれており、両通貨が互いに極端に反発するという可能性を無視してしまうのである。より具体的にいうと、両通貨が互いに反発する可能性自体は認識しているものの、それが起こる可能性を非常に低く見積もっているのである。

　ストレステストを使うと、両通貨の相関関係がなくなった場合に何が起こるのかを直接的に分析できるのである。その場合、以下の2つのシナリオを考える。

（1）来週カナダドルは、米ドルに対して10％上昇する。
（2）来週カナダドルは、米ドルに対して10％下落する。

　留意すべきは、上記の2つのシナリオとも両通貨の歴史的な変動のパターンとは関わりがないということである。どちらの場合にも確率は適用されていない。リスク管理者の疑問は単純である。すなわち、「（1）か（2）のどちらかが起こった場合どうなるか。」ということである。担当者は、そのシナリオのもとで銀行のポートフォリオを再点検し、両シナリオの市場価値に与える影響を決定する。

　ストレステストの結果がポートフォリオにもたらす影響を分析することで、統計的計測方法では特定されないリスクを特定することができることになる。

第7節 RARORAC

　VaRによる推定最大損失額の計測方法が発展するにともない、リスク量を勘案した収益性指標が活用されるようになってきた（図表4-9）。

① RAROC

　1つは、RAROC（Risk Adjusted Return On Capital＝自己資本リスク調整後利益率）で、分子には、総収入から人件費などの経費、さらに予想されるリスクを差し引いた「リスク要因調整後利益」を置く。そして、分母には投下する資本金をそのまま利用する。

```
RAROC = Risk Adjusted Return/Capital
Risk Adjusted Return = revenues
                     - expenses
                     - expected losses
```

　上記の通り、RAROCの算出に使われる「リスク要因調整後利益」は、グロスの予想収入から必要経費（人件費、管理費など）を差し引き、さらに予想されるリスクを差し引いた利益となる。このRAROCは、リスクが比較的高い金融商品やプロジェクト金融などのリターンを計測する時に多く利用される。

　簡単な例で説明すると、たとえば100億円の資金を投下して、あるプロジェクトを行なうとする。1年後の見込み利益は15億円だが、このプロジェクトはリスクが高いので、予期せぬリスクの発生をカバーするため、3億円をあらか

図表4-9　リスク・リターン管理方法の推移

Revenues → Return on Assets (ROA) → Return on Equity (ROE) → Risk Adjueted Return on Capital (RAROC) / Return on Risk Adjusted Capital (RORAC) → Risk Adjusted Return on Risk Adjusted Capital (RARORAC)

じめ調整して12億円を利益額として予想ROEを計算する。つまり12億円/100億円の12%がRAROCとなる。

(注) 厳密にいうと、1年後の12億円を適切な割引率 (discount rate) で割って現在価値 (present value) に換算後RAROCを計算する。

RAROC

A technique for risk analysis and project evaluation that requires a higher net return for a riskier project than for a less risky project. The risk adjustment is performed by reducing the risky return at the project or instrument return level rather than by adjusting the capital charge.
(http://riskinstitute.ch/glossary.htm)

訳例

RAROC

RAROCは、収益性は高いがリスクも高いプロジェクトのリスク分析やプロジェクト評価を行なう時に用いられる。分母の資本金は調整せずに、分子の収益からリスク要因を調整する。

② RORAC

もう1つは、RORAC (Return On Risk Adjusted Capital = リスク調整後自己資本利益率) で、リスク調整前利益をVaRで測定した推定最大損失額で除したものである。これは潜在化する最大損失額 (VaR) は資本金の範囲内でカバーされなければならないという考え方に基づいている。つまり、分母を投下資本金ではなく、その金融商品やプロジェクトから予想される推定最大損失額 (VaR) を資本金とみなして収益率を算出するのである。このVaRに基づく資本金をリスク・キャピタルまたはエコノミック・キャピタルと呼ぶ。RORACはリスク・キャピタルに対してどれくらいの利益をあげたかを見る指標である。

RORAC = Return/Risk Adjusted Capital

簡単な例で説明すると、今100億円の資本金を投下して10億円の利益を債券投資から上げたとしよう。この場合のROEを計算すると10%となる。しかし、過去のデータを使って算出したこの債券投資のVaRが30億円とすると、リスクをカバーすべき必要な資本金は30億円で充分で、残額 (70億円) は外部借入で賄ってもよいことになる。つまり、リスク調整済み資本金 (リスク・キャピ

タル）に対する利益率（RORAC）は10億円／30億円で求められる33.3％となる。

RORAC
Similar to RAROC, except that the rate of return is measured without a risk adjustment whereas the capital charge will vary depending upon the risk associated with the instrument or project.
(http://riskinstitute.ch/glossary.htm)

訳例
RORAC
RAROCと似た利益率を表わす指標。ただし、RAROCでは、分子の利益額はリスク要因を調整せず、分母の資本金を金融商品やプロジェクトのリスクを加味したうえ調整した金額とする。

③ RARORAC
さらに分子と分母の部分に、いずれもリスク調整済みの収益とリスク・キャピタルを使用する、つまり、RAROCとRORACを組み合わせて、「リスク調整後の利益」を「VaRで測定した推定最大損失額」で除して算出するRARORACへと発展したのである。

RARORAC = Risk Adjusted Return/Risk Adjusted Capital (VaR)

RARORAC
A combination of RAROC and RORAC in which specific risk adjustments are made to the return stream and the capital charge is varied to reflect different expectations or risk in different businesses. While this may seem like double counting, the adjustments on each side of the process usually cover different risks.
(http://riskinstitute.ch/glossary.htm)

訳例
RARORAC
RAROCとRORACを組み合わせたもの。収益はリスク要因を調整し、また資本金もその金融商品のリスクを反映したものを使う。なお、分母、分子で調整するリスク要因は

それぞれ異なっているので、リスク要因を重複して調整はしない。

分母の資本金にも、分子の利益にもリスクを加味したリスク調整後の予想額を使っており、少なくとも現時点においては最も進んだ資本利益率の算出法だということができる。すでに多くの欧米の金融機関がRARORAC（一般的にはこれを総称してRAROCと呼んでいる場合が多い）で資本利益率を分析している。

第8節 BIS規制（BIS CAPITAL ADEQUACY RATIO）

潜在する損失額は、最悪の事態でも資本金でカバーされなければならないという考え方から、VaRをリスク・キャピタルとしてそれに対する収益率を算出するのがRARORACの発想である。1988年7月に発表されたBISの自己資本規制も基本的に同様な考え方に基づいている。

① 1988年7月に合意されたBIS規制

国際決済銀行（Bank for International Settlement＝BIS）は世界の中央銀行の中央銀行といった存在だが、そのBISが1988年7月に国際金融市場のシステミック・リスクの回避を目的として、ある一定以上の資格を有する銀行以外、国際金融市場への参入を認めないことを決定した。その資格要件が「自己資本比率8％以上」を維持することである。いわゆるBIS規制といわれるものだ。BIS規制は1993年から実際に導入された。

BIS規制による自己資本比率は、基本的資本項目（Tier 1 capital）と補完的資本項目（Tier 2 capital）を合計した自己資本を分子とし、一定のリスク比率（risk weight）を掛けて算出されたリスク資産量（risk weighted assets）を分母として計算される。

$$\text{BIS規制上の自己資本比率} = \frac{\text{基本的資本金} + \text{補完的資本金}}{\text{リスク資産額}}$$

分子の自己資本部分は、資本金、資本準備金、利益準備金で構成される基本的資本金（以上をTier 1 capitalと呼ぶ）と、有価証券含み益、貸倒引当金、劣後債などで構成される補完的資本金（Tier 2 capital）を合計したものとなる。補

第8節 BIS規制 (BIS CAPITAL ADEQUACY RATIO)

完的資本金は基本的資本金の50％を限度として資本金に組み入れることが認められている。ここで、バーゼル銀行監督委員会のレポートから基本的資本金と補完的資本金の定義を英語で読んでみよう。

Capital elements
Tier 1 (a) Paid-up share capital/common stock
       (b) Disclosed reserves
Tier 2 (a) Undisclosed reserves
       (b) Asset revaluation reserves
       (c) General provisions/general loan-loss reserves
       (d) Hybrid (debt/equity) capital instruments
       (e) Subordinated debt

(Basle Committee on Banking Supervision, "International Convergence of Capital Measurement and Capital Standards", Bank for International Settlements, 1988)

訳例

資本要素
基本的資本金： (a) 払い込み済み資本金／普通株式
            (b) 公表されている準備金
補完的資本金： (a) 公表されていない準備金
            (b) 資産の再評価から生じる準備金
            (c) 一般引当金／一般貸倒引当金
            (d) 混成（債券／株式）資本準備金
            (e) 劣後債券

解説

paid-up capital：払い込み済み資本金。これに対してauthorized capitalは授権資本金で、この中には払い込み済み資本金とまだ発行されていない資本金部分が含まれる。

disclosed reserves：公表されている準備金で、資本準備金 (capital reserves) や利益準備金 (earned surplus reserves) などを指す。日本では資本準備金と利益準備金を法定準備金 (statutory reserves, legal reserves, required reserves) と呼ぶ。

undisclosed reserves：同レポートによると、「実質的には公表ベースの準備金と同じ価値を有するが、各国の法律上・会計上の理由で公表されていないもの。たとえば、税引後利益積立金など実質的には準備金とみなされるが、国によっては公表されない場合がこれに相当する。各国の当局が認めた場合に限り、Tier 2に含むことができる。なお、証券の含み益はこの項目には含まれない」と定義している。

asset revaluation reserves：資産再評価含み益。同レポートでは、投資有価証券など簿価が取得価格で計上されているが、時価が簿価を上回る場合（含み益がある場合）

には、その差額の45％をTier 2に含むことができるとしている。
provisions：準備金や引当金の意味。provision for taxは納税引当金。同レポートでは、当然のことながら、将来の未確定の損失に対する準備金や引当金はTier 2に含まれるが、既に特定できる損などの引当金は除外されるとしている。
hybrid capital instruments：「株式と債券の混成した債務」で、いくつかの条件を満たすもの。たとえば、払い込み済みの無担保劣後債務がこれに相当する。また、当該債券の保有者に償還を求める権利が付与されていないものや、累積利益配当優先株（accumulative preferred stock）のように、損益状況によって金利（配当）支払いを翌年以降に繰り延べできるものなどの条件を満たすものもTier 2に含まれるとされている。
subordinated debt：期間5年以上の無担保劣後債務で満期前5年間の年間償還率は最大20％まで。このタイプの債務は、Tier 1の50％までの組み入れが限度とされている。

　BIS規制の特徴は、資産額の表面金額をそのまま使うのではなく、資産のリスクの度合いに応じて資産額を調整することである。つまり、資産を一般企業、政府、銀行などに分類し、定められた一定のリスク比率を掛けてリスク資産量を算出していく。たとえばOECD加盟国の政府リスクのリスク比率は0％、銀行は20％、抵当権付き住宅ローンは50％、民間企業は100％となっている。

　したがって、同じ額の貸出資産があっても資産内容によってリスク資産量は大きく変わってくる。簡単な例でいうと、100億円の資産のうち政府リスクが50億円、銀行リスクが50億円の場合のリスク資産量は50×0％＋50×20％＝10億円となる。一方銀行リスク50億円、民間企業リスク50億円の資産を有しているとすると、50×20％＋50×100％＝60億円となる。仮に自己資本を2億円とすると、BIS規制上の自己資本比率は前者が20％、後者はわずか3.3％となり、大変な差がついてしまうことになる。

> Risk weights by category of on-balance-sheet asset
> 0%　　(a) Cash
> 　　　(b) Claims on central governments and central banks denominated in national currency and funded in that currency
> 　　　(c) Other claims on OECD central governments and central banks
> 　　　(d) Claims collateralized by cash or OECD central-government securities or guaranteed by OECD central governments
>
> 0, 10, 20 or 50%(at national discretion)
> 　　　(a) Claims on domestic public-sector entities, excluding central gov-

第8節　BIS規制（BIS CAPITAL ADEQUACY RATIO）

ernment, and loans guaranteed by such entities

20%　(a) Claims on multilateral development banks (IBRD, IADB, AsDB,AfDB, EIB)and claims guaranteed by, or collateralized by securities issued by such banks

(b) Claims on banks incorporated in the OECD and claims guaranteed by OECD incorporated banks

(c) Claims on securities firms incorporated in the OECD subject to comparable supervisory and regulatory arrangements, including in particular risk-based capital requirements, and claims guaranteed by these securities firms

(d) Claims on banks incorporated in countries outside the OECD with a residual maturity of up to one year and claims with a residual maturity of up to one year guaranteed by banks incorporated in countries outside the OECD

(e) Claims on non-domestic OECD public-sector entities, excluding central government, and claims guaranteed by or collateralized by securities issued by such entities

(f) Cash items in process of collection

50%　(a) Loans fully secured by mortgage on residential property that is or will be occupied by the borrower or that is rented

100%　(a) Claims on the private sector

(b) Claims on banks incorporated outside the OECD with a residual maturity of over one year

(c) Claims on central governments outside the OECD (unless denominated in national currency - and funded in that currency -see above)

(d) Claims on commercial companies owned by the public sector

(e) Premises, plant and equipment and other fixed assets

(f) Real estate and other investments (including non-consolidated investment participations in other companies)

(g) Capital instruments issued by other banks (unless deducted from capital)

(h) all other assets

(Basel Committee on Banking Supervision, "International Convergence of Capital Measurement and Capital Standards" Bank for International Settlements, 1988)

第4章　リスクとリターン

訳例

バランス・シート上の資産別リスク比率
0%　(a) 現金
　　(b) 自国通貨建ての政府・中央銀行に対する債権
　　(c) その他のOECD加盟国の政府・中央銀行に対する債権
　　(d) 現金またはOECD加盟国の政府・中央銀行発行証券の担保、または保証付きの債権

0、10、20または50%（適用率は各国当局の判断で決定される）
　　(a) 中央政府や中央政府保証ローンを除く、国内の公的機関に対する債権

20%　(a) 多国籍の出資者によって設立された開発銀行（米州開発銀行、アジア開発銀行、アフリカ開発銀行、欧州開発銀行）に対する債権、または同開発銀行発行の証券担保、保証付きの債権
　　(b) OECD加盟国で設立された銀行に対する債権、または同銀行保証付きローン
　　(c) 資本金規制などOECD加盟国当局の管理・監督の下で設立された証券会社に対する債権、およびそれらの証券会社保証付きの債権
　　(d) OECD加盟国以外の銀行または同銀行保証付き債権で、残存期限が1年以内の債権
　　(e) 中央銀行以外のOECDの公的機関（国内機関ではない）に対する債権
　　(f) 取りたて中の現金

50%　(a) 借入人自身が入居予定か、または賃貸予定の住宅を抵当とした住宅ローン

100%　(a) 民間企業に対する債権
　　(b) 残存期限1年以上のOECD加盟国以外の銀行に対する債権
　　(c) 自国通貨建て以外の非OECD加盟国に対する債権
　　(d) 公的機関によって保有されている商業会社に対する債権
　　(e) 家屋、プラント、設備やその他固定資産
　　(g) 不動産や長期投資（連結されていない投資も含む）
　　(h) ほかの銀行に発行された資本金充当債権
　　(i) その他すべての資産

② 1996年1月に公表された市場リスクに関するBIS規制

　1988年のBIS規制は債務不履行リスク、つまり信用リスクのみを対象としている。このため、多くの銀行はBIS規制のなかで収益の極大化を図るべくリスク比率の低い国債（リスク比率ゼロ）などのディーリングを活発化させていった。ディーリングには常に市場リスクを伴うが、1988年の規制ではこの市場

第8節　BIS規制（BIS CAPITAL ADEQUACY RATIO）

リスクをカバーしていなかった。そこでデリバティブを含む市場リスクもBIS規制の対象とすべく第二次規制案が1997年度末から導入されることとなった（図表4－10）（詳細は、Basle Committee on Banking Supervision, "Overview of the Amendment to the Capital Accord to Incorporate Market Risks", January 1996を参照）。金利・債券・株式・為替・商品の現物（cash）とそれに関連するデリバティブで、長期投資を除くトレーディング勘定に計上されるものが規制の対象とされた。市場リスクにかかわるBIS規制の主要点は以下の通りである。

(i) 市場リスクの計測方法としては、BISのバーゼル銀行監督委員会が1995年4月に定めた標準的計測方法を使うか、各国の当局の承認を得れば銀行独自の内部VaRモデルを使うことを認める。

(ii) 銀行独自の内部モデルを使用する場合には、BISの定める定性基準（qualitative criteria）と定量基準（quantitative criteria）を満たさなければならない。定性基準は、リスク管理システム、定期的なストレス・テストの実施などを含む。

(iii) 定量基準は、日次ベースで片側99％の信頼区間と最低10営業日の保有期間でVaR方式にて最大損失量を計測する。

(iv) 市場リスクに対応する必要自己資本は、(a) 前日のVaR額、または(b) 直前60営業日の平均日次VaR額の3倍を掛けた金額、のいずれか大きい金額以上とする。

(v) 市場リスクに対応する自己資本として短期劣後債務をTier 3 capitalとして自己資本勘定に加えることを認める。

(vi) この結果、信用リスクと市場リスクを合わせた自己資本比率規制は以下の通りとなる。（図表4－10）

$$\frac{\text{Tier 1} + \text{Tier 2} + \text{Tier 3}}{\text{リスク資産} + \text{市場リスク} \times 12.5} \geq 8\%$$

These require that "value-at-risk" be computed daily, using a 99th percentile, one-tailed n confidence interval; that a minimum price shock equivalent to ten trading days (holding period) be used; and that the model incorporate a historical observation period of at least one year. The capital charge for a bank that uses a proprietary model will be the higher of:
・the previous day's value-at-risk;

・three times the average of the daily value-at-risk of the preceding sixty business days.

(Basel Committee on Banking Supervision, "Overview of the Amendment to the Capital Accord to Incorporate Market Risks", Bank for International Settlements, 1996)

訳例

　片側99％の信頼区間、保有期間10日間で、最低過去1年間のデータに基づき計測される日次ベースのバリュー・アット・リスクが要求される。独自のモデルを使っている銀行の資本金は、以下のいずれか高い方とする。
・前日の日次ベースのバリュー・アット・リスク
・直前60営業日の平均日次VaR額の3倍を掛けた金額

③ 2004年6月に発表された改定BIS規制

　さらに、バーゼル銀行監督委員会は2004年6月、新たな自己資本規制案を発表した。これは1988年の信用リスク規制が必ずしも正確にリスクを反映させることができないとの認識に基づいている。また、事務（オペレーショナル）リスクをカバーするに必要な自己資本額を求めたことも今回の規制案の特徴といえる。2004年6月にBISが行ったプレス・リリースでは、今回の改訂の目的

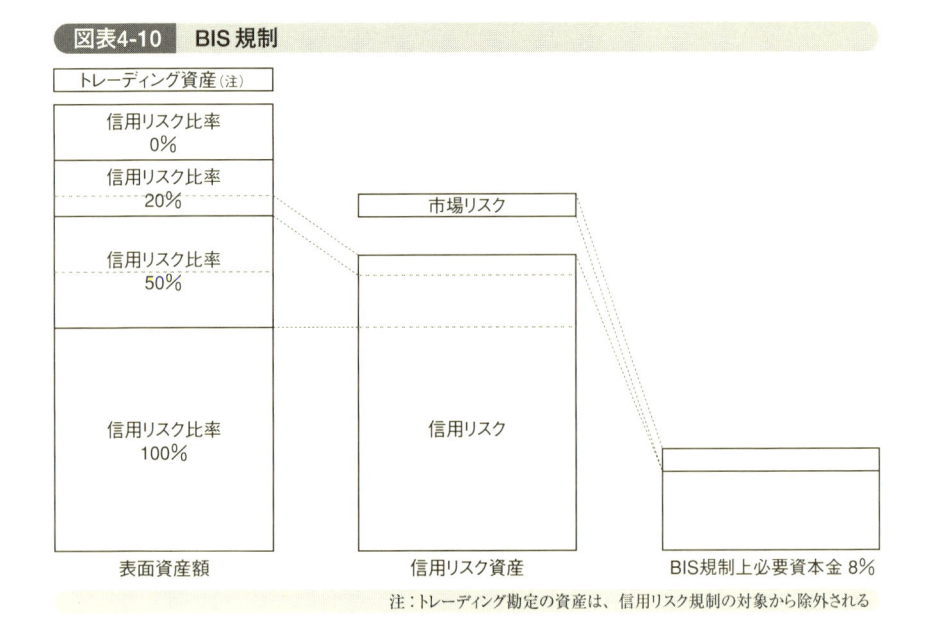

図表4-10　BIS規制

トレーディング資産（注）		
信用リスク比率 0％		
信用リスク比率 20％	市場リスク	
信用リスク比率 50％		
信用リスク比率 100％	信用リスク	
表面資産額	信用リスク資産	BIS規制上必要資本金 8％

注：トレーディング勘定の資産は、信用リスク規制の対象から除外される

第8節　BIS規制（BIS CAPITAL ADEQUACY RATIO）

を以下のように述べている。

> Why is a new capital standard necessary today?
>
> Advances in risk management practices, technology, and banking markets have made the 1988 Accord's simple approach to measuring capital less meaningful for many banking organisations. For example, the 1988 Accord sets capital requirements based on broad classes of exposures and does not distinguish between the relative degrees of creditworthiness among individual borrowers.
>
> Likewise, improvements in internal processes, the adoption of more advanced risk measurement techniques, and the increasing use of sophisticated risk management practices such as securitisation have changed leading organisations' monitoring and management of exposures and activities. Supervisors and sophisticated banking organisations have found that the static rules set out in the 1988 Accord have not kept pace with advances in sound risk management practices. This suggests that the existing capital regulations may not reflect banks' actual business practices
>
> (http://www.bis.org/press/p040626.htm)

日本銀行による仮訳

今日なぜ新しい自己資本基準が必要なのか

　リスク管理実務、テクノロジー、および銀行市場の発展に伴い、多くの銀行にとって1988年合意における単純な自己資本計測手法の意義は薄れた。例えば、1988年合意ではエクスポージャーの大まかな区別に所要自己資本が設定されているのみで、個々の債務者の相対的な信用度は勘案されていない。

　同様に、内部プロセスの改善、より高度なリスク測定手法の採用、および証券化等の先進的なリスク管理実務の利用拡大に伴って、先進的な銀行においては、エクスポージャーや業務をモニターし、管理する方法が変わってきた。監督当局および先進的な銀行は、1988年合意の静態的（static）なルールは健全なリスク管理実務の進歩に遅れをとっていると考えた。これは、現行の自己資本比率規制が銀行の現実の業務慣行を反映していない可能性があることを示唆している。

　　　　　　　　　　　　　　　　　（http://www.boj.or.jp/intl/04/data/bis0406a1.pdf）

今回の新規制による自己資本比率の計算式は以下のようになる。

新規制における自己資本比率の計算式

$$\frac{自己資本（現行のまま）}{信用リスク＋市場リスク（現行のまま）＋オペレーショナル・リスク} \geq \begin{array}{l}8\%（国際基準）\\（現行のまま）\end{array}$$

今回の新規制案の現行規制との主要な変更点は以下のように要約される。
① 自己資本規制上の自己資本比率を算定する公式の分母になるリスク資産に、現行の信用リスクと市場リスクだけでなく、オペレーショナル・リスクが含まれた。
② 信用リスクとオペレーショナル・リスクの計測については、銀行に3つの計測手法の選択肢を与えた。つまり、信用リスクでは、現行の基準を修正した「標準的手法」、銀行自身が予想デフォルト発生率を推定する「内部格付手法①基礎的アプローチ」、銀行自身が予想デフォルト発生率だけでなくデフォルト発生時の損失額などについても推定する「内部格付手法②先進的アプローチ」の3つの手法が選択肢となった（図表4－11）。
③ また、オペレーショナル・リスクについても、「銀行全体の粗利益に一定の率（15％）を乗じて算出する「基礎的指標手法」、部門ごとに一定の比率（12％、15％、18％）を乗じて算出する「標準的手法」、過去の損失実績等を基礎に銀行が独自に算出する「先進的計測手法」の3つの選択肢が与えられた（図表4－12）。
④ 信用リスクの内部格付手法やオペレーショナル・リスクの先進的計測手

図表4-11　信用リスクの計測法

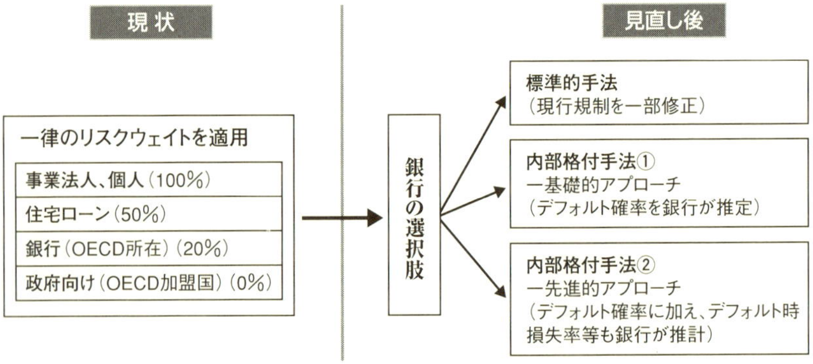

現状		見直し後
一律のリスクウェイトを適用 事業法人、個人（100％） 住宅ローン（50％） 銀行（OECD所在）（20％） 政府向け（OECD加盟国）（0％）	銀行の選択肢	標準的手法 （現行規制を一部修正） 内部格付手法① ―基礎的アプローチ （デフォルト確率を銀行が推定） 内部格付手法② ―先進的アプローチ （デフォルト確率に加え、デフォルト時損失率等も銀行が推計）

出所：日本銀行「新BIS規制の概要2004年10月」http://www.boj.or.jp/ronbun/ronbun_f.htm

法を選択するほうが、自己資本規制上は有利な取り扱いを受けることができる。ただし規制当局の審査と承認を受けなければならない。

⑤ 信用リスクについても、リスク資産をより正確に反映する目的から、標準的手法に修正が加えられた。たとえば、与信額が1億円未満の企業向け貸出や個人向け貸出については、小口分散によるリスク軽減効果を考慮して、所要自己資本額を減らした。現行規制では、中小企業や個人向け貸出については貸出額に対して8％の自己資本を必要としたが、新規制では6％となった。また住宅ローンも現行の4％から2.8％に低下している（図表4－13）。

⑥ 不良債権についても、引当率に応じて所要自己資本額を加減した。つまり、引当率が高いということは、それだけ不良債権リスクに対する対応が進んでいることを意味するので、所要自己資本額が少なくなる。例えば、現行規制での所要自己資本額は引当率が0％の場合に8％、20％の場合に6.4％、50％の場合に4％となっているが、新規制では、引当率が0％の場合には12％と現行規制より高い自己資本額を求められる。一方、引当率が50％になると、2％と現行規制より低い額ですむ。不良債権の処理が進むほど、自己資本比率は高まることになる。

オペレーショナル・リスクについては、BISが2003年2月に公表したレポートの中で、以下のような定義をしている。

Operational risk event types that the Committee - in co-operation with the industry - has identified as having the potential to result in substantial losses

図表4-12　オペレーショナル・リスクの計測法

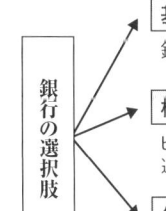

銀行の選択肢
- **基礎的指標手法**
  銀行全体の粗利益に一定の掛け目（15％）を適用
- **標準的手法**
  ビジネスライン（8つに区分）毎の粗利益にそれぞれ異なる掛け目（12％、15％、18％）を適用し合算
- **先進的計測手法**
  過去の損失実績等を基礎に、損失分布手法、スコアカード手法など、銀行自身が用いているリスク評価手法を用いて所要自己資本額を計測。分析やリスク管理の質などに関する基準を満たすことが利用の条件

出所：日本銀行「新BIS規制の概要2004年10月」http://www.boj.or.jp/ronbun/ronbun_f.htm

include:
- Internal fraud. For example, intentional misreporting of positions, employee theft, and insider trading on an employee's own account.
- External fraud. For example, robbery, forgery, cheque kiting, and damage from computer hacking.
- Employment practices and workplace safety. For example, workers compensation claims, violation of employee health and safety rules, organised labour activities, discrimination claims, and general liability.
- Clients, products and business practices. For example, fiduciary breaches, misuse of confidential customer information, improper trading activities on the bank's account, money laundering, and sale of unauthorised products.
- Damage to physical assets. For example, terrorism, vandalism, earthquakes, fires and floods.
- Business disruption and system failures. For example, hardware and software failures, telecommunication problems, and utility outages.
- Execution, delivery and process management. For example, data entry errors, collateral management failures, incomplete legal documentation, unapproved access given to client accounts, non-client counterparty misperformance, and vendor disputes.

(Basel Committee on Banking Supervision, "Sound Practices for the Management and Supervision of Operational Risk", Bank for international Settlements, 2003, http://www.bis.org/publ/bcbs96.pdf)

日本銀行による仮訳

バーゼル委が業界と協力して識別した、大きな損失に繋がる可能性が高いオペレーショナル・リスク事象のタイプには次のようなものが含まれる。
- 内部の不正行為：例としては、意図的なポジションの誤報告、職員による窃盗、職員の口座を使用したインサイダー取引など。
- 外部の不正行為：例としては、窃盗、偽造、融通手形の発行、コンピュータのハッキングによる損害など。
- 雇用慣行と職場の安全：例としては、労働者の補償請求、従業員の健康および安全性に関するルールの違反、組織的な労働運動、差別補償請求、一般的な賠償責任など。
- 顧客、商品と取引実務：例としては、受託責任違反、顧客機密情報の悪用、銀行口座を利用した不適切な取引活動、マネー・ロンダリング、認可されていない商品の販売など。

第8節 BIS規制（BIS CAPITAL ADEQUACY RATIO）

・物的資産の損傷：例としては、テロリズム、破壊行為、地震、火災、洪水など。
・事業活動の中断とシステム障害：例としては、ハードおよびソフト障害、通信障害、電力供給の停止など。
・取引実行、デリバリー、プロセス管理：例としては、データ入力エラー、担保管理不全、不完全な法律文書、顧客口座への未承認のアクセス、顧客以外の取引相手の債務不履行、ベンダーとの争議など

　なお、新規制は2006年末（ただし、先進的内部格付アプローチについては2007年末）に実施されることとなっている。今回の新規制案でも明らかな通り、ただ規模の拡大を追うのではなく、リスク管理システムを高度化することで、リスクとリターンの効率を最大化することがますます求められるようになった。

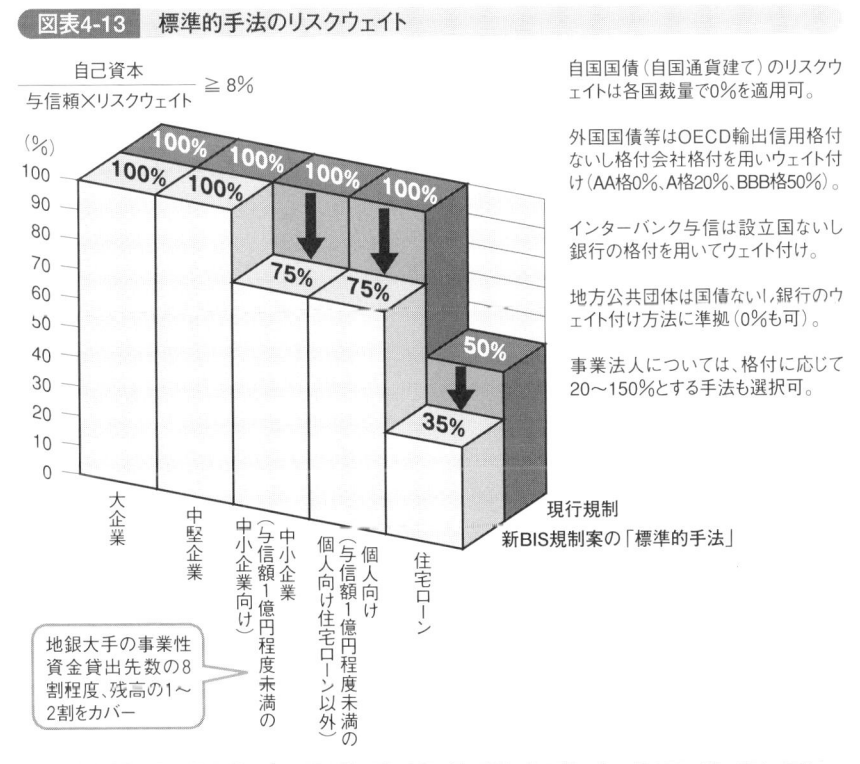

図表4-13　標準的手法のリスクウェイト

$$\frac{自己資本}{与信頼 \times リスクウェイト} \geq 8\%$$

大企業　100%
中堅企業　100%
中小企業（与信額1億円程度未満の中小企業向け）　100%→75%
個人向け（与信額1億円程度未満の個人向け住宅ローン以外）　100%→75%
住宅ローン　100%→50%→35%

現行規制
新BIS規制案の「標準的手法」

自国国債（自国通貨建て）のリスクウェイトは各国裁量で0%を適用可。

外国国債等はOECD輸出信用格付ないし格付会社格付を用いウェイト付け（AA格0%、A格20%、BBB格50%）。

インターバンク与信は設立国ないし銀行の格付を用いてウェイト付け。

地方公共団体は国債ないし銀行のウェイト付け方法に準拠（0%も可）。

事業法人については、格付に応じて20～150%とする手法も選択可。

（地銀大手の事業性資金貸出先数の8割程度、残高の1～2割をカバー）

出所：日本銀行「新BIS規制の概要2004年10月」http://www.boj.or.jp/ronbun/ronbun_f.htm

第9節 リスクキャピタル・アロケーション（RiskCapital Allocation）

BIS規制について、少し詳しく見てきたが、BISの基本的な考え方は以下の二点に要約することができる。

(i) 金融機関の資産は表面上の金額ではなく、その資産が潜在的にもっているリスクで把握すべきである
(ii) 資産の潜在的リスクは自己資本（株主資本）でサポートされなければならない

市場リスク、信用リスクやその他のリスクが顕在化した場合、最終的に損失をカバーするのは自己資本だということになる。つまり、リスクが内在する推定最大損失額以上の金額を最低資本金として維持しなければならないわけである。前にも触れたが、推定最大損失額（VaR）をベースとした自己資本金をリスク・キャピタル（risk capital）またはエコノミック・キャピタル（economic capital）と呼んでいる。

言いかえれば、金融機関は経営体力（自己資本）に見合ったリスクしかとれないこととなり、リターンとのバランスを考慮しつつリスク・キャピタルの最適配分を行なうことが求められることになる。この考え方から、リスク・キャピタル・アロケーション（risk capital allocation）という経営方式に発展していった。すなわち、信用リスク・市場リスク・事務リスクなどが内在している推定最大損失額（VaR）をリスク・キャピタルとし、そのリスク・キャピタルを各部門に配分（allocation）する。そして、その部門はその配分されたリスク・キャピタルの範囲内でリスク・テイクをしていくことになる。経営者は、この与えられたリスク・キャピタルに対して高い収益率（RARORAC）を達成できる部門により大きなリスク・キャピタルを配分して、限られた資本金の中で収益の極大化を目指していくことになるわけである。その結果、RARORACが高い部門を積極的に伸ばし、RARORACが低い部門は縮小したり、場合によっては撤退も考えたりすることになる（図表4-14）。

ここで、リスク・キャピタル・アロケーションとROEの関係について具体的に触れておきたい。第2章でROEはROAとファイナンシャル・レバレッジを掛けたものと説明した。簡単な例でもう一度復習してみよう。A社に対して10億

第9節　リスクキャピタル・アロケーション（Risk Capital Allocation）

円の融資を実行し、年率1％の利ざや（spread）を得ると仮定する（話を簡単にするために、ここでは人件費などの経費を無視する）。融資額（10億円）全額を株主資本で賄うとすれば、このケースのROEはROAと等しい1％にしかならない。しかし、リスク・キャピタル・アロケーションを利用してファイナンシャル・レバレッジを高くすればROEは上昇する。つまり、10億円の融資を行なうために全額株主資本金で賄うのではなく、外部借入を利用してファイナシャル・レバレッジを高めていく。しかし根拠もなくファイナンシャル・レバレッジを高めるのは、財務基盤の不安定化にも繋がりかねない。そこで、VaRから計測されたリスク・キャピタル・アロケーションを活用していく。リスク管理の進んだ銀行は、融資についても、銀行内の過去のデータや外部データなどを駆使してVaR手法で推定最大損失額を算出できるシステムを築いている。つまり、借入先をリスクの度合いで分類し、リスク分類毎に推定最大損失率を定めている。仮に、このケースのA社の推定最大損失率を10％とすると、融資額の10％がこの融資に配分されなければならないリスク・キャピタルとなる。つまり、A社に対する融資10億円に対して、1億円のリスク・キャピタル（資本金）と9億円の外部負債（例えば調達コスト：LIBOR+0.25％）で資金を調達すればよいことになる。そうすることにより、融資全額を資本金で賄った場合のROE（1％）に比べ大幅に向上したROE（7.75％）を得ることができる。

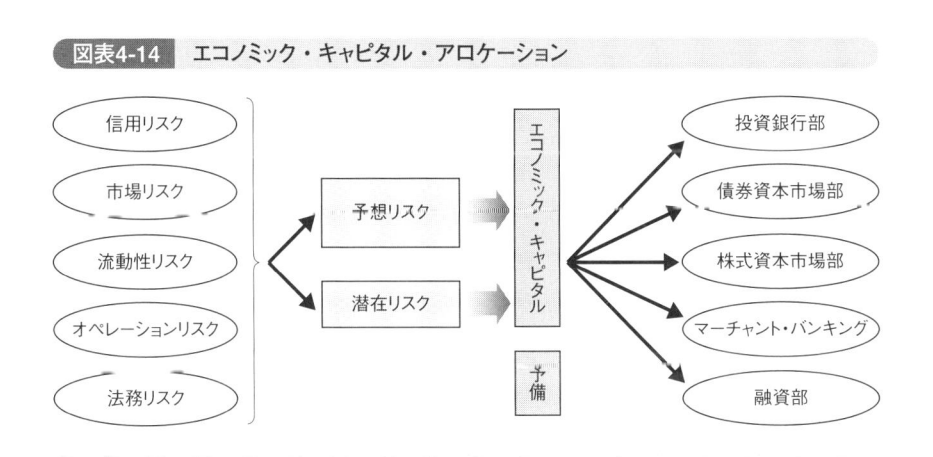

図表4-14　エコノミック・キャピタル・アロケーション

- 信用リスク
- 市場リスク
- 流動性リスク
- オペレーションリスク
- 法務リスク

→ 予想リスク / 潜在リスク → エコノミック・キャピタル（予備）→ 投資銀行部 / 債券資本市場部 / 株式資本市場部 / マーチャント・バンキング / 融資部

- 181 -

```
          A社宛て融資のバランス・シート（単位 百万円）

                運用                  調達
          A社宛て融資    1,000    外部負債    900
                                 株主資本    100
          合計          1,000                1,000


              A社宛てのROE（単位百万円）

    利ざや収入：    1,000×1.0％＝10（LIBOR＋1％）
    外部負債コスト：900×0.25％＝2.25（LIBOR+.25％）
    ネット利益：    7.75
    ROE：          7.75/100＝7.75％

    （注）上記は簡略化した計算式を使っているが、実際は人件費なども加えた、
         さらに高度で複雑なものとなる。
```

外国為替・金利・株・デリバティブなどのトレーディングのROE管理も同様の考え方で行なわれる。たとえば、ある国債のディーラーの自己売買に関するVaRが10％と算出され、そのディーラーに10億円のリスク・キャピタルを配分したとすると、このディーラーは10倍の100億円までのポジションを取ることができる。100億円の運用は10億円のリスク・キャピタルと90億円の外部負債（例えば調達コスト0.25％）で賄う。もし、彼が100億円の国債を運用して年間3億円の運用益を上げたとすると、ROEは27.75％となる。

```
    運用収益：    300百万円
    調達金利：    22.5百万円（90億円×0.25％）（調達コスト0.25％）
    ネット運用益：277.5百万円
    ROE：        27.75％（277.5/1,000＝27.75％）
```

第10節 高いRAROCを達する商品戦略

　VaRから、リスク・キャピタル・アロケーションとROEというリスク・リターン戦略への発展を理解いただけたかと思う。許容し得る損失額の範囲内で収益の極大化を図る、これが高いROEを達成した欧米の金融機関の基本的な経営戦略といえる。しかも、RARORACの計算方式を上級幹部だけでなく末端の現場まで浸透させ、各現場で与えられたリスク・キャピタルの範囲内で最大のRARORACを目標とする組織を構築したのである。

　次の英文はCIBCの年次報告書（annual report）から抜粋した。RARORAC（この英文ではRAROCと総称している）が如何に経営陣にとって重要な役割を果しているかよく理解できる。

　RAROC facilitates the comparison, aggregation and management of market, credit and operational risks across an organization and provides the framework for measuring risk in relation to return at each level of CIBC's business activity, and for facilitating pricing consistent with target returns on capital.

　RAROC will allow management to view credit, market and operational risks on a comparative basis that differentiates by risk class. These comparisons, which can be performed by transaction, customer and line of business, will enable management to better understand sustainable performance, actively manage the composition of portfolio risk, and allocate capital to those businesses with the greatest potential to maximize shareholder value.

(Canadian Imperial Bank of Commerce annual report 1998)

訳例

　RAROCは会社全体にかかわる市場リスク・信用リスク・業務リスクを比較をしたり、全体像を把握したり、管理したりすることを容易にしてくれる。また、RAROCは、CIBCの各ビジネスごとのリスクとリターンを計測したり、目標ROEを達成するために必要なプライシング（条件決定）をすることにも役立つ。

　RAROCを活用してリスクの種類ごとに、信用リスク・市場リスク・事務リスクを比較して検討することもできる。取引ごと、顧客ごと、ビジネスごとに比較することで、経営陣は業績をよりよく理解することができ、ポートフォリオのリスクを管理でき、ま

た株主資本を最大化する可能性のあるビジネスに資本金を配分できることになる。

> **解説**
> ***pricing***：「条件を決める」とか「値決めをする」という意味。銀行業務ではしばしば使われる単語である。
> ***business***：ここでは、フロント・オフィスを指す。

リスク・キャピタルとRARORACを基盤とした経営方法が進んだ結果、1980年代後半から米国の銀行では抜本的な戦略の転換が行われ、たとえば以下のような戦略が採られた。

① 顧客をRARORACの観点から選定する。1社毎の取引内容をRARORACで算出しRARORACの高い取引先にターゲットを絞る。RARORACの低い取引先は大企業といえども取引を縮小するか撤退する。

② 商品戦略をRARORACの結果を勘案して策定する。RARORACが低い商品分野からの縮小や撤退を行ない、RARORACが高い商品分野により多くのリスク・キャピタルを配分する

③ 既存の貸出資産の流動化を推進する。つまり、貸出資産を固定資産とみなさず、流動化してオフ・バランス化を図る。そのための手段として証券化やクレジット・デリバティブを積極的に活用する。

米銀は大企業宛融資業務の大幅縮小や撤退、ハイ・リスク、ハイ・リターンの中堅・中小企業宛融資への移行、さらに進んで、融資業務自体の流動化や、多額のリスク・キャピタルを必要としない金融業務へとその重点戦略をシフトしていった。つまり、金融業務のオフ・バランス化を積極的に推進していったのだ。以下の3つの金融業務がその典型といえるであろう。

① 顧客企業の財務戦略アドバイスを含めた企業の買収・合併の仲介業務（Advisory）

② 自ら保有している収益性の低い貸出資産や顧客の資産（売掛債権やリース債権など）を証券化して投資家に販売する証券化業務（Securitization）

③ スワップやオプションなどのデリバティブ（金融派生商品）を駆使して金融商品を顧客に提供するデリバティブ業務（多くの銀行ではこの分野をFinancial Productsと呼ぶ）。

次の章からは、米国の銀行がROEを極大化するために積極的に展開した3つの金融業務、すなわち、M&A、証券化、デリバティブについて解説していきたい。これらの金融業務は、おそらく今後の日本市場においても重要な役割を果たしていくものと予想されるからである。

第5章

M&A

第5章 M&A

第1節 M&Aの最近の動き

M&A（Mergers & Acquisition）とは、企業を買収（acquisition）したり、または企業同士で合併（merger）したりすることを意味する。さらに広義では、合弁会社（joint venture）の設立、資本提携（capital tie-up）や業務提携（business alliance）もM&Aの範疇に入る。

1980年代後半、日本企業は海外企業の買収を積極的に推進していった。ブリヂストンが26億ドルでFirestone Tire and Rubberを、また西武セゾングループが21億5,000万ドルで大手ホテルチェーンであるIntercontinentalを買収するなど大型買収が相次いだのである。日本企業の大型買収はその後も活発で、ソニーのColumbia Pictures（6,440億円）、富士通のICL（1,890億円）、松下電器産業のMCA（7,800億円）などと枚挙に暇がないほどであった。企業買収だけでなく、欧米の大都市に所在する高層ビルや一流ホテルなどの大型不動産も次々と日本の企業によって買収された。当時、日本がアメリカ全土を買収するのではないかといった憶測（もちろんジョークだが）も流れたほどである。

しかしバブル経済の崩壊とともに、日本企業による買収活動は大きく方向転換を迫られることになった。経営土壌の違いから期待通りの業績を出せなかった買収企業が相次いだのだ。そのうえ、親会社自身の業績が低迷したため、損失覚悟で買収企業を売却せざるを得ないケースも多く見られた。この結果日本

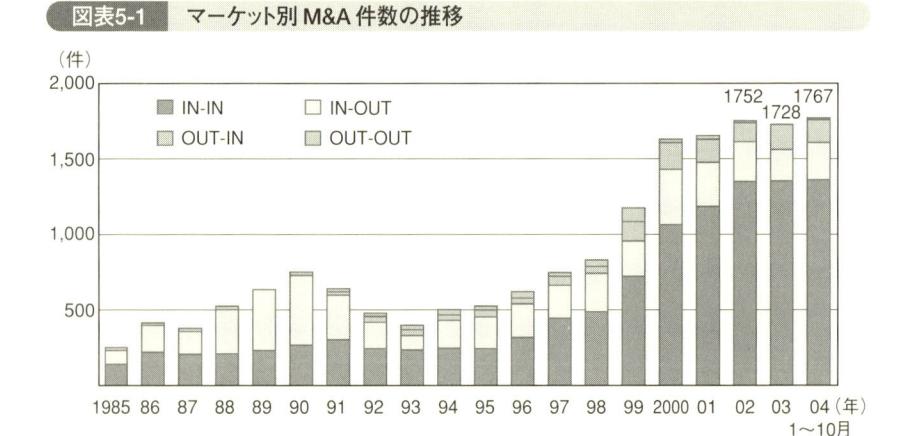

図表5-1 マーケット別M&A件数の推移

出所：レコフ　M&Aデータベース　http://www.recof.co.jp/web/fm/graph

企業の海外企業買収熱は一挙に冷め、買収件数も大幅に減少していくことになった。

その後数年間日本企業によるM&Aは低迷することになったが、1990年代半ば以降日本企業をめぐるM&Aが再び活発化の様相を見せ始め、現在まで増加基調を見せている（図表5-1）。

野村證券金融経済研究所経営調査部の中野次郎氏はその論文「M&Aの増加と日本企業の事業再構築」[42]のなかで、日本企業のM&Aのトレンドを以下の4段階に分類している。

① 1980年代後半～1995年

1986年から90年までは日本企業のM&Aは極めて活発で、年間30％の伸びを示した。とくに日本企業が外国企業を買収するIN-OUT[43]が目立ち、全体の60～70％を占めた。これは、日本企業の成熟度が強まる中で、海外企業の買収を通じて新たな収益源を獲得する動きが強かったことによる。

1991年以降はバブル崩壊とともにIN-OUTが激減した。ただし、この間でも景気悪化の中での子会社合併や救済合併など小規模な国内企業同士のM&A（IN-IN）は比較的堅調であった。

② 1996年～1998年

96年になってM&A件数は再び増加に転じた。この時期には、合併手続きの簡素化、持ち株会社の解禁、連結主義会計への移行など、会計基準や企業再編法制の改正が始まったこともあり、連結ベースの収益を最大化するための子会社再編を目的としたM&Aが目立った。同時に既存事業強化型M&Aも増加しはじめた。その意味で、この段階のM&Aはグループ内再編を主体としたものであった。

③ 1999年～2000年

この段階では、グループ内再編から、次第にグループ外企業とのM&Aを通じた事業再構築へと移っていった。事業の選択と集中という考え方が拡がり、コア事業強化のための買収と、大型企業による不採算部門やノンコア事業の売却の両面が活発化したことが背景にある。

とくに、1999年後半からはIT関連やバイオ分野でのM&Aの活発化と企業再編を支援する法整備（株式交換や株式移転など）を背景にIN-IN件数が大き

---

[42] 中野次郎「M＆Aの増加と日本企業の事業再構築」『財界観測 2004年夏号』野村證券株式会社。本ページの①～④の内容は、本論文24～27頁を要約したものである。
[43] IN-OUTとは日本企業（IN）による外国企業（OUT）の買収、OUT-INは逆に外国企業による日本企業の買収、IN-INは日本企業同士の買収・合併をいう。

く伸びた。

同時に、世界的なM&Aブームの中で、海外企業による日本企業への出資・増加（OUT-IN）が大幅に伸びた。

④ 2001年以降

ITバブルの終息とともに、2001年前半の株価は世界的に低迷し、それにともないM&A活動も冷え込んだ。しかし、2001年後半から、大企業同士の経営統合、グループ子会社事業の抜本的な見直し、連結子会社や関連会社の完全子会社化など、グループ内外での事業再構築や業界再編のためのM&Aが再び活発化した。

また、この時期には、経営再建を目的とした再生型M&Aという新たな動きも見られるようになった。この分野では海外の買収ファンドがまず先行したが、国内の買収ファンドも次第に目立った動きを見せている。産業再生機構による大型再生案件も増加している（第1章第3節を参照）。

グローバル・ベースでは、2000年4月にインターネット関連企業の株価が暴落したネットバブルの崩壊以降世界的にM&A活動が低迷していたが、景気の回復基調や企業のリストラの一段落などを背景に、2004年に入って再びM&A活動が活発化する様相を見せている。英国のThe Banker誌は、2004年3月号で以下のように、M&Aの活発化を予想しているが、実際にグローバル・ベースのM&A案件額は2004年1月1日～10月25日で1兆3,540億ドルと前年同期比29％の増加となっている（Investment Dealers Digest, November 1, 2004）。

After nearly three bleak years for global M&A, which has languished in the doldrums with volumes of just $1500bn in 2003 and $1400bn in 2002, against $3400bn and $3500bn in the peak years of 1999 and 2000 (according to information provider Dealogic), a growing number of bankers believe that the M&A revival has finally begun......

Rising equity valuations, strong debt capital markets, the improving economy and corporates' need to expand, enter new markets, derive synergies and cut costs through consolidation are all factors that suggest that the recent trickle could become a consistent stream. After nearly three years of investment retrenchment, companies have restructured, reduced debt and got their balance sheets in order by divesting non-core assets. They are now ready to starting buying again to enhance their core businesses.

第1節　M&Aの最近の動き

Thus some bankers are highly optimistic about an M&A revival in 2004. "We are very positive about M&A this year. In the US, company earnings improved dramatically in 2003, back to the peak level in 2000. Corporates have cash once again and much of this will be spent on M&A. Companies need to make acquisitions to grow their business and become global," says Paul Gibbs, global head of M&A research at JP Morgan. (*The Banker*, March, 2004)

訳例

　ほぼ3年の間、グローバル・ベースのM&A活動は低迷し、2002年と2003年のグローバル・ベースのM&A取引額はそれぞれ1兆4,000億ドルおよび1兆5,000億ドルと、最盛期の1999年（3兆4,000億ドル）や2000年（3兆5,000億ドル）に比べ落ち込んでいる（Dealogicの情報による）。しかし、ここにきてM&Aの復活を信じるようになった銀行マンが増加してきた。
　上昇する株価と堅調な債券市場、経済の回復と企業の拡張意欲、新たな市場への参入、統合による相乗効果とコスト削減の追及、これらの要素はすべて今起こりつつある流れが今後も持続しうることを示唆している。ほぼ3年にわたって投資が抑制された結果、企業は事業の再構築を行い、負債を削減し、中核（コア）にならない資産を処分することによってバランスシートを健全にした。ようやく、コアビジネスの強化を目的とした買収を始める準備ができたのだ。
　このような状況下、2004年にはM&A活動が復活するとかなり楽観的に見る銀行マンもいる。「今年のM&A活動は活発になるでしょう。2003年の米国企業の収益は劇的に改善し、2000年のピーク時の水準まで戻りました。企業は今再びキャッシュを蓄えており、その多くはM&Aに使われるでしょう。企業が成長し、グローバルに活動を展開するためには買収を進める必要があります」とJPモルガンのM&A調査部代表ポール・ギッブス氏は語っている。

解説

equity valuation：equityは「株」、valuationは「評価」、したがって「株の評価」つまり「株価」と解釈できる。equityのほかに、stockやshareも株を意味する。一般的に米国でstock、英国でshareを使う。

debt capital market：debtは「負債」、debt capitalは「借入資本」でバランスシート上の「有利子負債」に相当する。capital marketは「資本市場」で株や債券などが取引される市場を意味する。一方、CP（コマーシャルペーパー）など1年未満の短期金融商品が取引される短期金融市場はmoney market。

consolidation：「合併」や「統合」。合併の場合は「新設合併」を意味し、既存の1社が存続する形の吸収合併はmergerという。

restructure：日本語のリストラは「解雇」の意味に使われるが、restructuringは「事業の再構成」という意味。「資本構成の変更」はrecapitalization。

divest:「処分する」「売却する」の意味で、ここでは「事業部門を処分(売却、清算、分社化)する」となる。M&A&D (mergers, acquisitions and divestitures) は広義の意味の「企業の買収合併」。

non-core:core businessは「中核事業部門」、したがってnon-coreは「企業の中核となりえない事業部門」ということになる。

日本企業によるM&Aも活発化の様相を見せており、トムソン・ファイナンシャルによると、「2004年上半期における日本企業によるM&A活動は、前年同期比1.34%増加の、取引金額514.2億米ドルと、昨年をわずかに上回る結果となった」ものの、上半期における記録的な案件数(1,017件)や景気回復を示す「短観」[44]を背景に、「今後のM&A活動の活発さを示唆する結果となった」と今後の活発化を予想している[45]。

特に日本の場合には、バブル経済崩壊後の総決算として生き残りをかけたM&Aや企業再生を目的としたM&Aが増加するであろうこと、また、外国株主による日本企業の保有比率の増加(図表5-2)を背景に敵対的買収[46]が増加するであろうことから、M&Aが企業再生や業界再編の手段として活用されることが増えてくるものと予想される。

図表5-2　外国人持ち株比率推移

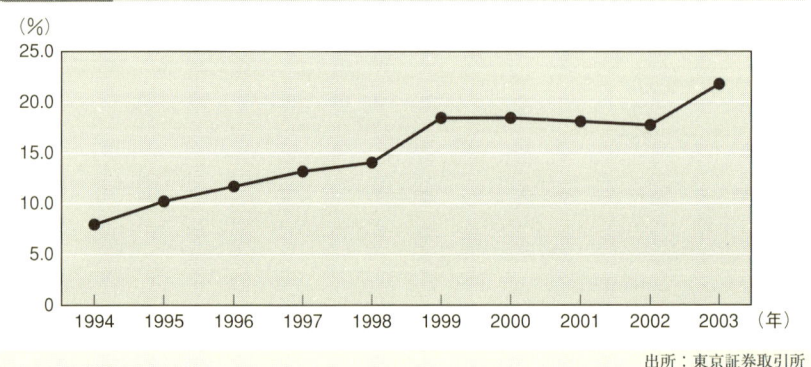

(%)

出所:東京証券取引所

---

[44] 短観は「企業短期経済観測調査」の略で、企業短期経済観測調査」の略称で、日本銀行が4半期ごとに発表する景気の先行きを占うための代表的な統計の1つ。英語でも"tankan"と呼ばれる。
[45] http://www.thomsonfinancial.co.jp/press/2Q2004%20M&A%20Japanese.pdf　から抜粋。
[46] 敵対的買収については、本章13節を参照。

第2節 M&Aの目的

1999年3月と少し古くはなるが、M&Aの目的を理解するのに格好な2件の大型買収が同時期に報道されたので、その記事を読んでみよう。2日本の企業が絡んだ案件で、1つは、第一勧業銀行(当時)が大株主である米国の金融会社CITが、カナダの金融会社Newcourt Credit Group Inc.を総額41億ドルで買収した事例で、もう1つは、日本たばこ産業(JT)による米国のRJR Nabiscoの海外たばこ事業部門の買収である。

CIT Group Inc. agreed to acquire Newcourt Credit Group Inc. for shares valued at $4.12 billion, creating the largest publicly owned commercial-finance company in terms of assets and market capitalization. The deal brings together two of North America's biggest nonbank lenders.

CIT , Livingston, N.J., is a leading commercial and consumer lender, with the bulk of its revenue coming from large but slow-growing construction, rail, air transportation and logging companies. Toronto-based Newcourt Credit specializes in lending in the high-technology sector. The company has increased revenue by lending to customers of such high-flying companies as Lucent Technologies Inc. and Dell Computer Corp.

Under terms of the offer, which was approved by both companies' boards, CIT will exchange 0.92 new share for each Newcourt Credit share. The prospective deal with CIT, which sports a double-A debt rating, is already showing signs of having the desired results for Newcourt Credit. Moody's Investors Service placed the company's debt ratings on review for possible upgrade yesterday, although it served notice that it may also lower CIT 's rating. (*The Wall Street Journal*, March 9,1999)

訳例

CITグループは、41億2,000万ドルでNewcourt Credit Groupの買収に合意し、総資産と時価総額で上場会社の中では最大の商業金融会社になる。この買収によって、北アメリカで最大の2つのノンバンク金融会社が1つになる。

ニュージャージーのリビングストンにあるCITは、商業、消費者金融会社としてリーダー的存在であるが、大企業ではあるが低成長産業(建築、鉄道、輸送、木材など)を主たる顧客としている。一方、トロントに拠点を持つNewcourt Creditはハイテク分野

第5章　M&A

への融資に特化している。Lucent TechnologiesやDell Computer Corpなどの飛躍的に成長している企業を対象として融資することによって売上を増やしてきた。
　両社の取締役会で承認された買収条件では、CITはNewcourt Creditの株式1株と自社株0.92株を交換する。AAの格付を得ているCITによる買収は、Newcourt Creditに好結果をもたらすとの予兆はすでに出ている。昨日、Moody's Investors Serviceは、Newcourt Creditの格付を引き上げる方向で検討すると発表した。一方、CITの格付を下げる可能性も発表している。

解説

　publicly owned：上場会社。非上場会社であれば、privately owned。
　market capitalization：時価総額。略してmarket cap. とも言う。つまり、現在の株価×発行総数で計算される。バランスシート上の会社の総資産（total assets）より、会社の現在の価値を表わしているmarket capitalizationの方が重要視される。
　review for possible upgrade：格付を上げる可能性をもって審査すること。逆に、格付が下がる可能性がある場合には、negative watchとなる。

　CITとNewcourt Creditの場合、同じ金融会社といっても対照的な関係にある。CITはこの業界では老舗、これに対してNewcourt Creditは若い急成長会社。顧客も、CITは重厚長大産業中心、Newcourt Creditは情報通信など成長産業と対照的だ。CITの安定した財務内容と信用度の高い資産内容を反映して、CITがA＋（S&P）と高い格付を得ているのに対し、Newcourt CreditはBBB（S&P）の格付にとどまっている。このように対照的な会社同士によるM&Aのねらいは、いうまでもなく補完目的といえる。CITにとっては、Newcourt Creditを買収することにより成長産業分野の顧客と同業界の知識を獲得できることになり、また、Newcourt Creditにとっては、財務基盤の安定化とそれにともなう資金調達コストの低下といったメリットを得ることができることになる。さらに、GE Capitalに次いでノンバンク金融業界で第2位の地位を得ることも今後の営業戦略上大きな武器になる。
　二つめの記事が、同じ時期に発表された日本たばこ産業（JT）によるRJR Nabisco海外部門の大型買収である。日本と米国の新聞が買い手・売り手のそれぞれ異なった視点から本件を論評している点に注目いただきたい。最初の記事は日本経済新聞から抜粋したものである。

　Japan Tobacco Inc. announced Tuesday that it will acquire U.S. tobacco producer RJR Nabisco Holdings Corp.'s overseas tobacco business for 7.83 billion dollars. The acquisition will boost JT's sales to 459.2 billion cigarettes a year, making it the world's third-largest tobacco company, after Philip Morris Cos. and British American Tobacco Plc. In addition,

JT will have three of world's top five cigarette brands. Wielding its own flagship Mild Seven brand and RJR's well-known brands, including Camels and other cigarettes with strong presence in Asia, JT is eyeing growth in Asia outside Japan, particularly in China–the world's largest cigarette market.

Faced with a dim demand outlook at home, JT has been expanding overseas and diversifying into nontobacco businesses. Due to intensifying competition, however, the company apparently judged that surviving on its own would be difficult. JT, which is aiming for economic of scale by buying RJR's operations, will maintain RJR's existing business structure and take over management teams and employees. (*Nihon Keizai Shimbun,* March 10, 1999)

訳例

日本たばこ産業(JT)は水曜日に、RJR Nabiscoの持ち株会社の海外タバコ部門を78億3,000万ドルで買収すると発表した。買収により、JTの年間売上高は4,592億本に増えて、Philip MorrisとBritish American Tobacco Plc.についで世界第3位の会社になる。さらに、JTは世界の上位5つのトップブランドのうち3つを手にすることになる。自社のトップブランドであるマイルド・セブンに加え、アジアで実績のあるキャメル(Camel)などのRJRの有名ブランドを獲得することによって、JTは日本以外のアジア、特に世界最大のタバコ市場である中国での成長を見込んでいる。

国内での需要見通しに翳りがみられてきたことから、JTは海外展開と非タバコ産業への多角化を行ってきた。しかし、競争の激化により現状のままでの生き残りは困難であると判断したようである。JTは、RJRの買収によってスケールメリットを目指すが、RJRの既存の組織構造はそのまま維持、また経営陣と従業員もそのまま引き継ぐ予定である。

解説

flagship:「主力の」、「最も重要な」という意味。flagship productは主要商品。
presence:「存在」。拠点などがある場合にこの単語を使う。
diversify:「多様化」とか「分散化」の意味。金融の世界では、リスクの有効な軽減策としてdiversificationがしばしば挙げられる。diversified managementは多角化経営。diversified investmentは分散投資。diversificationの反対語は、concentration。

同じM&Aを米国のThe Wall Street Journalの記事から読んでみよう。

RJR Nabisco Holdings Corp. agreed to sell its international tobacco business to Japan Tobacco Inc. for $7.8 billion, and said it will separate its U.S. tobacco unit from its big Nabisco food operation.

RJR has long faced pressure from shareholders to split its food and tobacco operations in hopes of boosting its stock price. The pressure has intensified lately as Carl Icahn, who owns at least a 7.7% of RJR, has threatened a proxy fight to elect a new slate of directors willing to pursue the split-up.

"The sale of Reynolds International accomplishes a paramount strategic objective for our company," Steven F. Goldstone, chairman and chief executive officer of RJR Nabisco, said in a statement. "It enables us to realize extraordinary value from that business and paves the way for us to separate the domestic tobacco business from the rest of our organization on a sound and prudent financial basis."

RJR has been soliciting bids for the international operation, and Tuesday's deal with Japan Tobacco which also includes the assumption of $200 million in debt – is worth more than analysts had expected. They had predicted the auction, which closed on Monday, would attract bids of $6.5 billion to $7 billion for the international business.

Japan Tobacco, the biggest tobacco company in Japan, will acquire all of the business and trademarks of R. J. Reynolds, including the international rights to Camel, Winston and Salem.　(*The Wall Street Journal*, March 10, 1999)

訳例

　RJR Nabiscoはタバコの国際部門を78億ドルでJTに売却することに合意し、国内のタバコ部門をナビスコの食品事業と分離すると発表した。

　RJRは長い間、株価を上げるためには食品とタバコ部門を分離すべきという株主からの圧力に直面してきた。7.7％強の株式を所有する、カール・アイカーン氏が最近食品とタバコ部門の分離を求めて、分離賛成派で構成する新たな取締役の候補者名簿を採択すべく委任状による決議をする動きを見せたことで、分離への圧力はさらに強くなった。

　「Reynolds Internationalの売却によってわが社の最も重要な戦略目標が達成できる」と、ナビスコの会長兼CEOであるスティーブン・ゴールドストーン氏は声明の中で述べている。「今回の売却によって、海外たばこ事業部門がもつ莫大な価値を現金化することができた。これによって国内たばこ産業を健全かつ確実な方法で分離することが容易となる」

　RJRは、国際タバコ部門の購入希望者から入札による申し入れを求めていた。火曜日に発表されたJTとの取引額（2億ドルの負債の引き受けも含んでいるが）は、アナリストたちが予想してきた以上の価格であった。月曜日に締め切られた入札では、国際部門の売却価格として65億ドルから70億ドルのレベルが提示されるものとアナリスト達は

第2節　M&Aの目的

予想していた。
　日本最大のタバコ会社である日本たばこ産業は、RJRのすべての業務と、キャメル、ウインストン、セイラムを含むすべての商標を手に入れることになる。

解説

- **boost**：pushing upと同義で、「上げる」とか「煽る」の意味。boost the economyは好景気になるように煽る。boost priceは価格を上げるとか価格を釣り上げる。
- **proxy fight**：proxyは「代理人」とか「委任状」の意味。proxy fight（contest）は、ターゲット会社の支配権を握る時に用いられる方法で、現在の取締役会のメンバーを退任させ自分の息のかかったメンバーで新しい取締役会を構成すべく、株主に働きかけることをいう。proxy statementとかproxy circularは、株主が委任状による投票を行なう前に、株主に提示される会社に係わる詳細な情報（取締役候補者名簿、報酬、重要事項など）で、これは米国の証券取引委員会（SEC＝Securities and Exchange Commission）によって義務づけられている。
- **slate of directors**：「取締役候補者名簿」。slateは何かを記入する石版という意味から候補者名簿となった。clean slateとは「立派な経歴」とか「白紙の状態」の意味。
- **chief executive officer**：「最高経営責任者」。日本の社長に相当する。CEOと略される。COOはChief Operating Officerの略で「最高執行責任者」。日本では分りにくい地位だが、CEOが経営戦略に最終責任を持つのに対し、COOはCEOが決定した戦略に沿って日常業務を遂行する最高責任者といえる。CFOはChief Financial Officerの略で、「財務担当最高責任者」を指す。
- **sound and prudent**：「慎重かつ堅実な姿勢で行なうこと」。prudent-man ruleは、米国の多くの州で採用されている規則で、年金運用者（pension fund manager）や信託管理者（trustee）など信託業務の受託者（fiduciary）は、慎重に投資活動をするむねが規定されている。
- **solicit**：「勧誘する」。solicitは売りたい方からアプローチする時に使われる。私募（private placement）のように機関投資家だけを対象として販売が認められた証券は、個人投資家にsolicitしてはならない。証券会社が売りこんだのではなく、投資家の方からアプローチを受けた場合をunsolicited basisと言う。
- **bid**：ここでは「入札」の意味。highest bid priceは最高入札価格。bidは「買い呼値」の意味でも使われる。bid and offerは「買い呼値と売り呼値」。
- **auction**：「競売」。何社かの購入可能性のある会社に呼びかけ、入札方式によって売却対象会社の売却を行なうM&Aの方法をauctionと言う。売却対象会社が魅力的で高い価格で売れることが予想される時などには、この方法が用いられる。一方、購入可能性のある会社に個別に当たっていく方法（negotiation）もある。詳細は本章の第6節を参照されたい。

　日本たばこ産業とRJR Nabiscoの場合にはお互いの思惑が対照的である。日本たばこ産業にとっては、本業であるタバコ事業でのスケール・メリットをねらったM&Aである。タバコ需要の伸び悩み、外国タバコとの競争によるマー

第5章　M&A

ケットシェアの低下など、日本国内でのタバコ事業の先行きは決して楽観的ではない。そこで、世界5大ブランドの内、2つのブランドを有するRJR Nabiscoの買収となったわけである。今回の買収によって、日本たばこ産業は世界第3位のタバコ会社となるだけでなく、世界のトップ・ブランドの内、3つのブランド（マイルド・セブンを含めて）を手にすることになる。さらに、タバコに対する需要が依然として強い中国をはじめとするアジア諸国の市場を獲得できることになる。本業であるタバコ事業の競争力を強化することで生き残りをはかっていく戦略が今回の大型買収に繋がった。

一方、RJR Nabiscoは国内のタバコ事業の停滞やタバコ関連の訴訟問題に加え、株主からタバコ部門と食品部門の切り離しを強く求められていた。RJR Nabiscoにとっては、まずタバコの海外事業部門を売却して山積する国内問題解決の糸口としたかったのである。このケースの場合、両社とも生き残りをかけた大きな決断だったわけであるが、日本たばこ産業が海外マーケット・シェアの拡大によって生き残りを図ろうとしているのに対し、RJR Nabiscoは海外部門を売却し国内タバコ部門と食品部門に注力することで生き残りを図ろうとしている。両社の戦略は極めて対照的といえる。日米の記事はそれぞれの立場から書かれており、お互いのM&Aの目的の違いがよく理解できる。

以上の事例からもわかる通り、さまざまな目的を求めてM&A戦略が計画される。ここでは、一般的に考えられるM&Aの目的を英文で読んでみよう。

① 時間を買う

M&Aには「時間を買う」という大きなメリットがある。海外進出をする際、新たに会社を設立し、工場を建設し、人を雇用するというように一から事業をはじめる（green field）場合、自分達のやり方でできるという安心感はあるものの、相当の時間と労力を要するというデメリットがある。それに比べて、すでに営業している会社を買うM&Aでは、経営者・従業員・顧客・設備・知名度など過去に蓄積されたさまざまな価値をすぐに獲得できるというメリットを享受できる。もちろん、企業文化や経営方針の違いなどから生じるリスクがあることはいうまでもない。

　　Some firms do M&A because they believe that the combination will bring faster and steadier growth of earnings per share for both companies. The growth can often be achieved with less cost and with less risk than starting from scratch. If an attractive buy that can provide new products and new

capacity is available, the merger may quickly produce the desired results
(A.A.Groppelli and E.Nikbakht, *FINANCE*, Barron's Educational Series, Inc, 1995)

訳例
会社を合併させることで1株当たり収益がより速くより着実に上昇すると確信して、M&Aをする会社もある。M&Aを行なった場合、ゼロからスタートするより、より少ないコストでまたより少ないリスクで会社の成長が達成されることが多い。もし新しい商品と新しい能力をもたらすような魅力的な買収が可能であるなら、その合併は望ましい結果を早くもたらすであろう。

解説
earnings per share：1株当たり利益。利益を株式の総発行数で除して算出する。市場株価を1株当たり利益で除した倍率がprice earnings ratio（PER）で、株価の判断材料の1つ。
starting from scratch：ゼロからスタートして事業を始める。green fieldも同じ意味。

② 補完メリット

先に述べた「時間を買う」こととも関連するが、M&Aを行なうことで補完メリットを享受することができる。販売網を一挙に手に入れる、技術力を手に入れる、知名度を手に入れる、というように自社に欠如しているものを手に入れる手段としてM&Aを利用するのである。外資系金融機関が日本の金融機関と提携や資本参加を行なうのは、明らかに日本の金融機関がもっている顧客網 (distribution network) をターゲットにしていることはいうまでもない。

There are advantages in acquiring other companies for certain managerial skills not available in your own firm. Why not acquire a successful firm operating in the region into which you wish to expand? Not only do you gain a good sales force, but you also eliminate head-on competition with the acquired firm and achieve immediate access to additional plant capacity.
(A.A.Groppelli and E.Nikbakht, *FINANCE*, Barron's Educational Series, Inc, 1995)

訳例
他の会社を買収することによって、あなたの会社に欠如している経営技術を獲得するという利点がある。あなたの会社がもしある地域に事業の拡大を考えているのなら、その地域で成功している会社を買収することを考えなさい。良い営業部隊を得るだけ

第5章　M&A

でなく、競合企業を買収することによってその競争相手との直接的な競合を回避し、直ちに生産能力の拡大が実現できるのである。

解説

sales force：「営業部隊」。salesmanの集合体をsales forceと言う。
head-on competition：「直接競合する」と言う意味。head-onは「正面から」、competitiveは「競争力がある」という意味。competitive priceは競争力のある価格。
acquired company：「被買収企業」。target companyも買収をする企業（acquiring company）から見ると同じ意味となる。

③ 相乗効果

相乗効果（synergistic benefits）も見逃せないM&Aのメリットである。M&Aをすることによって、顧客層が拡大し売上増をもたらすだけでなく、コスト面でも管理部門など重複した部門の統合によるコスト削減が実現される。その結果、収益面では、単に2つの会社を併せた以上の効果が期待される。1プラス1が3になる可能性がでてくるのである。

　There are synergistic benefits resulting from economies of scale, higher sales from improved competitive advantages, and lower costs occasioned by greater efficiency and the elimination of duplication in departments.

　For example, the computer and accounting departments of the two companies can be consolidated into one unit. This can eliminate duplication and should lead to lower pre-unit costs of operation. Extra employees and administrative functions can be eliminated, and saving may be generated at the corporate headquarters level.

(A.A.Groppelli and E.Nikbakht, *FINANCE*, Barron's Educational Series, Inc, 1995)

訳例

　規模の経済や、競争条件が改善されることによる売上の増加、また効率化や重複部門の排除による経費削減などから生じる相乗効果が期待される。
　たとえば、合併会社では両社のコンピュータと経理部門を一部門に統合することが可能となる。これによって重複を排除し、合併前に比べて経費の削減をすることができる。余剰従業員と余剰管理機能が排除される結果、本社部門での経費削減が実現できることになる。

> **解説**
> ***synergistic benefits***：2つの会社が統合されることによって単独の時より効果が増すこと、「相乗効果」。synergy effectと同義。
> ***economy of scale***：「規模の経済性」つまり規模が大きくなるにつれて単位当たりのコストが低下して経済性が向上することを意味する。scale meritも同様に「規模の利益」とか「規模の効果」。一方、economy of scopeは「範囲の経済」の意味で、複数の製品を1つの企業が同時に生産・販売する方が、各々の製品を単独に生産・販売したときの合計の費用よりも割安につくことをいう。

④ 安定性の増加

事業の安定性を目標とした買収・合併もある。これもある意味では補完メリットといえるが、むしろお互いの強み (strength) と弱み (weakness) を相殺しあって全体的に安定感を増すということをねらったものといえる。したがって、必ずしもすべてがプラスに働くわけではなく、マイナス部分も甘受しなければならない。前述したCITとNewcourt Creditのケースにはこの側面もある。

A merger may reduce the volatility of earnings. For example, consolidating the operations of two companies whose earnings are subject to different co-movement can lower overall variability in earnings. A firm with a low ROI and a low P/E may seek to improve its image and valuation by acquiring another firm with a higher ROI and a higher P/E.

(A.A.Groppelli and E.Nikbakht, *FINANCE*, Barron's Educational Series, Inc, 1995)

> **訳例**
> 合併によって収益のブレが小さくなることもある。たとえば、収益が異なった動きを示す2つの会社を合併させることによって、全体の収益性のブレ幅を軽減させることが可能となる。また、投下資本利益率 (return on investment = ROI) や1株当たり利益率 (price earnings ratio = P/E) が低い会社が、ROIやP/Eの高い会社を買収することによって、会社のイメージや価値の改善を高めようとすることもある。

> **解説**
> ***ROI***：return on investmentの略で、利益を投下資本で除して算出する投下資本利益率。分子の利益は通常、金利・税金・配当金を差し引く前の利益 (earnings before interest, tax and dividend)、分母の投下資本は普通株 (common stock)、優先株 (preferred stock)、長期借入金 (long term debt) を合計したもの。
> ***P/E***：株価を1株当たり利益で除して算出する。前年度の利益を分子として使う場合を trailing P/Eと言い、今年度の予想利益を使う場合をforward P/Eと言う。たとえば、

前年度の1株当たり利益が200円で、その会社の現在の株価が4000円とすると、この会社のtrailing P/Eは4000/200円で20倍。もし今年度の1株当たり予想利益が250円に上昇すると、forward P/Eは16倍に下がる。したがって、株価は予想利益を反映して上昇することになる。一般的に、高い成長性が見込まれる会社ほど高いP/Eを示す。

⑤ 余剰資金の有効活用

余剰資金を自社の設備投資ではなく、将来成長が見込める企業に投資をする形態のM&Aもよく見られる。成熟段階に到達した企業などが、成長分野の企業を買収するケースである。この場合往々にして純投資的となり、買収後も非買収会社の経営陣に経営を任すことが多い。

An acquiring firm may have excess funds for investments but find that it does not have sufficient growth opportunities. In part, this may be because it is reaching a maturation stage. As a result, it may search for target firms to merge with that have considerable growth prospects.
(A.A.Groppelli and E.Nikbakht, *FINANCE*, Barron's Educational Series, Inc, 1995)

訳例

余剰資金を持っているが、その会社自身が成熟段階に到達しつつあるため、自社内部には充分な成長機会を持っていない場合などに買収を行なうことがある。このケースでは、高い成長性を有している企業を買収ターゲットとして探すことになる。

解説

maturation stage：成熟段階。mature economyとは、安定成長または低成長になった経済状態を指す。逆に成長過程にある経済をgrowing economy、growth companyと言う。

第3節 水平型M&Aと垂直型M&A

以上のようにM&Aはさまざまなメリットを求めて計画される。買収のメリットを明確化するためには、水平型M&A (horizontal integration) と垂直型M&A (vertical integration) を比較することが効果的となる。

水平的M&Aは、同業の競争相手を買収したり、未開拓のマーケット（たとえば日本企業にとって米国市場）で同業他社を買収したりすることを意味する。この場合、以下のようなメリットが期待される（図表5-3）。

Strategic benefits of horizontal integration
Acquire a similar company in new market
-Immediate operating presence and credibility
-Access market knowledge
-Avoid increasing market supply
-Access new distribution channels

Acquire a competitor
-Reduce competitive pressures
-Growth, avoid increasing market supply
 Scale efficiencies
-Acquire technology/skills
(CIBC Global Learning Network, *Corporate Finance Mergers & Acquisitions*, The Globecon Group, Ltd.)

図表5-3　水平型M&A

新しい市場の同業他社 ←買収— 買収企業 —買収→ 競合他社

訳例

水平型M&Aの戦略的メリット
新しい市場で同業他社を買収する場合
－営業拠点や営業上の信用力を直ちに構築
－新しい市場に関する知識の入手
－供給増加の回避
－新しい販売網の入手

競合他社を買収する場合
－競争の軽減
－供給増加の回避と業務拡張
－規模のメリット
－競合他社がもっている技術力の獲得

一方、垂直型M&Aは、以下のように、同じ商品の買い手や売り手の間で買収が行なわれることを意味する（図表5－4）。
(i) 小売会社が卸売り会社を買収したり、販売会社が自社の販売商品の製造会社を買収したりする上方型垂直M&A（upstream integration）
(ii) 製造会社が、製造から販売まで一貫して手がけることを目的として、自社商品の販売会社を買収する下方型垂直M&A（downstream integration）

Because it affects the input of a company's operations, upstream vertical integration usually benefits the cost side of the business. Some of the expected benefits are:
-capturing the supplier's profit margin (reducing input prices);

図表5-4　垂直型 M&A

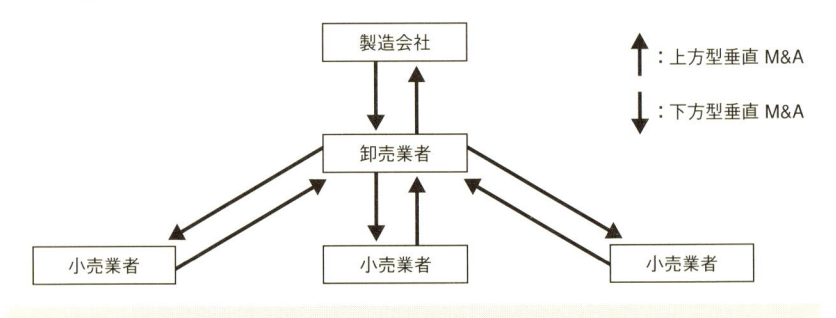

```
              製造会社
                ↓↑                    ↑ ：上方型垂直 M&A
              卸売業者                 ↓ ：下方型垂直 M&A
         ↙↖   ↓↑   ↗↘
   小売業者   小売業者   小売業者
```

-improving the efficiency and stability of supply lines;
-improving the quality of inputs to reduce waste and defects in the production process;
-controlling the technology on which the company's product is based, although this may not be as much cost-driven as an element of competitive strategy.

Downstream integration, on the other hand, may help improve margins by making coordination and administration easier. Some of these benefits include:
-"just-in-time" inventory for the distributor, thereby managing the production process more efficiently;
-guaranteeing a market for the product;
-gaining profit margin at the retail or distribution levels.
(CIBC Global Learning Network, *Corporate Finance Mergers & Acquisitions*, The Globecon Group, Ltd.)

訳例

会社の仕入れに影響するため、上方型垂直M&Aには通常コスト面のメリットがある。考えられるメリットは以下の通り。
－商品の製造側の粗利益が得られる（仕入れコストの削減）
－商品の仕入れが効率的かつ安定的になる
－製造段階における無駄や欠陥を減らし、仕入れ商品の質を向上できる
－製造に関する技術を支配できる（ただし、これはコスト面のメリットではない）

一方、下方型垂直M&Aのメリットは、製造側と販売側の協力体制や管理がやりやすくなり、その結果利益率の向上につながることであろう。下方型垂直M&Aのメリットには以下が含まれる。
－販売者にとってジャスト・イン・タイムで在庫を管理することが可能となり、その結果、製造過程がより効果的となる
－製品の販売先が確保できる
－小売や卸売り段階での粗利益を獲得できる

第4節 M&Aのリスクと投資銀行の役割

　M&Aは、存在している2つの企業が1つになるわけであり、メリットも多いかわりにリスクも潜在している。いくつか代表的なリスクを挙げてみよう。
① まず財務面のリスクがある。企業の買い手（acquiring company）は、限られた時間のなかで与えられた財務関係資料などをもとに買収前精査（due diligence）を行ない、被買収企業（target company）の買収を決定しなければならない。精査の時には発見できなかった簿外負債（hidden liability, off-batance-sheet liability）が買収後命取りになることもあり得る。進行中の訴訟や製造物責任問題など今後発生するかもしれない偶発債務（contingency liability）にも注意を要する。
② 買収価格も重要な留意点である。生き物である企業の価値を算定（valuation）することは決して容易ではない。特に、複数の買い手が競合している場合など、買収を実現するためにある程度高い価格を提示しなければならないこともある。しかし、あまりに高い価格で買収すると、その過重負担が将来の業績に悪影響を及ぼしかねない。このことは、バブル時代の日本企業の買収失敗例でも明らかであろう。
③ 経営陣（management）に係わるリスクも無視できない。買収後の経営をスムーズに行なうためには、被買収企業の経営陣が引き続き意欲的に経営に取り組めるスキーム作りが不可欠となる。ストックオプション（stock option）などの報酬面（compensation）のインセンティブや、経営に関して大きな裁量権を与えることなども有効だろう。両社の経営陣がうまく二人三脚で経営できないと買収の成功はおぼつかない。
④ 4番目のリスクは、従業員のリスクである。M&Aの場合には往々にして守秘義務（confidentiality）の観点から、従業員には最後の瞬間まで何も知らされない。M&Aの発表後、従業員組合から強い抵抗を受けたり、将来の幹部候補生である優秀な若手従業員を失ったりするなどの問題が発生する可能性も否定できない。特に両社の経営方針や企業文化に大きな違いがある場合、有能な人材を失うリスクが高くなる。

　このようなM&Aから生じ得るリスクを軽減する方法として、M&Aの専門家をアドバイザー（advisor）に指名することが効果的となる。アドバイザーは、弁護士や公認会計士など各分野の専門家とチームを組み、徹底的な事前審査や

精査 (due diligence) を行ない、法務面・税務面・人事面などさまざまな分野における問題点とその解決法を探り、適切な方法で買収価格を算定し、有利な結論を導き出すための交渉を行ない、最終的な判断が下せるよう助言をするなど、M&Aを成功裏に完了するために欠かせない総合的な役割を果たす。多くの場合、投資銀行 (investment bank) やM&A専門のブティック・ハウスがM&Aのアドバイザー役を務めるが、大手公認会計士事務所 (accounting firm) や弁護士事務所 (law firm) などもアドバイザー業務に積極的に取り組んでいる。

M&Aのアドバイザーを指名する際の重要なポイントに、「排他性」(exclusivity) がある。日本企業の経営陣の中には、いまだに「何かいい買い物があれば持ってきて欲しい」と複数の投資銀行に依頼する人がいるが、この場合ほとんどの投資銀行は真剣に買い手を探さない。それは依頼した企業に真剣さが感じられないからである。また、複数の投資銀行に買い物を依頼することは、それだけ情報が市場に出回るリスクが高くなる。本当に真剣に買収を検討しているのであれば、特定の投資銀行なりM&Aの専門会社を排他的にアドバイザーに指名して、綿密な計画のもとでM&Aを進めていくのが賢明な方法といえよう。1社を排他的にアドバイザーとして指名することを「mandateを与える」という。

アドバイザーに支払う報酬 (advisory fee) としては、大きく分けて2種類ある。1つはリテーナー (retaining fee、retainer、 engagement fee) と呼ばれるフィーで、もう1つは成功報酬 (success fee) である。リテーナーは、M&Aの検討を開始した時から完了時までに支払われる報酬で、通常「1カ月いくらで最高6カ月まで」といった具合に決められる。これは、ある意味では時間給のようなものと考えてもいいかもしれない。M&Aのプロセスでは多くの作業が要求されるが、M&Aが必ずしも成功するとは限らない。特に複数の買い手と競合する場合には勝てる保証はない。さらに、こちらが買いたくてもターゲット企業が売らないこともあり得る。M&Aが成功しない場合も想定してリテーナーが取り決められる。M&Aの成否如何にかかわらず支払われるフィーである。

もう1つが、成功報酬である。文字通り「成功した際にはじめて支払われるフィー」である。別表のレーマン方式 (図表5-5) といわれるのが、一応の成功報酬の目安といえる。一般的に、金額が大きくなるほど料率は小さくなる。なお、M&Aが成功裏に完了した場合には、すでに支払っているリテーナーを差し引いたうえで成功報酬が支払われる。

このほか、あらかじめ合意しておくべき費用に実費 (out-of-the pocket expenses) がある。これは、出張費、電話代、弁護士費用などの必要経費。通常は必要経費全額を請求するが、場合によっては上限を設けることもある。

図表5-5　レーマン方式

Lehman Formula

Transaction Value （Amount up to）	Fee （% of Transaction Value）
US$ 1 million	5%×Transaction Value
US$ 2 million	4%×(Transaction Value-$1million)＋$50,000
US$ 3 million	3%×(Transaction Value-$2million)＋$90,000
US$ 4 million	2%×(Transaction Value-$3million)＋$120,000
US$ 5 million +	1%×(Transaction Value-$4million)＋$140,000

第5節　ターゲット企業にアプローチするまでのプロセス

　本節では、あなたが米国の投資銀行のM&A部門に所属していると仮定して、企業買収のプロセスについて解説しよう。あなたの顧客である日本企業A社は、米国での販売網の拡大を目的として有力な販売網を持っている米国企業を買収すべく、あなたの投資銀行をA社の正式なアドバイザーとして指名した。この節では、あなたがM&Aの専門チームとしてやるべきプロセスを追ってみよう（図表5－6）。

① M&Aチームの結成

　まず今回の案件に従事するM&Aチームを結成する。A社内に既にM&Aチームがある場合にはそのチームに参加する。あなたの銀行の米国のM&Aグループもこのチームに合流することになる。アドバイザーの主な役割は、買収ターゲット企業の選定（screening）、ターゲット企業の価格算定（valuation）、ターゲット企業との交渉（negotiation）、それにM&Aに関する総合的な助言とチームの取りまとめである。そのほか、M&Aに欠かせない事前精査（due diligence）や税金問題に対処するために、公認会計士事務所を、また契約書関係（documentation）のために弁護士事務所をそれぞれ指名して、このM&Aチームに参加してもらう。

第5節　ターゲット企業にアプローチするまでのプロセス

図表5-6　企業買収のプロセス

1　M&Aチームの結成
社内M&Aプロジェクトチームの結成
弁護士・会計士選定

2　買収ターゲット企業の選定（screening）
ロングリストの作成
ショートリストの作成

3　買収ターゲット企業へのアプローチ
ショートリストから優先順位の高いターゲット企業にアプローチ

4　買収ターゲット企業に関する情報の入手
守秘義務契約書締結
入手情報からターゲット企業価格の第一次判断

5　買収価格・形態・方法の検討
価格算定方法（DCF方式、買収事例比較方式、修正純資産方式など）
買収形態（株式買収、資産買収）
買収方法（現金、株式交換）

6　基本合意書（letter of intent）の調印
買収価格・形態・時期・精査などについて基本合意

7　事前精査（due diligence）の実施
営業・法務・財務・人事など広範囲にわたり調査

8　最終合意書（definitive agreement）の調印
買収価格・形態などの最終合意
法的手続き（当局許可や株主総会決議）
プレス・リリース（新聞発表）

9　クロージング（closing）
最終価格調整
法的手続き完了の確認
買収代金の払込

② 買収ターゲット企業の選定（Screening）

　A社の目的に合致しそうなターゲット企業の選定作業（screening）を行なう。今回の場合、買収目的（販売網の拡大）が明確なので選定作業はそれほど困難ではない。それでも、あなたの米国の同僚達が持っているさまざまな資料や情報ソースを駆使しなければならない。ケースによっては、この選定作業を2段階に分けることもある。第1段階では、緩やかな基準、たとえば、A社と同じような商品を販売しているすべての会社という具合に候補企業をリストアップしていく。この候補者リストはlong listと呼ばれる。そして、もう一段細かい基準、たとえば、上場（public）か非上場（private）か、販売網の地理的分布、従業員数、売上高などを設定した上でさらに絞り込みを行ない、short listを作成していく。

　このshort listをもとに、最終的なターゲットの絞り込みを行なうことになる。この最終絞り込みでは、今までの選定作業とは異なり、実際に買収の可能性があるのか、経営陣の評判はどうか、業界での地位はどうか、将来性はどうか、問題になっている事項はないか、予想買収価格はどれくらいかなど、より現実的な項目を重点的にチェックしていく。いくらこちらが望んでも、相手に売却の意志がないと時間の無駄になってしまうからである。あなたの銀行の情報ソースを総動員して適切な助言をすることが、アドバイザーとしての腕の見せどころとなる。この段階でラフなターゲット企業の買収価格を算定しておくことも必要である。買収価格の算定については後で触れる。

　Looking for acquisitions starts with a sound portfolio strategy. The best acquirers choose carefully where they will invest and know what role a potential acquisition will play before they look at targets. Research has shown that less than 30% of acquiring executives started out with an investment thesis that stood the test of time. Successful acquirers screen candidates based on the why and the how, with a focused search that not only identifies the right targets, but also gives a head start on the strategic due diligence process.
(http://www.bain.com/bainweb/Consulting_Expertise/capabilities_detail.asp?capID=64)

訳例

　買収は優れたポートフォリオ戦略から始まる。最も優れた買収者はターゲット企業を見る前に注意深く買収対象を選び、実際に買収することによってどのように役立つのか

を知る。

　研究によれば、買収する企業の30％弱の経営者が時間の試練に耐えた投資理論に基づいて買収を始めている。買収が成功する企業は、「なぜ、どのように」買収するかに基づいて買収候補先を選定していく。その際、適切な買収先を特定するだけでなく、買収精査のプロセスを戦略的に先行して進めることにも注力する。

解説

　portfolio strategy：portfolioは通常そのまま「ポートフォリオ」と訳される。複数の投資を分散して行なう場合を指す。ここでは、複数の買収を行なうことで会社の成長を目指すような会社をイメージできる。「資産運用をするプロフェッショナル」をportfolio manager、「分散して投資すること」をdiversified portfolioなどと使う。

　due diligence process：due diligenceは「精査」あるいはそのまま「デュー・デリジェンス」と訳される。詳細は本章11節を参照。

③ 買収ターゲット企業へのアプローチ

　絞り込まれた買収ターゲット企業にアプローチを開始する。これもA社のアドバイザー（advisor）であるあなたの銀行の重要な役割の1つである。ターゲット企業が関心を示すようなアプローチをしなければならない。M&Aの世界には信用の置けない仲介者も存在する。あなたの同僚達と慎重に協議のうえ、適切なアプローチの方法を決めていく。一般的には、ターゲット企業の最高経営責任者（chief executive officer=CEO）または最高財務責任者（chief financial officer=CFO）にまず口頭でアプローチする。相手が前向きな反応を示せば、次のような書簡をCEOかCFOに出してフォローしていくことになる。なお、この段階ではターゲット企業に対して買い手企業の名前を明かさない。

Dear Mr.ABC:

　Further to our conversation with you earlier today, we are writing on behalf of a Japanese Company ("JapanCo"), to inquire about your company. Our bank, XYZ Bank is an international investment banking organization based in New York, with offices in Tokyo as well, and we are working with JapanCo to help it assess strategic alternatives.

　Our client has grown rapidly in the [industry/sector] and continues to explore possibilities for international growth. It is very much a strategic objective to gain access to a North American distribution network for its products and services. Our client is considering a possible equity investment or acquisition of a North American company in the sector so as to achieve its objectives. We would very much appreciate the opportunity of speaking with you to discuss the merits of establishing a dialogue between your company and our client.

We look forward to hearing from you. My direct telephone number is [phone number]. In my absence, please feel free to contact my colleague, [name], at [number].

Yours very truly,

訳例

ABC様

　今日午前中お話申し上げた通り、私どもはある日本企業（以下JapanCo）のために貴社についてお伺い申し上げるべく本状を書いています。弊行、XYZ銀行はニューヨークに本社を置き、東京にも拠点を持っている国際的に活動をしている投資銀行です。弊行は、現在JapanCoの戦略手段策定にかかわっています。
　私どもの顧客（JapanCo）は（業界）の分野で急成長を遂げましたが、さらに国際市場での成長の可能性を探っていく方針です。その意味で、米国の販売網を持つことは、同社の製品とサービスにとっては戦略的に極めて重要な目的です。この目的達成のために、この分野の米国企業への出資もしくは買収を検討しています。貴社と弊行の顧客との間で対話をもつメリットについてお話できる機会を与えていただければ幸甚です。
　貴殿からのご返信をお待ちしています。私の直通番号は…です。不在の時には、私の同僚（氏名と電話番号）にコンタクトしてください。

敬具

④ 守秘義務契約を交わし必要な情報を入手する

　アプローチの結果、ターゲット企業がさらなる交渉に前向きな反応を示せば次の段階に進む。まず、買い手企業の名前と概要、買収戦略などをターゲット企業に開示する。そのうえで交渉に必要なターゲット企業の情報を要求していく。ターゲット企業が公開企業であれば、公表されている10K（米証券取引委員会＝Securities Exchange Commissionに年一度報告される業務報告書）や10Q（同じく4半期毎の報告書）などの資料から買収価格のレベルや経営陣などについてもある程度判断できるので、追加資料を請求する必要はない。しかし、ターゲット企業が非公開企業の場合には、財務諸表など価格算定に必要なある程度の情報を要求する。情報入手に当たっては、守秘義務契約（confidentiality agreement, non-disclosure agreement）に署名する。一般的にいって、守秘義務

契約には、情報の守秘義務、情報の開示者の限定（アドバイザーを含む）、守秘義務の有効期間などが規定される。守秘義務契約は一般的に以下のように規定される。

以下の英文守秘義務条項を読んでみよう。

We agree:
　(a) except as required by law, to keep all Confidential Information confidential and not to disclose or reveal any Confidential Information to any person other than persons employed by us or on our behalf who are actively and directly participating in the evaluation of the Transaction and then only on a need to know basis, and to cause those persons to observe the terms of this letter agreement; and
　(b) not to use Confidential Information for any purpose other than in connection with the evaluation of the Transaction.

訳例
　以下のことに同意する。
　（a）法的に要求されない限り、すべての「秘密情報」を秘密裏に取扱い、この「秘密情報」はこの取引の価格算定作業に積極的かつ直接的にかかわっている我々の従業員か我々のために働いている人々にのみ開示する。かつ、「秘密情報」の開示はそれが必要である場合に限定し、開示を受けた人々にもこの守秘義務契約書の条件を遵守させる。
　（b）この「秘密情報」は、この取引の価格算定の目的以外には使用しない。

解説
- ***disclose***：開示する。disclosureは名詞で「情報開示」。disclosureは、決算期（あるいは半期、四半期）ごとの定期的なものだけでなく、株価に影響を与える重要情報が発生した時には直ちに行わなければならない（timely disclosure）。
- ***terms***：termという単語にはいくつかの意味がある。単数形では、「期間（duration）とか期限、定期（fixed period of time）」の意味。たとえば、term of contract（契約期間）、long term plan（長期計画）、term deposit（定期預金）など。複数形になると「条件」。terms and conditionsは「諸条件」。

　この段階以降は、ターゲット企業から入手した資料をもとにして買収価格の算定を行ない、それに基づいて買収交渉、買収の基本合意、精査と続いていく。買収価格算定に進む前に、売却企業（売り手）のアドバイザーとして指名され

た場合に行なうべき手順について簡単に解説しておこう。

第6節 企業売却のプロセス

基本的には、買い手のアドバイザーが行なうプロセスの逆のことを行えばよいわけだが、いくつか留意すべき点がある。

① アプローチの方法

当然のことながら、売り手のアドバイザーの役割は最も高い価格で企業を売却することである。しかし、実際に活動を続けている企業を売却するので従業員や顧客に対する注意深い対応が要求される。企業売却方法としては、(i) 特定の買い手候補企業に対して相対で交渉を行なう方法（direct approach）、(ii) 限られた複数の候補企業に同時にアプローチを行ない、関心のある企業から入札方式で買値を募る方法（controlled auction）と、(iii) 同時に不特定多数の買い手候補企業から広く入札を募る方法（wide auction）の三通りの方法がある。

（ⅰ）**直接的アプローチ（direct approach）**：1社ごとにコンタクトをしていく方法
メリット：・企業売却に関する情報が外部に漏れにくい
・一般的に、買い手候補先は排他的な交渉を好む
デメリット：・売却成立までに時間を要する惧れがある
・買い手候補先が一社であることから、買い手側に有利に働き、不利な売却条件になる惧れがある

（ⅱ）**選別的競売アプローチ（controlled auction）**：選別された少数の買い手候補先と同時に交渉を行ない、価格を競売方式で提示させて売却先を決定する方法
メリット：・企業売却に関する情報の漏れを最小限に抑えながら、高い売却額を実現できる
・可能性の高い買い手候補先を網羅できる
・買い手候補先が限定されているため、交渉過程の変更など柔軟性がある
デメリット：・最高値で買収する可能性のある候補企業を候補先リストか

ら外す惧れがある
（ⅲ）競売アプローチ(wide auction)：広範囲の買い手候補先を対象として競売を行なう方法
　メリット：　・可能性のありそうな買い手候補先すべてにコンタクトできる
　　　　　　　・比較的短時間で売却を完了できる
　　　　　　　・高値で売却できる可能性が比較的高い
　デメリット：・売却に関する情報が広範囲に洩れやすい
　　　　　　　・売却に失敗した場合のダメージが大きい

② 選別的競売の進め方

　企業買収の場合、同時に複数のターゲット企業にコンタクトして、入札によって買収先を決定することはあり得ない。しかし企業を売却する場合には、同時に複数の買い手候補先の中から競売方式で売り先を決めることができる。この点が買収と売却の大きな相違点であろう。ここでは、選別的競売を例にとってその手順を簡単に追ってみる。

（ⅰ）Preparation Stage（準備段階）
　・Data collection（会社説明資料作成のため、売り手企業情報を収集する）
　・Prepare potential buyer list（買い手候補企業リストを作成する）
　・Prepare broadcast letter/confidential agreement（買い手候補企業宛ての頒布資料と守秘義務合意書を作成する）
　・Prepare confidential information memorandum（売却会社に関する詳細な説明資料を作成する）

（ⅱ）Approach Stage（アプローチ段階）
　・Initial contact of buyers（選別された買い手候補企業へ最初のアプローチを行ない、関心を示した先にbroadcast letterを送付する）
　・Distribute confidential information memorandum（さらに詳細情報を要求する買い手候補先に売却会社に関する詳細な説明資料を配布する ── この際confidential agreementを交わしておく）
　・Prepare data room（売り手企業に関する関係資料室、データ・ルームの準備をする）

(ⅲ) Negotiation Stage(交渉段階)
- First round indications of interest(買い手候補企業から第1回目の買収価格の提示を受け付ける)
- Second round buyers determined(第1回目の買収提示価格を検討のうえ、第2段階に進む候補企業の絞り込みを行なう)
- Second round buyers' due diligence (data room)(第2段階に進んだ買い手候補企業がデータ・ルームを利用して精査を行なう)
- Company presentation(売り手企業が買い手候補企業に対して会社説明を行なう)

(ⅳ) Closing Stage(クロージング段階)
- Receive definitive offers(第2段階に進んだ候補企業から最終買収価格を受け付ける)
- Final negotiations(最終交渉)
- Execute definitive sale agreement(最終売却合意書の調印)

　担当企業を最良の買収先に高い価格で売却するのが売り手企業側のアドバイザーの任務である。売却企業のアドバイザーとしての留意事項を以下に述べておく。
① 買い手候補企業を的確に選定(screening)する
② broadcast letter(最初の段階で候補企業に配布する説明資料)とconfidential information memorandum(対外秘密情報メモ―詳細な会社説明資料)に記載される売却企業の内容を的確かつ魅力的なものとし、また売り手企業の強みを具体的に表現する
③ 適切でかつ説得力のある売却理由を記述する
④ 買い手候補企業が閲覧しやすいよう、必要と考えられる事前精査資料を洩れなく準備する
⑤ 売却企業経営者による会社説明(presentation)が説得力をもつように、売り手企業の経営者に適切な助言を与える

第7節 買収価格の算定——DCF方式

　買収交渉で最も重要で難しい部分がターゲット企業の価格算定（valuation）である。買収する立場に立てばできるだけ安く買いたいし、売る立場から見るとできるだけ高く売りたいのは当然の要求である。買い手と売り手の間には基本的に「利害の対立」（conflict of interest）が存在する。買い手・売り手双方とも納得できる価格を算定することは決して容易ではない。

　Valuation is the process of defining in a rational way what a certain asset is worth; usually one determines not a single value but the appropriate range of values for a company.
(Jan Jorgensen, "Valuation of Firms", May 1998, McGill University Faculty of Management)

訳例
　企業価値の算定とは、ある資産の価値を合理的な方法で決定する過程をいう。通常は、1つの価格ではなく、適切な価格の幅で企業価値を表わす。

　株式公開企業（public company）の市場株価は、その企業の収益性、成長性、安定性などを反映しているので、ある意味では企業の現在の価値を最も適切に表わしている。現在の市場株価に発行総株数を掛けて算出したものがその企業の時価（market capitalization）、で「普通株式を100％購入するのに必要な金額」を意味する。それでは、株式公開会社の買収価格としてそのまま買収時点の時価を使うことが最善の方法であろうか。買収と一般の株主では根本的な相違点があることに留意しなければならない。つまり、一般の株主は配当金（dividend）と株の値上がり益（capital gain）を期待して株を保有しているが、企業の経営に直接深く関わることはできない。一方、企業買収の場合は、ターゲット企業の支配権（controlling interest）を握ることによって、買収からのリターンを実現することを目的としている。一般の投資家に比べて経営の支配権を握る分、市場株価より高い価格（premium）を払う必要がある。これが支配プレミアム（control premium）と呼ばれるものである。したがって、一般的にいって買収価格は市場株価より高くなる。

第5章　M&A

Value of company in the market for corporate control is usually higher than its value in the secondary capital market. The ability to control assets and to direct all of the free cash flow generated by assets is worth more than participation in value creation through passive ownership of shares without control, as in the case of the individual stockholder.
(Jan Jorgensen, "Valuation of Firms", May 1998, McGill University Faculty of Management)

訳例

支配権を獲得することを目的とした場合の企業価格は、一般的に流通市場の株価より高い。資産を管理し、資産から生じるすべてのフリー・キャッシュフローを管理できるということは、個人投資家のように支配権をもたない消極的な所有権の形で参加する場合に比べ、より大きな価値がある。

解説

secondary capital market：流通市場。これに対して発行市場はprimary market。
free cash flow：株主や債権者に自由に支払うことのできる現金。実際に受け取る現金と支払う現金の差額をcash flowという。詳細は本節①を参照されたい。

　買収価格の算定は決して容易ではない。しかし買収価格を算定しない限り買収交渉を先に進めることはできない。適切な価格算定方法を用いて、買い手・売り手とも納得できる価格を算定することがM&Aの成否を握っているといっても過言ではないだろう。
　この節では、現在買収価格算定方法としては最も合理的と認められているDCF (ディスカウンテッド・キャッシュフロー方式 = discounted cash flow methodology) について解説していきたい。

　DCF方式は以下のように定義される。

Discounted Cash Flow (DCF): A key valuation tool in M&A, discounted cash flow analysis determines a company's current value according to its estimated future cash flows. Forecasted free cash flows (operating profit + depreciation + amortization of goodwill – capital expenditures – cash taxes - change in working capital) are discounted to a present value using the company's weighted average costs of capital (WACC). Admittedly, DCF is tricky

to get right, but few tools can rival this valuation method.
(http://www.investopedia.com/university/mergers/mergers2.asp)

訳例

　ディスカウンテッド・キャッシュフロー（DCF）方式：M&A取引で企業の価格を算定するに主に使われる方法であり、その企業の将来の予想キャッシュフローに基づいて企業の現在価値を決定する。予想フリー・キャッシュフロー（営業利益＋減価償却費＋暖簾代の償却費－設備投資－税金－運転資本の調整）を企業の加重平均資本コスト（WACC）で割り引いて現在価値を算出する。正直なところ、DCFを使うことで正しい企業価格が算出できるか疑問なしとしないが、この評価方法に匹敵しうる評価方法はほとんどない。

解説

operating profit：「営業利益」つまり、金融収支などの営業外損益を参入する前の、事業そのものの利益を言う。米国では営業利益を重視する。EBITDAは earnings before interest, tax, depreciation, and amortization の略で「支払い金利、税金、有形・無形償却前利益」で、米国企業がよく使う指標。借入金利水準や税率、減価償却方法などは国によって異なるため、これらの数字を組み戻して「営業」自体の収益力をみるために使われる。「イービットディーエー」「エビッタダー」などと発音される。
depreciation：有形固定資産の減価償却の際に用いる。
amortization：「のれん」（goodwill）、「知的財産権」（intellectual property）など無形固定資産の減価償却の際に用いる。
capital expenditure：「設備投資」。capex とも言われる。
WACC：weighted average costs of capital（加重平均資本コスト）で、借入資本（debt capital）と株主資本（equity capital）を資本構成に応じて加重平均したもの。詳細は本節の後半を参照。

　DCF方式を理解するには、DCF方式の基本的要素であるフリー・キャッシュフローと資本コストをまず理解する必要がある。

① フリー・キャッシュフロー

　キャッシュフローとは、文字通り「現金の流れ」、つまり「受けとった現金から支払った現金の差額」を意味する。日本では従来、貸借対照表（B/S）や、損益計算書（P/L）の純利益（net income）などから企業を判断してきたが、P/L、B/Sだけでは必ずしも企業の実力を正確に判断できるとは限らない。P/L上で黒字となっていても、キャッシュフローが不足して会社が倒産するということもあり得るからである。

　簡単な例で説明しよう。40百万円で仕入れた商品を50百万円で売った場合、

P/L上では10百万円の利益となる。仕入れも売上もキャッシュでやればP/Lの利益とキャッシュフローは一致するので問題はない。しかし、仕入れを「30日後に支払う買掛勘定 (account payable)」で行ない、販売を「60日後受取りの売掛勘定 (account receivable)」で行なった場合どうなるだろうか。P/L上は10百万円の利益であるが、キャッシュフローではお金を受け取る前に支払いをしなければならない。もし手元に40百万円のキャッシュがなければ、この会社は資金繰りがつかず黒字倒産してしまうことになる。

　もう1つ別の例を取り上げる。たとえば、30百万円の機械をキャッシュで購入したとしよう。購入した年は、キャッシュの支出があったにもかかわらず、B/S上では現金項目の減少を固定資産項目の増加で相殺するため増減はない。したがって、P/L上の最終損益も影響を受けない。一方、翌年以降はP/L上で毎年減価償却 (depreciation) が発生する。仮に5年の定額法でこの機械を償却すれば、毎年6百万円の減価償却費を計上することになる。P/L上の利益はそれだけ減ることになる。しかし実際にはキャッシュは出ていないのでキャッシュフローではプラス・マイナスはない。

　キャッシュフローには、大きく分けてフリー・キャッシュフローとネット・キャッシュフローがある。フリー・キャッシュフローとは、「借入をしていない状態（全額株主資本で活動している状態）で、かつ事業の継続に必要な投資を行なった後に、自由に株主に支払うことができるキャッシュフロー」を意味し、ネット・キャッシュフローはフリー・キャッシュフローに借入金利などの金融キャッシュローを加減したものをいう。企業価値算定では借入をしていない前提のフリー・キャッシュフローを利用して計算し、その後で借入金を差し引く方法を採る。

　フリー・キャッシュフローは次の方法で算出する。まず、売上高 (sales) から売上原価 (cost of goods sold) と一般販売管理費 (general administrative and selling expenses) を差引いて営業利益 (operating profit または、earnings before interest and taxes = EBIT) を算出する。その営業利益に（1－実効税率）を掛けて税引後営業利益（つまり、借入金を行なっていない仮定での税引後利益）を算出する。営業利益にはキャッシュの支出を伴わない有形固定資産 (tangible fixed asset) の減価償却 (depreciation) や無形固定資産 (intangible fixed asset) の償却 (amortization) が引かれているのでこれを足し戻して調整する。さらに、流動資産と流動負債の差額、つまり運転資本 (working capital) の変化を加減していく。売掛金 (account receivable) など流動資産 (current asset) の増加（運転資本の増加）は、それだけキャッシュが減少することを意味し、逆に買掛金

(account payable) などの流動負債 (current liability) の増加 (運転資本の減少) はキャッシュの増加を意味する。

運転資本の増減とキャッシュフロー

前年度				今年度				増減
売掛金	500	買掛金	300	売掛金	600	買掛金	500	
運転資本	200			運転資本	100			− 100

　上記の簡単な例では、前年度は売掛金が買掛金を200万円上回っていた、すなわち200万円のキャッシュが不足した (200万円の運転資本が必要であった)。しかし、今年度は売掛金が100万円増えたが買掛金も200万円増えた結果、必要運転資本は100万円と前年比100万円減少した。言い換えれば、100万円キャッシュが増加したことになる。

　運転資本の変化を加減した後で、事業の継続に必要な設備投資などの資本支出 (capital expenditure) を差引く。これで、フリー・キャッシュフローを算出することができる。

Free cash flow (FCF) is usually stated as:
+ EBIT × (1-Effective Tax Rate)
+ Depreciation Expense
− Capital Expenditures
± Changes in Working Capital

フリー・キャッシュフロー
＝営業利益 × (1 − 実効税率)
＋減価償却費
−事業を維持するために必要な投資
±運転資本の変動額

What Does Free Cash Flow Indicate?
　Growing free cash flows are frequently a prelude to increased earnings. Companies that experience surging FCF–due to revenue growth, efficiency improvements, cost reductions, share buy backs, dividend distributions, or debt elimination–can reward investors tomorrow. That is why many in the investment community cherish FCF as a measure of value. When a firm's share price is low and free cash flow is on the rise, the odds are good that

earnings and share value will soon be on the up.

By contrast, shrinking FCF signals trouble ahead. In the absence of decent free cash flow, companies are unable to sustain earnings growth. An insufficient FCF for earnings growth can force a company to boost its debt levels. Even worse, a company without enough FCF may not have the liquidity to stay in business.

(http://www.investopedia.com/articles/fundamental/03/091703.asp)

訳例

フリー・キャッシュフローの意味

　フリー・キャッシュフロー (FCF) の増加は、多くの場合利益が増加する前触れである。売上高の増加、経営効率の改善、コストの減少、自社株の買戻し、配当などの要因でFCFが急増している企業は、将来投資家に富をもたらす。その意味で、投資の世界ではFCFを価値を計測する指標として重要視している。株価が低くFCFが増加傾向にある企業の場合には、収益や株価が近い将来上昇する可能性が高い。それとは対照的に、FCFが縮小している場合には先行きは明るくない。ある程度のFCFがないと収益の成長を持続させることはできないし、成長に必要なFCFがないと、外部負債を増やさざるを得なくなる。さらに悪いケースとして、十分なFCFがない企業は資金繰り不足に陥り、事業を継続することさえできなくなってしまう。

解説

surge：surgeは英英辞典で" a sudden or abrupt strong increase"とあるように、「突然で急速な増加」を表す。

share buybacks：「自社株の買戻し」。自社株を買戻すことによって、発行株数が減少するので、その分1株当たり利益 (earnings per share) が上昇し、株価の上場をもたらす。また、自社株買戻しによって株主資本が減少するので、重要な経営指標である株主利益率 (ROE = return on equity) が上昇する。

liquidity：「流動性」だが、ここでは「事業を継続する資金繰り」を指す。

　通常、企業の価値を算出するDCF方式では、予想フリー・キャッシュフローを5年から10年の期間にわたって作成する。未確定要因の多い将来の予測をするので、いくつかのシナリオ（たとえば、楽観的、中立、悲観的など）を作成することが多い。

② 資本コスト

　次に、将来のフリー・キャッシュフローを現在価値に換算する際に割引率として用いられる資本コスト (cost of capital) について考えてみよう。企業が買

収を行なう際には2つの資金源に頼ることになる。1つは株主からの資金で、これを株主資本（equity capital）という。もう1つは外部からの長期借入金や社債などの有利子長期負債で、これは借入資本あるいは負債資本（debt capital）と呼ばれる。株主資本は配当金や将来の値上がり益というリターンを求める。また、長期負債では当然金利を支払わなければならない。この株主資本コストと借入資本コストを合計したものを資本コストと呼んでいる（図表5－7）。

　計画している買収から期待される将来のキャッシュフローが、株主資本コストと借入資本コストを十分カバーできるリターンを生みださなければ、買収を行なう意味がないことになる。換言すれば、ターゲット企業が生み出す将来のキャッシュフローを資本コストで割り引いて算出した現在価値が買収価格を下回るようであれば、その買収は行なうべきではないと判断すべきである。割引率に資本コストの概念を入れるところが、株主資本は高いコストであると考えるアングロサクソン型発想の特徴といえよう。日本では、株主資本は必ずしも高いコストではない（実際、高いコストではなかったわけだが）との認識が一般的であり、割引率の決定要因がこれまで必ずしも明確でなかったのではないだろうか。

　以下、簡単に資本コストの算出方法について説明する。

図表5-7　資本コスト

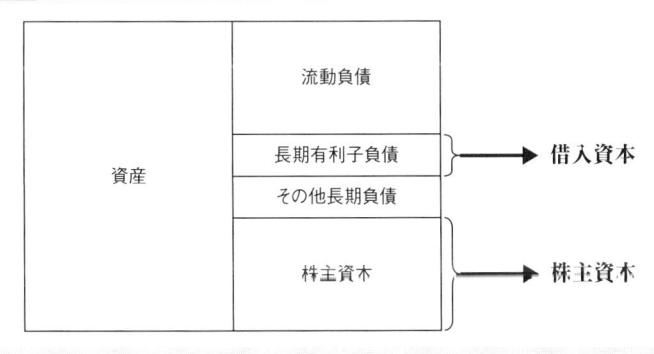

(A) 株主資本コストの算出方法(CAPM)

株主資本コストの算出方式としては、資本・資産評価モデル（CAPM＝Capital Asset Pricing Model）が一般的に使われる。CAPMは、リスクのない資産の利回り（リスク・フリー利回り、通常は国債の利回りを使用する）に買収ターゲット企業特有のリスクに対応するリターン（リスク・プレミアム）を合計したものである。

　According to current valuation theory, a discount rate is composed of two elements:
1. The current risk-free rate of return.
2. A risk premium appropriate to the asset in question.

　The risk-free rate is determined by reference to U.S. government securities. The long-term Treasury bond is most commonly used.

　CAPM is a basic theory that relates risk and return for any asset. It is based on the concept that the required rate of return for an asset is directly related to the riskiness of the asset. Greater risk requires a higher rate of return. CAPM measures risk in terms of the relative volatility of the asset price.

　A risk premium can be developed from specific public company data if comparable public companies can be located. Using this approach the discount rate is calculated as follows:

$DR = RFR + \beta (ER)$
where:
DR = discount rate
RFR = risk-free rate
β = beta
ER = equity risk premium

(Randy Swad, "Discount and Capitalization rates in business valuation", The CPA Journal, 1994)

訳例

　現在の価格算定理論によれば、割引率は2つの要素で構成されている
　1．リスクのない投資からの投資利回り（リスク・フリー利回り）
　2．対象とする資産のリスク・プレミアム

第7節　買収価格の算定―DCF方式

リスクのない投資利回りは米国財務省証券を参考にして決定される。長期の財務省証券が最も一般的に使われる。

CAPMは投資資産のリスクとリターンに関する基本的な理論である。CAPMは、「投資資産からの期待利回りはその資産のリスクと直接関係がある」という概念に基づいている。より大きいリスクの場合、より高いリターンを求める。CAPMは資産価格の相対的なバラツキのリスクを計測する。

もし類似の上場会社を特定できれば、その上場会社のデータを利用して、対象会社のリスク・プレミアムを算出することができる。このCAPMのアプローチを使って、割引率は次のように計算される：

$DR = RFR + \beta (ER)$

DR ＝割引率
RFR ＝リスクのない資産の投資利回り
β ＝ベータ
ER ＝株式のリスク・プレミアム

上記英文で説明されている通り、CAPMを計算するためには、「リスクのない資産の投資利回り」「ベータ」「株式のリスク・プレミアム」の3つの要素を知らなければならない。

「リスクのない資産の投資利回り」としては、長期（10年もの）国債の利回りを利用することが多い。たとえば、2004年9月6日現在の日本国債と米国債の利回りは図表5－8のようになっている。したがって、日本企業の企業価値を算出する場合には、日本国債10年ものの利回りである1.61％を使うことになる。

「ベータ（β）」とは、以下の英文にあるように、全体的な株式市場の変化に対して特定の株式がどのように変化するかという感応度を表す。たとえば、ある株式のベータ値が1であれば、その株式の変動率は株式市場全体の変動率に等しいことになる。1を超えて大きくなるほど変動率が大きくなり、逆に1を

図表5-8　日本国債と米国債の利回り

	日本国債	米国債
2年	0.18％	2.51％
5年	0.71％	3.51％
10年	1.61％	4.29％

出所：Bloomberg 2004年9月6日

第5章　M&A

下回ると株式市場全体の変動率より小さくなる。
　各株式や業種毎のベータ値は、東京証券取引所「TOPIX＆サブインデックスデータ集」やBloombergのスクリーンなどから取得することができる。
　「株式のリスク・プレミアム」は、長期間にわたって測定された一般的な株式のポートフォリオ（たとえば米国のS&P500や東京証券取引所のTOPIX）の平均収益率から、同じ期間のリスク・フリー金利である国債の利回りを差し引くことによって求められる。すなわち、インフレーション・リスクを表わす国債利回りと株式投資収益率の差が一般の株式リスク・プレミアムということになる。たとえば、東証一部平均市場収益率の過去20年の平均が9.3%、同様に過去20年の国債の平均利回りが3.0％という数字を得たとすると、一部上場株全体の平均リスク・プレミアムは6.3%と計算される。

平均収益率9.3% − 国債平均利回り3.0% = 平均リスク・プレミアム6.3%

　なお、米国企業などの株式リスク・プレミアムは、Ibbotson Associates Inc. (http://www.ibbotson.co.jp) などから購入することができる。

　Beta is a measure of stock price volatility relative to the overall market. If a stock, say ABC Inc., tends to move up or down proportionately to the overall market, it has a beta of 1. If the stock movements are proportionately greater than the overall market, the stock has a beta greater than 1. If the stock movements are proportionately less, the stock has a beta less than 1. In CAPM theory, beta is a measure of risk. A stock with a beta of 1.5 is considered riskier than a stock with a beta of 1.

　Beta factors for public companies can be found in stock market services such as Value Line Investment Survey (Value Line Publishing, Inc.).

　Business appraisers generally use the median beta for the comparable companies. When ER is multiplied by B, the equity risk factor is adjusted for the price volatility of the comparable companies. Thus, B(ER) should contain the risk factors associated with the comparable companies.

(Randy Swad, Discount and Capitalization rates in business valuation, The CPA Journal, October 1994)

> **訳例**
> 　ベータ値は全体的な株式市場に対する特定の株式のバラツキを表わす尺度である。もしある株、たとえばABC社株が全体の株式市場の変動率と同じ変動率で動くならば、ABC株のベータ値は1となる。 もしABC株の動きが全体的な株式市場の変動率より大きいなら、ABC株のベータ値は1より大きくなる。 逆にABC株の変動率が全体の変動率より小さい時、ベータ値は1以下となる。 CAPM 理論では、ベータ値はリスクを示す尺度である。 ベータ値1.5の株はベータ値1の株よりリスクが大きいと考えられる。
> 　上場会社のベータ値は、Value Line Investment Survey (Value Line Publishing, Inc.) などの株式情報から得られる。
> 　価格算定者は、一般的に類似企業のベータ値の中間値を使う。 一般の株式市場リスクに類似企業株のベータ値を乗じることによって、算定対象株式のリスク要因を調整することができる。このように、「ベータ値×一般の株式市場リスク」は類似企業のリスク要因を意味する。

ここで、簡単な例を使って実際にCAPMを使って株主資本コストを算出してみよう。たとえば下記のような前提条件とする。

現時点の10年もの米国長期債金利（リスク・フリー利回り）：	5.0%
過去50年のS&P500の平均年間収益率：	14.0%
過去50年の米国債の平均年間収益率：	6.0%
A社類似企業のベータ値：	1.25

A社のCAPM = 5.0% + 1.25 × (14.0% − 6.0%) = 15.0%

15.0%がA社類似企業の株主資本コストとなる。

買収しようとする企業（ターゲット企業）が非上場でベータ値が分からない場合には、上記のように、ターゲット企業と類似する上場会社 (peer company) のベータ値を利用する。ただし、類似企業のベータ値をそのまま適用するわけにはいかない。ベータ値は資本構成によって異なってくるからだ。そこで、まず類似企業のベータ値を、借入れがないと仮定した場合のベータ値に計算し直す。このベータ値をアンレバード・ベータ値 (unlevered β)（つまり、借入れがないベータ値）と呼ぶ。類似企業のアンレバード・ベータ値に、ターゲット企業の資本構成比（株主資本と借入資本の構成比）を適用してターゲット企業の資本構成と同じレバード・ベータ値 (levered β) を算出する。

Levered Beta:the beta reflecting a capital structure that includes debt.
Unlevered Beta:the beta reflecting a capital structure without debt.
(http://www.allisonappraisals.com/glossary.htm)

レバード・ベータ値からアンレバード・ベータ値を算出するには以下の公式を使う。

$$\text{アンレバード・ベータ} = \frac{\text{レバード・ベータ}}{1 + \dfrac{\text{借入資本}}{\text{株主資本}}}$$

ではここで具体的に計算してみよう。たとえば、ターゲット会社A社の類似会社B社の公表ベータ値(レバード・ベータ)が1.25、B社の資本構成が、借入資本10億ドル、株主資本15億ドルとする。また、ターゲット企業A社の借入資本が5億ドル、株主資本が20億ドルとする。

まず、類似企業B社のアンレバード・ベータ値を上記の公式にそって計算すると0.75となる。次に、類似企業B社のアンレバード・ベータ値0.75からA社の資本構成を適用して以下の公式からA社のレバード・ベータ値を計算すると、答えは0.938となる。こうして類似企業B社のレバード・ベータ値を使って、ターゲット企業A社の資本構成にそったレバード・ベータ値0.938を算出できたことになる。

$$\text{レバード・ベータ} = \text{アンレバード・ベータ} \times \left(1 + \dfrac{\text{借入資本}}{\text{株主資本}}\right)$$

ベータ値0.938を使って、ターゲット企業A社の株主資本コストを算出してみると、以下のように12.5%となる。

$$5.0\% + 0.938 \times (14.0\% - 6.0\%) = 12.5\%$$

(B) 借入資本コストの算出方法

借入資本コストは、借入金や社債など長期有利子負債の金利×(1−実行税率)で求められる。借入資本の金利は経費(expenses)として損金処理できる

ため、(1 - 実行税率)を掛けて税金部分を調整する必要がある。たとえば、A社の長期有利子負債金利が8.0%、実行税率が40%とすると、8.0%×(1 - 0.4)=4.8%が借入資本コストとなる。

(C) 加重平均資本コスト(Weighted Average Cost of Capital=WACC)

先に算出した株主資本コストと借入資本コストを加重平均した「加重平均資本コスト = weighted average cost of capital=WACC」が、DCF方式の割引率(discounted rate)として使用される。

$$WACC = r_e \ (E/(D+E)) \ + r_d \ (D/(D+E))$$

where
WACC = Weighted Average Cost of Capital
r_e = Cost of Equity Capital (CAPM)
r_d = After-tax Cost of Debt
E/(E+D) = Market Value proportion of Equity in Funding Mix
D/(E+D) = Market Value proportion of Debt in Funding Mix

$$WACC = r_e \ (E/(D+E)) \ + k_d \ (D/(D+E))$$

WACC = 加重平均資本コスト
r_e = 株主資本リスク・プレミアム(CAPMで算出)
r_d = 税引き後借入資本利子率
E = 株主資本金(現在の株価で計算した時価)。
D = 借入資本金。

ここで、以下の前提条件のもとで先のターゲット企業A社のWACCを算出してみよう。

A社の現在の株主資本時価:	20億ドル
A社の現在の長期借入資本時価:	5億ドル
株主資本コスト(CAPM):	12.5%
借入資本コスト:	8.0%
実効法人税率:	40%
WACC=12.5%×20/25億ドル + (1 - 0.4) ×8.0%×5/25億ドル =10% + 0.96%=10.96%	

上記の通り、A社のWACCは10.96%と算出される。A社の企業価格をDCF方式で算定する時には、A社の将来のキャッシュフローをWACCで得た10.96%を割引率として現在価値に換算することになる。

ただし、実際にDCF方法を用いる場合にWACCを厳密に計算しているかといえば、必ずしもそうではない。リスク・プレミアムの算出根拠となる期間によってWACCの数値は異なってくるので、むしろ買収企業が希望する収益率、あるいは多くの企業が使っている収益率（たとえば15%～20%）を使う場合も多い。

③ DCF方式による価格算定

ここまでで、DCF方式を使って企業価値を算出するのに必要な割引率（WACC）を得ることができたが、次にA社の将来のフリー・キャッシュフロー（FCF）を予測していくことになる。通常は5年あるいは10年間のFCFを予測し、それ以降は最終年（5年あるいは10年）のFCFが永久に一定の率で増加すると仮定してそれ以降のキャッシュフローの総和を求めるか、あるいは、最終年の予測収益額などに類似企業の倍率[47]を掛けることで最終年度の企業価値を算出する方法が採られる。実務的には、類似企業の倍率を利用してターゲット企業の最終年の企業価値を算定することが多い。

なお、FCFは借入れを除外した営業利益ベースの数字なので、DCFによって算出したFCFの現在価値から借入れ金額を差し引いて、最終的な価格を算定することになる。

仮に、A社の今後5年間のフリー・キャッシュフローを下記の通りとして、A社の価格を算定してみよう。

（前提条件
1．借入残高は5億ドルとする。
2．今後5年間のフリー・キャッシュフローの予想は以下の通りとする。
　　　　　1年目：1億ドル
　　　　　2年目：1.2億ドル
　　　　　3年目：1.3億ドル
　　　　　4年目：1.5億ドル
　　　　　5年目：1.6億ドル
3．5年目の企業価値を17億ドルとする。
4．借入れ金額は5億ドルとする

---

[47] 類似企業の倍率を利用する方法は本章8節を参照。

図表5-9の通り、A社の価格をDCF方式で算定すると11億900万ドルとなる。

DCF方式のまとめをかねて、DCF方式による価格算定手順を復習してみよう。
 (i) ターゲット企業の現在のB/S、P/Lを基に、将来の成長性、収益性などを勘案して、将来の予想B/S、P/Lを作成する。期間は5年間または10年間など適切と思われる期間を選択する。なお、予想B/S、P/Lは、通常幾通りかのシナリオ（楽観的、中庸、悲観的など）別に作成する。
 (ii) 予想B/S、P/Lからフリー・キャッシュフロー予想額を算出する。
 (iii) 予想最終年の企業価値は、最終年のキャッシュフローが永遠に続くと仮定して、最終年のフリー・キャッシュフローを割引率でそのまま除して算出する。あるいは最終年の予想収益に類似企業の倍率を掛けて算出する。
 (iv) ターゲット企業の加重平均資本コストを算出する。
 (v) 上記で算出した将来のキャッシュフローと最終年の企業価値を資本コストで割引いて、ターゲット企業の現在価値（present value）を算出する。なお、割引率は複利で計算する。
 (vi) (v)で算出した現在価値から、ターゲット企業の借入額を差し引き、もし、のれん代があれば上乗せするなどの調整を行なう。

図表5-9　DCF方式によるA社算定価格

年度	FCF（百万ドル）	割引率 10.96%	現在価値（百万ドル）
1	100	1.11	90.1
2	120	1.231	97.5
3	130	1.366	95.2
4	150	1.396	107.4
5	150	1.518	98.8
残存価格	1,700	1.518	1,119.9
現在価値合計			1,608.9
借入残高			500
算定価格			1,108.9

第5章 M&A

第8節 買収価格の算定——DCF方式の補完

前節で解説したDCF方式にもいくつかの問題点がある。最も大きな問題点は、将来のキャッシュフローの予想をどれだけ客観的にまた精緻にできるかということである。特に、最終年の企業価値をどのように予測するかによって、かなり異なった結論に導かれる可能性もある。したがって、買収企業の価格算定にあたっては、そのほかの算定方式を利用することによって、DCF方式の補完を行なうことが必要となる。

① 修正純資産方式（adjusted book value method）

修正純資産方式は、バランスシートの資産（asset）、負債（liability）から算出した純資産額を時価に換算して企業価値を算定する方法である。会社の清算の際や、買収企業の資産の中でも不要な資産の価値を算出する際には有効な方法といえる。しかし、買収後も継続して利用する資産や工場などを単に市場価格で時価評価することは、その資産価値の一面しか捉えないという限界がある。買収に伴う相乗効果を考えると、市場価格より価値が高いことも充分あり得るからだ。たとえば、ターゲット企業の工場立地が買い手側の営業所に近い場合、買い手にとっては市場価格以上のメリットがあることになる。

Adjusted Book Value Method

Adjusted book value (or net asset value) method often used when the business is a real estate development company or a holding company or when the business is to be liquidated on a specified valuation date.

The steps are as follows:

1. Begin with most recent balance sheet.
2. Restate current and non-current assets to reflect their fair market value as of the valuation date rather than depreciated historical value. Real estate will ordinarily be revalued upward. Receivables will normally be discounted to allow for bad debts. Inventory will normally be discounted to allow for disposal costs and obsolescence.
3. Liabilities should also be adjusted to reflect fair market value.
4. Values must be determined for goodwill and intangibles to reflect value to

potential purchaser.
(Jan Jorgensen, "Valuation of Firms", May 1998, McGill University Faculty of Management)

訳例

修正純資産方式
修正純資産方式は、不動産開発業者や持ち株会社を評価したり、会社を清算したりする時などに使われる。
ステップは以下の通り：
1．直近のバランス・シートを利用する。
2．流動資産や固定資産を、減価償却調整後の取得原価ではなく、公正な市場価格で再評価する。不動産再評価額は通常上昇する。売掛債権価値は不良債権を考慮して割り引かれる。在庫価値も廃棄コストや陳腐化を考慮して割り引かれる。
3．負債額も公正な市場価格を反映するように調整される。
4．のれん代や無形資産は、購入候補者への販売価格を考慮して決める。

解説

holding company：「持ち株会社」。
liquidate：「会社を清算する」。その他、不動産や在庫の処分、債務の弁済などの意味もある。
fair market value：「公正な市場価格」。つまり、買い手も売り手も納得できる（承諾できる）価格をいう。fairは、公正な、公平な、正当なという意味。market valueは市場価格。market priceも同義。mark to marketは「時価」。
historical value：「取得原価」という意味で、fair market valueと対照的に購入時の取得価格をそのまま簿価とする方法。
goodwill：「のれん代」。
intangible assets：特許権や営業権などの「無形資産」。知的財産（intellectual property）やブランド（brand）は重要な無形資産となっている。

② 買収事例比較方式（acquisition multiple method）

買収事例比較方式は過去の類似した買収事例における買収価格を参考にターゲット企業の価格を算定する方法である。

この算定方法を簡単な具体例で説明しよう（図表5－10）。ターゲット企業をA社とする。A社と、取扱商品、業種、財務内容などがよく似た企業、B社、C社、D社の買収事例を利用して、下記の要領で価格を算定していく。

(a) B、C、D社それぞれの支払利息・税前利益（EBIT－earnings before interest and tax）やEBITのキャッシュフローを抽出する。
(b) B、C、D社それぞれの買収価格を、各社のEBIT、EBITキャッシュフロ

図表5-10　買収事例比較方式の簡単な算出例

＜第1段階＞

ターゲット企業A社に類似した買収事例の選定（借入金25百万ドルあると仮定）

類似買収企業	買収額	EBIT （千ドル）	EBITキャッシュフロー （千ドル）
B社	120,000	20,00	24,800
C社	86,000	10,500	13,000
D社	160,000	25,000	31,400

＜第2段階＞

類似買収事例におけるEBIT及びEBITキャッシュフローに基づく乗数の算定

類似買収企業	EBIT	EBITキャッシュフロー
B社	6.0	4.8
C社	8.2	6.6
D社	6.4	5.1
平均乗数	6.9	5.5

＜第3段階＞

類似買収事例の平均乗数をA社のEBITとEBITキャッシュフローに適用する

類似買収事例の 平均乗数	A社の財務指標 （千ドル）	類似平均乗数	総資本価値 （千ドル）
EBIT	17,000	6.9	117,300
EBITキャッシュフロー	21,000	5.5	115,500
適用後A社平均価値			116,400

＜第4段階＞

第3段階で算出されたA社の総資本価値から借入残高（25百万ドル）を差引いて株主部分の価値を算出する

A社の総資本価値	116,400千ドル
A社の借入残高	25,000千ドル
A社株主部分の価値	91,400千ドル

ーで割ってEBITとEBITキャッシュフローの乗数(multiple)を算出する。
(c) ターゲット企業A社のEBIT、EBITキャッシュフローに、先に算出した類似三社の平均乗数を乗じる。これで、A社の買収価格が類似買収三社と同程度の乗数であるという前提におけるA社の価値が算出される。
　しかし、この買収事例比較方式にも限界があることに留意しなければならない。たとえば、ターゲット企業に類似した事例を限られた件数の中から適切に選定できるのか、また仮に選定できたとしてもその時の市場状況や需給関係が異なっていないか、などの点を充分検分することが必要となる。
　このほか、類似企業をターゲット企業に適用して価値を算定する方法がある。これは、類似した買収事例の代わりに、ターゲット企業に類似した企業の財務指標を利用して、買収事例方式と同様の計算をしていくものである。このように、いくつかの企業価値算定方法があるが、いずれの方法にも問題点や限界がある。完璧な価格算定方法は存在しない。むしろ算定された価格にこだわるのではなく、あくまでも算定価格はM&A全体の中の一部分であるとの認識をもって交渉に臨むことが重要である。M&Aの交渉を成功裏に完了し、当初のM&Aの目的を達成するためには、算定価格だけでなく、M&A後の経営に不可欠な経営陣、従業員、企業文化などあらゆる要素を分析しなければならない。

　Both acquiring and target company can engage in a thorough analysis of each others financial statements and they can employ very sophisticated mathematical formulas to determine the right exchange of values. However, we should consider that present value approaches rely on estimates of future cash flows, which can be substantially off target. This is why a merger is based not only on the determination of company values and what the merger is worth but also, and equally as important, on the way the two managements can work together. After all, good management plays a major role in any merged company's success.

　In many cases, successful mergers include firms that have compatible product lines and problems of a similar nature. Why? Because the management of both acquiring and target company understand, have a good appreciation of, and are responsive to each other's needs.

(A.A.Groppelli and E.Nikbakht, *FINANCE*, Barron's Educational Series, Inc, 1995)

> **訳例**
> 　買収をする方とされる方の両社とも、お互いの財政状態について徹底的な分析を行い、正確な交換価値を決めるために非常に洗練された数学的な手法を使うことができる。しかし、考慮しなければならないことは、現在価値に基づく分析は将来のキャッシュフローに対する推計に基づくものであり、大きく的が外れる可能性がある。合併が単に、会社の価値の評価と合併によってもたらされる価値に基づいて行われるだけではなく、両社の経営者が双方協力し合っていくための方法にも重点を置くのはそのためである。つまるところ、優れた経営はいかなる場合においても合併企業の成功に重要な役割を果たす。
> 　多くの場合、両社が互換性のある生産ラインを持ち、類似の問題を抱えている企業同士の合併の方が成功している。その理由は、両社の経営幹部がお互いが必要としていることを理解し、その価値を認め、かつ対応し合うからである。

第9節　買収の形態

　買収の形態には大きく分けて株式買収と資産買収がある。各々メリットとデメリットがあり、しかも買い手側と売り手側では利害の対立（conflict of interest）があるので、どの買収形態を採用すべきかについては慎重な検討が必要となる。買収形態の詳細については専門書を読んで頂くとして、ここでは主要な留意点だけを解説していく。

① 基本的相違点

　株式買収（stock purchase）は発行済み株式の過半数を取得して経営権を握る方法である。株式買収には「株式譲渡」と「新株引受け」の方法がある。株式譲渡とはすでに発行されている株式を購入するものであるが、経営権を握っている大株主と直接交渉して株を購入する方法や、株主が分散している場合には、「証券市場外で一定の期間に特定の価格で買い取る意向のある旨株主に公開の場で提示する公開買付（TOB=takeover bid）」の方法をいう。「新株引き受け」は、売り手の会社が新株を発行し、それを買い手の会社が引き受けて大株主になる方法をいう。
　一方、資産買収（asset acquisition）は、特定の資産を定めてそれを購入するものをいう。営業譲渡とも呼ばれる。株式買収の場合には、買収金は直接売り手である株主に支払われるが、資産買収の場合には、売り手の株主ではなく売り手の企業に支払われる。したがって、売り手の株主は買収資金を直接受け取

ることができず、配当として受取ることになる（図表5 - 11）。
　営業譲渡によく似た方法として会社分割がある。会社分割制度は2001年4月の改正商法で導入された方法で、分割を行なう会社（分割会社）が営業の全部または一部を切り離して他の会社（承継会社）に移転することによって、1つの会社を複数の会社に分離する方法である。承継会社として会社を新たに設立する新設分割と、既存の会社を使う吸収分割の2方法がある。

② 手続き

　株式買収は株式を購入するので手続きは極めて簡単であるが、資産買収の場合には、特定の資産の譲渡にかかわる契約書、資産の関係者への通知および必要であれば相手方の承認など膨大な時間と作業量を要する。ただし、会社分割を選択すれば、包括的に対象部門を分割できるので手続きは容易である。

③ 法人格とリスクの継承

　株式買収はそのままターゲット企業の法人格を引き継ぐので、すべての資産と負債を引き継ぐことになる。つまり、もし簿外負債があればそれも引き継ぐわけである。一方、資産買収の場合には特定の資産のみ引き継ぐため、簿外負債などをあらかじめ取り除くことが可能となる。ただし、資産買収の場合にはターゲット企業の知名度などを受け継ぐことはできない。

図表5-11　株式買収と資産買収

```
                ┌─ 株式買収         ─┬─ 既存株主から買収    ─┬─ 市場での購入
                │  (stock purchase)   │  (buy issued shares)   │  (buy through
                │                     │                         │   the exchange market)
  買収          │                     │                         │
 (stock         ┤                     │                         ├─ 相対取引
  purchase)     │                     │                         │  (direct deal)
                │                     ├─ 新規株式購入          │
                │                     │  (buy new shares)       ├─ 公開買付け
                │                     │                         │  (TOB)
                └─ 資産買収
                   (asset acquisition)
```

④ 税務上の相違点

　税務上の相違点は極めて重要な検討事項である。税金の取扱いは各国によって異なるので、ターゲット企業の国の税体系を詳細に調査する必要がある。税務上の取扱い次第で、買収価格にも影響がでるので慎重な検討が要求される。たとえば、株式買収の場合、営業権を償却することはできないが、資産買収の場合にはこれを償却できる。逆に、ターゲット企業に累積損失が繰り延べられている場合、株式買収ではこれを利用して節税できるが、資産買収では累積損の利用はできない。

　From the buyer's perspective, a taxable asset purchase is preferable because the buyer has the ability to allocate the purchase price to the assets by writing them up to fair market value and depreciating or amortizing them over time. This enables the buyer to minimize the after-tax cost of the acquisition by improving earnings. In addition, the buyer need not assume the liabilities, which may be significant.

　However, the seller is likely to find an asset sale disadvantageous from a tax viewpoint. If the seller sells stock, only a capital gains tax must be paid; if the seller sells assets, tax is paid at the corporate level on the gain and at the shareholder level after the proceeds are distributed.

　Additional reasons to choose a stock purchase over an asset purchase include the following:

　・Stock sales are faster because it is much easier to exchange stock certificates than to obtain bills of sale and appraisal on assets and complete the transfer of all underlying contracts

　・A buyer can take advantage of favorable attributes of the seller, such as net operating loss carryforwards (NOL).

(CIBC Global Learning Network, *Corporate Mergers & Acquisitions*, The Globecon Group, Ltd.)

訳例

　買い手の立場からは資産買収の方が好ましい。購入した資産を公正な市場価格で再評価して、それを何年かにわたって償却できるからである。これにより、税引後のコストを引き下げ、その結果利益の向上を図ることができる。さらに、買い手は、かなりの額になる可能性のある債務を引き継ぐこともない。

　しかし、売り手から見ると、税金の面で資産売却は不利だと判断するだろう。株式売

却の場合にはキャピタル・ゲイン税だけが課税されるが、資産売却の場合には、売却した会社がキャピタル・ゲイン税を支払ったうえで、さらに利益が株主に還元される際に課税されるからである。

株式売却が資産売却より好まれるその他の要因としては以下の通り。

・株式売却では株券の交換が行なわれるだけであり、手続きを迅速に行なうことができる。しかし、資産売却では、資産の受渡証を取ったり、資産の評価をしたり、資産譲渡に関係する契約書の譲渡を行なうなどの手続きが必要となる。

・株式売却では、売り手側が繰延べしている損金をそのまま引継ぐことによって、買い手にとって税金上のメリットを得ることができる。

解説

write up：「再評価して簿価を上げる」。逆に不良資産などを償却することはwrite offとかwrite downという。

amortize：無形資産の償却の場合に用いる。有形資産の場合にはdepreciate。

capital gain tax：「売却益に対してかかる税金」。金利収入などの所得にかかる税金はincome gain taxという。

stock certificate：「株券」。share certificateも同じ意味。なお、株券のような有価証券を意味するときには、securities、marketable securities、negotiable securitiesなど

図表5-12　株式交換による買収

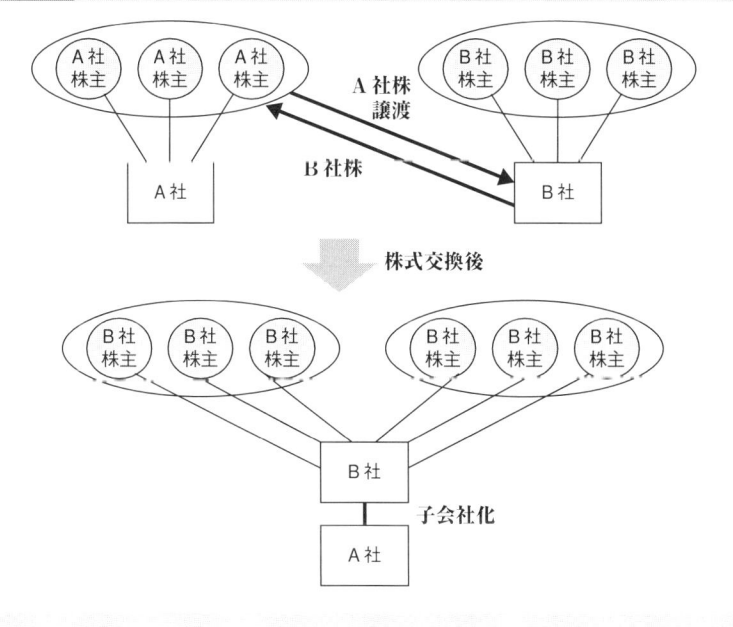

が使われる。
carry forward：「次期以降の決算に繰り延べること」。carry overともいう。

なお、買収形態だけでなく、買収方法にも留意する必要がある。買収の場合には、必ずしも現金で買う（cash purchase）だけでなく、買収する会社の株式と交換する株式交換（stock for stock）も米国などではよく利用される（図表5－12）。わが国でも1999年10月から株式交換による買収が可能となったが、この時点では外国企業の株式は対象となっておらず、あくまで日本企業の株式による株式交換であった。しかし、外国企業の株式を対象とした株式交換が2006年度にも可能となる見込みであり、株価が上昇している有力な外国企業が株式交換方式を活用して大型買収を仕掛けてくることも増加していこう（但し、この場合でも外国企業の日本子会社を介在させる必要がある）。

第10節 基本合意

ターゲット企業との買収交渉では、買収価格、買収形態、買収方法だけでなく、買収までのスケジュール、精査（due diligence）の進め方、買収後の経営陣や従業員の取扱いなど幅広い事項を協議していくことになる。買い手と売り手の間には利害が対立する（conflict of interest）ことが多いので、当事者同士が直接交渉の場に臨まず、両社のアドバイザーが当事者を代表して交渉に臨むのが一般的である。もちろん、アドバイザーは緊密に当事者とコンタクトをとりつつ交渉を重ねていく。この結果、両社で基本的な合意に達すると、LOI（letter of intent＝基本合意書）が締結されることになる。

Sample of LOI Letter

We hereby confirm our interest in purchasing of 100% equity interest of ABC Company (the "ABC") upon the following terms and conditions:

1. Purchase Price. We would be prepared to purchase 100% equity interest of the ABC for an estimated purchase price in cash of $100,000,000.
2. Conditions Precedent. The conditions precedent to completing the purchase of the ABC would be as follows:
    a) approval of the board of directors of DEF Company.
    b) execution and delivery of mutually satisfactory legal documenta-

tion which would include full representations and warranties.

This indication of interest is provided following our review of the information provided by ABC and is subject to the results of any due diligence investigation or other verification procedure conducted by us.

This letter is intended to be and shall be construed only as an indication of interest and is not and shall not be a binding agreement.

訳例

基本合意書事例
　我々は下記の諸条件でＡＢＣ会社（以下ABC）の100％の株式を買収することに関心があることを確認します：
1．買収価格：　我々はＡＢＣの100％株式を算定購入価格100百万ドルにて現金で購入する用意があります。
2．前提条件：　ＡＢＣ株の買収の前提条件は次の通りです：
　a）DEF会社（買収会社）の取締役会の賛成。
　b）双方にとって満足できる、すべての事実の表明と保証を含む法的契約書の締結と手交。
　ＡＢＣによって提供された情報を検討した結果、この意思表示を行ないますが、最終的な買収決定は、私どもが行なう精査やその他の確認作業の結果によります。
　この書簡は私どもが本件に関心ある旨の意思表示をしたのみであって、現在もまた将来においても法的拘束力をもつものではありません。

上記のLOIはかなり簡略なフォームであるが、交渉の進展具合ではさらに詳しく規定する。たとえば、以下の条項などが盛り込まれる。

Timing

AcquireCo is ready, willing and able to move this matter forward in as expeditious manner as possible. In particular, we are willing to direct our efforts to meeting the following time schedule dated from the date of your acceptance of this arrangement：
　・21 days for submission by AcquireCo of a definitive offer to purchase
　・30 days for execution of a definitive agreement of purchase and sale
　・Due Diligence to commence immediately

訳例

タイム・スケジュール
　買収会社は、本件をできるだけ迅速に進めていく用意があるし、進めていきたいし、

第5章 M&A

またそのようにできる。特に、この申し出を承諾されるのであれば、承諾の日から下記タイム・スケジュールにそって進めていくよう注力していきたい。
- 買収に関する最終確定的な買収の申し出を21日以内に行なう
- 最終買収契約書の締結を30日以内に行なう
- 精査を直ちに開始する

Exclusivity

You agree that you will not enter into, nor continue, any negotiations or discussions with any third party in respect of the sale or disposition of the TargetCo in any manner whatsoever, unless AcquireCo has failed to submit to you a definitive offer to purchase TargetCo within 21 days of the execution of this letter, or unless TargetCo has formally rejected AcquireCo's definitive offer to purchase.

訳例

排他性
　買収会社がこの書簡締結後21日以内に最終確定的な買収の申し出を行なわなかったり、または被買収会社が買収会社の最終確定的な提示を正式に拒否しない限り、貴社は、いかなる第三者ともまたいかなる形にせよ、売却または処分に関する交渉や討議を開始したり継続しないことに合意する。

Confidentiality

TargetCo and AcquireCo acknowledge that the Proposed Transaction is confidential in nature and agree not to disclose to any third party the fact that negotiations are taking place regarding the Proposed Transaction or any matter related to the Proposed Transaction.

訳例

守秘義務
　被買収企業、買収企業双方とも、提案されている取引はその性質上秘密のものであることを認識しており、本件の交渉が行なわれていることや本件に関するいかなる事項もいかなる第三者に対して開示しないことに合意する。

　ここで留意すべき点は、LOIは最終合意ではなく、あくまでも基本合意という点である。LOIに基づき精査（due diligence）を行ない、さらに買収後の経営陣や従業員の取扱いなどに関して最終合意に達して、はじめて最終合意書

(Definitive Agreement）が締結される。

しかしながら、LOIを締結することで買収価格のレベルがはっきりすること、買い手と売り手の意思が明確になること、今後のスケジュールに目処がたつことなど、次のステップに行くことが可能となるので、M&A取引では重要なステップである。

なお、LOIの条項のなかには、排他性や秘密情報（confidential information）の取扱いなど法的拘束力を有するものもあるので、その取扱には慎重な注意が求められる。

第11節　精査

LOIが締結されると事前精査（due diligence）を開始する。これは、ターゲット企業をあらゆる面から詳細に調査する作業を意味する。アドバイザー、弁護士、公認会計士など買収企業のM&Aチームが総力を挙げて取り組む重要な作業である。この時留意すべきことは、事前精査を行なう過程でM&Aの情報が、ターゲット企業の従業員を含め部外者に漏れることがないように細心の注意を払うことである。買い手、売り手を実名で呼ばず、コード・ネーム（code name）で呼ぶのも情報洩れを防ぐ目的からである。

主な事前精査の調査項目を以下に挙げる。

（事業面）
　主としてターゲット企業の顧客リスト、仕入先リスト、販売力や顧客の分散・集中度、製造能力や製造設備の老朽度、など

（法務面）
　法務全般の調査で、現存する契約書のチェック、訴訟や係争の有無や現況、製造物責任問題、環境問題の有無、など

（財務面）
　財務諸表の信憑性、売掛金、在庫、買掛金、借入金などの資産・負債項目のチェック、偶発債務（contingent liability）や簿外債務（off balance liability）の有無、税金関係、年金など従業員福利厚生関係の債務、など

（人事面）
　経営陣の履歴や報酬内容、従業員組合の有無と性格、転職率など

主要な事前精査項目

1. Financial Information
☐Annual and quarterly financial information for the past 3 years
☐Financial projection for the next 3 years.
☐Capital structure (shares outstanding, potentially dilutive securities)

2. Products
☐Description of each product (major customers, growth rates, market share)

3. Customer Information
☐List of top 15 customers for the past 2 fiscal years
☐Description of any significant relationships severed within the last 2 years

4. Marketing, Sales, and Distribution
☐Strategy and implementation (domestic and international distribution channels, positioning of the products, marketing opportunities/risks)
☐Major customes

5. Management and personnel
☐Summary of biographies of senior management
☐Compensation arrangement including incentive stock plans
☐Significant employee relationship problems, past or present
☐Personnel turnover (data for the last 2 years)

6. Legal and Other Matters
☐Pending lawsuits against the Company
☐Pending lawsuits initiated by the Company
☐Description of environmental and employee safety issues and liabilities
☐Summary of insurance coverage/any material exposures

1．財務情報
☐年次四半期財務情報（過去3年間）
☐今後3年間の財務予想
☐資本金勘定（発行済み株数、希薄化の可能性のある証券）

2．商品
☐各商品明細（主要顧客別、成長率、マーケット・シェア）

3．顧客情報
☐過去2年会計年度の上位15顧客リスト
☐過去2年間で消滅した主要な取引関係

4．マーケティングと販売
☐戦略と実施状況（国内・海外の販売網、マーケティングチャンスとリスク）
☐主要顧客

5．経営陣と人事
☐経営幹部の経歴
☐インセンティブ・ストックオプションを含む報酬制度
☐従業員との関係における主たる問題点（現在及び過去）
☐過去2年間における離職率

6．法的事項ほか
☐会社に対する進行中の訴訟案件
☐会社が行っている進行中の訴訟案件
☐環境や従業員安全に関する問題点と債務について記述
☐不保範囲や主たる与信内容

出所：http://www.southappfund.com/downloads/diligence.pdf より一部抜粋

事前精査の結果が満足のいくものであれば、そのままLOIに沿って最終合意書の締結へと進むが、事前精査でいくつかの重大な問題点が発見されることもある。たとえば係争中の案件でもし敗訴すれば膨大な賠償金を支払わなければならないとか、設備がかなり老朽化しており緊急に新たな投資が必要だなどといったことである。問題点が発見された場合、買い手はどんな手段を講じるべきか。一般的には、下記の方法を売り手と交渉することになる。
　(i) 設備の老朽化など問題点が金銭で解決できるようであれば、当初合意した買収価格から必要相当額を差引く。
　(ii) 訴訟問題など偶発債務額がかなりの額に達する可能性がある場合には、偶発債務を引き継がない形、たとえば営業譲渡（asset acquisition）などの形態とする。あるいは、予想される偶発債務相当額をエスクロウ勘定（escrow account）に別途留保しておくなどの措置をとる。最終合意書の中で、将来偶発債務が顕在化した際には売り手が債務の負担をする旨規定する方法もあるが、この方法の場合相手の信用リスクに懸念がないことが前提となり、あまり薦められる解決策ではない。
　(iii) 上記の方法がうまくいかない場合には、最終的に買収を断念する。

第12節　最終合意書とクロージング

　精査（due diligence）の結果を踏まえた最終交渉が合意に達すると、最後の段階である最終合意書（definitive agreement）の調印、そしてクロージング（closing）へと進んでいく。最終合意書には、先に調印したLOIの内容とその後の精査の結果を踏まえて、買い手・売り手双方が最終的に合意した事項が規定される。最終合意書が調印されてもまだ買収が終了したわけではない。クロージングの日に買い手から売り手に買収代金が手渡されてはじめて買収が完了するのである。
　最終合意書の内容を全部説明するとそれだけで一冊の本ができるので、ここではいくつかの重要な項目のみ取り上げてみたい。

① 表明と保証（representation and warranties）

　この条項はあらゆる種類の契約書に含まれている極めて重要な条項であり、契約時点での諸事実を表明（representation）して、その諸事実が正しいことを

保証 (warranties) するものである。たとえば、売却企業によって、売却企業が合法的に設立されていること、契約時点で売却企業がデフォルトに陥っていないことなどの事実表明がなされる。特にM&A取引では、係争案件など偶発債務に関する事実表明とその保証をこの条項に明確に規定することが必要である。

② 誓約(covenant)

表明と保証 (representation and warranties) が契約時点の事実表明とその保証の規定であるのに対し、誓約 (covenant) 条項は、将来のことについての約束事項を規定する。たとえばM&Aの場合、最終合意書調印日からクロージングまでには1〜2週間の時間的間隔がある。この間にターゲット企業の価値が下落しないように、この条項でいくつかの誓約文言を売り手に求める。たとえば、最終合意書調印後も通常の営業を行なう、最終合意書の規定を遵守する、通常の事業に必要な借入以外は行なわない、などである。

Until the Closing Date, TargetCo shall carry on its business in the ordinary course of business and shall not sell, transfer, lease, mortgage, nor dispose of any of its business and/or assets in excess of $ xx without prior written consent of AcquireCo.　No material commitments, binding offers or borrowings in excess of $ xx shall be made by TargetCo without prior written consent of AcquireCo.

訳例

　被買収会社は、クロージング日まで通常通り事業を継続するが、買収会社の事前の書面による承諾がない限り、xxドルを超える事業や資産を売却したり、譲渡したり、担保に提供したり、処分してはならない。また被買収会社は、買収会社の事前の書面による承諾がない限り、xxドルを超えるような重要な契約、法律上義務のあるオファー、借入を行なってはならない。

③ 競争避止条項(non-compete clause)

買収契約締結後ある一定の期間、売り手側の経営陣が新たに買い手と競合する事業を起こすことを禁止する規定である。売り手側の経営陣が買収後退陣する場合などに特に重要となる条項といえる。

TargetCo shall not, either directly or indirectly, engage in nor have its officers, representatives, employees, and/or agents engage in any business which TargetCo is now carrying on and would compete, either directly or indirectly, with the business as herein transfered to AcquireCo by TargetCo for a for a period of xx years from the Closing Date.

訳例

　このクロージング日よりxx年間は、被買収会社およびその幹部職員、代表者、従業員、代理人のいずれも、間接的であれ直接的であれ、被買収会社が現在従事している事業や、今回買収会社に譲渡される事業と競合するような事業に従事しない。

④ クロージングの前提条件（condition precedent）

　クロージングは買収代金の支払いがなされる、いわば買収案件の最終段階である。最終合意書を調印しても、クロージングの前提条件が満たされなければ、買い手はクロージングを行なわず買収を中止できる。この前提条件の中には、買収に関する当局の許可など法的な手続きがすべて完了していること、最終合意書で規定された誓約内容が遵守されていることなどが含まれる。

⑤ 買収価格の修正（adjustment of purchase price）

　企業は生き物（going concern）であるので、最終合意書が調印された後もターゲット企業の営業は続けられる。したがって、最終合意書調印時の純資産とクロージング時の純資産は当然のことながら異なってくる。これをクロージング時に最終的に調整することを規定したのがこの条項である。

　クロージング日には、必要な法的手続きがすべて完了していることや、売り手が誓約事項を遵守していることなど必要事項の最終確認を行ない、上記の最終合意書にそって最終的な価格調整を行なった上で、買収代金の支払いが実行される。これで買収手続きがすべて終了したことになる。

第13節 敵対的買収

　以上述べたM&Aの手続きは、買い手と売り手が互いに友好的な姿勢で交渉をすることを前提としている。M&Aの中には、ターゲット企業の取締役や経営陣が申し込まれた買収提案を不服として拒絶する場合がある。それでも買い手企業が買収をあきらめない場合には、直接ターゲット企業の株主に買収を提案する手段に出ることがある。ターゲット企業の取締役や経営陣の反対にもかかわらず、買収を仕掛けることを敵対的買収（hostile takeover またはunfriendly takeover）と呼んでいる。

　上場企業の場合、好まざる相手から敵対的買収という挑戦を受ける可能性は否定できない。敵対的買収が日常茶飯事である米国市場では、上場企業の経営陣は敵対的買収に対抗するためにさまざまな手段を講じている。

　Generally, when a target company is faced with an unfriendly takeover attempt by an acquiring company, it employs several defensive tactics, which might include;
- poison pill
- golden parachute
- white knight
- legal action

　In a number of cases, a target company agrees to pay large compensation packages to senior managers in case of a merger that would result in the loss of jobs by these managers. These so-called golden parachutes were getting out of hand and, consequently, legislation was passed to restrict payments to no more than three times the annual compensation of the executives.

　A Target company may also try to avoid a takeover by resorting to the courts, claiming violation of anti-trust security laws. Another defense is called a poison pill. This action is designed to make the buyout less attractive.

　It includes selling a highly profitable division and giving the proceeds to stockholders, and paying the stockholders a large cash dividend, thereby reducing the liquidity of the target firm.

第13節　敵対的買収

To thwart an unfriendly takeover, the target company may seek a white knight/ this means finding another more friendly company that would be willing to merge with the target company.

(A.A.Groppelli and E.Nikbakht, *FINANCE*, Barron's Educational Series, Inc, 1995)

訳例

　ターゲット企業が買収企業から敵対的買収を受ける時、一般的に下記のような防御戦術を採る。
　　－ポイズンピル
　　－ゴールデン・パラシュート
　　－白馬の騎士
　　－法的手段
　多くの場合、ターゲット企業は、買収された結果、上級幹部社員が職を失うような場合には多額の退職報酬金を支払う旨規定している。これがいわゆるゴールデン・パラシュートであるが、その金額が手のつけられないほど大きく膨らんできたため、その金額を年間報酬の3倍までとする法律が制定された。
　ターゲット企業は、独占禁止証券法違反として訴訟に持ち込むことで、買収を回避することができるかもしれない。別の防御戦術としてポイズンピル（毒薬条項）と呼ばれるものがある。この戦術はターゲット企業の魅力を低下させるように意図されたものである。たとえば、（買収の前に）極めて収益性の高い部門を売却して、その売却代金を株主に多額の現金配当として支払う。こうすることによってターゲット企業の流通価値が低下することになる。
　敵対的買収の防御戦術として、ターゲット企業が白馬の騎士を求めることもある。つまり、友好的な方法でターゲット企業を買収したいと考える別の企業（白馬の騎士）を見つけることである。

解説

white knight：敵対的買収に対抗して、ターゲット企業の経営陣が望む友好的買収を行なう会社。悪人に襲われたお姫様を救う白馬の騎士から転じた。M&Aの世界では、御伽噺などから引用した言葉が多い。たとえば、sleeping beautyは、「魅力的な企業ではあるが、まだどこからも買収を仕掛けられていないターゲット企業」を意味する。
compensation package：「報酬スキーム」。
executives：「上級の管理職」。executive vice presidentは日本の常務や専務に相当する場合が多い。executive assistantは上級幹部者の秘書を意味する。
anti-trust security laws：「反トラスト法」、「独占禁止法」。

　日本市場でも敵対的買収が増加する傾向にある。特に日本では、高い自己資本比率を誇ってはいるがROE（株主資本利益率）が低い企業や、時価（市場株

第5章　M&A

価×発行総株数)(market capitalization)がバランスシート上の株主資本(equity capital)を下回る(つまり純資産倍率が1を下回る)企業が多く、ROEを重視する外資系企業や、買収後高く切り売りすることで高い投資収益を狙う投資ファンドなどにとっては、格好の買収ターゲットに映ってしまう。たとえば、2003年12月に、米国の投資ファンドであるスティール・パートナーズ(Steel Partners)がソトー(毛織物染色業者)に対して公開買い付け(TOB=tender offer)による敵対的買収を仕掛けるという出来事があった。ソトーは対抗策として大和証券のベンチャー・ファンドであるNIFベンチャーズの協力を受け、マネジメント・バイアウト(MBO)を仕掛け、互いに買収価格を吊り上げるという買収合戦を繰り広げた。

　最終的には、ソトーが大幅な増配をすることで決着が付いたが、従来の日本では考えられなかったような敵対的買収劇であった。スティール・パートナーズにとっては、敵対的買収そのものは成功しなかったが、ソトーから大幅増配を勝ち得たわけで、その意味では損のない敵対的買収攻勢であったといえよう。外資系ファンドや企業が、純資産倍率の低い企業や過度な余剰資本を持っている企業をターゲットにした敵対的買収を仕掛けていくケースはこれからも頻発するのではないだろうか。

　Japan has few defences against hostile takeovers, largely because it doesn't need them. Hostile takeovers there are a rarity. But maybe not for long. Companies that have break-up values in excess of their market capitalisation (and there are many in Japan) are increasingly becoming the targets of hostile bids. Last December, Steel Partners, an American-based investment fund, launched a hostile bid for Sotoh, a textile-dyer. In its defence, Sotoh turned to NIF Ventures, an arm of Daiwa Securities, the country's second-largest stockbroker. NIF charged in as a white knight and backed a rival management buy-out. After a rare one-and-a-half-month-long bidding war, on February 16th Sotoh withdrew its support for the deal. Instead, it announced that it would raise its dividend 15-fold for the current year, a strategy that appears to have been successful. The next day its share price surged to almost 20% more than Steel Partners' offer. (The Economist, WHEN BATTLES COMMENCE, Feb 19th 2004 http://www.law.harvard.edu/faculty/bebchuk/the-economist-2-19.htm)

> **訳例**

　日本では敵対的買収に対する防御策が必要でなかったこともあり、防御策をほとんど持っていない。日本で敵対的買収が起こること自体がまれである。ただ、その状況も長くは続かないかもしれない。清算価値が時価を上回る企業（日本にはこのような企業が多いが）はますます敵対的買収のターゲットになっていくであろう。昨年の12月、米国の投資ファンドであるスティール・パートナーズは毛織物染色業者であるソトーに対して敵対的買収を仕掛けた。ソトーは対抗策として、第2位の大手証券会社である大和証券系のNIFベンチャーに救いを求めた。NIFベンチャーは白馬の騎士として参入し、ソトーの経営陣が敵対的買収の対抗策として行うマネジメント・バイアウトを支援した。日本ではめったにないような1ヵ月半にわたる買収合戦の後に、ソトーは2月16日、マネジメント・バイアウトを推進することを撤回した。その代わり、ソトーは当年度の配当を15倍にする旨発表した。その戦略は成功したようで、翌日のソトーの株価はスティール・パートナーズの提示価格を20％も上回るほど急上昇した。

> **解説**

- **break-up values**：ここでは会社の「清算価値」の意味。liquidation valueやrealized valueも同じ意味。
- **market capitalisation**：市場の株価×発行総株数で算出される「時価」。米国では資産規模より時価を重要視する。market cap.と略して言うことが多い。
- **hostile bid**：bidは「買いの申し入れ」。売りの申し入れはoffer。したがって、ここでは「敵対的買収の申し入れ」となる。
- **management buyout**：経営者が過半数の株式の買収する形のM&A。詳しくは本章14節を参照されたい。

第14節　プライベート・エクイティ

　一般的にM&Aというと企業間の合併（merger）や買収（acquisition）を意味するが、企業ではなく年金基金（pension fund）などの機関投資家から資金を集めたファンドがM&Aの買い手あるいは売り手となる場合もある。このようなファンドはプライベート・エクイティ・ファンドと呼ばれる。字義的には未公開企業株（private equity）に投資をするファンドであるが、株式市場に株式を公開している企業（public company）にも投資する。

　第1章3節「台頭するファンド・ビジネス」で述べたように、プライベート・エクイティには、成長が見込める新興企業（startup and emerging growth companies）に投資するベンチャー・キャピタル（venture capital）と、その他の未公開企業（private company）に投資するバイアウト（buyout）がある（バイアウ

トには、経営が破綻あるいは破綻に近い企業への投資である企業再生(turnaround、business renewal)も含まれる。なかでも、取引金額が大きいバイアウトはM&Aビジネスにおいて重要な役割を果たしている。このことは、バイアウト・ファンドを運用する投資会社(investment company)による日本企業のM&Aが急増していることでも明らかである(図表5-13)。本節では、プライベート・エクイティのなかでも、バイアウトファンドに焦点を当てて解説していく。

① 活発化するプライベート・エクイティ活動

米国でベンチャー・キャピタルが始めて登場したのは、1946年に設立されたAmerican Research & Development Corporation[48]と古いが、バイアウトを目的としたプライベート・エクイティが急速に拡大したのは1980年以降といわれている。この背景としては、①1979年のエリサ法(Employee Retirement Income Security Act)の投資規定の解釈変更によって年金がプライベート・エクイティ・ファンドに投資することが可能になったことや、②1980年の中小企業投資促進法(Small Business Investment Incentive Act)の導入によってリミテッド・パートナーシップ(limited partnership)[49]においては柔軟な収益配分が可能になったこと、が挙げられる。

たとえば、*Investment Dealers Digest*によると、過去1年間(2003年第4四半

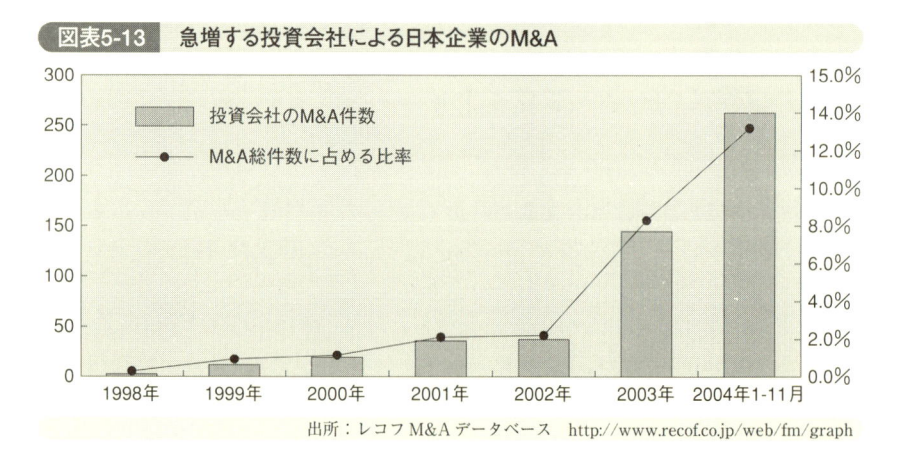

図表5-13　急増する投資会社による日本企業のM&A

出所:レコフM&Aデータベース　http://www.recof.co.jp/web/fm/graph

---

[48] Hsu & Kenney (2004) "Organizing Venture Capital: The Rise and Demise of American Research & Development Corporation, 1946-1973" (http://www-management.wharton.upenn.edu/hsu/files/ARD, %2012-1-04.pdf)に詳しい。

期~2004年第3四半期)だけを見ても、米国で348件総計752億ドルにのぼるファンドが組成されているが、内訳を見ると、ベンチャー・キャピタル・ファンドが200件174億ドルに対して、バイアウト・ファンド(メザニンファンド[50]も含む)が148件578億ドルとバイアウト・ファンドの方が圧倒的に多い。1ファンド当りの規模(過去1年間)についても、ベンチャー・キャピタルが87百万ドルと比較的小さいのに対し、バイアウト・ファンドの規模は375百万ドルとなっている(図表5-14)。

わが国でも1996年に発表された日本版ビッグバンによる規制緩和(deregulation)、時価会計原則(current value accounting)や連結財務(consolidated financial accounting)主義の導入などの会計原則の変更、持ち株会社(holding company)の解禁、株式交換制度(stock for stock)や分社化(spin off)の導入などの商法改正を背景に、従来の日本型システムが大きく転換する様相をみせ、それに伴い銀行の不良債権(non-performing loan)を対象とする不良債権買取ファンドや、破綻企業などの再生を目的とするバイアウト・ファンド(再生ファンド)が急速に増加した。

不良債権処理では、従来の直接償却や引当金の積み増しという間接償却に加え、不良債権や担保不動産を第三者に一括売却(バルクセール)する手法が1997年~1998年にかけて活発になったが、このバルクセールの買い手が、米国でバルクセールに実績を有していた外資系投資銀行や新たに進出した外資系投資ファンドであった。日本貿易振興会のレポート[51]によると、1997年~1998

図表5-14　ベンチャー・キャピタルとバイアウト・ファンド

Quarter Date	Venture Capital Funds			Buyout/Mezzanine Funds		
	# of Funds	Amt ($mil)	Avg./Fund	# of Funds	Amt ($mil)	Avg./Fund
2Q-03	40	2,700.30	67.5	38	5,718.60	150.5
3Q-03	31	1,990.20	64.2	33	6,845.40	207.4
4Q-03	54	5,571.20	103.2	37	20,176.60	545.3
1Q-04	46	2,850.20	62	29	3,389.30	116.9
2Q-04	52	3,382.90	65.1	40	19,303.90	482.6
3Q-04	48	5,574.70	116.1	42	14,945.20	355.8

出所:Investment Dealers Digest 2005.1.3

49　リミテッド・パートナーシップについては、本節③を参照のこと。
50　メザニンファンド(mezzanine fund)とは、転換社債(convertible bond)や劣後融資(junior debt)などシニア・デッド(senior debt)より劣後するが、株式より優先する資金供与を目的とするファンドをいう。

年にかけて簿価ベースで約20兆円の債権が3兆円で売却されたと推定されている。これらのファンドは、比較的短時間で回収して高いリターンをあげることを目的としていたので、ハゲタカ・ファンド（vulture fund）的性格を持っていた。

不良債権処理に伴うバルクセールはその後沈静化していくことになるが、1999年12月に発表された米国のリップルウッド・ホールディングス（Ripplewood Holdings）による日本長期信用銀行（現新生銀行）の買収を契機として、日本市場をビジネスチャンスとみた外資系プライベート・エクイティ会社（private equity firm）が、外国の機関投資家の資金で組成した大型ファンドを武器に、破綻企業や業績低迷企業をターゲットとして日本市場に続々と参入してきた。不良債権で体力の弱った日本の銀行が、従来のようにメインバンクとして顧客企業の再建を牽引していくことが困難となった以上、企業再生ビジネスに経験と知識のある外資系ファンドが再生ビジネスの主導権を握ったのもある意味では当然の結果といえよう。

その後、外資系のバイアウト・ファンドの積極的なビジネス展開に刺激を受

図表5-15　主なファンドと投資先

	ファンド運用会社	ファンド設立	主な投資先	投資枠総額
国内独立系	アドバンテッジパートナーズ	1997	富士機工電子、アイクレオ、弥生	675億円
	MKSパートナーズ／MKSコンサルティング	1998	福助、ザイマックス、ベネックス	210/530億円
	ユニゾン・キャピタル	1999	東ハト、マインマート、オリエント信販	880億円
	フェニックス・キャピタル	2002	三菱自動車、市田、さくらや、	約1700億円
国内金融系	日本エンデバーファンド（三井住友グループが関与）	2003	滝沢鉄工所	約1兆円
	シナジー・キャピタル（UFJグループが関与）	2003	ゴーセン、コージツ、タイホー工業、国際自動車、モリガング	150億円
	ベーシック・キャピタル・マネジメント（みずほグループが関与）	2003	ナスステンレス	500億円
外資系	リップルウッド・ホールディングス	1999	新生銀行、フェニックスリゾート、コロンビアミュージックエンタティンメント、日本テレコム	約2500億円
	カーライル・グループ	2003	DDIポケット、キトー、アサヒセキュリティ、コーリンメディカルテクノロジー	500億円
	サーベラス		あおぞら銀行	

出所：「乱立する企業再生ファンド」日経ビジネス　2004年11月29日号を基に作成

---

[51] 出所：日本貿易振興会経済情報部「日本における外資系投資ファンドの動向」2002年6月

け、独立系、銀行系、証券会社系の日本版プライベート・エクイティ会社が相次いで設立されることとなった(図表5－15)。さらに、2003年4月には政府系再生ファンドの運用会社である産業再生機構も設立され、まさに再生ファンドブームといった様相を呈するようになっている。

日本経済新聞の報道（2004年9月5日付）によると、企業に再生を支援する投資ファンドによる国内企業への投資額は2004年8月時点で累計1兆1,794億円に上っている[52]。これは前年調査の5.1倍にあたるという。

投資銀行もプライベート・エクイティ活動を積極的に推進している。投資銀行のプライベート・エクイティ活動には2つの方法がある。1つは、投資銀行自身がプライベート・エクイティ専門の子会社を設立して、その子会社の自己資金で行うケースである。この自己資金によるプライベート・エクイティ活動をプリンシパル・インベストメント（principal investment）と呼んでいる。もう1つが、投資家から資金を集めてファンドを組成し、投資銀行の子会社がジェネラル・パートナーとしてファンドの運用をするケースである。この2つの活動を総称して、マーチャント・バンキングと呼ぶ投資銀行が多い。例えば、ゴールドマン・サックス（Goldman Sachs）のWebサイトからMerchant Bankingのページを見ると、以下のような文章がある。

Merchant Banking

Using the same investment techniques that help our clients succeed, Goldman Sachs' Merchant Banking Division invests the firm's own capital, as well as capital raised from outside investors, in corporate and real estate assets worldwide.

(http://www.gs.com/client_services/merchant_banking/index.html)

訳例

マーチャント・バンキング

ゴールドマンサックスのマーチャント・バンキング部は、当社が顧客を支援する際に用いているものと同じ専門的な投資手法を活用して、外部投資家から集めた資本だけでなく自社の資本も世界中の企業及び不動産に投資している。

---

[52] 日本経済新聞が行った調査で、企業再生・成長を支援する投資事業を手掛けている66社を対象としたもの。回答をした会社は66社のうち43社であるので、実際の投資総額は1兆5000億円を超えるとみられる（同記事）。

② プライベート・エクイティの投資方針

プライベート・エクイティとは、文字通り未公開会社 (private company) に投資をして会社価値を高めた上で、一定期間 (一般的には5年〜7年) 後に、IPO (株式新規公開=initial public offering) あるいは第三者にM&Aを通じて売却することで高いキャピタルゲイン (capital gain) を目指すことをいう[53]。

> **Private Equity**：Private equity provides capital to enterprises not quoted on a stock market. Private equity can be used to develop new products and technologies, to expand working capital, to make acquisitions, or to strengthen a company's balance sheet. It can also resolve ownership and management issues. A succession in family-owned companies, or the buyout and buy-in of a business by experienced managers, may be achieved using private equity funding.
> (http://www.calpers.ca.gov/index.jsp?bc=/investments/assets/equities/aim/pe-glossary.xml#P)

訳例

> プライベート・エクイティ：プライベート・エクイティは証券市場で株式が公開されていない会社に出資する。プライベート・エクイティは新製品や新技術の開発、運転資本の拡充、企業の買収、あるいは財務体質の強化に用いられる。また、会社の所有と経営の問題の解決にも用いられる。ファミリー企業の後継者の問題や経験豊かなマネジャーによる事業部門の買収も、プライベート・エクイティの資金を活用することで解決できる。

解説

- ***not quoted on a stock market***：直訳すれば「株式市場で株価 (売り値や買い値) が提示されていない」となるが、株が公開されていない、つまり未上場会社を指す。
- ***working capital***：「運転資本」で流動資産 (current asset) と流動負債 (current liability) の差が運転資本となる。
- ***ownership and management issues***：「所有と経営の問題」。未上場企業の場合には、会社の所有 (ownership) と経営 (management) が一致する場合が多いが、不特定多数の株主 (shareholder) が所有する株式公開企業の場合には、所有と経営の分離が必然的に起こってくる。

プライベート・エクイティは将来高いリターンを期待できる半面リスクも高

---

[53] プライベート・エクイティは非上場会社だけでなく、時には上場会社 (public company) に投資をすることもある。これをprivate investment in public equities (PIPEs) という。

いので、プライベート・エクイティ会社は投資先（ターゲット企業）の選定に当たっては、ターゲット企業を取り巻く経営環境、ビジネスモデル、経営陣、成長性などを慎重に審査する。

それでは、プライベート・エクイティ会社の投資方針はどのようなものなのだろうか。独立法人経済産業研究所のWebサイトに、（株）リップルウッド・ジャパンの代表取締役である野宮博氏による「日本企業の事業再編とプライベート・エクイティ・ファンドの活用」と題するスピーチが掲載されている。その中で同氏は、ファンドの対象業界・事業の例として以下のように述べておられる。

　対象業界、事業の例としては、(1) 国内外での戦略的事業統合 (M&A) により成長が可能な事業、(2) 業界として変革期にあり、構造変化が起きているなどの新たな経営資源が必要な分野、(3) 更なる需要が見込める潜在市場 (系列外での顧客・海外市場の開拓等) が存在する事業分野、(4) グローバリゼーションに直面していて世界規模での生産・調達・マーケティングが必要な事業、(5) 圧倒的な競合相手が存在せず、業界再編が見込まれる分野、(6) ビジネスモデルの再構築により発展が期待できる事業などです。(http://www.rieti.go.jp/jp/events/bbl/02110601.html)

グローバルにプライベート・エクイティ活動を行っている大手プライベート・エクイティ会社であるカーライル・グループ (Carlyle Group) は、そのWebサイトで以下のように投資対象について述べている。

　The Carlyle Group is one of the world's largest private equity firms, with more than $18.4 billion under management. With 22 funds across four investment disciplines (management-led buyouts, real estate, leveraged finance, and venture capital), Carlyle combines global vision with local insight, relying on a top-flight team of nearly 300 investment professionals operating out of offices in 14 countries to uncover superior opportunities in North America, Europe, and Asia.

　While open to opportunities wherever they can be found, Carlyle focuses on sectors in which it has demonstrated expertise: aerospace & defense, automotive & transportation, consumer, energy & power, healthcare, industrial, real estate, technology & business services, and telecommunications &

第5章　M&A

media.
(http://www.thecarlylegroup.com/eng/company/l3-company732.html)

訳例

　カーライル・グループは世界最大のプライベート・エクイティ投資会社の1つであり、184億ドル以上の資本を運用している。カーライルは4つの投資領域（MBO、不動産、レバレッジド・ファイナンス、ベンチャーキャピタル）にまたがって22のファンドを所有し、北米、ヨーロッパ、アジアにおける優れた投資機会を探るべく、世界14カ国で活動するほぼ300人の第一級の投資のプロを活用することで、グローバルなビジョンとローカル（地域）に関する高度な知識力を統合している。
　カーライルは世界中のどこであれ投資機会を狙っているが、同時に自社の専門性を発揮しうる分野に注力している。具体的には、宇宙及び防衛分野、自動車及び運輸分野、消費財、エネルギー及び電力、ヘルスケア、工業、不動産、技術サービス、通信及びメディアである。

解説

- ***under management***：「運用している」という意味。顧客の資産を運用する資産運用会社ではassets under management「運用資産」などと使う。
- ***leveraged finance***：leverage（てこ）を利用して力を倍加させる、つまり投資金額を大きくする目的で貸出を供与すること。借入金を利用して企業買収をすることをleveraged buyoutという。
- ***venture capital***：そのまま「ベンチャー・キャピタル」と訳される。プライベート・エクイティと似ているが、厳密にいうと、プライベート・エクイティが将来高い収益を見込める「既存の企業や事業部門」をターゲットとするのに対し、ベンチャー・キャピタルは成長性の高い「新興企業」（start-up company, emerging company）をターゲットとしている。

　実際、カーライル・グループは2004年6月に京セラと共同でDDIポケットのPHS事業部門を買収しているが、カーライルが買収を決めた要因として、カーライル・グループの日本代表である安達氏は以下のように述べている。

　元々カーライルの投資のうち30％程度が通信分野になっており、得意とする事業分野の1つ。世界有数の市場である日本ではPHSの成長余力に注目してきた。DDIポケットはモバイル通信におけるトップ企業であり、業績は順調に推移している。中長期的な競争力は高く、市場の拡大も見込める。従って、DDIポケットの成長力は極めて高いとカーライルと京セラは判断、今回の合意締結に至った。

(http://k-tai.impress.co.jp/cda/article/news_toppage/19361.html)

③ リミテッド・パートナーシップとフィー体系

プライベート・エクイティ会社が、機関投資家などの資金でプライベート・エクイティ・ファンドを組成する場合、米国ではリミテッド・パートナーシップ (limited partnership) の形態を採ることが多い。

リミテッド・パートナーシップは、無限責任を負うジェネラル・パートナー (general partner)（以下GP）と、出資金を限度とする有限責任しか負わないリミテッド・パートナー (limited partner)（以下LP）で構成される。通常、ファンドを運用するプライベート・エクイティ会社がGPとして運用責任を無制限に負うが、自らの出資額は1％程度と小さい。一方、ファンドに出資するLPは有限責任しか負わないというメリットのほかに、ファンドの収益がファンドの段階で課税されることなくLPに移転するという二重課税を回避するメリットも享受できる。また、GPにとっても、前述したように1980年の中小企業投資促進法によって、リミテッド・パートナーシップの形態を採ることで柔軟な報酬（フィー）体系が可能になるというメリットもある。

日本でも2004年4月に「投資事業有限責任組合契約に関する法律（ファンド法）」が施行されたことで、米国のリミテッド・パートナーシップに近い形態が可能となったので、プライベート・エクイティ活動を促進する法整備が整ってきたといえよう。

Limited partnership - The standard vehicle for investment in private equity funds. A limited partnership has a fixed life, usually of ten years. The partnership's general partner makes investments, monitors them and finally exits them for a return on behalf the investors - limited partners. The GP usually invests the partnership's funds within three to five years and, for the fund's remaining life, the GP attempts to achieve the highest possible return for each of the investments by exiting. Occasionally, the limited partnership will have investments that run beyond the fund's life. In this case, partnerships can be extended to ensure that all investments are realised. When all investments are fully divested, a limited partnership can be terminated or 'wound up'.

(http://www.altassets.com/hm_glossary.php#portfolio)

訳例

リミテッド・パートナーシップ：プライベート・エクイティ・ファンドの一般的な投資形態。リミテッド・パートナーシップが存続する期間は通常10年である。リミテッド・パートナーシップのジェネラル・パートナー（GP）は、投資決定をし、投資案件をモニターし、最終的に投資家（リミテッド・パートナー）への投資収益の配分を目的として投資を回収（exit）する。GPは、一般的にパートナシップのファンドを3〜5年間の内に投資をし、残りの期間で各々の投資案件を回収して最大の投資収益を達成すべく努力する。投資案件の回収がファンドの期間を超える場合も時に発生することがあるが、この場合には、すべての投資案件の回収を確実にするために期間が延長される。すべての投資案件が売却されると、そのリミテッド・パートナーシップは清算される（terminatedあるいはwound-up）ことになる。

解説

exit：exitは「出口」を意味するが、プライベート・エクイティの場合も投資した株式を売却することでその投資から「出る」ことから投資資金の回収をexitという。

divested：「売却」だけでなく「会社の分社や分割」の場合も使う。divestitureはM&Aでよく使われる単語である。

ファンドの運用会社であるジェネラル・パートナー（GP）に対しては、通常ファンド額の2％〜3％がマネジメントフィーとして支払われるが、そのほかファンドの運用成果に対しても一定の成功報酬（success fee）が支払われる。一般的には運用成果が一定のレベル（これをhurdle rateという）を超えると、20％前後の成功報酬が運用会社に支払われる（図表5－16）。このように、ファンドを運用するGPは、運用成績が当初リミテッド・パートナー（LP）に約

図表5-16　リミテッド・パートナーシップのフィー体系

投資収益		内訳
	LP	LP出資元本相当額
	LP	Preferred return（当初約束したリターン）
	LP / GP	Catch-up（GPが80％受け取る）
	LP / GP	Catch-up超過分（LPが80％受け取る）

出所：西村ほか『金融先端用語辞典―第2版』

束していたリターン（preferred return）を超す場合には、通常の投資信託のファンド・マネジャーに比べて極めて高い成功報酬を受け取ることができるが、逆に運用成績が良くない場合には、成功報酬を受け取れないだけでなく、ファンド運用者としての評価に悪影響を及ぼし、その後のファンドをスムースに組成できなくなることもあり得る。

④ プライベート・エクイティのプロセス

　プライベート・エクイティ会社がファンドを運用する場合には、本章で解説したM&Aの手続きと同様の手続きを採るのが一般的である。通常のM&Aでは、最終合意書の締結と買収資金払い込みをして買収が完了（closing）した段階ですべての手続きが終わるが、プライベート・エクイティの場合にはターゲット企業の買収を完了後、当該企業の企業価値を向上させるプロセスと当該企業を公開（IPO）あるいは売却することで投資資金の回収を図るというプロセスが続くことになる。

　図表5-17は、WebサイトのJAFCOのHPのプレゼンテーションから抜粋したものであるが、プライベート・エクイティのプロセスが簡潔に示されている。この図にあるように、投資案件を発掘（finding、あるいはproject search）することからプライベート・エクイティのプロセスは始まる。投資案件の発掘方法

図表5-17　プライベート・エクイティのプロセス

投資プロセス

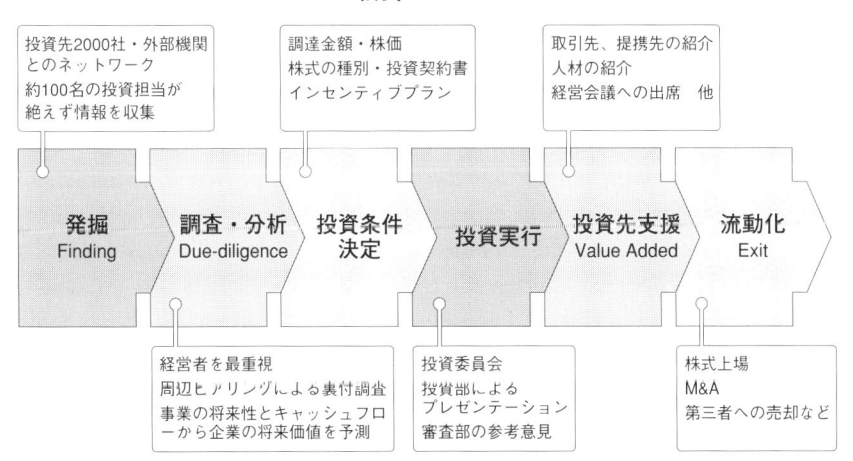

発掘 Finding	調査・分析 Due-diligence	投資条件決定	投資実行	投資先支援 Value Added	流動化 Exit
投資先2000社・外部機関とのネットワーク 約100名の投資担当が絶えず情報を収集	経営者を最重視 周辺ヒアリングによる裏付調査 事業の将来性とキャッシュフローから企業の将来価値を予測	調達金額・株価 株式の種別・投資契約書 インセンティブプラン	投資委員会 投資部によるプレゼンテーション 審査部の参考意見	取引先、提携先の紹介 人材の紹介 経営会議への出席　他	株式上場 M&A 第三者への売却など

出所：JAFCO2004　Value Creation through Private Equity, (http://www.jafco.co.jp/pdf/annai.pdf)

第5章　M&A

はさまざまであるが、銀行などの金融機関からの情報や人的コネクションを活用することが多い。銀行系や証券会社系のプライベート・エクイティの場合には、その意味では有利なポジションにあるといえるが、投資ターゲット企業の財務状況によっては利益相反という問題も生じ得る。M&Aのターゲット企業の選定（screening）と同じように、多数の候補企業リスト（ling list）から少数のリスト（short list）に絞られる（pre-elimination）。そのうえで、少数に絞った投資ターゲット企業の評価（evaluation）を進めていく。JAFCOのプレゼンテーション資料（図表5－17）では、この段階で調査・分析（デューデリジェンス＝due diligence）が行なわれ、その結果を踏まえたうえで投資条件を決定するようになっているが、通常のM&Aのプロセスと同様、ターゲット企業から入手した財務諸表などのデータをベースに調査・分析を行なったうえで、取引形態（deal structuring）や、投資額や価格（pricing）などの投資条件を交渉し、一応の合意（letter of intent）を見たうえで、さまざまな分野（財務、法務、経営、人事、技術面など）のデューデリジェンスを行なうことも多い。デューデリジェンスの結果次第では、投資条件が変更されることもあるし、場合によっては投資自体がキャンセルされることもあり得る。そのうえで、最終合意条件で投資が実行される（クロージング＝closing）。この段階までは、本章5節「ターゲット企業にアプローチするまでのプロセス」とほとんど変わらない。

企業同士のM&A取引では、投資銀行の役割はクロージングの段階で終わるが、プライベート・エクイティの場合には、ここからファンド運用者の真価が問われることになる。つまり、投資した企業の価値（enterprise value）を如何に高めるか（投資先支援＝value added）、そのうえで如何に高い価格で投資を回収できるか（流動化＝exit）、というステップに入っていくのである。

Pursuant to the closing and injection of the funds into the company, the relationship between the fund and the company will enter a new period. The fund will continue to monitor the company closely to protect its rights and contribute to the performance of the company. The fund will keep representatives in the board of directors, the company will regularly inform the fund regarding the operations, and consult for specific decisions. The funds are usually not involved in the daily operations of the company but focus on long-term performance.

(http://www.altassets.com/knowledgebank/learningcurve/2003/nz3228.php)

第14節　プライベート・エクイティ

訳例

クロージングとファンドによる（ターゲット企業への）投資資金の投入が完了すると、ファンドとターゲット企業との関係は新たな段階に入ることになる。ファンドは自らの投下資本を守り、また企業の業績向上に貢献する目的で、引き続きターゲット企業をしっかりと監督していく。ファンドはファンドの代表者をターゲット企業の取締役会に送り、また企業はファンドに対して経営に関する報告を定期的に行なったり特定の事項の決定についてあらかじめ相談したりする。ファンドは日常の経営には関与しないが、長期的な業績には注力する。

解説

contribute to the performance of the company：ファンドは経営陣のサポートとして、戦略的ビジネスプラン（strategic business plan）の作成、新規顧客や仕入先の紹介、金融機関の紹介など業績向上に繋がる行為をする。このようにプライベート・エクイティ会社が投資企業の経営に関与する投資をハンズオン（hands-on）という。

keep representatives in the board of directors：通常、ファンドサイドは投資企業の取締役会のメンバーとなるが、社外取締役（out-side director）となることが多い。

　投資をした企業の価値を高めたうえで、投資資金を回収（exit）することになる。回収には大別して、公開市場で株式を公開する（IPO）か、あるいはM&Aなどを通じて第三者に売却する（買収してもらう）という2つの方法がある。IPOの場合には、多くの場合、米国のNASDAQや日本のJASDAQあるいはMOTHERSのような新興企業を対象とした取引所に公開することが多い。第三者への売却のケースは、同業他社などに売却することが多いが、合併（merger）という形がとられることもある。また、投資企業の業績が向上しない場合に備え、投資会社にあらかじめ合意した価格での買戻し請求権を規定しておき、それに従って買戻しを求めることもある。

Company buy-back - The process by which a company buys back the stake held by a financial investor, such as a private equity firm. This is one exit route for private equity funds.
(http://www.altassets.com/hm_glossary.php#early-stage_finance)

訳例

　企業による買戻し：プライベート・エクイティなどのファイナンシャル投資家が保有する株式を投資された企業が買い戻すプロセスをいう。これは、プライベート・エクイ

第5章　M&A

ティ・ファンドにとって投資資金回収方法の1つである。

解説
- ***stake***：stakeは「利害」という意味からstakeholderは株主だけでなく、従業員、債権者、地域社会、当局など幅広い「利害関係者」を指す。ただし、ここではより狭い意味の「株式」を意味する。
- ***financial investor***：経営に直接携わる目的ではなく資金提供者として投資をする場合にfinancial investorと呼ぶ。これに対して、企業の支配権を握る目的や業務提携など経営に携わる目的の投資家をstrategic investorと呼ぶ。

わが国におけるバイアウト・ファンドは歴史が浅いだけに投下資本を回収した実績はまだ多くはないが、図表5-18のように、投資を実際に回収した事例も出てきている。

⑤ リターンとレバレッジ効果

プライベート・エクイティ・ファンドは投資した企業の価値を向上させたうえでIPOや売却によって高い投資収益を狙うことを目的としているので、上場株式や債券に投資する多くの投資信託と異なり、投下資金の回収には時間を要する。一般的に、ファンドの存続期間は10年と定められており、ファンド設立後初めの3年間は対象企業の発掘、調査・分析、投資実行にあてられ、残りの7年間で投資企業の業績を向上（投資先支援）させたうえ投下資本の回収をすることが多い。

プライベート・エクイティの場合、直ちに収益が上がることはありえず、投

図表5-18　主なバイアウトの事例

売却時期	売り手	買い手	対象会社	取引価額（億円）
7/'04	ユニゾン・キャピタル	住友商事	キリウ	100超
3/'04	ユニゾン・キャピタル	角川ホールディングス	メディアリーヴス	52
3/'04	みずほキャピタル	IPO	日本高純度科学	31
2/'04	リップルウッド	IPO	新生銀行	2,501
12/'03	JAFCO	IPO	トーカロ	36
11/'03	ユニゾン・キャピタル	アーク	タクミック SP	44
8/'03	3i / PPM Venture	みずほキャピタル	バンテック	N/A
4/'03	ウィルバー・ロス	関西銀行	関西さわやか銀行	384
2/'03	日興プリンシパル	東宝	ヴァージン・シネマ	N/A

出所：佐山展生「投資ファンドと企業再生」日本経営財務研究会　第28回全国大会

資後数年間は資金の投下だけが続くので運用成果（IRR基準[54]）はマイナスで推移し、5年〜7年後にIPOや売却を通じて投資を一挙に回収することになる。これをJカーブと呼ぶ（図表5-19）。その意味でも、プライベート・エクイティ・ファンドの投資家は年金基金や大学基金のような長期的な視点から分散投資を好む投資家に適しているといえる。

したがって、プライベート・エクイティ・ファンドの投資家は、最終的に投資を回収した時点で、当初投下資本に対して投資期間を通じてどの程度の投資利回りがあるかをみる。投資家が期待する投資利回りは投資家やファンドの性格によって異なってくるが、IRR（内部収益率）ベースで20％以上を求めるのが一般的であろう（ただし、日本のように極めて低金利の国では20％より低い水準をターゲットにすることもある）。

20％以上の投資利回りを達成することは決して容易ではないが、この高いターゲットの達成を助けるのが外部借入を活用するレバレッジ（leverage）である。つまり、投下資本をすべて自己資金で行なうのではなく、外部からの借入金を活用することによって、投下資本に対するリターン（return on investment=ROI）を高めるのである。具体的に説明しよう。たとえば、図表5-20に示されているように、初期投資（100）を全額自己資金で行なって5年後に2倍（200）になったとすると、キャピタルゲインは2倍で、5年間のIRRは14.9％と

図表5-19　プライベート・エクイティ・ファンドのJカーブ

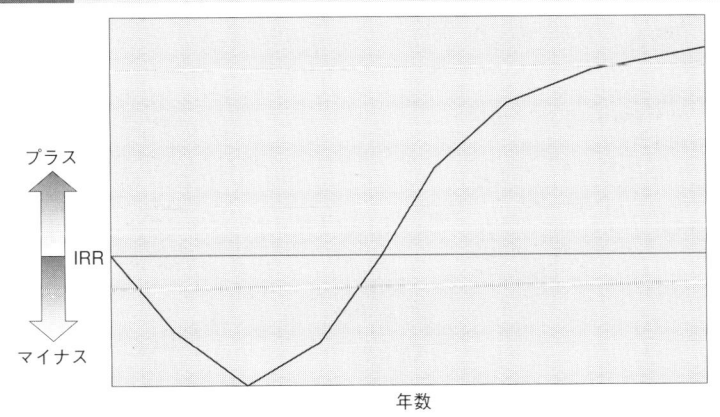

出所：マイケル・コーパー『プライベート・エクイティ価値創造の投資手法』東洋経済新報社

---

[54] IRR (internal rate of return=内部収益率) は投資の成果を測定するのに用いられる手法で、初期投資額に対してその投資による成果を平均利回り（％）で求める。

なる。これに対して、初期投資資金（100）のうち30％だけを自己資金とし、残額を外部からの借入金（金利は年率4.7％とする）で賄ったとすると、5年間で20の金利を支払ったとしても5年後の自己資本は110となり、初期投資額（30）に対して3.7倍に膨らむ。5年間のIRRも36.7％と高い。これがレバレッジ効果である。ファンドの投資家が期待するリターンを達成するためには、如何に効果的にレバレッジを活用するかがキーポイントとなる。なお、プライベート・エクイティによる外部借入れは、返済不履行が起こった場合でも投資家自身に訴求しないノンリコース・ローン（non-recourse loan）となる。

⑥ MBO（Management Buyout）

リストラクチャリングの一環として、日本でもMBO（management buyout）が活発化する兆候を見せている。MBOは、子会社や特定の事業部門の経営者が、親会社からその子会社や事業部門を買い取って経営権を取得することを意味する。親会社にとって、子会社や事業部門の売却はリストラの一環として好都合であるし、子会社や事業部門の経営陣や従業員にとっても、みずからの手で事業を再出発させるというメリットが得られる。敵対的買収や欧米式の経営に不安感をもっている日本人には受け入れられやすいM&Aであろう（図表5－21）。

MBOの場合、親会社から株を買い取るのが経営者という個人であるので、

図表5-20　ファンドのレバレッジ効果

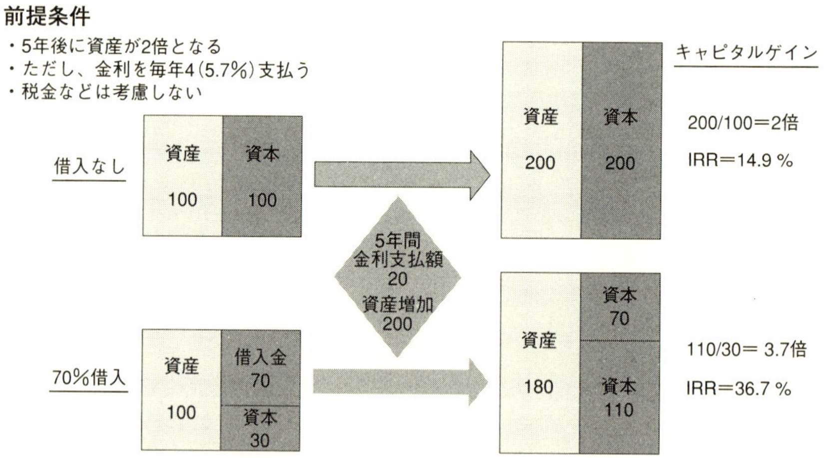

前提条件
・5年後に資産が2倍となる
・ただし、金利を毎年4（5.7％）支払う
・税金などは考慮しない

借入なし：資産100／資本100 → 資産200／資本200　キャピタルゲイン　200/100＝2倍　IRR＝14.9％

5年間　金利支払額20　資産増加200

70％借入：資産100／借入金70・資本30 → 資産180／資本70・資本110　110/30＝3.7倍　IRR＝36.7％

出所：佐山展生「投資ファンドと企業再生」日本経営財務研究会　第28回全国大会をもとに作成

どうしても投下資本に限界がある。このため、MBOを実行する際に、プライベート・エクイティ・ファンドが出資をする形でサポートをすることが多い。

　Management Buyout: purchase of all of a company's publicly held shares by the existing management, which takes the company private. Managers may want to buy their company for several reasons: They want to avoid being taken over by a raider who would bring in new management; they no longer want the scrutiny that comes with running a public company; or they believe they can make more money for themselves in the long run by owning a larger share of the company, and eventually reap substantial profits by going public again.

(John Downes and Jordan Elliot Goodman, *Dictionary of Finance and Investment Terms*, Barron's Educational Series, Inc.)

訳例

　マネジメント・バイアウト：現在の経営陣が自社の上場株すべてを購入して非上場会社とすること。経営陣は次のいくつかの理由から自社株を買い占める。
－新しい経営陣を連れてくる乗っ取り屋に買収されることを回避するため
－上場会社の経営につきものの監視から逃れたいため
－長期的にみて、自分達が支配権をもってみずから経営をすることによって、より収益を上げることができるし、再度上場した時に相当額の利益を手に入れることができると確信しているため

図表5-21　MBOの仕組み

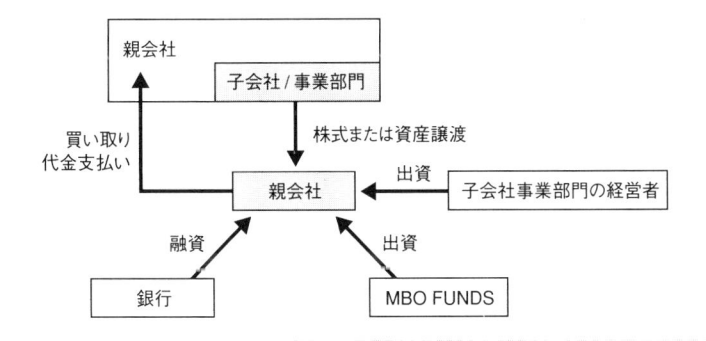

第5章　M&A

> **解説**
>
> ***take company private***：上場企業（株式公開企業）を非上場企業（非公開企業）にすること。
> ***scrutiny that comes with running a public company***：上場企業の経営者は、株主や社外取締役などから常に厳しく監視されている。非上場になるとこの監視から逃れられるという意味。
> ***going public***：会社を株式公開すること。逆に、公開会社から非公開会社に戻ることを going private という。また、国営企業（government-run company）が民間会社となる民営化は privatization。

MBOとよく似た単語にMBI（management buyin）がある。MBIは、将来性のある会社や、今は低迷しているが経営のやり方次第では業績が大きく回復する企業や、後継者の問題をかかえている企業などを対象として、プライベート・エクイティ・ファンド自体が支配権を取得するものである。MBIの場合、買収した企業の経営者をそのまま残し、プライベート・エクイティ・ファンドが社外取締役として会社を監督するというケースが多いが、外部から新しい経営者を導入するケースもある。

MBI：When a group of investors outside of a company purchase a controlling block of shares and keep the existing management. The investors involved in the MBI believe that the company and its current management are of great value. A few representatives from the group of investors will usually be appointed to the company's board of directors.

(http://www.investopedia.com/terms/m/mbi.asp)

> **訳例**
>
> MBI：社外の投資家グループが支配権を持つ株式を買い取り、しかも現在の経営陣を存続させる。MBIに参加する投資家たちは会社と現在の経営陣が価値があると信じている。投資家グループの何人かが通常会社の取締役に選任される。

> **解説**
>
> ***controlling block of shares***：controllingは「支配権のある」、block of shareは「大口株式」。controlling interestは「会社の支配権」つまり、会社の経営権を握るに十分な持ち株比率をもつこと。
> ***board of directors***：「取締役会」。取締役会を構成する取締役（director）は株主総会（shareholders' meeting）で選任（appointment）される。米国ではdirectorはあくまで経営を執行するオフィサー（executive officers）の監督に徹する。

本章ではM&Aについて解説をしたが、M&Aビジネスは、ある意味では極めて人間臭い世界である。M&A交渉を成功裏に導くためには、法律、税金、財務などの金融知識に裏付けられた豊富な経験・知識だけでなく、顧客の経営者や相手企業の経営者にも信頼される人間性が不可欠となる。その意味でも、M&Aビジネスは投資銀行業務の集大成といえるのではないだろうか。

第6章

証券化

第6章　証券化

第1節　急拡大する証券化市場

本章では、急速に拡大している証券化商品について解説していきたい。まず、証券化とはいったい何を意味するのか、2004年2月の日本銀行のワーキング・ペーパー Purchase of SME-related ABS by the Bank of Japan (updated): Monetary Policy and SME financing in Japan (http://www.boj.or.jp/en/ronbun/04/data/wp04e01.pdf) から英文で読んでみよう。

What is Securitization?

(Asset) Securitization is a state of the art financial method, by which contingent and scheduled streams of cash flow arising from pooled (illiquid) loans, receivables, inventories, or other assets are transformed into tradable securities. These securities are issued by special purpose vehicles (SPV) and are tailored to appeal to different classes of investors.

Securitization has not been a widespread method of financing in Japan, and it is only very recently that this form of finance has taken off.

(http://www.boj.or.jp/en/ronbun/04/data/wp04e01.pdf)

訳例

証券化とは何か

　（資産の）証券化は最新の金融技術で、証券化を用いることによってプールされた（流動性のない）貸出資産、売掛債権、棚卸資産、その他の資産から発生する、不確実だが入ってくることが予定されているキャッシュフローが市場性のある（譲渡可能な）証券に変わる。その証券は特別目的媒体（SPV）によって発行され、さまざまの異なった投資家にそれぞれ合うように作り上げられる。証券化は日本において今までは金融手法として広範に用いられておらず、ごく最近になって使われ始めた。

解説

- ***pooled***：pooledとは「集合された」という意味で、多数の債権の集合体を指す。
- ***illiquid***：「流動性（liquidity）がない」、つまり「市場でスムーズに売買できない」という意味。
- ***receivables***：将来キャッシュフローが予定されている「受取債権」で、売掛債権やリース債権などを指す。
- ***tradable securities***：tradeつまり市場で売買できる証券。株式や債券などの有価証券が典型的なtradable securitiesである。

special purpose vehicles (**SPV**)：証券を発行するだけの目的で設立されるので、このように呼ばれる。

　上記の記述の通り、証券化 (securitization) とは貸出資産、売掛債権など将来キャッシュフローを生じる債権 (本書ではこれらの債権を総称して受取債権と呼ぶ) を返済資源の裏付けとして証券を発行して資金調達をすることをいう。つまり、受取債権を市場で譲渡可能な有価証券とすることで、本来流動性のなかった受取債権を流動化させ、この結果、受取債権の将来のキャッシュフローを現時点で現金化することができることになる。これら受取債権のキャッシュフローを返済資源として発行される証券を総称して資産担保証券 (asset backed securities = ABS) と呼ぶ。なお、住宅ローンなどの不動産を裏づけとする証券も広義では資産担保証券であるが、一般的にはモーゲージ担保証券 (mortgage backed securities = MBS) と呼ばれる。

　What are "asset-backed securities"?

　In general, as the term suggests, asset-backed securities (also known as "ABS") are securities that are "backed" by one or more particular assets, such as credit card receivables, mortgage loans, and automobile loans.

　They are said to be "backed" by assets because the performance of asset-backed securities is dependent upon the performance of the underlying assets. Said another way, the cash flows from the underlying assets are the primary source of payments on the asset backed securities.

　What is the difference between an "asset-backed security" and a "mortgage-backed security"?

　The term "mortgage-backed security" typically refers to a security backed by first mortgage loans. The term "asset-backed security" typically refers to a security backed by any other type of asset, including second mortgage loans and home equity loans.

　For the most part, the SEC does not make this distinction. In its rules, regulations, and forms, the term "asset-backed security" generally refers to a security backed by any type of self-liquidating financial asset, including first mortgage loans. The term is used here in a similar manner.
(http://www.realcorporatelawyer.com/faqs/absfaq.html)

第6章　証券化

訳例

　資産担保証券とは何か？
　一般的には、この用語が示唆しているように、資産担保証券（"ABS"とも呼ばれる）は、1つあるいは複数の特定の資産、たとえば、クレジットカードの受取債権、住宅ローンや自動車購入ローンに「裏付けられた」証券である。
　資産担保証券の返済如何は、証券の裏づけとなっている原資産の履行能力に依存しているので、「裏付けられた」（backed）という表現となっている。つまり、原資産のキャッシュフローが資産担保証券の返済資源ということになる。
　資産担保証券とモーゲージ担保証券の違いは何か？
　モーゲージ担保証券という用語は、第1抵当権が設定された住宅ローンを意味することが多い。一般的に、資産担保証券は第1抵当権が設定されたローン以外のすべての資産（第2抵当権を設定したローンやホーム・エクイティ・ローンも含む）を裏づけとした証券を意味する。
　たいていの場合、SECは両者を区別していない。SECの規則、規定、書式では、資産担保証券という用語は、第1抵当権担保ローンも含めたあらゆる種類の自己回収的な資産で裏付けられた証券を指すのが一般的である。

解説

asset-backed securities：「資産担保証券」と訳されるのが一般的だが、この英文にあるように、「資産（が生み出すキャッシュフロー）に裏付けられた証券」が厳密には正しい。ABSでは、裏付けとなっている資産は「担保」（collateral）ではなく、証券発行体に「売却」（sale）される形をとっている。
performance：企業の「業績」や投資証券の「実績」などの意味として使われることが多いが、ここではABSの返済資源となる裏付け資産の「キャッシュフロー」を意味する。
underlying assets：「原資産」、つまりABSの裏付けとなっている資産のこと。
home equity loan：第2次抵当権で借入れるが、資金使途は自由なローン。固定金利（fixed interest rate）だけでなく、変動金利（floating interest rate）のローンも多い。
self-liquidating financial asset：ABSの原資産は「自らのキャッシュフローでそのコストを回収する」ので、このような表現となっている。

　米国では1980年初頭から、住宅ローンを対象とした証券化商品（MBS）が開発され、その後、さまざまな資産を裏づけとする証券化商品に発展し、現在では巨大な市場を形成している。米国のThe Bond Associationの調べによると、1995年時点におけるABS（MBSを除く）の発行残高は3,163億ドル（約34兆8,000億円）であったが、2004年第1四半期末における発行残高は、約1兆7,485億ドル（約196兆円）にも達している（図表6－1）。
　証券化商品が日本の金融市場に登場するようになったのは比較的新しく、市場規模も1990年以降になってようやく急速な拡大を示している。2004年5月付

けの「みずほ証券」レポート ABS Market in Japan-Review of FY2003 は、2003年度のABS市場について以下にように記述している（図表6－2）。

During FY2003 there were approximately 186 ABS issues for a total of 4,000billion yen(including public offerings, private placements, beneficiary trust rights and ABL in both the domestic and euro markets) originated by Japanese corporations.

This was a decrease of about 10% from the historical high of about 4,500 billion yen recorded for FY2002. This was the first year on year decline since the commencement of Japanese ABS market in 1994. However, the overall impression is that the decline in public issuance is more than likely due to an increase in non-public issues. The market itself is possibly much larger than indicated by the data we have been able to access

(http://www.mizuho-sc.com/english/ebond/bonds/abs/0405.pdf)

訳例

2003年会計年度には4兆円に上る約186件の資産担保証券（ABS）が日本企業によって発行された（国内とユーロ市場の両市場における公募、私募、信託受益権、資産担保ローンを含む）。

これは2002年会計年度に記録された約4兆5千億円に上る史上最高発行額から約10％の減少となっている。ABSの発行額が前年を下回るのは、1994年に日本でABSの発行が始まって以来初めてのことである。しかし、全般的な印象では、公表ベースのABS発行

図表6-1　米国ABS（MBSを除く）発行残高推移

ABS発行残高（10億ドル）

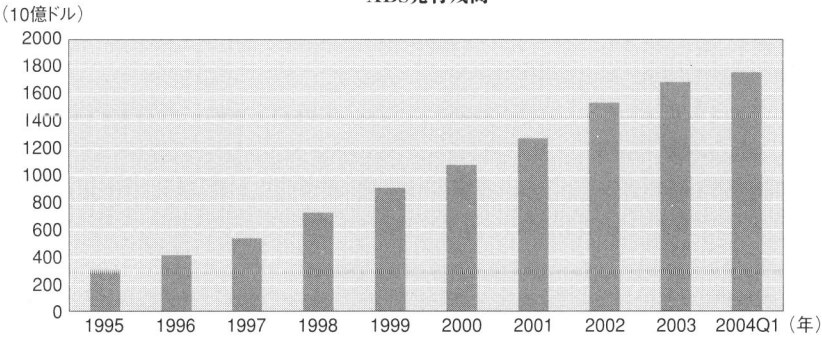

年	発行残高
1995	約300
1996	約400
1997	約550
1998	約700
1999	約900
2000	約1080
2001	約1280
2002	約1500
2003	約1680
2004Q1	約1750

出所：BondMarkts.com, http://www.bondmarkets.com/story.asp?id=84

額が減少したのは、未公表のABSの発行が増加したものではないかと考えられる。市場規模はおそらく我々が取得できるデータが示すものよりはるかに大きなものであろう。

解説

FY2003：FYとはfiscal yearの略で「会計年度」。したがって、ここは2003会計年度を意味する。暦年はcalendar year、略してCY。

public offering：「公募」、つまり不特定多数の投資家を対象として証券の募集をすることをいう。

private placement：「私募」で、一定の数以下の少数投資家、あるいは機関投資家のみを対象として募集する方法。

beneficiary trust right：信託受益権で、信託銀行の信託勘定における財産の受益権。

public issuance：「ここでは公表ベースの発行」を意味し、非公表の発行をnon-public issuesと対比している。

図表6-2　ABS市場

ABS issues by Japanse corporates in Domestic and Euro makets

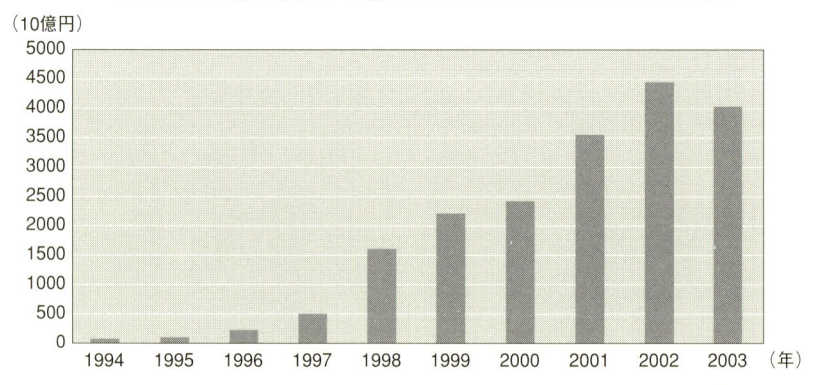

出所：みずほ証券株式会社, http://www.mizuho-sc.com/english/ebond/bonds/abs/0405.pdf

第2節 ABSは他の債券とどのように異なるのか

　前節で述べたように、証券化商品とは「貸出資産、売掛債権などから生じる将来のキャッシュフローを裏付けとして証券を発行して資金調達をすること」をいうが、これだけでは少しわかりにくいので、銀行の住宅ローン（mortgage loan）を使って具体的に説明しよう。

　通常、銀行は預金者から預かっている預金などを原資として住宅ローンを実行する。しかし、これにはいくつかの問題点がある。1つは、多くの住宅ローンの金利が中・長期固定金利（fixed rate）であるのに対し、銀行預金の預入れ期間が短いということである。つまり、銀行にとっては、長期の固定金利（fixed rate）で貸出を行い、短期で変動する変動金利（floating rate）で調達するという、「調達・運用金利のミスマッチ（mismatched funding）」のリスクにさらされることになる。現在のように短期金利が低水準で続けば銀行にとってなんら問題はないが、もし短期金利が上昇し貸出金利を上回れば逆鞘（negative carry）となってしまう。

　もう1つの問題点は、住宅ローンを実行するということは、住宅ローン残高分、貸借対照表の資産項目（asset）が膨らみ、同時にその住宅ローンを支えるための預金や銀行間マーケットでの借入といった負債項目（liability）も膨らむ。従来であれば、"資産規模が大きいことが有力な銀行"という見方が一般的だったわけだが、今は、資産規模の大きさではなく、むしろ自己資本比率（capital ratio）が高いことや、株主資本利益率（return on equity = ROE）が高いほうが良い銀行と評価される。住宅ローンを売却して身軽になったほうが、財務内容の改善に貢献するのである。

　そこで、資産担保証券（ABS）の登場となる。A銀行が1,000億円の住宅ローン資産を証券化すると仮定しよう。

(i) まず、ABSの発行体となることだけを目的とした会社（金融用語では特別目的会社（special purpose company = SPC）を設立する。このSPCは、A銀行が仮に倒産などの状況に陥った場合でも、法的にA銀行の倒産に巻き込まれないようA銀行と実質的に同一体とみなされない形で設立される（倒産隔離=bankruptcy remote）。

(ii) A銀行は、総額1,000億円の住宅ローン資産（mortgage loan assets）を、このSPCに売却する（true sale）。

(iii) SPCは、この住宅ローン資産から将来回収される元利金返済金 (repayment of the principal and the interest on it) を裏付けとして資産担保債券を発行し、投資家 (investors) に売却する。
(iv) SPCは、ABSの発行で得た資金 (proceeds) を、住宅ローン資産の購入代金としてA銀行に支払う。これで、A銀行の住宅ローンのSPCへの売却が完了する。A銀行のバランス・シートから住宅ローンが消滅し、それだけバランス・シートが身軽になったことになる。また貸出金利と調達金利のミスマッチを心配することもなくなったわけである。

では、証券化商品は一般の債券 (bonds, notes) とどんな点が違うのだろうか。ABSの特徴をいくつかの債券と比較してみたい。

① 無担保普通社債 (unsecured bond)
債券の発行体自身の信用力 (credit quality) を裏付けとして発行される債券。この場合、発行体が何らかの理由で債務不履行 (event of default) になると、この債券を購入した投資家は支払いを受けられないことになる。

② 担保付社債 (secured bond)
発行体の信用力を裏付けとして発行される点では、①の無担保普通社債と同じ。ただこの場合、発行体の債務不履行の場合に備えて、あらかじめ土地や工場などの資産が担保 (security, collateral) として付与されている。したがって発行体の債務不履行が生じても、投資家は担保物件を処分することによって投資金の回収をはかることができる。担保が付与されている分、発行体の調達コストは無担保社債より低くなる。

③ 転換型新株予約権付社債 (convertible bond)
債券を一定の条件で発行体の株式に転換できる権利 (convertible privilege) が付与された社債。将来株価の上昇が期待される場合などに発行される。投資家は株価が上昇すればそれだけ値上がり益 (capital gain) を得ることになるので、社債の利率 (クーポン = coupon) は普通社債より低い。転換型新株予約権付社債も普通社債と同様に、発行体の信用力のみを裏付けとしている。

④ 資産担保証券 (ABS) などの証券化商品
証券化商品が普通社債や転換社債と大きく異なる点は、普通社債などが発行体の信用力を裏付けとして発行されるのに対し、ABSなどの証券化商品は、特別目的会社 (SPC) に売却された受取資産 (たとえば売掛債権)

から将来回収されるお金を裏付けとして発行される。簡単な例でいうと、仮に発行体がある販売先から3カ月毎に回収する売掛金を裏付けとしてABSを発行した場合、ABSの元金および利息の返済はその販売先からの売掛金回収によってなされることになる。したがって、販売先からの売掛金回収がなされる限り投資家はABSの返済を受けられる。つまり、ABSは売掛金を売却した企業（これをoriginatorと呼ぶ）の信用力ではなく、販売先（これをobligorと呼ぶ）の信用力が裏付けとなるのである。ABSのおもしろいところは、実際に資金を調達する企業の格付けが低い（たとえばBBB格）場合であっても、販売先の格付けが高い（たとえばAA格）場合には、資金調達をする企業の格付け（BBB格）ではなく、販売先の高いAA格とはば同等の水準で資金調達ができることである。

第3節 ABSの仕組み

資産担保証券には、満期（maturity）が1年以上のABSと短期コマーシャル・ペーパーの形で発行されるABCP（asset-backed commercial paper＝資産担保コマーシャル・ペーパー）がある。基本的な仕組みはABSもABCPも同じだが、細かい点で若干の差異があるので、ここでは、ABSとABCPの仕組みを別々に解説していきたい。ABS（資産担保債券）の仕組みを説明する前に、ABSに登場する関係者について簡単に解説しよう。

Originator：受取債権の元々の保有者（原債権者）で、実質的に資金調達をする会社。Sellerとも呼ばれる。たとえば住宅ローンの場合、住宅ローンの貸し手、即ち銀行を意味する。

Obligor：ABSの裏付けとなっている受取債権の支払義務者（原債務者）。たとえば住宅ローンの場合、住宅ローンの借り手であり、売掛債権の場合には買掛人を意味する。

SPC（SPV）：ABSを発行する目的のみで設立された特別目的会社。Special Purpose CompanyまたはSpecial Purpose Vehicleと呼ばれる。SPC（SPV）は原債権者と投資家をつなぐ役割を果たしていることから、導管体（Conduit）とも呼ばれる。

Servicer：SPCから委託を受けて受取債権の管理や資金回収などの業務を行なう業者をサービサーという。原債務者との取引関係もあり、原債権者がそのま

まサービサーになるケースも多い。
Investors：ABSを購入する投資家。生命保険会社や投資顧問会社などの機関投資家（institutional investor）や、小口の個人投資家（retail investor）を指す。

　以上の関係者を念頭において、以下の英文でABSの仕組みを理解してみよう（図表6－3）。

1. The rights to the receivables are transferred by the entity which originated the receivables (the "Originator") to a special purpose company ("SPC"), which will be formed specifically for the transaction and is usually a bankruptcy-remote from the Originator.
2. The SPC funds such purchase by issuing the ABS to investors. The ABS will be "limited recourse": in other words, the investors have no recourse to the Originator for amounts owing in respect of the ABS and are only able to recover such amounts from the receivables. The ABS may or may not be rated and listed depending upon whether or not it is intended that they should be freely traded-where a rating is sought, credit enhancement techniques may be used to improve the credit quality of the receivables.
3. Administration of the receivables (role as servicer) is usually contracted

図表6-3　ABSのスキーム

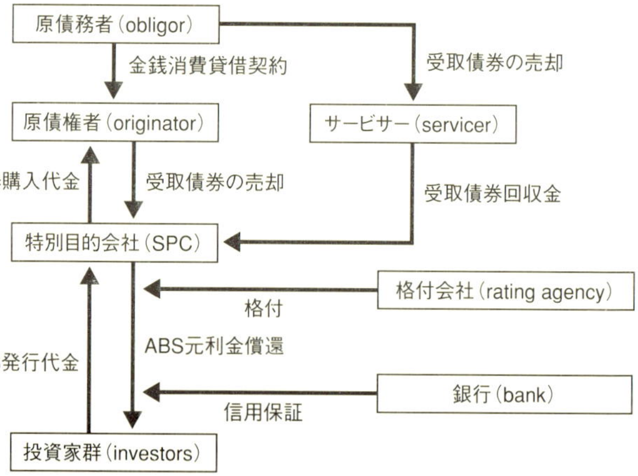

back to the Originator by the SPC.
4. Cashflows arising from the receivables are used to pay interest and to repay principal in respect of the ABS. Excess cashflow may be paid back to the Originator, allowing the Originator to enjoy the benefit of financing the receivables whilst receiving any profits generated from the receivables. In addition, the Originator retains its existing relationships with the Obligors.

訳例

1. 将来キャッシュフローを生む受取債権が、その本来の所有者、つまり原債権者（originator）から、特別目的会社（SPC）に移転される。このSPCは、証券化のみを目的として設立され、原債権者が仮に破産しても法的に何ら影響を被らない会社（倒産隔離）として設立される。
2. SPCは当該受取債権を購入するためにABSを発行して資金調達をする。ABSの投資家はこのABSの元利金に関する償還履行請求を原債権者に対して行なうことができない、つまり元利金の償還原資はABSの裏付けである受取債権の回収金のみとなる。ABSは格付け会社から格付けを取得する場合もあるし、取得しない場合もある。また、証券取引所に上場することもあるし、しない場合もある。もし、当該ABSを流通市場で自由に売買できるようにしたい場合には、格付けを取得のうえ上場する。受取債権の信用力を高めるために、信用補完措置（credit enhancement）が付与されることもある。
3. 受取債権の回収管理業務（サービサーとしての役割）は、SPCから原債権者に委託されるのが一般的である。
4. 受取債権から生じるキャッシュフローはABSの金利支払いや元本償還に充当される。償還後、キャッシュフローに余剰が生じた場合には、その余剰金は原債権者に返還される。その結果、原債権者は受取債権を利用して資金調達するだけでなく、受取債権から生じる収益も享受できることになる。その上、原債権者は受取債権の最終支払い義務者つまり原債務者との取引関係も従来通り維持できることになる。

解説

limited recourse：「借入人に直接返済の履行請求ができないこと」を意味する。証券化の場合には、仮に受取債権からの資金が回収不能となっても、原債権者に返済履行を求めることができない。全く支払い履行請求ができない場合をnon-recourseといい、特定の条件で履行請求を認めている場合をlimited-recourseという。一般的にABSの場合には、受取債権購入後に返品や割引きなどが発生し、その結果一部資金回収ができなかった場合には、原債権者はその分については補填する規定となっている。したがって、ABSはnon-recourseではなく、limited-recourseとなる。

rated, listed：ratedは「格付けされた」、listedは「株式市場に上場された」という意味。ABSは受取債権の集合体からの資金回収に頼っているため、一般の投資家にとってはそのリスクを判断するのが大変困難となる。したがって、一般の投資家にスムー

ズに販売するためには、しかるべき格付け会社から格付け (rating) を取得する必要が生じる。また、投資家は必ずしも購入したABSを満期まで保有したいと思うとは限らない。ABSを自由に市場で売買できる (freely traded) ようにするためには、ABSを取引所に上場することが必要となる。

credit enhancement：信用補完措置。ABSの裏付けとなっている担保資産の信用力次第で高い格付けを取得できないこともあり、追加的な信用補完措置が必要となる。具体的には、超過担保 (overcollateralization) を取ったり、優良銀行の支払保証を付けたりすることによって行なう。credit enhancementについては本章7節を参照されたい。

administration of the receivables：「原債権の資金回収などの管理業務」という意味。ABSの場合、受取債権がSPCに売却された後も、受取債権の資金回収などの管理業務は原債権者に委託される形が多い。たとえば、住宅ローンを例にとると、住宅ローンの元利金回収業務はSPCが行なうのではなく、SPCから委託を受けて (当然のことながら、委託手数料を徴収して)、住宅ローンを貸出している銀行 (originator) が行なう。この管理業務に携わる業者をサービサー (servicer) と呼ぶ。

第4節 資産担保コマーシャル・ペーパー (ABCP) の仕組み

ABCPの仕組みも、先に述べたABSと基本的には大きな違いはない。ただ、ABSの原債権者が1社であるのに対し、ABCPの場合、複数の原債権者から短期の受取債権を購入するのが一般的である。また、ABSが中・長期の債券を発行するのに対し、ABCPは受取債権に裏付けされた短期のコマーシャル・ペーパーを継続的に発行して資金を調達する。このように複数の原債権者から担保資産を購入して、それをまとめてABCPとして発行する形式をmultiseller ABCP programと呼ぶ。これに対して、Originatorが1社だけの場合をsingle-seller ABCP programと呼んでいる。ABCPの仕組みをMoody's Investors Serviceの資料から読んでみよう (図表6－4)。

The term commercial paper is used to describe virtually any high-quality, negotiable note having an original maturity of not more than 270 days. An ABCP program is a type of receivables financing vehicle. ABCP programs were developed in the 1980s by the major commercial banks as a means of providing more competitive receivables financing terms to their customers and, in some instances, as a means of conducting that activity on an off-balance-sheet basis. At the heart of a typical ABCP program is a special-purpose corporation (an Issuer) that issues the ABCP. The Issuer is established by the program sponsor (the Sponsor) which is often a major commercial bank. When an Issuer commences operations, it issues ABCP and acquires an interest in a roughly comparable amount of receivables. The receivables are most often short-term trade receivables but may also include credit-card receivables, medium-term lease receivables or other types of short- or medium-term financial assets. A Seller of receivables remits collections on the related receivables to an account of the Issuer. The Issuer can then apply the amounts collected either to purchasing more receivables or to paying off maturing ABCP.

In the normal course of operations, an Issuer obtains funds to retire maturing ABCP by issuing a roughly equivalent amount of new ABCP. Accordingly, collections on maturing receivables in which the Issuer has acquired an interest are generally applied to acquire interests in new receivables generated by the same Seller. Thus, from the perspective of a Seller, an ABCP program is a type of revolving credit facility in which the Seller is permitted to continually replace maturing receivables with new receivables

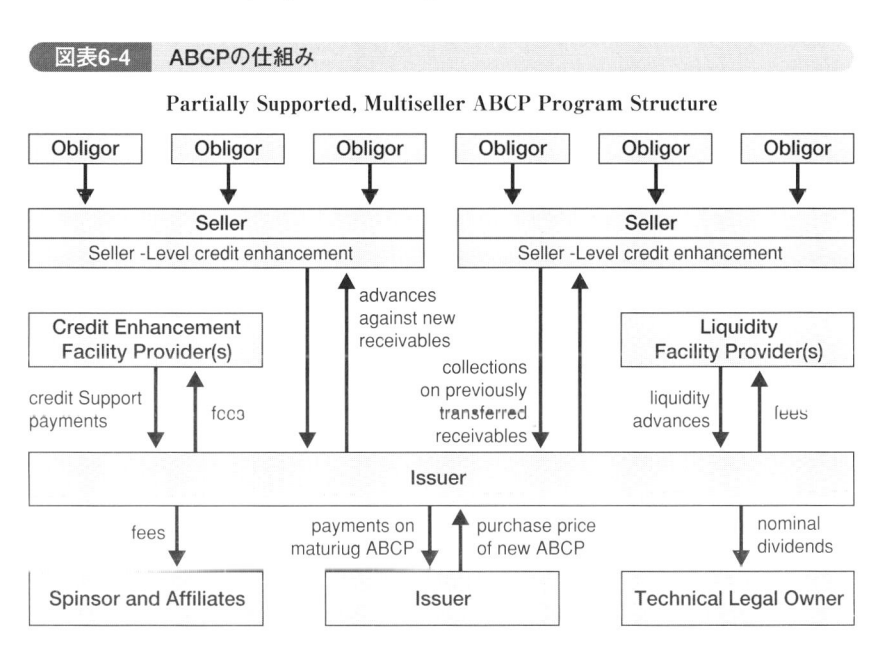

図表6-4　ABCPの仕組み

Partially Supported, Multiseller ABCP Program Structure

出所：Asset-Backed Commercial Paper : Understanding The Risks, April 1993, Moody's Investors Service

第6章 証券化

(Asset-Backed Commercial Paper: Understanding the Credit, Moody's Investors Services, April 1993)

訳例

　コマーシャル・ペーパーは、満期が270日を超えない短期で、信用度が高く、また流通可能な証券を意味する。ABCPプログラムは、受取債権を裏付けとして資金調達を行なう手段。ABCPプログラムは、1980年代に米国の大手銀行がより競争力のある資産担保金融を提供する目的と、オフ・バランスで金融をする目的から発達した。典型的なABCPプログラムの中核は、ABCPを発行する特別目的会社（ABCP発行体＝issuer）である。ABCP発行体は、スポンサー（sponsor）と呼ばれる会社によって設立される。大手銀行がスポンサーになるのが一般的である。ABCP発行体は、受取債権に見合った額のABCPを発行する。ABCPの裏付けとなる受取債権としては、短期の売掛債権が最も多く利用されるが、クレジット・カード債権、中期のリース債権や、その他の短期・中期の金銭債権も利用される。受取債権の売り手（seller）すなわち、原債権者は受取債権から回収した資金を発行体の口座に振り込む。ABCP発行体はその回収金でもって、新たにABCPの裏付けとなる資産を購入するか、満期が到来するABCPの償還に充当する。

　通常のABCPプログラムでは、満期が到来するABCPの償還額とほぼ同額の新たなABCPを発行することによって、満期到来のABCPを償還する。つまり、受取債権からの回収金は、同じ原債権者から新たな受取債権を購入する代金として使われる。原債権者の立場から見れば、ABCPプログラムは、受取債権を連続して売却することにより、一種の回転式の借入枠を設定しているのと同じ効果が得られるわけである。

解説

- ***negotiable note***：「流通性のある債券」。negotiableは「流通性がある」とか「譲渡性がある」という意味。
- ***sponsor***：ABCPを発行することだけを目的としてABCP発行体（issuer）が設立されるが、このABCPの発行体は、通常、銀行によって管理される。この場合の銀行の立場をsponsorという。ABCP発行体はsponsorである銀行とは倒産隔離の形で設立される（倒産隔離については本章第9節を参照）。
- ***short-term receivables***：売掛金など「短期で回転する受取債権」をいう。
- ***retire***：「返済する、回収する」。もう1つの意味は「退職する」。
- ***maturing receivables***：「期日が到来する受取債権」。maturityは満期。
- ***revolving credit facility***：「ある一定の限度額の範囲内で繰り返して借り入れができる枠」をいう。一般的には、原債権者（originatorまたはseller）からABCPの裏付けとして充分な額の受取資産が継続的に提供され、また回収もスムーズに行なわれ、さらに原債権者の倒産やその他ABCPプログラムを終了せざるを得ない状態が発生しない限り、ABCPは継続的に発行される。ちょうど、回転借り入れ（revolving credit）と同じ効果が得られるわけである。

第5節 ABCPの具体的手順

　今まで述べてきたABSやABCPの基本的な仕組みを踏まえたうえで、具体例でABCPの手順を追ってみる。証券化担当の投資銀行員になったと仮定してみよう。
　あなたの顧客である機械メーカーA社は有力な会社30社を含め、約150社に対して自社生産の機械を販売している。しかし借入金が多く、また自己資本比率が低いこともあり、A社自身の中期債券格付けはBa格と低い。このため、A社は現在高い借入コストを余儀なくされている。このようなケースでABCPが効果を発揮する。あなたは、以下の手順でABCPを実現していく。

(i) あなたはA社に対し、A社自身（格付けBa格）のバランス・シートで借り入れるのではなく、A社の有力な得意先30社からの売掛債権100億円を利用して、ABCPで資金調達を行なうことを提案する。

(ii) あなたの銀行は、米国にP-1という最高の短期格付けを取得しているABCPの発行体（SPC）を持っている。このABCP発行体は多くの企業から売掛債権などの受取債権を購入し、これらの受取債権を裏付けとしてABCPを発行する。あなたの提案は、A社がこの30社からの売掛債権をまとめてABCP発行体に売却することによって資金調達をするというものである。A社はあなたの提案を魅力的に感じ、ABCPによる資金調達の検討を進めたいという結論を出す。これを受け、ABCP発行体は購入した売掛債権から生じる将来の資金収入（キャッシュフロー）を裏付けとしたABCPの発行準備に入る。

(iii) あなたの銀行のABCP発行体は最高格付けを得ているが、これは原債権者から購入する受取債権の信用度が高いというだけでなく、ABCP発行システム自体の信用力を高めるためのさまざまな信用補完措置（credit enhancement facility）や流動性保証枠（liquidity facility）を備えているからである。たとえば、あなたの銀行の短期格付けはP-1と最高格付けを取得しているので、あなたの銀行がABCPの発行額全額に対して流動性保証を提供している（信用補完措置と流動性保証については、本章7節および8節を参照）。

(iv) さらに、ABCPがP-1格付けを維持し高い回収率を確保するために、

ABCP発行体が購入する売掛債権の債務者30社の支払能力などの審査を充分に行なう。今回のケースでは、いずれもA格以上の格付けを取得している有力企業30社ばかりなので、回収リスクは小さいと判断される。しかし、必ずしも100％の確率で回収されるとは限らない。回収リスクを軽減するためにいくつかの措置を講じていく。まず、30社の債務者がバランスよく分散（diversification）するために、1債務者からの受取債権購入限度額を決める。さらに、ABCPの発行額を購入売掛債権の85％以内に抑える措置を取る（overcollaterization）。つまり発行額は売掛債権全額の100億円ではなく85億円を限度とする。つまり、15億円は回収不足に備えあらかじめ残しておく。このようなさまざまな信用補完措置によって、このABCPは最高級の格付けが維持されるわけである。

(v) 購入売掛債権の回収リスク審査などの手続きを経た後、格付け会社（rating agency）とコンタクトする。格付け会社も、売掛資産の信用リスク（credit risk）や分散度合い、信用補完措置の内容などを審査していく。格付け会社から、A社の売掛債権を裏付けとするABCPがP-1格付けを維持できることを確認した後、ABCP発行体がA社の売掛債権を購入することを最終的に決定する。

(vi) ABCP発行体が購入する売掛債権は、仮にA社が倒産した場合でも第三者の債権者（creditor）から守られるように、完全な売買（true sale）、つまり売り切りの形とし、法律にしたがって、第三者対抗要件（perfection）を備える手続きを取る。この手続きによって、万一A社が倒産した場合でも、第三者の取りたてから当該売掛債権を守ることが可能になる。言い換えれば、売掛債権の資金回収がなされている限り、A社が債務不履行に陥ったとしてもABCPの投資家に対する償還には支障がないことになる。これも高い格付けを取るための重要な措置である。

(vii) 30社からの売掛債権の回収などの管理事務は、売掛債権をABCP発行体に売却後も引き続きA社に依頼する。このことによって、A社は30社との取引関係を従来通り維持することができるうえ、ABCP発行体にとってもスムーズな回収が期待されることになる。

(viii) 以上のような段階を経て、最終的にABCPの発行に至る。このABCPは、米国のCP市場で機関投資家や個人投資家などに販売される。

(ix) ABCP発行体はABCPの発行代金をA社に対する売掛債権の購入代金に充当する。ABCPは最高の格付けを得ているので極めて有利なコストで発行でき、その結果A社にとっても自社の低い格付けで調達するより有

利なコストで資金調達ができたことになる。なお、当該売掛債権は円建てであるのに対し、ABCPは米国市場で米ドル建てで発行されるため、A社は為替スワップなどを締結することにより将来の為替リスクをヘッジする。その結果、A社の調達コストは円ベース、たとえば、円LIBOR（円建ての銀行間貸出金利）に一定の利ざや（spread）を上乗せした利率となる。

　ABCP取引の基本的な取引手順は上記の通りだが、ABSやABCPといった証券化商品を顧客に提供するためには、さまざまな専門能力が要求される。裏付けとなる受取債権からの資金回収リスクに関する審査、信用補完措置の構築、格付け会社との交渉、第三者対抗要件の設定、SPCの設立、発行コストの設定など、SPCを使ったABSの発行までには数え切れないほどの仕事がある。

第6節　証券化のテクニック1 ── 格付け

　ここからの節では、ABSやABCPを顧客に提案する場合、理解しておかなければならないいくつかの重要な留意点について、英文も交えながら解説してみたい。
　留意点の第一は、格付け会社からの格付け（credit rating）取得である。限られた数の機関投資家などに販売する私募形式（private placement）の場合には格付けを取得せずに発行することもあるが、不特定多数の投資家を対象とした公募形式（public offering）の場合には、格付け取得が必要となる。一般の投資家にとって、資産担保証券の裏付けとなっている受取債権の回収リスク、第三者対抗要件の具備、サービサーの信用リスクなど、さまざまなリスクを分析し理解するのは極めて困難である。したがって、投資家は格付け会社の格付けに依存することになる。米国やユーロ市場などの国際市場でABSを発行する場合には、国際的に高い評価を得ているMoody'sやS&Pなどの格付けを取得する必要がある。ABSを顧客に提案するときには、ABSを発行するために必要な格付けが取れるかどうかを判断することがまず第1ステップといえる。
　格付けには、満期が1年以上の証券に付けられる長期格付けと、1年未満の短期証券に付けられる短期格付けがある。長期格付けについては既に触れたので、ここではMoody's短期格付けの定義一覧表を参考までに添付しておく。

ムーディーズ短期格付けの定義

P-1（PRIME-1・ピーワン）
極めて優れた返済能力を持つ発行体（または信用補完機関）に対して付けられる格付け。P―1に格付けされた発行体の返済能力は、一般的に次のような特徴に裏付けされる。
・安定した業界での主導的地位
・高い使用資本収益率
・適度な借入依存、豊富な自己資本による安定した資本構成
・固定金融費用を負担する利益幅が大きく、キャッシュ生成能力が高い
・多様な資金調達源を持ち、代替流動性が確立されている

P-2（PRIME-2・ピーツー）
優れた返済能力を持つ発行体（または信用補完機関）に対して付けられる格付け。一般的に、上で述べた特徴によって裏付けされるが、その度合いはP―1格の発行体より小さい。収益傾向やカバレッジ・レシオは健全であるが、より変動しやすい状態にある。資本構成は適正ではあるが、外部の状況に左右されやすい。代替流動性は十分である。

P-3（PRIME-3・ピースリー）
満足できる返済能力をもつ発行体（または信用補完機関）に対して付けられる格付け。業界の特性や市場情勢の影響を受けやすい。収益や利益率の変動により債務保護力が変化しやすく、そのために、負債比率が上昇しやすい。代替流動性は適度に維持されている。

NP（NOT PRIME・ノットプライム）
投資適格として返済能力が認められない発行体に対してつけられる格付け

Prime-1 Issuers rated Prime-1 (or supporting institutions) have a superior ability for repayment of senior short-term debt obligations. Prime-1 repayment ability will often be evidenced by many of the follwing characteristics:

- Leading market positions in well-established industries.
- High rates of return on funds employed.
- Conservative capitalization structure with moderate reliance on debt and ample asset protection.
- Broad margins in earnings coverage of fixed financial charges and high intermal cash generation
- Well-established access to a range of financial markets and assured sources of alternate liquidity

Prime-2 Issuers rated Prime-2 (or supporting institutions) have a strong ability for repayment of senior short-term debt obligations. This will normally be evidenced by many of the characteristics cited above but to a lesser degree. Earnings trends and coverage ratios,while sound, may be more subject to variation. Capitalization characteristics, while still appropriate, may be more affected by extemal conditions. Ample alternate liquidity is maintained.

Prime-3 Issuers rated Prime-3 (or supporting institutions) have an acceptable ability for repayment of senior shrot-term obligations. The effect of industry chracteristics and market compositions may be more pronounced. Variability in earnings and profitability may result in changes in the level of debt protection measurements and may require relatively higt financial leverage. Adequate alternate liquidity is maintained.

Not Prime Issuers rated Not Prime do not fall within any of the Prime rating categories

格付け会社から高い格付けをとることが望ましいが、そのためには格付け会社が、ABSやABCPなど証券化商品のどんなポイントをチェックするのか理解する必要がある。その点について、ABCPのリスクに関するMoody'sの資料から抜粋して読んでみよう。

From the investors' perspective, the three main risks that must be addressed in an ABCP program are credit risk, liquidity risk and structural risk. Credit risk is the risk that the receivables financed through the program will suffer losses and ultimately not be fully collectible.

Liquidity risk is the risk that collections on the receivables will not be received quickly enough to provide funds for the repayment of maturing ABCP, assuming that new ABCP cannot be issued to provide funds for the repayment of maturing ABCP. Structural risk refers mainly to the risk that an ABCP program might become entangled in a bankruptcy or similar proceeding and, therefor, might be unable to make full and timely payment on its ABCP.

(Asset-Backed Commercial Paper：Understanding The Credit, Moody's Investors Service, April 1993)

訳例

　ABCPの投資家の観点から見ると、3つのリスク、すなわち信用リスク、流動性リスク、それに仕組み上のリスクについて検討する必要がある。信用リスクは、ABCPの裏付けとなっている受取債権が損失を被り、最終的に回収できなくなるというリスク。流動性リスクは、満期が到来するABCPの償還を目的とした新しいABCPが発行できないような事態で、かつ受取債権の資金回収が遅れることによって、ABCPの償還が期日通りにできなくなるリスク。仕組み上のリスクは、ABCPのプログラム自体が倒産やその他の訴訟手続きに巻き込まれ、その結果ABCPの償還を期日通りにできなくなるリスクという。

　上記のMoody'sの記述にある通り、証券化商品のリスクを判断するときには、信用リスク、流動性リスク、仕組み上のリスク、の3つのリスクをあらかじめ充分チェックしておく必要がある。以下の節では、これらのリスクについて少し詳しく解説する。

第7節 証券化のテクニック2 ── 信用リスク

ABSやABCPの信用リスク（credit risk）とは、原債務者の倒産などによって受取債権の資金回収ができなくなり、その結果ABSやABCPの償還に支障をきたすというリスクである。このリスクを軽減するためには、①信用リスクの審査と、②信用補完措置の構築が必要となる。

① 信用リスクの審査

信用リスクを審査するためには、次の2つの項目を審査しなければならない。
（A）受取債権回収リスク
（B）原債権者の信用リスク

（A）受取債権回収リスク

受取債権の回収リスクは、最終支払い義務者である原債務者（obligor）が倒産など債務不履行の状態（event of default）に陥った場合に発生するので、まず原債務者の支払い能力を審査する必要がある。この審査は、通常相当期間過去に溯って回収状況をチェックすることや原債務者の格付けなどを参考にして行なわれる。さらに、未回収リスクを最小限に抑えるために、原債務者1社当たりの受取債権額に上限を設定して、受取債権プール自体の分散化（diversification）をはかることも必要となる。

原債務者の債務不履行以外の要因でも、回収リスクが発生することに留意する必要もある。たとえば、売掛債権（account receivable）のような商売上の受取債権の場合、いくつかの要因で資金が一部または全額回収できなくなる（dilution）という惧れが生じる。具体的に挙げると、

係争（dispute）：原債務者と原債権者の間で、商品やサービス等に関して争いが起こり回収に支障がでるリスク。

返品（return）：原債務者から商品が返品されるリスク。

相殺（offset）：原債務者と原債権者の間で、互いに債権・債務を相殺できるという契約があり、その結果、原債務者が原債権者に対する債権・債務を相殺して債務超過分のみ支払ってくるリスク。

特典（credit）：早期支払いや大量購入等の場合に、特典として実質的な値引

きが行なわれ、その分回収不足となるリスク。

このように受取債権の回収リスクにはさまざまな側面があるので、慎重な分析と審査が要求されることになる。

The analysis of a Seller's receivables uses the Seller's historical loss experience on its receivables portfolio as a basis for estimating future losses. That approach requires explaining why losses occur. One obvious reason is that an underlying obligor may become insolvent or otherwise unable to fulfill its payment obligation. However, obligor insolvencies are only one reason for losses on receivables.

With regard to trade receivables, other factors, such as returns of sold goods, disputes, offsets, credit, rebates and warranty claims, can significantly dilute the value of outstanding receivables. The nature, degree, and effect of both obligor credit quality and dilution can vary markedly across industries and even across Sellers within a particular industry.

(Asset-Backed Commercial Paper：Understanding The Credit, Moody's Investors Service, April 1993)

訳例

原債権者（ここではSellerという単語を使用）から購入する受取債権の回収リスクを分析する際には、その受取債権の過去の回収損失の実績をもとに将来の回収リスクを判断する。この分析方法では、回収損失の発生要因の分析が必要となる。1つの明らかな要因は、受取債権の債務者が破産や何らかの理由で債務不履行に陥ることである。しかし、原債務者の債務不履行は回収損失の1つの要因に過ぎない。商品の売買に係わる売掛債権などの場合には、その他の要因、たとえば、売却商品の返品・係争・相殺・特典・リベート・違約金請求などによって売掛資産の残存価値が著しく下がることがある。原債務者の支払能力や受取債権価値の下落リスクの度合いや性格は、業界によって大きく異なる。さらに同じ業界でも原債務者によって異なってくる。

解説

dilute：ここでは「価値が目減りする」ことを意味する。株式でdilution（希薄化）といえば、増資などによって発行株式数が増加して、1株あたりの価値が下落すること。
warranty：品質などの「保証」。one year warranty on ...は、.「..に対する1年間の保証」。

（B）原債権者の信用リスク

　ABSやABCPの償還資源は、基本的に受取債権からの回収金に依存する。しかし、受取債権の売却者である原債権者の信用リスクを無視するわけにはいかない。仮に、返品・係争・相殺などの要因で受取債権の一部が回収できなかった場合でも、原債権者に支払い能力がある限り回収不足分の補填がなされる。しかし原債権者が支払い不能な状態に陥った時にはこれらの補填は不可能になってしまう。一般的に、原債権者の信用状態が良好なときには受取債権の回収率も良好であるが、不調になると返品や争い等の問題が発生しがちになる。特にABSやABCPの場合、受取債権をSPCに売却した後も、原債権者自身が受取債権の回収などの管理業務（administration of the receivables）をサービサーとして行なうことが多いため、原債権者が倒産などの状態に陥った場合には、受取債権の回収自体に支障を来す恐れもでてくる。さらに、原債権者がサービサーの役割を果たしている場合には、コミングリング・リスク（混合リスク＝commingling risk）に留意する必要がある。つまり、受取債権の回収金はサービサーである原債権者の口座に一旦入金されるが、原債権者が倒産した時に、原債権者の口座に残っている受取債権回収金が原債権者の資産とみなされ、一般債権者からの取りたての対象となる恐れがある。原債権者のリスクについて、Moody'sは同じレポートで、次のように述べている。

　The analysis of a program's receivables includes a consideration of the credit strength of each Seller. The bankruptcy or insolvency of a Seller can adversely affect the performance of that Seller's receivables in a variety of ways. First, the bankruptcy or insolvency of a Seller can force a continually replenished, revolving pool of receivables to start liquidating without replenishment. If that occurs, losses suffered by the liquidating pool can be much more severe, in proportional terms, than losses on the predecessor revolving pool. The financial strength of a Seller also is significant in that there is likely to be a positive correlation between the Seller's general operations and its financial condition. If a Seller's general operations deteriorate, there may be more problems with the Seller's receivables. In addition, the financial condition of a Seller is important because it measures the Seller's ability to make certain required payments, such as payments in respect of diluted receivables.

(Asset-Backed Commercial Paper：Understanding The Credit, Moody's Investors Service, April 1993)

訳例

　ABCPプログラムで受取債権の信用度を審査する際には、原債権者 (Seller) の信用リスクも検討される。原債権者が倒産や債務不履行に陥った場合、その原債権者が提供した受取債権からの資金回収にさまざまな悪影響を与える可能性がでてくる。まず、原債権者が倒産や債務不履行に陥ると、受取債権の集合体 (pool) へ新たな受取債権の補充がストップし、その結果受取債権プールは清算を始めざるを得ないことになる（清算が始まった受取債権プールを liquidating pool of receivables という）。受取債権プールの清算が始まると、受取債権の補充が継続して行われていた受取債権プール（これを revolving pool of receivables と言う）と比べ、相対的に回収率がかなり悪化する可能性がでてくる。また原債権者の営業活動と財務内容が互いに相関関係にあるという意味で、原債権者の財務面が良好であることが極めて重要になる。原債権者の営業活動が悪化すると、原債権者の受取債権にも悪影響を与えかねない。さらに、受取債権が、（返品や割り引き、リベートなどの要因で）一部回収できない状態になった時 (diluted receivables ＝ 受取債権の希薄化）には、原債権者はこの不足分の補填をしなければならないが、その意味でも原債権者の財務状況は重要である。

解説

revolving pool：資産担保証券の裏付けとなる受取債権が継続して購入できている場合を指す。
liquidating pool：原債権者倒産などの理由で、新規受取債権の購入がストップし、既存受取債権の回収金のみで発行済みコマーシャル・ペーパーの償還を行なう状態に陥った受取債権の集合体を意味する。

② 信用補完措置の構築

　以上述べた通り、ABSやABCPの信用リスクを審査する時には、受取債権の回収リスクと原債権者の信用リスクの2つのリスクを考慮しなければならない。この信用リスクを補完・軽減するために、ABSやABCPのプログラムには、次に述べるようないくつかの信用補完措置 (credit enhancement) が講じられている。

（A）Overcollateralization（超過担保）

　Overcollateralizationとは、原債権者に対する支払い額を、購入受取債権額より少なくする措置を指す。具体的なやり方を英文で読んでみよう。

第6章 証券化

　　The risk of poor credit performance on the Seller's receivables is primarily addressed through the application of a discount factor. When a discount factor is used, the Issuer advances only a fraction of the face amount of the Seller's receivables to the Seller. The discount factor typically is expressed as the greatest of ①a specified percentage, such as 5% or 10%,of the face amount of eligible receivables; ②a multiple such as 3 to 5,of the average loss-to-liquidation ratio; or ③a multiple of the standard obligor concentration limit.

(Asset-Backed Commercial Paper：Understanding The Credit, Moody's Investors Service, April 1993)

訳例

　　原債権者の受取債権の信用力が好ましくない場合には、主として受取債権を割り引くという形で信用リスクに対応する。この方法が採用される場合、資産担保証券の発行体は購入した受取債権の一部を原債権者に支払う。割引率は、①適格受取債権額面に対して5％あるいは10％といった一定率 (2) 過去の回収不能率の3～5倍 (3) 標準的な原債務者からの受取債権購入限度額の倍数のいずれか最も大きい数字、とするのが一般的である。

解説

advance：「貸し出す」とか「前貸しをする」という意味。advance draftは前払い手形。advance には、そのほか、「進歩する」「昇進する」という意味もある。advanced countryは先進国。

eligible receivables：資産担保証券の裏付けとして使用できる「適格受取債権」。具体的には、法的に問題がなく、債務不履行や倒産の状態に陥っていない債務者からの受取債権など、資金回収に問題のないものを指す。これに対して、delinquent receivablesは、資金回収がある一定期間遅延している状態の受取債権をいう。さらに、defaulted receivablesは、ある一定期間以上資金回収が滞っている状態や、原債務者が債務不履行あるいは破産手続きなどの状態に陥っている受取債権。

loss-to-liquidation ratio：「受取債権の回収不能率」。

　このように、担保資産の額面から一定額をあらかじめ、"超過担保"としておくことによって、債務者の債務不履行や、紛争・返品・相殺などといった回収不足にあらかじめ対応することができる。

(B) Subordinated debt(劣後証券)の発行

　同じ受取債権を裏付けとするABSに優劣をつけて、複数の種類の債券を発行することも、一種の信用補完といえる。たとえば、優先債券 (senior bond)、メザニン債券 (mezzanine bond)、劣後債券 (subordinated bond) に分ける。受取債権からのキャッシュフローはまず優先証券の元利金支払いに充当され、次にメザニン債、最後に劣後債に充当されることになる。優先債券は返済能力が高くなる（リスクが低くなる）ので、一般投資家でも安心して購入できる債券となるが、リターンもその分小さくなる。反対に、劣後債はハイリスク・ハイリターンとなる。このようなハイリスクの証券は投資のプロである機関投資家が購入することが多いが、原債権者自身がこの劣後証券を保有することもある。

　このように裏付け資産からのキャッシュフローの充当順位をいったん発行体 (SPC) で組みなおして、信用力の高い高格付け部分と信用力が劣る低格付け部分を作り分けることにより、投資家のニーズに合った商品の提供が可能となる。金融機関の貸出資産 (loan asset) のプールを原債権とするCLO (collateralized loan obligation＝ローン担保証券) や、債券 (bond) のプールを原債権とするCBO (collateralized bond obligation＝債券担保証券) ではこの方法を採る。一般投資家が購入しないような格付けの低い貸出債権や債券を証券化することが可能になるからである。なお、CLOとCBOを総称してCDO (collateralized debt obligation＝債務担保証券) と呼んでいる（図表6－5）。

　Collateralized bond obligation (CBO): A multi-tranche security secured by a pool of corporate securities (generally noninvestment-grade corporate bonds) or sovereign debt. Similar to the more familiar CMO, except that in a CBO the tiers or tranches are created with differing levels of credit quality. The CBO structure creates at least one tier of investment-grade bonds, thus providing liquidity to a portfolio of junk bonds.

　Collateralized loan obligation (CLO): A multi-tranche security secured by a pool of corporate loans. Similar to the more familiar CMO, except that in a CBO the tiers or tranches are created with differing levels of credit quality.
(http://www.americanbanker.com/glossary.html?alpha=C)

第6章 証券化

訳例

　債券担保証券（CBO）：会社が発行する証券（投機的格付け債券が多いが）、あるいは政府などの公的機関が発行した債券のプールを裏付けとして発行される複数のトランシェの証券。CMO（モーゲージ担保債務証書）と似ているが、CBOの場合には信用力の異なる債券の階層（トランシェ）がつくられる点がCMOと異なる。CBOでは、少なくとも1種類の投資適格債券が発行される。そうすることで、ポートフォリオにあるジャンク債の流動性が増すことになるからである。

　ローン担保証券（CLO）：企業向け貸出のプールを裏付けとして発行される複数のトランシェの証券。CMO（モーゲージ担保債務証書）と似ているが、CBOの場合には信用力の異なる債券の階層（トランシェ）がつくられる点がCMOと異なる。＜注：CMOは同じ程度の信用リスクのキャッシュフローを組み直したものであるが、CBOは信用力の異なる原債権のキャッシュフローを組み直したものという相違点がある。＞

解説

- ***tranche***：日本語に訳さず、「トランシェ」とそのまま言うことが多い。同じ受取債券を裏付けとして複数の種類の債券を発行する場合に、それぞれの債券を「トランシェ」と呼ぶ。
- ***noninvestment-grade corporate bonds***：「投機的格付けの社債」。「非適格社債」ともあるいは「格付けの低い社債」とも訳せよう。いずれにしても一般投資家が購入してもそれほど心配が要らない投資適格債ではない債券をいう。投資適格債（investment grade bond）とは、有力な信用格付け会社の格付けでBBB（Baa）以上の格付け

図表6-5　CLO

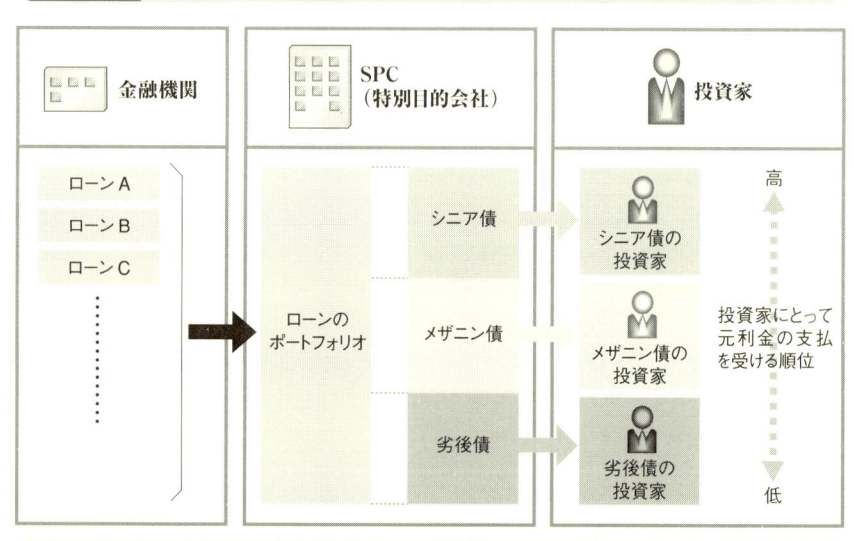

出所：野村證券『証券用語解説集』http://www.nomura.co.jp/terms/c/clo.html

がついた債権を指す。
- ***sovereign debt***：国の政府が発行した国家リスクの債券を指す。そのままソブリン債ということも多い。
- ***CMO***：collateralized mortgage securities（モーゲージ担保債務証書）。CMOはMBS（モーゲージ担保証券）が発達した形態。MBSの場合には、原資産（underlying asset）である住宅ローンからの返済キャッシュフローがそのままMBSの所有者にパスされる（pass through）が、CMOの場合には、いったんキャッシュフローをCMO発行体が組みなおして、短期から長期まで期間の異なる数種類の債権を発行する。このようにして返済時期の不確定性を軽減することが可能となった。MBSをパス・スルー証券（pass-through securities）、CMOをペイ・スルー証券（pay-through securities）と呼ぶ。
- ***junk bond***：信用リスクの高い（つまり信用格付けの低い）債券。「がらくたのような債券」という意味からこのように呼ばれる。現在では、ハイリスク・ハイリターン債券は、ジャンク債とは呼ばず、高利回り債（high yield bond）と呼ばれる。
- ***liquidity***：「流動性」。ここでは、ジャンク債をCBOに組み込むことで、単体では売買が困難であったジャンク債の売買を容易にすることが可能になるという意味。

（C）Credit Facility（支払い保証）

超過担保やその他の信用補完措置が機能しても、それ以上に回収不能額が大きくなることもあり得る。その場合の最後の砦（last resort）として、金融機関などによる「信用保証」がある。ABSやABCPの発行額全額について信用保証が付くケースもあるが、一般的には発行額の一定率まで保証するという形となる。この信用保証比率は受取債権（receivables）や原債権者（originator）の信用度によって異なってくるが、ABSやABCP発行総額の10〜15%が一般的なレベルであろう。なお、信用保証の場合、信用保証を行なう金融機関の格付けにも留意する必要がある。格付けの低い金融機関の保証では投資家も安心してABSやABCPを購入できないし、格付け会社から高い格付けを期待することもできない。信用保証に関して、前述のMoody'sは次のように定義している。

The role of the credit enhancement facility is to be the last line of defense protecting investors from losses or delays in payment. Before the credit enhancement facility is used, other measures should have been exhausted in attempting to prevent a loss or delays in payment. For example, with respect to the credit risk of receivables, an Issuer will frequently advance to a Seller only a fraction of the face amount of the Seller's receivables. If the Issuer advances 90% of the face amount, the receivables can suffer losses of up to 10% before the Issuer will be faced with a shortfall and will be required to use the credit enhancement facility. Similarly, with respect to liquidity risk, if receivables do not pay off as rapidly as expected （but have not otherwise become doubtful） the liquidity facility should provide sufficient funds in respect of those receivables so that the Issuer can retire maturing ABCP in a timely manner.

(Asset-Backed Commercial Paper：Understanding The Credit, Moody's Investors Service, April 1993)

訳例

　信用保証枠は、受取債権の回収損失や回収遅延などのリスクから投資家を保護する最後の砦の役割を果たす。回収損失や遅延リスクを軽減するための措置がすべて使い果たされた後に初めて信用保証枠が使用される。たとえば、ABCP発行体は、多くの場合、原債権者に対し受取債権の額面の一部しか支払わない。仮に担保資産の90％しか原債権者に支払っていない場合、10％以上の回収不足が発生しない限りABCPの償還不足は発生せず、信用保証枠を使う必要もない。同様に、受取債権が予定通り回収されないという流動性リスクが発生した場合でも、それが債務不履行のような信用上の問題でない限り、ABCP発行体が、期日が到来するABCPの償還を期日通りに行なうことができるように、流動性保証枠が資金を供給しなければならない。

（D）Cash collateral（現金担保）

　受取債権の回収不足に備え、あらかじめ一定額の現金を担保として徴求する方法。現金は最も確実な信用補完措置であり、ある一定の比率でABSやABCPプログラムに組み入れるのが一般的といえよう。

第8節 証券化のテクニック3 ── 流動性リスク

　主として短期の証券であるABCPプログラムで留意すべきリスクが流動性リスク（liquidity risk）である。ABCPの場合、受取債権の回収が順調に行なわれ、またABCPが順調に繰り返し発行され続ける限り、原債権者は資金を回転して調達し続けることができる。米国のABCPの市場規模は膨大であり、ABCPが発行できなくなるという事態はまず起こらないと考えても良い。しかし、何らかの理由で市場が混乱する事態が発生したときには、一時的に短期金融市場が機能しなくならないとも限らない。このように、市場の混乱などによって新しいコマーシャル・ペーパーが発行できず、このため満期が到来したコマーシャル・ペーパーの償還が一時的にできなくなる状態を流動性リスクという。流動性リスクが発生したときの備えとして、流動性保証枠（liquidity facility）が付与される。流動性保証枠は格付けの高い銀行が提供し、ABCP発行残高全額をカバーするのが一般的である。

　信用リスクをカバーしないという点が流動性保証枠の特徴である。あくまでも一時的な短期金融市場の混乱など市場の流動性リスクのみをカバーする。したがって、あらかじめ流動性保証枠が使用される条件が明確に規定される。さらに、流動性リスクを軽減する目的から、一日当たりのABCP償還額に上限を設定するケースも多く見られる。

　以下の英文は、格付け会社（Fitch IBCA、現Fitch Ratings）によるABCPに関するレポートから抜粋したものである。流動性保証枠に関して簡潔に解説されているので、英文で理解してみよう。

　Liquidity support is an integral part of every ABCP program and is an important element of Fitch IBCA's program review. In many cases, the program's rating reflects the credit quality of the liquidity providers. While credit enhancement covers asset defaults and dilution, liquidity providers commit to making funds available to the conduit for reasons other than credit deterioration of the portfolio assets to ensure timely repayment to noteholders. Such events may include market disruptions, an issuer's inability to roll the CP, or asset/liability mismatches.

　Typically, maturing CP is repaid through either cash collections from port-

folio assets or proceeds of new CP issuance. External liquidity would be critical any time new CP issuance is disrupted. Furthermore, during the program's liquidation, external funds are needed to cover the mismatch between receivables collections and maturing CP obligations. External liquidity replaces or supplements the collections of the program's assets, ensuring that CP will be repaid in full and on time.
(Understanding Asset-Backed Commercial Paper, Asset-Backed Special Report, FitchIBCA, http://www.securitization.net/pdf/UnderstandingABCP.pdf)

訳例

　流動性の保証はすべてのABCPプログラムで不可欠な部分であり、Fitch IBCAがABCPプログラムの格付け審査を行なう際の重要な要素である。多くの場合、ABCPプログラムの格付けは流動性の提供者の信用力を反映する。信用補完は（ABCPプログラムの）裏付け資産のデフォルトや価値の低下を補完するが、流動性の提供者は、裏付け資産の信用悪化による支払い不能のケースを除いて、CP保有者に対して約束通りの返済を行なうことを確実にする目的で資金供与を約束する。例えば、市場の混乱、CP発行体がCPを借り換え発行できない状況、裏付け資産の回収時期とCPの返済期限のミスマッチなどが流動性保証の対象となる。

　一般的に、期限が到来するCPの返済は、裏付け資産から回収した現金あるいは新たなCPの発行資金でなされる。外部からの資金供与は、（市場の混乱などの理由で）新規のCP発行が困難な状況で重要な役割を果たす。さらに、ABCPプログラムを清算する際にも、裏付け資産の回収時期とCPの返済時期のミスマッチをカバーするために外部資金が必要となる。外部資金による流動性保証は、ABCPプログラムの裏付け資産の回収を代替したり補完したりすることで、CPがスケジュール通り全額返済することを確実にする。

解説

- ***liquidity support***：「流動性のサポート（保証）」つまり、CPの予定通りの返済を確保するために資金を提供することを意味する。
- ***Fitch IBCA***：Fitch IBCA（現Fitch Ratings）は、Moody's Investors ServiceやS&Pと並ぶ有力な信用格付け会社。
- ***program review***：ここでいうreviewは「信用格付け審査」のこと。
- ***credit quality***：creditにはいろいろな意味があるが、ここでは返済能力（信用力）を意味する。credit qualityは直訳すると「信用の質」であるが、「信用力」と訳せよう。
- ***conduit***：conduitは「導管」であるが、ABSやABCPを発行するSPC（special purpose company）は投資家（investor）と裏付け資産を売却する原債権者（originator）をそのまま繋ぐ導管の役割を果たすのでこのように呼ばれる。
- ***portfolio assets***：portfolioは「投資銘柄リストを挟んだ紙ばさみ」から転じて、「分散された証券や資産の集合体」を意味する。日本語でも「ポートフォリオ」とそのまま訳される。

defaults and dilution：defaultは「債務不履行、あるいはデフォルト」、dilutionは「価値の低下、あるいは希薄化」。ここでは、ABCPの裏付け資産から資金を回収できない(default)か、一部しか回収できない(dilution)状況をいう。

asset/liability mismatches：「資産の運用と資金調達のミスマッチ」。資金調達とその資金の運用の期間を一致させておかないと、金利変動リスクにさらされることになる。例えば、6カ月ごとに資金調達を繰り返しながら5年の固定金利(年率3％)の債券を購入した場合、仮に6カ月ものの金利が2年後に年率5％に上昇すると、その時点で2％の逆ザヤ(negative spread)となる。このように、運用と調達の期間が一致していない状態を「資産の運用と資金調達のミスマッチ」という。

proceeds：proceedsは通常複数形として使い、「結果、収穫、売上金」などの意味があるが、ここでは「CP発行代わり金」。

第9節 証券化テクニック4 ── 仕組み上のリスク

　ABSやABCPは、今まで何度も述べてきたように、原債権者がSPCに売却した受取債権から生じる将来の回収金を返済原資としている。したがって、原債権者やSPCのスポンサーが将来倒産などに陥った場合、原債権者やスポンサーの債権者や破産管財人が、SPCが保有している受取債権を差し押さえないかという懸念がでてくる。この懸念を払拭するためには、原債権者やスポンサーが仮に倒産した場合でも、受取債権が誰からも差し押さえられず、引き続きSPCによって保有され、当該受取債権の回収金でABSやABCPの償還ができる仕組みを構築する必要がある。そのためには、いくつかの措置を講じる必要がでてくる。

① 倒産隔離(Bankruptcy Remote)

　1つは、原債権者やSPCのスポンサーとは法的に全く別個の存在(倒産隔離)として、SPCを設立することである。SPCを原債権者やスポンサーから倒産隔離する方法として、原債権者やスポンサーの関係者がSPCの株主や役員にならないなどの措置を採るのが一般的である。この点について、前述のMoody'sのABCPに関するレポートは以下のように述べている。

　The key structural risk is that an Issuer will become entangled in a bankruptcy proceeding. Ideally, the Issuer's affairs should be arranged so that the Issuer neither (1) will not be drawn into another entity's bankruptcy proceeding (under the theory of substantive consolidation) nor (2) will become the subject of its own bankruptcy proceeding.

To minimize the risk that the Issuer could be consolidated into the Sponsor in the event of the Sponsor's bankruptcy, the Issuer often is established as a so-called orphan subsidiary. That is, the Issuer technically is owned not by the Sponsor but by an independent third party (such as a commercial paper dealer or persons associated with a commercial paper dealer). The prevailing view among the major law firms that work on ABCP programs appears to be that this ownership arrangement makes the likelihood that the Issuer would be consolidated into the Sponsor, in the event of the Sponsor's insolvency, extremely remote.

(Asset-Backed Commercial Paper: Understanding The Credit, Moody's Investors Service, April 1993)

訳例

　主たる仕組み上のリスクは、ABCP発行体が破産手続きなどに巻き込まれることである。(1) ABCP発行体が破産した会社と実質的に同一体とみなされて、その破産手続きに巻き込まれないような仕組みや (2) SPC自身が破産しないような仕組みを構築することが理想的である。スポンサーの破産の際にスポンサーと実質同一体とみなされるリスクを最小限にするために、ABCP発行体は多くの場合、いわゆるorphan subsidiary（孤立した子会社）として設立される。つまり、技術的にはABCP発行体の株主はスポンサーではなく、他の第三者、たとえば、CPのディーラーとかCPディーラーの関係者などがなる。ABCPプログラムに関係した大手弁護士事務所の大方の見解では、上記のような株主構成を採っている限り、スポンサーが倒産や債務不履行に陥ったとしても、ABCP発行体がスポンサーと実質的に同一体とみなされる可能性は極めて小さいとしている。

解説

bankruptcy proceeding：「破産手続き」。proceedingは訴訟手続き。bankruptcy administratorは破産管財人。
theory of substantial consolidation：表面的には別会社の形態をとっていても、実質的に同一体とみなされること。「実質的連結理論」
orphan：字義的には「孤児の」という意味だが、ここでは「孤立した」という意味。

② 真正売買と第三者対抗要件（True Sale and Perfection）

　もう1つは原債権者からSPCへの受取債権の売却を、第三者対抗要件（perfection of interests against third parties）を備えた完全な売却（真正売買＝true sale)とすることである。つまり、原債権者からSPCに受取債権の所有権が完全に譲渡される、言いかえれば、原債権者はその受取債権に対してなんら所有権を持たない形をとることが重要となる。そのためには、法律にしたがって債権譲渡が行われたことを原債務者に通知するなどの手続きを取る必要がある。なお、1998年6月に成立した「債権譲渡の対抗要件に関する民法の特例等に関する法律」によって、従来必要であった債務者への通知をしなくても、登録をするだけで第三者対抗要件が具備されるようになっている。ただその場合でも、注意を要する点がある。相殺（off set）の問題である。新しい法律に基づいて譲渡資産の明細を登録すると第三者に対する対抗要件を具備するが、受取債権の原債務者に対する対抗要件にはならない。つまり、原債務者と原債権者との間でお互いの債権・債務を相殺できる契約が存在する場合には、受取債権がSPCに売却された旨を原債務者に正式に通知しない限り、原債務者は債権・債務を相殺する権利を有する。相殺権が行使されると、受取債権の回収金が減少することにもなりかねない。原債務者も含めて対抗要件を備えるためには、原債務者への正式な通知が必要となる。この点についても、1999年2月のMoody'sのレポートから英文で読んでみよう。

　Under Japanese law, an obligor has the right to apply amounts held by the originator in the name of that obligor (such as amounts deposited in savings accounts) against the out-standing balance of a loan. If an obligor invokes that right following the insolvency of the originator, deposited amounts would likely be trapped in the originator's bankruptcy estate. Setoff risk can be sized by notifying obligors of the sale of the receivable. However, in instances where obligors have not been notified, the outstanding receivables pool could be reduced by any amounts held by the originator for the benefit of the obligors.
(1998 ABS Year Review and 1990 Outlook: Japan's Asset-Backed Securities Market Gains Momentum, Moody's Investors Service, February 25, 1999)

訳例

　日本法では、原債務者が原債権者に対して、債権（たとえば、銀行が原債権者の場合の預金に相当する）を持っている場合、原債務者は、その債権（預金）と同じ金額だけ、債務（銀行から借りている借入金）を相殺する権利がある。もし原債務者が原債権者の倒産の際にこの相殺権を実行すれば、その部分（預金相当額）が原債権者の破産財産の中に組み入れられてしまうことになる。相殺リスクは、受取債権を売却した旨原債務者

に通知することによって回避できる。しかし、原債務者への通知がなされなかった場合には、受取債権プールは、原債務者の原債権者に対する債権額だけ減少することにもなりかねない。

> **解説**
> ***perfection***：字義通りでは「完全」とか「完璧」の意味。ここでは「第三者対抗用件を備える」ことを指す。
> ***monetary assets***：「金銭債権」。monetary は「金融上の」とか「通貨の」という意味。たとえば、monetary authority は、「金融当局」、monetary control は「金融調節」。
> ***filing system***：「申告」とか「届け出」。ここでは、「届け出制度」。
> ***bankruptcy estate***：「破産財産」。estate は「所有するすべての資産と負債」という意味がある。real estate は「不動産」。

③ SPCの活動制限（Restricted SPC's Activities）

3番目の留意点として、SPC自体がABSやABCPにかかわる行為以外の予期せぬ要因で倒産しない仕組みを構築することが挙げられる。SPC自体が倒産したのでは、このABSやABCPの中核が揺らぐことになるからである。基本的には、SPCの活動をABSやABCPに関連するものに限定することでこのリスクを回避する。これについてもMoody'sのレポートを読んでみたい。

With regard to the risk that the Issuer could become the subject of its own involuntary bankruptcy proceeding, the most common protective measure is the establishment of the Issuer as a special-purpose corporation. The Issuer typically is restricted by its organizational documents from engaging in any activities other than (1) issuing ABCP, (2) acquiring interests in receivables, and (3) engaging in activities incidental to those functions. The limitations on the Issuer's activities are intended to limit the risk that the Issuer will incur unforeseen liabilities that might create a basis for an involuntary proceeding.

(Asset-Backed Commercial Paper: Understanding The Credit, Moody's Investors Service, April 1993)

> **訳例**
> ABCPの発行体が自分自身の債務不履行によって破産するリスクに関して一般的に用いられている方法が、ABCP発行体を特別目的会社として設立することである。一般的には、会社規定としてABCP発行体の活動を、(1) ABCPの発行、(2) 受取債権の取得、

(3) 上記の活動に付随する活動、に限定する。ABCP発行体の活動制限は、発行体自体が破産状態に陥るような予期せぬ債務を負うリスクを制限することにある。

第10節　ABSやABCPのメリット

今までの説明で、読者の皆さんもABSやABCPの基本について理解されたと思う。この節では、皆さんが顧客にABSやABCPを売り込んでいくとき、どんなメリットを強調すればいいのか、英文も交え考えていきたい。ここでは、米国のABCP発行体（Conduit B）を使って、顧客Aの資産を証券化する場合の、顧客Aにとってのメリットが列挙されている。

Major benefits to Company A
1. Cost efficient financing mechanism.
2. Provides a flexible and alternative funding sources for Company A.
3. Meet off balance sheet requirement for Company A.
4. Achieve better and more efficient use of A's balance sheet delivering improvements in ROA, ROE.
5. Reliable access to appropriately rated commercial paper funding, thereby diversifying A's funding base.
6. Preservation of existing credit limits with banks, as use of Conduit B provides anonymity of funding (commercial paper is issued in the name of the conduit B)

訳例

A社にとっての主たるメリット
1. 有利なコストでの資金調達スキーム
2. A社にとって柔軟性があり、代替的な資金調達方法
3. オフ・バランス化の要請に対応
4. ROAやROEの改善を実現するバランス・シートの有効的活用
5. 適切な格付けを得たコマーシャル・ペーパーによる資金調達への確実なアクセス手段であり、その結果、資金調達の多様化につながる
6. A社の既存の銀行借入枠の維持（資金調達はABCP発行体である導管体Bによって行なわれ、A社の名前は表面には出てこない）

ここでは、A社にとっての主要なメリットをいくつか挙げている。
　まず、資金調達コストが低い、つまり低利で資金調達ができるというメリットがある。Moody'sやS&Pなど著名な格付け会社による信用格付けが、資金調達コストに及ぼす影響は近年大変大きくなっている。バブル経済崩壊以降、多額の不良資産や株式の含み損などから日本の金融機関や日本企業に対する信用格付けは大きく下落したが、これが調達コストの上昇につながった。しかし、ABCPの場合には、高い格付けを得ているABCP発行体が直接米国のCPマーケットでCPを発行するので、極めて低いレートでの資金調達が可能となる。その結果、ABCP関係費用を差し引いても、A社自身が調達するより低コストで資金調達ができる。A社の格付けが低いほどこのメリットは大きくなる。同じことは期間1年以上のABSにもあてはまる。格付け会社から高い格付けが取得できるような仕組み（受取債権プールの内容、信用補完措置など）をつくることが、低コスト調達の基本といえよう。
　またABSやABCPは、A社の資産規模や資産内容に見合った仕組みを設定することが可能であり、A社のニーズに合ったテイラー・メイドの資金調達手段といえる。
　資産と負債をバランス・シートから落として（オフ・バランス化＝off balance sheet）、財務内容の改善をはかることが、最近とくに重要になっている。資産の大きさではなく、総資産利益率（return on assets＝ROA）や株主資本利益率（return on equity＝ROE）などで表される財務指標が重要視されるようになったのである。バランス・シートに計上されないということは、それだけ財務体質がスリムになり、財務体質の健全化に寄与することになる（図表6－6）。
　さらに、資金調達手段が多様化するメリットも期待できる。ABCPやABSでは、原債権者であるA社の名前は表面に出てこない。したがって、既存の銀行借入枠に影響を与えることもなく、むしろ新たな資金調達源が増えることになる。ABCPやABSは多くの企業にとって資金調達手段の多様化に寄与する商品ともいえる。
　以上のように、ABSやABCPの利用者はさまざまなメリットを享受できる。しかし、いくつか留意すべきデメリットにも触れておく必要があるだろう。
　まず銀行借入に比べ手数がかかることだ。受取債権の中からABSやABCPの裏付け債権として適格なものを抽出する作業、SPCを設立する作業、格付け会社に提出する資料作りなど、多大な時間と労力が要求される。さらに、発行までのコスト（弁護士費用、幹事費用など）も少なくない。したがって、ある程度以上の規模でABSやABCPを発行しない限り、諸費用や時間・労力を加味した

最終コスト面でメリットを得られないこともあり得る。5億円や10億円の規模だと証券化のメリットを充分に得ることができないかもしれない。いずれにしても、あらかじめ全体のコスト分析をしておくことが肝要となる。

　しかし、最近になって、中小企業が証券化商品のメリットを享受できるような仕組みづくりが進展している。1つは中小企業金融公庫による証券化支援業務の開始である。2004年7月1日の改正中小公庫法の施行を受けて、中小企業への無担保資金の供給の円滑化を図る目的で、中小公庫が証券化手法を活用した仕組みを提供するようになったのである（詳細は中小企業金融公庫のWebサイトを参照）。もう1つが、日本銀行による中小企業向け貸出債権の資産担保証券の買取りである。2003年6月11日付けで公表された日本銀行政策委員会・金融政策決定会合の声明によると、「中央銀行が民間の信用リスクを直接負担することは異例であるが、わが国の金融機関の信用仲介機能が万全とはいえない現状においては、時限的な措置として買い入れを行なうことを通じて資産担保証券市場の発展を支援し、金融緩和の波及メカニズムを強化することは意義がある」と資産担保証券買取りの目的を述べている。同声明には、資産担保証券の買取り基準も定義されているが、そこでは原資産（裏付け資産）として、「資本金10億円未満の中堅・中小企業（正常債権）向けの関連資産が金額ベースで50％以上」と明記されている。以下の英文は日本銀行のWebサイトの「政策委員会・金融政策決定会合」の中の「資産担保証券の買入れとその考え方について」(2003年6月11日) に記載された買い取り基準から一部を抜粋したものである。

図表6-6　オフ・バランス化

売掛金200億円の証券化実行前

（億円）

資産		負債	
売掛金	300	借入金	400
その他	400	その他	200
流動資産計	700	流動負債計	600
		固定負債	200
固定資産	300	資本金	200
総資産	1000	総負債＋資本金	1000

自己資本比率　20%

売掛金200億円の証券化実行後

（億円）

資産		負債	
売掛金	100	借入金	200
その他	400	その他	200
流動資産計	500	流動負債計	400
		固定負債	200
固定資産	300	資本金	200
総資産	800	総負債＋資本金	800

自己資本比率　25%

Outline of the Outright Purchase Scheme for Asset-Backed Securities

Underlying assets
- Underlying assets shall be those deemed to contribute to smooth financing of small and medium-sized enterprises. The eligible assets shall not be limited to loans or receivables.
- 50 % or more of the value of underlying assets shall be composed of assets related to small and medium-sized enterprises (i.e. enterprises with capital of less than 1 billion yen).
- When underlying assets are pools of bank loans, their borrowers shall be those classified as "normal" based on the FSA's examination manual through banks' self-assessment of loan portfolio.

(http://www.boj.or.jp/en/seisaku/03/pb/k030611b.htm)

日本銀行「政策委員会・金融政策決定会合」による声明文原文

資産担保証券買入スキームの骨子
裏付資産に関する要件
- 裏付資産の種類は売掛債権および貸付債権に限定せず、中堅・中小企業金融の円滑化に資すると認められるものを幅広く対象とする。
- 裏付資産に占める中堅・中小企業（＝資本金10億円未満の会社）関連資産の割合が、金額ベースで5割以上であること。
- 裏付資産が金融機関の貸付債権である場合には、その債務者が金融検査マニュアルに定める「正常先」に分類されているものであること。

（http://www.boj.or.jp/seisaku/04/seisak_f.htm）

解説

underlying assets：ABSの裏付けとなっている「原資産」。
normal：「正常先」。銀行は貸出債権の返済の可能性に応じて、4つに取引先を分類している。
　（1）normal borrowers（正常先）；（2）borrowers needing attention（要注意先）　（3）borrowers in danger of bankruptcy（破綻懸念先）　（4）de facto bankrupt and bankrupt borrowers（実質破綻お呼び破綻先）

---

[55] http://www.chubu.meti.go.jp/chuki/pickup/pickup20040804.htm

第11節 ターゲット企業と営業戦略

　今まで見てきたように、流動化にはさまざまなメリットがある。本節では、具体的にどのようなターゲット企業にどのような証券化営業戦略をたてるべきか、基本的なポイントについて述べてみたい。
　まず、対象資産。これは、将来キャッシュフローを生む資産であれば、極端にいえば何でも対象資産になり得る。ターゲット別にみると、以下の資産が対象資産として挙げられる。

　ターゲットの顧客が金融機関であれば、
　・住宅ローン（residential mortgage loan）
　・商業貸付金（commercial loan）
　・消費者ローン（自動車ローンなど）（consumer loan）
　・クレジットカード資産（credit card receivables）
　・リース債権（lease receivables）など

　ターゲットの顧客が事業法人であれば、
　・売掛金（trade receivables）
　・約束手形（promissory note）
　・自社保有ビルなどの不動産（commercial real estate）
　・オフィスなどを賃借した際に積んだ保証金（deposit）

　証券化のメリットやアプローチもターゲット顧客により異なってくるので、その点を留意しながら営業を推進する必要がある。
　まず、金融機関の場合、大手銀行とその他の金融機関で少しアプローチが異なってくる。大手銀行の場合には、国際業務を行なうのに必要な8%の自己資本比率を確保し、またROA、ROEを改善し高い格付けを取得することが必要となっている。その意味で証券化を通じたオフ・バランス化に対する需要はかなり強い。国内の貸付け債権や住宅ローン、さらに海外支店が保有している貸付債権などが格好の証券化対象資産となる。対象資産の規模も大きく、1案件あたり数億ドルになるケースも少なくない。
　一方、中堅の銀行の場合、小口の消費者ローンや住宅ローンなどが対象資産となり得るが、大手銀行に比べ、ROEや自己資本比率がそれほど差し迫った問

第6章 証券化

ABCPの概要

Structure Summary

Rating :	Prime-1
Issuer :	ABC Company
Securities :	Asset-backed commercial paper
Program type :	Partially supported multi-seller asset purchase facility
Amount :	Up to US$10billion
Administrator :	XYZ Bank
Assets :	Trade receivables
Dealers :	DEF Securites Company
Sellers :	Multiple sellers
Minimum Rating :	Baa3 or equivalent
Maximum Size :	US$500million

Program Credit Enhancement

Credit Support :	Cash collateral accounts (30%) and XYZ Bank Letter of Credit (70%) together cover up 10% of outstanding ABCP
Liquidity Support :	100% of outstanding ABCP less the amount of the cash collateral account ; supplied by XYZ Bank
Type :	General program-leve liquidity agreement
Funding Basis :	Outsanding ABCP; not available to fund against a loss
Liquidity Outs :	Program credit enhancement reduced to $0
	ABC Company is bankrupt

【訳例】

発行形式の要約

格付け：	Prime-1
発行人：	ABC会社
証券：	資産担保コマーシャル・ペーパー
ABCPの種類：	複数の原債権者から受取債権を購入しそれに基づいてABCPを発行する。部分的な信用保管機能がABCPに備えられている
発行額：	100億ドル以内
ABCP管理者：	XYZ銀行
ABCP担保資産：	売掛債権
ディーラー：	DEF証券会社
原債権者（Seller）：	複数
原債権者の最低格付け：	Baa3相当
１原債権者当たりの受取債権購入最大額：	5億ドル

ABCPプログラムに付随する信用保証枠

信用保証：	現金担保（30%）、およびXYZ銀行信用状（70%）合計で、ABCP発行残高の10%までの信用事由による債務不履行を補填
流動性保証：	ABCP発行残高から現金担保額を差し引いた金額に対し流動性保証がXYZ銀行より供給される
種類：	ABCPプログラム全体に適用
適用：	ABCP発行残高に対して適用される。ただし信用事由による損には適用されない
流動性保証停止条件：	信用保管措置額が全額使用された場合 ABC発行体の破産

題でもないので、今のところ大手銀行ほど強い需要はないと考えられる。しかし、ノン・バンク金融機関は、現状の銀行の貸し渋りによる資金調達不安という懸念もあり、資金調達手段の多様化に対する需要は強い。中堅銀行やノン・バンクの場合、対象資産がどうしても小口化するので、対象資産の慎重な選定（過去の回収率、事故率などから判断）や信用補完措置の構築が必要となる。

事業法人の場合も、大手優良法人とその他の法人で証券化の目的が異なってくる。大手優良法人は、銀行借入枠も大きく債券発行などその他の資金調達手段も有している。調達コストも高くないケースが多い。しかし、これら大手優良法人でも、高い格付けを維持するためには良好なROAやROEを達成しなければならない。その観点から、利回りの低い資産（不動産など）や売掛債権などを証券化することによって、オフ・バランス化を図ることに魅力を感じるはずである。一方、中堅・中小企業の場合には、優良資産を証券化することによって低い調達コストを実現することや資金調達手段の多様化が主目的となる。ただ、この場合、原債権者リスクが問題となる可能性も否定できないので、対象資産の選定、信用補完措置などを慎重に検討しなければならない。対象資産としては、大手企業への売掛債権、保有優良不動産、保証金などが挙げられよう。

第12節 条件表(Indicative Term Sheet)

この章の総括として、ABCPの条件表のうちの主要部分を読んでみよう

Receivables:
Unsecured non interest bearing monetary obligations due under an agreement between the Seller and certain of its corporate customers（trade receivables）.
受取債権：
原債権者（Seller）とその顧客との間で約定された、無担保で金利のつかない金銭債権（売掛債権）

Purchase Price:
XYZ will pay the Seller an amount equal to the outstanding balance of the trade receivables discounted by an amount sufficient to cover credit enhancement and the transaction funding costs.

購入価格：
売掛債権の表面額から信用補完に十分な金額と調達コストを割り引いた残額をXYZはSellerに支払う。

Liquidity Facilities:
XYZ shall at all times have the benefit of Liquidity Facilities in an amount equal to 100% of the outstanding commercial paper at any time. The Liquidity Facilities will oblige the providers (the 'Liquidity Banks') to make loans to XYZ to cover shortfalls in funds available to pay maturing commercial paper in the unlikely event of asset / liability mismatches or due to disruptions in the commercial paper market.

流動保証枠：
XYZは、コマーシャル・ペーパー（CP）発行残高全額をカバーする流動性保証枠を備えている。流動性保証銀行は、通常起こり得ないような調達・運用のミスマッチやCP市場の混乱のために、CPの満期時に資金不足が生じた場合に貸出を行なう。

Credit Enhancement:
The deferred portion of the purchase price (15% of the face value) will provide credit Enhancement.

信用補完：
受取債権の購入価格の一部（表面額の15%）を後払いすることによって、信用補完を行なう。

Credit Support:
Credit Support of X% of the outstanding Purchased Receivables Balance minus the Credit Enhancement will be available from DEF Bank to provide loss protection after the Credit Enhancement.

信用保証：
受取債権購入総額から信用補完額を差し引いた金額のX%相当額の信用保証枠がDEF銀行から供与される。この信用保証枠は、信用補完額が全額使用された後に有効となる。

Eligible Trade Receivables:
Eligible Trade Receivables are defined as including the following;
  (i) they have been generated in the ordinary course of business by the Seller ;
  (ii) they have been warranted by the Seller on the date of sale not to be in Default or Delinquent;
  (iii) they are not in dispute or subject to rights of set-off or other claim;
  (v) they are generated under an agreement duly authorized by the Seller which constitutes a legal, valid and binding obligation;
  (vi) such others as to be agreed.

適格売掛債権：
  (i) 通常の商行為から生じた売掛債権
  (ii) 売却時点で債務不履行の状態にないことをSellerが保証している売掛債権
  (iii) 係争や相殺、その他のクレームがつけられていない売掛債権
  (v) 法的に有効な契約のもとで行なわれた受取債権
  (vi) その他合意された受取債権

Delinquent Receivable:
A Delinquent Receivable is defined as a receivable, excluding a Defaulted Receivable, under which payment is unpaid x days past the original due date in whole or in part.

支払い遅延売掛債権：
売掛債権の当初の予定満期日をX日以上経過しても、全額または一部の支払いがなされていないものを支払い遅延売掛債権と定義する。ただし、債務不履行売掛債権は除く。

Defaulted Receivable:
A receivable (a) which remains unpaid for more than [X] days from the due date, or, (b) the obligor of which is unable to pay its debts or against whom any legal proceeding or administration / insolvency event shall have been instituted.

債務不履行売掛債権：
(a) X日以上支払いがなされていない受取債権、または (b) 原債務者が債務を履行できない状況か、原債務者に対して何らかの訴訟手続きや破産などが発生した場合、債務不履行売掛債権と定義される。

Events of Termination:
Upon an Event of Termination, purchases will cease and all collections will be applied to reduce outstanding Programme amounts. Events of Termination will include, without limitation, the following;
> (i) failure of any Seller or Servicer to make payment when due, which failure remains unremedied for [X] business days;
> (ii) a material Servicer default occurring as detailed in the Servicing Agreement;
> (iii) a material breach of any representation, warranty or covenant contained in the transaction documentation;
> (v) as of any Calculation Date, the Delinquency Ratio exceeds [X]%;
> (vi) as of any Calculation Date, the Default Ratio exceeds [X]%;
> (iv) the filing of a petition of bankruptcy or similar proceeding by or against any Seller or Servicer.

ABCPプログラム期限前解約条項：
ABCPプログラム解約条項に相当する事態が発生した場合、新規受取債権の購入は打ち切られ、購入済の受取債権からの回収金はすべてABCP（資産担保コマーシャル・ペーパー）の支払いに充当される。期限前解約条項は以下の事項を含む（ただし、以下の事項に限らない）。
> (i) 支払期日に、原債権者またはサービサーが支払いを履行せず、支払い不履行の状態がX日以上継続した場合
> (ii) Servicer Agreementに規定されているような「サービサーの重大な不履行」が生じた場合
> (iii) 本件契約書に陳述、保証、誓約されている事項に違反があった場合
> (v) 計算日時点で、支払い遅延率がX%を超えた場合
> (vi) 計算日時点で、債務不履行率がX%を超えた場合
> (iv) 破産申し立てや同様の申し立てが、原債権者またはサービサーからなされた場合、また、原債権者またはサービサーに対してなされた場合

第7章

デリバティブ

第7章　デリバティブ

第1節　巨大なデリバティブ・マーケット

　IT（情報通信）の目覚ましい発展を背景として、企業活動がグローバル化するだけでなく、活動内容もより一層多様化・複雑化した。このため、多様化・複雑化したリスクのコントロールが重要な経営要素になったが、1970年代に登場したデリバティブ（derivatives）が多様化・複雑化するリスク管理に威力を発揮することになった。

　デリバティブとは、先物（futures）、先渡し（forward）、オプション（option）、スワップ（swap）を総称したものである。先物や先渡しは、金利（interest rate）や株（stock, equity）などの金融商品（financial instruments）を将来の特定時点であらかじめ合意した価格で取引をする契約をいい、オプションとは、金融商品をあらかじめ合意した価格で将来買ったり売ったりする権利をいう。また、スワップとは、異なる金融商品やキャッシュ・フローをあらかじめ合意した条件で交換する契約をいう。つまり、将来の取引価格を現時点で確定することができるのがデリバティブの特徴であり、そのため将来の不確実性（リスク）のヘッジ手段として有効となる。

　デリバティブの原型は、16世紀に欧州で行われていた商品先物取引や江戸時代の大阪堂島の米の先物取引だといわれているが、現在広く利用されている金融商品をベースとしたデリバティブの歴史は比較的新しく、1970年代に軍事産業の縮小によって金融機関に転職したロケット・サイエンティストによって開発された。デリバティブ市場はその後大きく発展し、以下のBIS（国際決済銀行）のレポートにあるように、取引所経由で行なわれる取引（exchange-traded contract）も、取引所外で相対で行なう店頭（OTC）デリバティブ取引（over-the-counter derivatives）も、いずれも着実に拡大しており、いまや巨大な市場となっている[56]。

　The aggregate turnover of exchange-traded financial derivatives contracts monitored regularly by the BIS returned to growth in the first quarter of

---

[56] 先物やオプションなどのデリバティブ取引には、証券取引所や金融先物取引所などの取引所(organized exchange)経由で行なうデリバティブ取引と、取引所を経由せずに直接取引を相対で行なう店頭（OTC）デリバティブ取引がある。店頭デリバティブ取引は、取引所取引より条件設定に柔軟性があるが、取引相手の信用リスク（counterparty credit risk）など取引リスクは取引所取引に比べリスクは高い。

第1節　巨大なデリバティブ・マーケット

2004. The combined value of trading in interest rate, stock index and currency contracts amounted to $272 trillion, a 31% rise from the fourth quarter of 2003. This was the strongest percentage increase since the first quarter of 2001, when business expanded by 55%. Fixed income and currency contracts were notably buoyant, with turnover in both types of instruments growing by about 35%. Business in stock index contracts was comparatively subdued, as volumes rose by only 9%.

The most recent BIS semiannual survey data on aggregate positions in the over-the-counter (OTC) derivatives market show sustained activity in the second half of 2003, with the notional amount of outstanding contracts up 16% to almost $200 trillion.

(http://www.bis.org/publ/qtrpdf/r_qt0406d.pdf)

訳例

　BIS（国際決済銀行）は定期的に取引所での金融デリバティブ取引をモニターしているが、それによると、2004年第1四半期にはふたたび増加を示した。金利、株式インデックス、通貨取引を合計した取引額は272兆ドルにのぼった。これは2003年第4四半期比31％の増加であり、51％の増加率を記録した2001年第1四半期以来最高の増加率となる。債券と通貨の取引が特に活発で、両方の取引とも35％の取引額の増加となった。株式取引の伸びは比較的低く、9％の増加にとどまった。
　OTC（店頭）デリバティブ市場動向に関する最近のBIS半期調査データによると、2003年下半期のOTCデリバティブ取引市場は引き続き活発で、想定残高は前期比16％増加の200兆ドルに迫っている。

解説

- ***exchange-traded***：exchangeは「証券取引所」や「金融先物取引所」などを指す。取引所では公正で透明性の高い取引をするために、取引条件や手続きなどが規則で明確に定められていることから、取引所のことをorganized exchangeともいう。東京証券取引所では、TOPIX先物、TOPIXオプション、国債先物取引などを取扱っている。
- ***interest rate, stock index and currency contracts***：interest rateは「金利」取引で、国債などの債券（fixed income）が取引対象となる。stock indexは「株式インデックス」、たとえば東証指数のTOPIXが株式インデックスの典型。currency contractsは通貨取引、つまり異なる通貨の取引を意味する。
- ***fixed income***：「固定金利」つまり「確定利付き証券」から、一般的に「債券」と指す。変動金利（floating rate）であっても債券であればfixed incomeの範疇に入る。
- ***notional amount***：「想定金額」とか「名目元本」の意味。ローンの場合には債務不履行が起こると元本全額がリスクにさらされるが、デリバティブ取引の実質的なリスクは、元本総額ではなく、取引相手が債務不履行に陥った時に同じデリバティブ取引をその時の市場レートでやり直さなければならないという再構築リスクである。

第7章 デリバティブ

したがって元本はあくまで取引額を計算する根拠にすぎない。このことからデリバティブ取引の元本を想定元本という。

over-the-counter (OTC) derivatives：「店頭取引」。OTCはover-the-counterの略で、証券取引所を通さないで行なう相対取引を指す。取引所でのデリバティブ取引と異なり、取引条件などは取引相手間で定める。ただし、取引相手の信用リスクなど取引所経由取引に比べ取引リスクは高い。

とはいえ、デリバティブ取引にはリスクがあることも事実である。2001年のIMFレポートの序文には、"They have contributed to the development of a more complete(and efficient) set of financial markets, improved market liquidity, depth, and breadth, and increased the capacity of the financial system to bear and price risk and allocate capital."と、デリバティブが金融市場の発展や市場の流動性の改善に大いに貢献したことを認めたうえで、以下のようにデリバティブが内包するリスクについても記述している。

　Along with these fundamental positive contributions, as crises in the 1990s have demonstrated, OTC derivatives activities can contribute to the buildup of vulnerabilities and adverse market dynamics in some circumstances. The severity of turbulence in the 1990s, and in particular the contours of the market dynamics in the aftermath of the near-collapse of the hedge fund Long-Term Capital Management (LTCM) in the autumn of 1998, suggest that OTC derivatives activities are capable of producing instability, in some cases akin to a modern form of traditional bank runs. The virulence of the 1998 turbulence in the mature financial markets took market participants and authorities by surprise, and some authorities have acknowledged that they do not fully understand the rapidly changing structure and dynamics of global financial markets. A substantial buildup in derivatives credit exposures and leverage contributed importantly to the turbulence. This substantial leverage – LTCM accumulated $1.2 trillion in notional positions on equity of $5 billion – was possible primarily because of the existence of large, liquid OTC derivatives markets.

(Garry J. Schinasi, R. Sean Craig, Burkhard Drees, and Charles Kramer, "Modern Banking and OTC Derivatives Market – The Transformation of Global Finance and its Implications for Systemic Risks", International Monetary Fund, January 9, 2001)

第1節 巨大なデリバティブ・マーケット

訳例

　このような基本的なプラスの貢献に加えて、1990年代の危機が示したように、店頭デリバティブ取引はある状況の下では脆弱性や負のマーケット・ダイナミズムの形成を助長する可能性がある。1990年代に生じた深刻な金融不安、特に1998年の秋に生じたLTCM（ロングターム・キャピタル・マネジメント）というヘッジファンドが倒産しかかった結果生じたマーケットの大きな動きは、店頭デリバティブ取引が金融の不安定性を引き起こす可能性があり、時には旧来の銀行の取り付け騒ぎの現代版の様相を呈することを示している。成熟した金融市場で発生した1998年の混乱のおそろしさはマーケット参加者と金融当局を驚愕させた。そして、グローバル化した金融市場の急激な構造変化とダイナミズムを痛感した金融当局者もいた。デリバティブ取引に関わる信用リスクとレバレッジが巨額なレベルに積み上がったことも金融不安を増大させた。この巨額なレバレッジ、—たとえばLTCMは50億ドルの株式資本金に対して想定元本が1兆2千億ドルに上るデリバティブ取引を積み上げていた—が可能になったのは、巨額で流動性の高い店頭デリバティブマーケットが存在したことが主な理由といえる。

解説

- ***hedge fund***：日本語でも「ヘッジファンド」と訳される。ヘッジファンドは1940年代に米国に登場したハイリスク・ハイリターン型のファンド（投資家から資金を集めて運用する）をいう。ヘッジファンドと呼ばれるのは、例えば株式を空売りする一方で、ワラントを買うなど反対のポジションをとることが多いことによる。ハイリターンを目指すので投資リスクも高いうえ、登録義務を免れる私募（private placement）形式の募集が多いので、投資家は大口の機関投資家や富裕層に限定されるのが一般的。1997年に起きたアジア通貨危機も、アジア地域におけるヘッジファンドの投機的活動が原因とされるなど、ヘッジファンドに対する印象は必ずしもよくない（第1章第3節を参照）。
- ***Long-Term Capital Management (LTCM)***：LTCMは1944年に設立されたヘッジファンドであるが、2人のノーベル賞学者を含む債券投資のプロたちが、コンピュータを駆使して高いリターンを目指した。LTCMの投資方法は、適正理論価格から見て割高な債券を売り持ち（short position）し、同時に割安な債券を買い持ち（long position）することで、それらの債券が適正理論価格に回帰することから収益をあげることが基本であった。市場が理論通りに動けば収益をあげることができるが、そうでなければ損失を被る。LTCMは当初高いリターンを上げたが、アジア通貨危機に端を発したロシア危機の際に、資金が理論通りに流れず、その結果大きな損を被った。とくにLTCMは、大手金融機関から巨額の借入れをしてレバレッジ（leverage）を効かせていたため、LTCMの危機は大手銀行を巻き込む金融不安を引き起こしかねない状況となった（第1章第3節の脚注を参照）。
- ***bank run***：銀行危機を察して多数の預金者が預金を引上げようとする動き。
- ***credit exposures and leverage***：exposureは「さらす」という意味でcredit exposureは「信用リスクにさらされている資産」、ここでは「借入れ負債」。また、leverageは「てこ」のように、借入金を利用して投資総額を増やすことを指す。

上記のLTCMだけでなく、日本企業を含む多くの企業や公共団体がデリバティブ取引によって巨額な損失を被っている。複雑化するリスク・マネジメントを効果的に行なうためにはデリバティブは欠かせないが、同時に使い方によってはデリバティブ取引には大きなリスクが潜在することを理解しなければならない。つまり、デリバティブがもつ危険性を充分に理解したうえで、デリバティブのメリットを最大限に生かすということがポイントとなる。

第2節 デリバティブの基本

デリバティブに関する書物は既に数え切れないほど出版されているので、本書では、デリバティブの詳細な解説は省略する。正直なところ、限られた枚数でデリバティブについて詳しく解説することはほとんど不可能でもある。そこで本節では、デリバティブに関する英語解説文を読みながら、デリバティブの基本について簡単に解説していきたい。

デリバティブ (derivatives) は、日本語では「派生商品」という訳語となっているが、英語のderive（派生する、由来する）がその語源である。つまりデリバティブだけでは成り立たず、必ずその元となる金融商品（原資産とか原商品 = underlying financial products）を必要とする。預金や債券などの金利商品 (interest rate products)、ドル／円などの外国為替 (foreign exchange)、株式 (equity)、原油価格などの商品 (commodity) など幅広い金融商品がデリバティブの原商品となり得る。

デリバティブとは、一般的に、スワップ (swap)・オプション (option)・先物 (future)・先渡し (forward) やそれらを組み合わせたものを意味する。ここでは、簡単にスワップ・オプション・先物について触れていきたい。

① スワップ (Swap)

Swapとは、文字通り「交換する」という意味。たとえば円の固定金利 (fixed interest rate) と円の変動金利 (floating interest rate) のように同じ通貨間で固定金利と変動金利を交換するものを金利スワップ (interest rate swap) といい、円とUSドルのように異なる通貨を交換することを通貨スワップ (currency swap) という。

スワップの歴史は比較的新しく、1981年にIBMと世界銀行の間で行われた

通貨スワップが公表されたスワップでは第1号といわれている。ただ、スワップという形態が突然現れたのではなく、1970年代に行われていた並行ローン（parallel loanまたはback-to-back loan）がその基盤となっている。並行ローンは、図表7－1のように為替リスクを回避するため、米国の企業が英国の企業の米国子会社にUSドル建てで融資を行ない、同時に同額相当のポンド建て融資を英国の企業が米国の英国子会社に対して行なう仕組みを意味している。

ただ、この方式の場合別個の2つのローンが存在するため、一方が債務不履行に陥った時の取り扱いなどいくつかの問題点があった。この問題点の解決策として、2つのローンを別個とするのではなく1つにまとめるという仕組みが考案された。こうして通貨スワップが誕生したのである（図表7－2）。

Currency Swap

In its simplest terms, the counterparties to a currency swap exchange equal initial principal amounts of two currencies at the spot exchange rate. Over the term of the swap, the counterparties exchange fixed or floating rate interest payments in their swapped currencies. At maturity, the principal amount is reswapped, usually at a predetermined exchange rate. In contrast to the parallel loan structure which swaps have largely replaced, netting agreements usually limit the exposure of the parties to each other's credit to a single period net exchange and any increase in the 'residual' value of its side of the swap.
(http://riskinstitute.ch/glossary.htm)

訳例

通貨スワップ
最も簡単な通貨スワップの条件は、両当事者が二種類の異なる通貨で表わされる同額の

図表7-1 Parallel Loan（並行ローン）

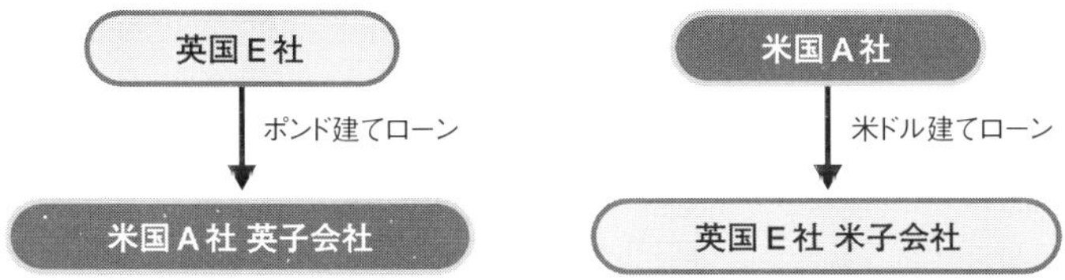

```
        英国                          米国
   ┌─────────┐              ┌─────────┐
   │ 英国 E 社 │              │ 米国 A 社 │
   └────┬────┘              └────┬────┘
        │ ポンド建てローン          │ 米ドル建てローン
        ▼                          ▼
   ┌─────────────┐         ┌─────────────┐
   │ 米国 A 社 英子会社 │         │ 英国 E 社 米子会社 │
   └─────────────┘         └─────────────┘
```

第7章　デリバティブ

元本をその時のスポット・レート（直物為替相場）で換算して交換することである。スワップの期間中、両当事者はその交換した通貨の金利（固定金利または変動金利）を交換する。一般的なスキームでは、スワップの満期日に前もって決められた為替レートで元本を再交換する。今やほとんどスワップに取って代わられた並行ローンの仕組みとの相違点は、スワップの場合相殺約定を設けることによって、相手方の債務不履行のリスクを双方が支払うべき一期間の支払金額の差額のみに限定したこと、また残存額についても増加部分のみに限定したことである。

解説

counterparty：「取引の相手方」。counterparty riskとは、取引相手の信用リスク。
principal amount：「元本」。principal and interestは元利金。
spot exchange rate：「直物為替レート」。forward exchange rateは先物為替レートを意味する。
netting agreement：「相殺約定」、または「差額決済約定」。通貨スワップでは、金利や元本の交換をそのまま行なうのではなく、お互いの支払い額を相殺して差額のみを決済する約定となっている。支払い金額が少なくなる分、お互いの債務不履行によるリスクは少なくなる。
residual value：「残存価値」。残存価値はリース契約などで最終年における資産の価値を意味する。投資リターンの計算や企業価格算定では、期中のキャッシュ・フローと残存価値を現在価値に換算する。

両当事者が異なる通貨の固定金利を交換する通貨スワップが一般的であるが、一方の通貨が固定金利（たとえば円建て固定金利）で、片方の通貨が変動金利（たとえば、ドル建てLIBORベースの変動金利）の場合もある。このケースをcurrency-coupon swapまたは、cross-currency interest rate swapと呼ぶ（図

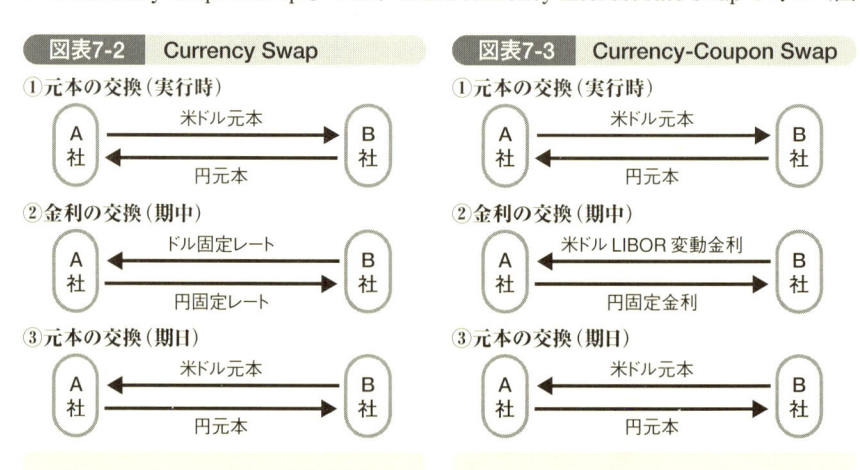

図表7-2　Currency Swap

①元本の交換（実行時）
A社 →米ドル元本→ B社
A社 ←円元本← B社

②金利の交換（期中）
A社 ←ドル固定レート← B社
A社 →円固定レート→ B社

③元本の交換（期日）
A社 ←米ドル元本← B社
A社 →円元本→ B社

図表7-3　Currency-Coupon Swap

①元本の交換（実行時）
A社 →米ドル元本→ B社
A社 ←円元本← B社

②金利の交換（期中）
A社 ←米ドルLIBOR変動金利← B社
A社 →円固定金利→ B社

③元本の交換（期日）
A社 ←米ドル元本← B社
A社 →円元本→ B社

表7-3)。
　さらに、この変形として、同じ通貨（たとえばUSドル）の固定金利と変動金利を交換する金利スワップ（interest rate swap）へと発展していった（図表7-4)。

Interest Rate Swap
　An interest rate swap is a contractual agreement whereby two parties (called counterparties) enter into an agreement to exchange one interest rate payment for another. The dollar amount the counterparties pay each other is an agreed-upon periodic interest rate multiplied by some predetermined dollar principal, called the notional principal amount. No principal (no notional amount) is exchanged between parties to the transaction; only interest is exchanged. In a "plain vanilla" interest rate swap, the simplest form of a swap, the payment on one side is based on a fixed rate of interest, while the other is based on a floating rate, typically LIBOR.
(CIBC School of Financial Products, Canadian Imperial Bank of Commerce)

訳例
金利スワップ
　金利スワップは、両当事者間で金利を交換する契約を結ぶことである。両当事者が交換する金額は、すでに決められた元本（これを想定元本と呼ぶ）に対する合意された期間の金利である。元本（想定元本）は交換されず、金利部分のみ交換される。最も単純なプレーン・バニラの金利スワップでは、一方の当事者が固定金利を支払い、他方が通常LIBORをベースとした変動金利を支払う。

解説
- ***plain vanilla***：「標準的な」とか「普通の」という意味。最も一般的なアイスクリームがバニラ・アイスクリームであることがその由来。plain vanilla derivativesに対して、複雑なスキームのデリバティブを exotic derivatives という。
- **LIBOR**：London Inter-bank Offered Rateの略でロンドン銀行間貸出金利。東京銀行間貸出金利はTIBOR。金利にはoffered rate（貸出サイドが提示する金利）とbid rate（借入サイドが提示する金利）、その中間のmean rateがある。LIBIDは銀行間のビッド・レート、LIMEANはLIBORとLIBIDの中間レート。有力な銀行は、LIBORではなくLIMEAN、場合によってはLIBIDで借り入れることも可能となる。逆に、信用力のない銀行はLIBORあるいはLIBORを上回る（premium）金利の支払いを余儀なくされることがある。

第7章 デリバティブ

　同じ金利スワップでも、固定金利と変動金利の交換ではなく、変動金利同士の交換、たとえば6カ月LIBORと1カ月LIBORを交換する金利スワップも登場した。これを、ベーシス・スワップ（basis rate swap、basis swap）と呼ぶ（図表7－5）。

Basis Rate Swap
　A swap in which counterparties calculate swap payments relative to different floating rates. One rate may be a very short-term rate, the other an intermediate rate. Differences in credit quality, duration, exchange rates, etc. may be reflected in a premium or discount on one side of the swap. Also called Basis Swap, Floating-Floating Swap.
(http://riskinstitute.ch/glossary.htm)

訳例

ベーシス・スワップ
　当事者が互いに異なる変動金利、たとえば、極めて短期の金利と中期の金利を交換すること。スワップ・レートは、当事者の信用リスク、期間、為替レートなどの差を反映して決められる。Basis SwapとかFloating-Floating Swapとも呼ばれる。

　株式指数（たとえば日経平均）と変動金利の交換、または異なる株式指数（日経平均とS＆P500など）同士の交換を行なうスワップも登場した。これがエクィティ・インデックス・スワップ（equity-index swap）と呼ばれるものである。株価指数が上昇すれば、受け取る変動金利も上昇するというのが典型的な仕組みである。エクィティ・インデックス・スワップは、多数の株数に分散投資をするほど投資資金がない場合や、すでに保有している株の簿価に影響を与えたくない場合の株式投資手段として有効といえる（図表7－6）。
　このほか、原油や鉱物資源を対象としたコモディティ・スワップ（commodity swap）などにもスワップが応用されている（図表7－7）。

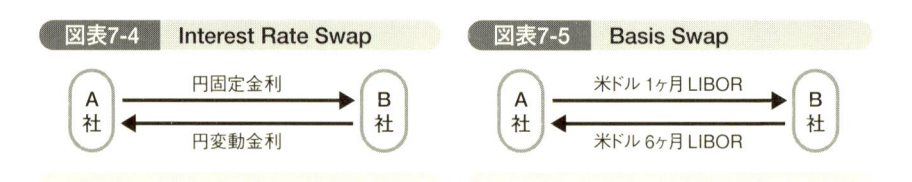

図表7-4　Interest Rate Swap

A社 →円固定金利→ B社
A社 ←円変動金利← B社

図表7-5　Basis Swap

A社 →米ドル1ヶ月LIBOR→ B社
A社 ←米ドル6ヶ月LIBOR← B社

第2節　デリバティブの基本

　　In 1986, the first oil swap was transacted. The parties agree on a notional principal, but in this case the notional principal is expressed in barrels of oil rather than in dollars. Then in a manner analogous to the fixed and floating payments in an interest rate swap, regular settlement are made on the basis of fixed and floating oil prices.
(CIBC School of Financial Products, Canadian Imperial Bank of Commerce)

訳例
　1986年に最初の原油スワップが登場した。原油スワップの想定元本はドルではなく原油の取引単位であるバレルによって表わされる。通常の決済方法は、金利スワップの固定金利と変動金利の交換と同じように、固定された原油価格と市場ベースの原油価格の間でなされる。

図表7-6　Equity-Index Swap

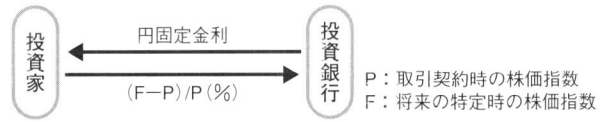

投資家 ← 円固定金利 ← 投資銀行
投資家 → (F−P)/P(％) → 投資銀行

P：取引契約時の株価指数
F：将来の特定時の株価指数

　投資家は円の固定金利（たとえば年率5％）を受け取る代わりに、株価指数（たとえば日経平均）の変動率により計算される金額を支払う。たとえば、想定元本を100億円とし、契約時の株価指数（たとえば日経平均）が16,000円、6ヶ月後の同指数が17,000円とすると、投資家は2.5億円（100億円×5％×6/12）を受け取り、6.25億円（100億円×(17,000円−16,000円)÷16,000円）の支払となる。逆に、6ヶ月後の同指数が下落していれば、受け取りとなる。

図表7-7　Commdity Swap

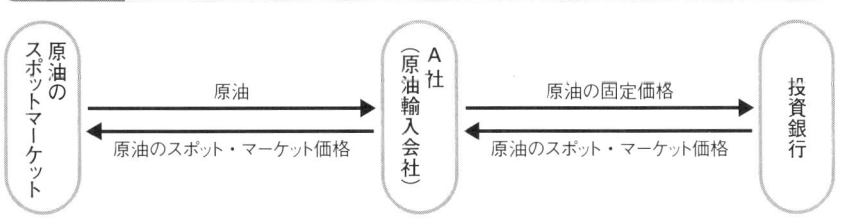

原油のスポットマーケット → 原油 → A社（原油輸入会社） → 原油の固定価格 → 投資銀行
原油のスポットマーケット ← 原油のスポット・マーケット価格 ← A社（原油輸入会社） ← 原油のスポット・マーケット価格 ← 投資銀行

　原油輸入会社A社が原油価格を固定させたい場合に、このスキームが効果的となる。A社はCommodity Swapの取引相手である投資銀行に、原油の固定価格を支払い、かわりに支払い時のスポット・マーケット価格を受け取ることによって、そのまま原油輸入代金返済に充当する。

② オプション (Option)

　オプション (option) とは、株などの原資産 (underlying asset) をある特定の価格 (行使価格) で、特定の期間 (または期日) に買ったり売ったりする権利を意味する。たとえば、あなたが 6 カ月後に A 社の株を 1,000 円の行使価格 (strike price または exercise price) で買う権利、つまりコール・オプション (European style call option) を取得するとしよう。このコール・オプションを取得するためにあなたは 100 円のオプション料 (option premium) を支払う。仮に 6 カ月後 A 社株が 1,400 円になれば、あなたはコール・オプションを行使 (exercise) して 1,000 円で A 社株を購入、直ちに 1,400 円で売却すれば 300 円 (100 円のオプション料差引後) の儲けとなる。逆に 800 円に下落すれば、コール・オプションを行使せず市場価格の 800 円で A 社株を買う。オプション料 100 円を含めても 900 円で A 社株を買うことができたことになる。この例のように特定の期日にのみオプションが行使できるのをヨーロッパ式 (European style) と呼び、ある特定の期間内であれば何時でもオプションを行使することができるオプションをアメリカ式 (American style) と呼ぶ。

Option
　A contract giving the holder the right, but not the obligation to buy (call) or sell (put) a specified underlying asset at a pre-agreed price at either a fixed point in the future (European style) or at any time up to maturity (American style). Options are sold both over-the-counter (OTC) and on organized exchanges.
(CIBC School of Financial Products, Canadian Imperial Bank of Commerce)

訳例

オプション
　特定の原商品をあらかじめ合意された価格で、将来のある特定の期日に (ヨーロッパ方式)、あるいはオプションの満期日前であれば何時でも (アメリカ方式)、買う (call) または売る (put) 権利 (義務ではない) を与えること。オプションは店頭市場でも証券取引所でも売買される。

　オプションをよりよく理解するために、しばしばペイオフ・ダイアグラム (pay off diagram) が利用される。ダイアグラムを利用すればオプションの原理を容易に理解することができる。図表 7-8 のダイアグラムはコール・オプショ

ン（買う権利）を示す。つまり、行使価格（1,000円）にオプション料100円を加えた1,100円を境に、それ以上に株価が上昇すれば無限大に利益が増加することを表わしている。逆に1,100円を下回った場合にはオプションを行使しないので100円のオプション料を放棄することになる。

　逆にコール・オプションを売った場合はどうだろうか。オプションを売る立場（英語ではwriterと呼ばれるが）になるということは、もしオプションが行使されればそれに応じる義務を負うことを意味する。株価が1,100円を下回っている限りオプションは行使されないので、そのままオプション料100円が儲けとなる。しかし、株価が1,100円を上回ると無限大に損が拡大していくことになる。つまり、図表7－9のダイアグラムが示している通り、儲けが100円と一定であるのに対し、損失は無限大となるのがオプションの売り方のリスクなのである。

　プット・オプション（put option）は、コール・オプションの逆を意味する。100円のオプション料を支払って6カ月後に1,000円でA社株を売るプット・オプションを買ったとしよう。6カ月後の株価が850円になったとすれば、市場でA社株を850円で買い、同時にプット・オプションを行使して1,000円で売却することにより、オプション料100円を差し引いても50円儲かったことになる。株価が下がれば下がるほど儲けは大きくなっていくわけである。逆に株価が900円を上回った場合には、オプションを行使しても無駄なのでオプションを放棄することになる。図表7－10がこれを表わしている。逆にプット・オプションを売った場合には、儲けがオプション料の100円と一定であるのに対し、株価が下がれば下がるほど損は無限大に膨らんでいくことになる（図表7－11）。

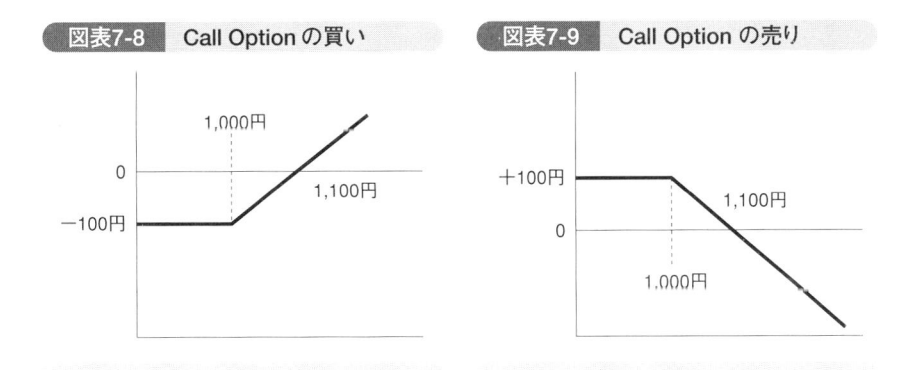

図表7-8　Call Option の買い

図表7-9　Call Option の売り

以上の通り、コール・プットとも買い手（buyer）になる場合には、オプション料を損失の限度として無限の利益を期待できることになる。しかし売り手（writer）になると、オプション料収入はあるものの、相場が期待と反対の方向に振れると損が無限大に広がる惧れが生じてくる。このように見てくると売り手のリスクの方が圧倒的に大きいといえそうである。では売り手になりたい人はいるのだろうか。

対象とする原資産をすでに保有している人にとってはヘッジ手段としてオプションの売りが有効となる。たとえば、あなたが以前に800円で買ったA社株の株価が900円とする。A社株はおそらく1,000円には上昇しないと予想している場合とか、1,000円であれば売ってもいいと考えている場合には、1,000円を行使価格としたコール・オプションを売ってオプション料100円を受け取る。つまり、株価が1,000円を上回った場合には、市場価格如何に拘らず行使価格1,000円で売らなくてはならないことを意味する（1,000円を超えた部分については利益を享受できない）が、購入価格（800円）からみると300円儲けたことになる（1,000円 − 800円 + オプション料100円）。予想通り1,000円に達しない場合にはオプションが行使されないので、オプション料100円の儲けとなる。つまり取得価格800円に対して年率12.5%の高いリターンを得たことになる。このように原資産を保有したうえでオプションの売り手になることをカバード・コール（covered call）という（図表7 − 12）。

これに対して、原資産を保有しないで売り手になることをネイキッド・コール（naked call）という。前に見たとおり、ネイキッド・コールの場合には相場次第では損失が大きく膨らむ惧れがある。しかし、仮に原資産（A社株）を保有していない場合でも、オプションが行使されると同時に市場で原資産を購入

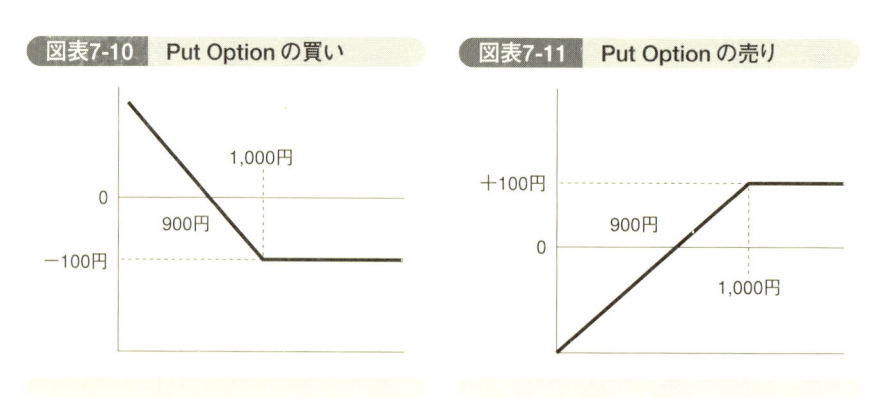

図表7-10 Put Option の買い

図表7-11 Put Option の売り

することでヘッジができるので、損失を限定することは可能である。
　以上のことを理解したうえで、以下のオプションの定義を英文で読んでみよう。

　There are two main types of options: call options and put options. A call option gives the buyer the right to purchase stock from a writer at a specified price (called the exercise price) within a stated period of time. A put option gives the buyer right to sell stock to a writer at a specified price (exercise price) within a given period of time. In the case of a call, the buyer anticipates that the price of the stock will rise above the exercise price, and in the case of a put, the buyer expects the price of the stock to decline below the exercised price. The writer, obviously, hopes that the price of the stock will remain unchanged or move in the opposite direction that is anticipated by the buyer.
　A buyer of a put hopes that the stock price will fall. But the buyer has limited losses (only the premium). Writer can sell a naked or a covered option. Usually, they sell covered options, which means they own the underlying security and can deliver it to the buyer in case of a call. The only loss the writer can incur, in this instance, is that they miss the opportunity to make more than expected. If writers sell naked calls, they expose themselves to the high risk of having to deliver the stock at a very high price by having to purchase it in the open market.

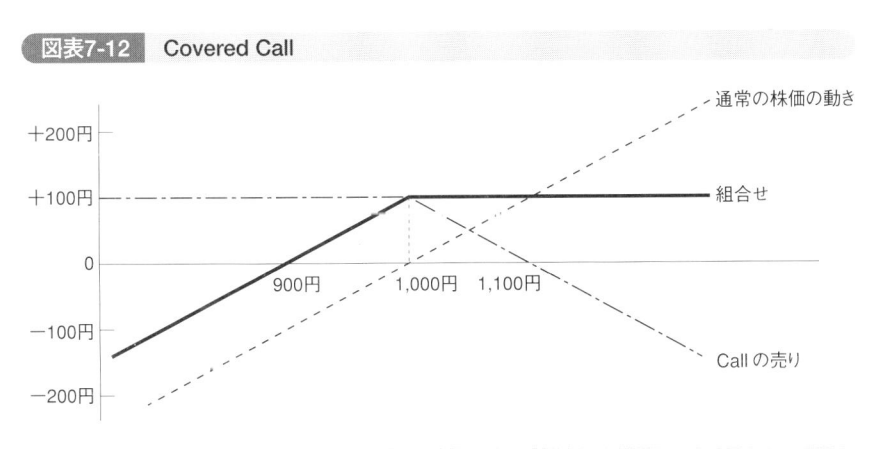

図表7-12　Covered Call

第7章 デリバティブ

(A.A.Groppelli and Ehsan Nikbakht, *Finance*, 1995)

訳例

　オプションには二種類ある。コール・オプション（call option）とプット・オプション（put option）である。ある株のコール・オプションの買い手（buyer）は、オプションの売り手（writer）から、一定の期間内にその株を特定の価格（行使価格＝exercise price）で「購入する権利」を得る。逆に、プット・オプションの買い手は、プット・オプションの売り手にその株を一定の期間内に特定の価格で「売る権利」を得る。コール・オプションの買い手は、株価が行使価格を上回ることを予想している。逆に、プット・オプションの買い手は、株価が行使価格を下回ることを予想している。当然のことだが、オプションの売り手は、株価が変動しないか、または買い手の予想と反対の方向に動くことを期待している。

　プット・オプションの買い手は株価の下落を望んでいるが、（株価が期待通りに変動しない場合でも）損失額は一定金額（オプション手数料）の範囲に収まる。プット・オプションの売りには、ネイキッド・オプションとカバード・オプションがある。ただ、一般的にはカバード・オプション、つまり「原資産を保有しコール・オプションが行使された場合には保有している原資産を渡す」の形が多い。この場合の売り手の損は、「期待価格より高い価格で売却する機会を逃した」にとどまる。一方、ネイキッド・コールの場合の売り手は、オプションが実行された時に市場で原資産を極めて高い価格で購入しなければならないというリスクを負っている。

解説

exercise price：「オプションの行使価格」。strike priceとも呼ばれる。
writer：「オプションの売り手」。保険の引き受け業者（underwriterとも呼ばれる）から由来。
premium：「オプション料」。これも保険料から由来している。premiumは、その他「割増金」や「高い価値」などの意味もある。たとえば、risk premiumは「リスクを取ることを正当化する割増のリターン」という意味。
naked option：「裸のオプション」という意味から、ここでは「ヘッジをしていないオプション」または「裏付けのないオプション」という意味。つまり、原資産を所有せずにコール・オプションを売ることを指す。
covered option：naked callとは逆に原資産を保有してコール・オプションを売ること。機関投資家が手持ちの証券を特定の売却価格で売却したい時などに、オプション手数料も稼げるcovered callを使うことが多い。
open market：取引が特定の参加者に限られていない「公開市場」。open market operationは公開市場操作。新聞でよく報道されるFOMCはFederal Open Market Committeeの略で、「連邦公開市場委員会」。

　ところで、オプション料はどのようにして決定されるのであろうか。オプション料は、そのオプションがもっている価値を表わす。オプションの価値には、

本質的価値（intrinsic value）と時間的価値（time value）の2つの要素がある。本質的価値とは、オプションの行使価格が現在の市場価格に対してもっている価値を意味する。たとえば、ある株の「行使価格1,000円」のコール・オプション（買う権利）をもっているとしよう。もし、その株の現在の市場株価が1,200円とすると、今コール・オプションを実行して直ちに市場株価で売却すれば200円の利益が出る。この場合、このオプションには200円の本質的価値があることになる。逆に市場株価が900円であれば、オプションを行使しても意味がないのでオプションを行使しない。この場合の本質的価値はゼロになる。最初の例のように、今オプションを行使すれば利益がでるオプションをイン・ザ・マネー（in the money）の状態にあるといい、逆にオプションを行使すると損が発生するようなオプションをアウト・オブ・ザ・マネー（out of the money）という。また、行使価格と今の価格が等しい場合をアット・ザ・マネー（at the money）と呼んでいる（図表7－13）。

オプションの価値に影響を与えるもう1つの要素が時間的価値である。行使価格1,000円のコール・オプションの現在の市場価格が900円の場合、そのオプションの本質的価値はゼロであることはすでに述べた。しかし、オプションの実行期日までの間にその株価が1,100円に上昇した場合、オプションの本質的価値は100円となる。このように、オプションの実行期日までに、原商品の価格変動によって生じ得る価値を時間的価値と呼んでいる。この時間的価値は原商品の予想変動率（implied volatility）と期日までの期間によって異なってくる。つまり、予想変動率が大きいほどオプション価格は高くなるし、また期日までの期間が長いほどオプション価格は高くなる。オプション料に関する理論は、

図表7-13　オプションの本質的価値

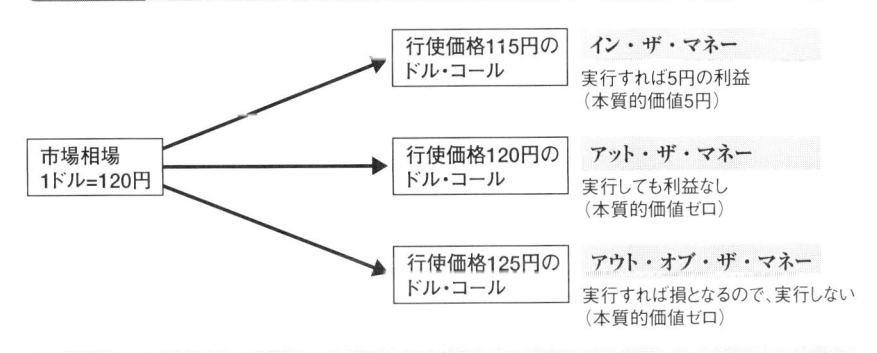

市場相場
1ドル＝120円

→ 行使価格115円のドル・コール　**イン・ザ・マネー**
実行すれば5円の利益
（本質的価値5円）

→ 行使価格120円のドル・コール　**アット・ザ・マネー**
実行しても利益なし
（本質的価値ゼロ）

→ 行使価格125円のドル・コール　**アウト・オブ・ザ・マネー**
実行すれば損となるので、実行しない
（本質的価値ゼロ）

1973年にフィッシャー・ブラックとマイロン・ショールズ両氏が考案したいわゆるブラック・ショールズ・モデル（Black-Scholes Model）が有名である。この本では、このモデルの詳細には触れないが、デリバティブの分野で働きたい人にとっては学ぶ必要のある理論である。現在はこのモデルをもとにさまざまな改善が加えられたモデルが、広くデリバティブ関係者の間で利用されている。

③ 先物（Futures）と先渡し（Forward）

先物取引（futures）や先渡し取引（forward）とは、将来の特定の時期における価格を前もって決める取引を意味する。原油や穀物などの商品（commodities）だけでなく、金利・通貨・株式・債券と幅広い範囲の金融商品を先物取引や先渡し取引で行なうことができる。先物取引所経由で行われる取引を先物取引と呼び、取引所を経由せず店頭（over the counter）で行なわれる取引を先渡し取引と呼ぶ。先物取引では、一定のルールのもとで先物取引所を通して先物取引を行なう。先物取引所経由の決済なので決済が実行されないという問題は発生しない。しかし、決済時期を「限月」と呼ばれる月単位に指定したり、取引単位や締め切り日が指定されるなど、細かい規則に縛られるという不便さがある。一方、先渡し取引では、売り手と買い手が直接相対で決済日、先物価格、取引量を自由に取り決めることができるというメリットがあるものの、取引相手の信用リスク（決済リスク）を取らなければならないという問題点に留意しなければならない（図表7－14）。

先物取引を具体例で説明しよう。A社は3カ月先に1,000万円の入金予定がある。この資金は余剰資金なので5年の国債に投資して確実に運用する方針とし

図表7-14　先渡しと先物の相違点

Futures	Forward
先物取引所経由の取引	店頭取引（取引所を経由しない）
取引内容はすでに定められたものに限定	取引相手間で、取引の内容を自由に決められる
期日前の清算取引が可能	通常期日決済
取引相手が先物取引所となるので、決済リスクはない	取引相手間の債務不履行など、決済リスクがある
取引所の定めた証拠金を提出する必要がある	基本的には相手側との取り決めによるが、証拠金は不要の場合が一般的

たい。しかし、金利がこの先下がっていく可能性もあり、できるだけ現状の金利水準を確保したい。このようなケースで先物取引が有効となる。たとえば、現状5年国債の現在の市場価格が98円、3カ月先物価格が105円と仮定する。A社は、債券先物市場で5年もの国債を105円で購入する。3カ月後、予想通り金利水準が下がり、その結果5年もの国債の現物市場価格が98円から100円に上がったとする。この場合、同時に先物価格も105円から107円に上昇する。つまり、A社は、3カ月後現物市場で5年もの国債を100円で買うことになるが、同時に先物市場で105円で買った国債を107円で売ることにより2円儲けることになる。実質的に、当初考えていた水準の98円でこの国債を買うことができたことになる（図表7－15）。

There are many users for futures in the quest to reduce risk. Instruments like interest rate financial futures can be employed by financial managers as risk insurance. Companies with pension funds are likely to sell financial futures contracts to counteract a decline in the value of a pension fund bond portfolio when the expectation is for interest rates to increase. Or, let's assume that a corporation's pension fund manager seeks to lock in a high current yield for some future day when a large sum of money becomes available for investment. Should interest rates decline, the price of bonds would rise, and the current yield would decline. To prevent this from happening, the pension fund manager can take a long hedge financial future position. In other words, the manager should buy enough futures contracts to cover the amount of expected cash inflow, so that any price increase in the price of

図表7-15　Futures

	現物の債券（5年債）		債券先物市場	
現状	市場価格	98円	市場価格	105円
↓	↓	↓	↓	↓
3ヶ月後	値上がり	100円 購入	値上がり	107円 売却
	値上がり損	－2円	売却益	＋2円

相殺

bonds will be offset by a gain in the futures contracts when the manager finally covers and sells the contracts. That will allow the manager to buy the same number of bonds and enjoy the current interest yield on those bonds.

(A.A.Groppelli and Ehsan Nikbakht, *Finance*, 1995)

訳例

　リスクの軽減を求めて先物を利用する人は多い。金利先物契約はリスク保険として利用される。金利の先行きを上昇傾向と予想している年金基金の運用者は、手持ちの債券ポートフォリオの価値の下落リスクをヘッジするために金利先物を売る。あるいは、年金基金の運用担当マネジャーが、将来ある時点で入金が予定される多額の投資資金を、現状の高い利回り（直利）水準で確保しておきたいと仮定する。もし金利が下がれば、債券価格が上昇し直利は低下する。このリスクをヘッジするため、年金運用担当マネジャーは先物のロング・ポジション（買い持ち）をつくる。いいかえれば、将来入金予定の資金をカバーする金利先物を購入するのである。つまり、将来の債券価格の上昇分を金利先物の売却から得る利益で相殺することにより、現状と同じ利回りの債券を同額購入することができることになる。

解説

pension fund：「年金基金」。pension fund managerは年金基金の運用担当マネジャーという意味。

current yield：「直接利回り（直利）」。すなわち、債券の額面×利率÷現在の債券価格で算出される利回り。これに対してyield to maturityは「最終利回り」と訳され、投資家が債券を最終期日（maturity）まで保有した場合の利回りで、利息収入と償還時に発生する償還差益（差損）（profit or loss from redemption）も考慮に入れる。また、金利と期間の関係を表す曲線をイールドカーブ（yield curve）と呼ぶが、一般的には短期金利が長期金利より低くなるので、イールドカーブは右肩上がり（positive yield curve）となる。

long hedge financial future：ヘッジを目的として、先物のポジションを買い持ちとすること。

第3節 デリバティブのメリット

本節ではデリバティブのメリットについて簡単に解説していきたい。

① ヘッジ機能

デリバティブの最も重要な機能の1つがヘッジ機能である。たとえば、変動金利 (floating interest rate) の借入人は、それを固定金利 (fixed interest rate) に交換する金利スワップ (interest rate swap) を利用することによって、将来の金利上昇リスクのヘッジが可能となる。また外貨建て債 (foreign currency denominated bond) を発行して受け取る外貨を円に換える通貨スワップ (currency swap) を行なうことによって、将来の為替変動リスクを回避できることになる。スワップだけでなく、オプションや先物を利用することによっても、将来の価格変動リスクをヘッジできる。

Increasingly, banks, insurance companies, or large investors are using interest rate swaps to reduce the interest rate risk inherent in their portfolios. Most institutional investors have a mismatch between the duration of their assets and liabilities. Consider, for instance, an investor who holds short-term liabilities and long-term assets. The investor could swap out some portion of the cash flows based on its long-term assets at a fixed rate and receive a short-term floating rate. This could offset losses if short-term rates were to rise relative to long-term rates.

(Charles W. Smithson, Clifford W. Smith Jr., and D. Sykes Wilford, *Managing Financial Risk*, 1995)

訳例

銀行・保険会社・大手投資家などは、運用資産にかかわる金利変動リスクを軽減する目的で、金利スワップをさかんに利用するようになっている。ほとんどの機関投資家は運用資産と資金調達の期間がミスマッチ (一致していないこと) の状況にある。たとえば、ある投資家が長期の運用資産を短期の負債 (借入などの資金調達) でまかなっている場合、スワップをすることによって、長期運用資産の固定金利収入の一部を短期の変動金利に交換することができる。これにより、将来の短期金利上昇から生じる損失を相殺することができる。

> **解説**
> - ***mismatch***：字義的には「不適当な組み合わせ」という意味だが、ここでは期間が一致していないことを指す。mismatched fundingは「運用・調達のミスマッチ」。
> - ***duration of their assets and liabilities***：資産と負債の期間。資金の運用・調達方法を総合的に管理・運営することをasset-liability management（ALM）という。

ヘッジでよく使われるものにキャップ（cap）とフロア（floor）がある。キャップは変動金利借入の時などに、将来の金利上昇に対するヘッジとして有効なデリバティブである。たとえば、期間5年の借入を行なうとする。仮に3カ月の円LIBOR（ロンドン銀行間貸出金利）を1%（年率）として、これに0.5%の利ざや（spread）を上乗せして1.5%の変動金利で借り入れると極めて魅力的な金利となる。しかし、金利が将来上昇すると高い借り入れになってしまう。そこで、キャップ（cap）の登場となる。キャップを購入することによって金利に上限を設定することができるのである。たとえば、年率3%を上限とするキャップ（オプション料を0.5%とする）を購入すれば、3%を上回る部分についてキャップの売り手から支払いを受けることになる。つまり、将来の金利上昇リスクの上限を4.0%（3%のLIBOR+0.5%のスプレッド＋0.5%のオプション料）に設定できたことになる（図表7－16）。同じように、将来の金利の低下リスクをヘッジした場合にはフロア（floor）を購入すればよいことになる。

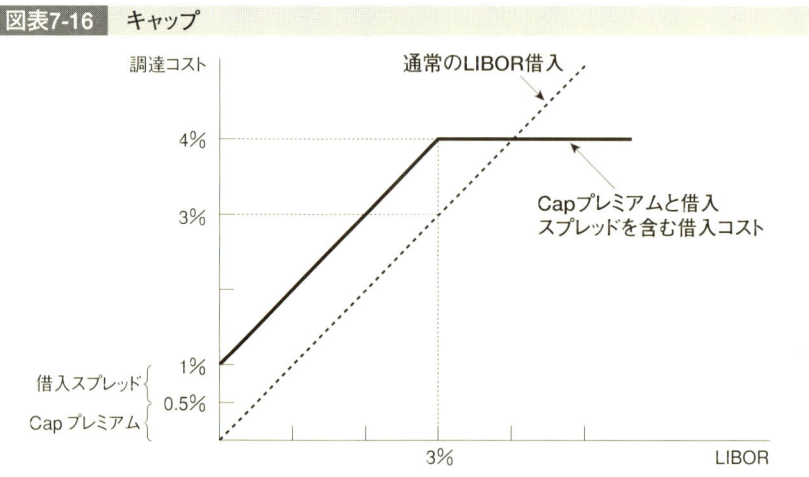

図表7-16　キャップ

0.5%のオプション料（プレミアム）を支払って、LIBOR3%を上限とするcapを買う。これにより、LIBORにcapのプレミアム（0.5%）および借入スプレッド（0.5%）を上乗せした4%を上限とする借り入れができる。

Interest Rate Cap
A provision of a debt contract or a separate option agreement that, in effect, puts a ceiling or 'cap' on an interest rate. A floating rate borrower may buy an interest rate cap that limits interest cost to, say, eight percent even if rates go much higher.
Interest Rate Floor
A feature of a debt contract or a separate agreement that puts a minimum or floor on the interest rate of a floating rate instrument.
(http://riskinstitute.ch/glossary.htm)

訳例
金利キャップ
借入契約とかオプション契約のなかで、金利の上限 (cap) を付けた規定。変動金利ベースの借入人は、金利が急騰したとしてもある一定のレベル、たとえば8%、を借入金利の上限とする金利キャップを購入できる。
金利フロア
借入契約とかオプション契約のなかで、変動金利の下限 (floor) を付けた規定。

上記のキャップとフロアを組み合わせたものとしてカラー (collar) がある。カラーはキャップやフロアを買うオプション料を節約するための手段として有効となる。たとえば、変動金利の借入人がカラーを利用すると、金利の上昇リスクに上限を設定すると同時に、金利下落によるメリットにも制限をつけることができる。たとえば、5%を上限、2%を下限とするカラーを購入すると、金利が5%以上になっても心配しなくていい代わりに、金利が2%以下になった場合のメリットは放棄するというわけである。つまり、キャップの購入オプション料とフロアの売却オプション料を相殺することによって、オプション料の軽減をはかるのである (図表7-17)。

Collar
A premium reducing option strategy in which the holder has purchased a cap at one level and sold a floor at a lower level. The premium received from the floor reduces the net premium paid for the cap. The purchaser of the collar has forfeited some of the potential gains from decreases in the price of the underlying asset for a lower net cost of insurance against price increases.

(CIBC School of Financial Products、CIBC World Markets)

訳例

Collar
　キャップを購入すると同時にフロアを売却してオプション料を軽減すること。フロアの売却から得るオプション料でキャップを購入するオプション料を減らす。カラーの買い手は、より安い保険料で原資産の将来の価格上昇リスクに対処できる反面、価格下落から得られる利益もある程度失うことになる。

② 調達コスト軽減機能

　スワップを利用して調達コストを下げることも可能になる。たとえば、金利が下がると予想した時に金利スワップを利用して、既存の固定金利での借入れを変動金利借入れ（たとえば3カ月LIBORベース）に交換する。将来固定金利が下がった時に再度金利スワップを行ない固定金利に変更する。具体的な例で考えてみよう。金利年率5%で固定借入をしているとする。将来固定金利が下がると予想した場合にとりあえず金利スワップを行なって3カ月LIBORベースの変動金利（年率2%）と交換しておく。これで、まず支払い金利を年率で3%節約できたことになる。6カ月後に固定金利が下がって、変動金利LIBORに対する固定金利が年率3%となったとすると、再度金利スワップを行ないLOBORベースの変動金利を固定金利（年率3%）と交換する。この取引によって当初の5%の固定金利借入を3%の固定金利借入に変更できたことになる。

　以下の英文は、金利を下げる目的で金利スワップを行なったMcDonald's Corporationの経験が記述されている。

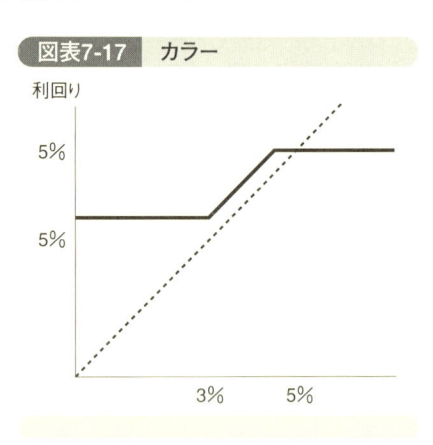

図表7-17　カラー

In September 1992, for example, we felt that UK interest rates were going to be declining. In four transactions, we swapped 60 million of fixed-rate pound sterling liabilities into three- and five-year floating-rate liabilities on which we receive about 9 percent fixed. Interest rates have declined and we are currently paying about 6 percent floating after having paid over 9 percent on the initial three- or six-month terms. The fixed rates we are receiving average more than 2 percent above current market rates, which, of course, means that the debt could be refixed at 2 percent below its original fixed rate.

(Charles W. Smithson, Clifford W. Smith Jr., and D. Sykes Wilford, *Managing Financial Risk* ,1995)

訳例

たとえば、1992年9月、私達は英国の金利が低下していくと感じていた。4件の取引を行ない、60百万ポンドの固定金利借入金を3年と4年の変動金利にスワップし、約9%の固定金利を受け取ることとした。金利はその後下落し、その結果、当初は3－6カ月ものの9%を超える金利を支払っていたが、いまでは変動金利は6%に下がっている。金利スワップを通じて現在受け取っている固定金利は、現在の市場固定金利に比べ平均して2%以上も高い。つまり、当初の固定金利に比べ2%低い水準で固定金利を再設定できたことになる。

制度、発行体の知名度、需給関係などのギャップのため、異なる2つの市場の間に乖離 (arbitrage) が存在することがある。これを利用して調達コストを下げることもできる。たとえば、McDonaldは、米国とニュージーランドの制度の違いを利用して、ニュージーランド債を発行し、その結果米国内市場より有利な調達コストを実現している。前記の資料から再び引用する。

In other instances, currency swaps help us capitalize on arbitrage between the debt and swap markets, which can exist because of the different basis for pricing in each. In February 1990, we issued a 100-million New Zealand dollar bond at attractive rates. Twenty-five million New Zealand dollars were onlent to our New Zealand subsidiary to repay more expensive local bank lines and 50 million New Zealand dollars were ultimately swapped into US dollars. Because of the arbitrage, we were able to get 11 basis points below our commercial paper cost.

(Charles W. Smithson, Clifford W. Smith Jr., and D. Sykes Wilford, *Managing Financial Risk* ,1995)

第7章 デリバティブ

訳例

　他の例では、通貨スワップを通じて、債券市場とスワップ市場の間に存在する価格の乖離を利用して裁定取引を行なうこともできた。1990年2月、私達は1億NZドル債を魅力的なコストで発行した。そのうち25百万NZドルは、NZの子会社が地場銀行から高いコストで借り入れている借入金の返済に充当するためにその子会社に貸し出された。50百万NZドルは、最終的にUSドルにスワップされた。この取引では裁定が働いたので、米国のコマーシャル・ペーパーによる調達コストよりさらに11ベーシス・ポイント安く調達することができた。

解説

arbitrage：「裁定取引」。時間差や距離、または認識のギャップから生じる、ふたつの市場や似た金融商品の間に存在する価格差を利用してさや取りをする取引。
bank line：「銀行からの借入枠」。何時でも借入ができる枠を committed line という。
commercial paper：コマーシャル・ペーパーは、短期の約束手形で資本市場を通じて投資家に直接販売される。短期借入としては最も低利な調達方法。

　さらに、デリバティブ取引を行なうことで、少額多通貨の資金調達コストを節約することもできる。たとえば、多くの国に所在する多国籍企業の子会社の必要調達額が小さい時などのケースに有効である。つまり、各国の子会社が各々の市場で資金調達を行なうのではなく、最も有利なコストで親会社が必要総額を調達し、各国の子会社が必要とする資金を通貨スワップで各国通貨に交換して融資する。子会社が各々の市場で少額の借入れや債券を発行する場合に比べ、スケール・メリットを享受でき、最終的に低いコストで資金調達ができる。同じMcDonaldの経験から具体例を読んでみる。

　The swap market is often the only source of long-term fixed-rate foreign currency for certain of our international markets, whose borrowing needs are just too small to be funded through the capital markets.
　In June, 1992, we swapped $16 million of commercial paper into 100 million Danish kroner and repaid more expensive local Danish bank lines. The swap market's ready access permitted us to complete the deal just before the Danish vote on the Maastricht treaty and to avoid the interest rate increase that occurred after the vote.

(Charles W. Smithson, Clifford W. Smith Jr., and D. Sykes Wilford, *Managing Financial Risk* ,1995)

訳例

　長期固定金利で外貨建て資金調達をしたいがその必要調達額がその国の資本市場を通じて調達するには小さすぎるような場合、しばしばスワップ市場が唯一の資金調達手段となる。
　1992年6月、私達はコマーシャル・ペーパーで調達した16百万米ドルをスワップ取引を通じて1億デンマーク・クローネにスワップし、デンマークの地場銀行からの高いコストの銀行借入を返済した。スワップ市場を即座に利用することができ、デンマークのマーストリヒト条約の国民投票直前にスワップ取引を行なうことができた。このため、投票後に起こった金利上昇を回避することが可能となった。

解説

capital market：債券や株式など直接金融の場を「資本市場」という。debt marketは社債市場、equity marketは株式市場、financial marketは金融市場。
Maastricht treaty：「欧州連合（EC）条約」。ECの経済・通貨連合、政治統合の推進をはかる内容。1991年末にオランダのマーストリヒトで開催された欧州理事会で合意されたが、1992年6月に行われたデンマークの国民投票の結果小差で否決された。しかし、1993年6月、デンマークで再度行われた国民投票では承認された。

③ レバレッジ効果

　レバレッジ効果もデリバティブの大きなメリットといえる。オプションを利用すると少ない金額で大きな取引ができる。現物取引（cash transaction）の場合には元本相当額の資金を用意しなければならないが、デリバティブを使うとオプション手数料や先物取引の証拠金など、元本の数パーセント程度の資金を用意するだけですむ。
　簡単な例でこのレバレッジ効果を見てみよう。
　たとえば、①1,000円のA社株を現物で買って、1,300円で売却した場合と、②100円のオプション料を払ってA社株を1,000円で購入するコール・オプションを買って、結果的に1,300円で売却した場合の利益率はどうなるだろうか。①のケースでは、1,000円の投資に対し300円の収益、つまり30％のリターンとなる。一方、②のケースでは、100円の投資に対し、200円の収益、すなわち200％の高い収益率を得たことになる。これがレバレッジ効果（leverage effect）なのである（図表7－18）。
　オプションだけでなく、金利スワップ取引にもレバレッジ効果がある。たとえば10億円を元本とする金利スワップの場合、元本の10億円の交換は行なわず、実際の資金移動は固定金利と変動金利の差額となる。少ない資金で効果的な変動金利と固定金利の変換ができることになる。

④ オフ・バランス化

　デリバティブ取引の計算の根拠となる原資産はあるが、スワップでもオプションでも多くのデリバティブ取引は元本を必要としない。このことから、デリバティブ取引では計算の根拠となる元本を想定元本（notional amount）と呼ぶ。つまり、表には出てこない元本なのである。したがって、デリバティブ取引の想定元本は貸借対照表（バランス・シート）には記載されない。最近はROE（自己資本利益率）やROA（総資産利益率）などの財務指標が株価や格付に大きな影響を与えるが、その意味でもオフ・バランス取引であるデリバティブは財務内容の改善に寄与する重要な財務手法といえる。

　デリバティブを利用することによって、バランス・シートに計上されている貸出資産をオフ・バランス化できる方法として、クレジット・デリバティブが注目されている。たとえばA銀行が、B社に50億円で1年間の融資をしているとしよう。A銀行としては財務内容改善のためにB社宛て融資をバランス・シートから落としたいと考えている。しかし、B社との長い取引関係もあり直接B社に期限前返済を今の時点では要求できない。こんな状況の時にクレジット・デリバティブの一方法であるデフォルト・プット（default put）が有効になる。すなわち、A銀行は一定のオプション料を支払って、B社が発行しているある特定の債券（参照証券＝reference asset）が1年以内に倒産・債務不履行・大幅な格付の下落などの状況（デフォルト事由＝credit event）に陥った場合には、50億円の支払い（デフォルト補償＝default payment）を受け取る権利（default put）を購入する。このデフォルト・プットによって、A銀行はB社宛て

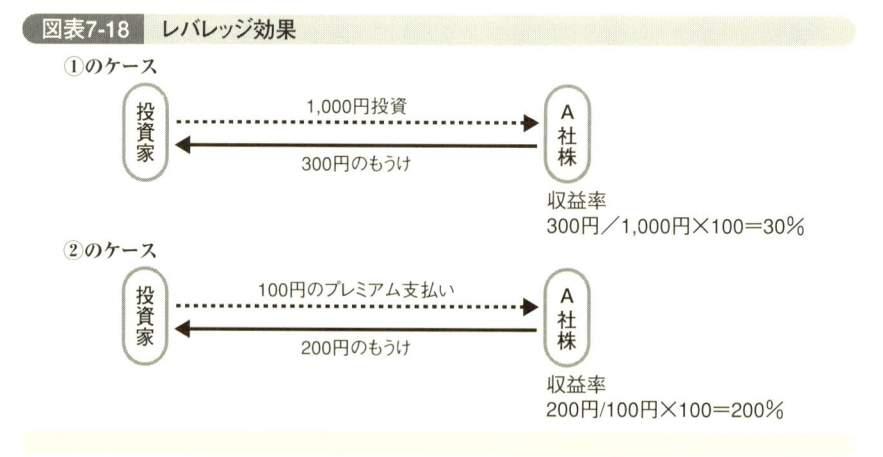

図表7-18　レバレッジ効果

①のケース

投資家 ←―1,000円投資―→ A社株
　　　　←―300円のもうけ―

収益率
300円／1,000円×100＝30%

②のケース

投資家 ←―100円のプレミアム支払い―→ A社株
　　　　←―200円のもうけ―

収益率
200円／100円×100＝200%

の融資50億円を、B社に連絡することなく、実質的にオフ・バランス化できたことになる。

The most widely used of the Option structures is a default put. The buyer of a default put pays a Premium (either lump sum or periodic) to the seller who then assumes the default risk for the reference asset. If there is a Credit Event during the term of the option, the seller pays the buyer a default payment.

Credit Event： (1) Bankruptcy, insolvency or payment default; (2) a stipulated price decline for the reference asset; or (3) a rating downgrade for the reference asset

Default payment： (1) Par-post default price of the reference asset as determined by a dealer poll; (2) a fixed percentage of the notional amount of the transaction; or (3) payment of par by the seller in exchange for physical delivery of the defaulted reference asset

Reference asset： (1) An actively-traded corporate or sovereign bond or a portfolio of these bonds; or (2) a widely-syndicated loan or portfolio of loans

(CIBC World Markets)

訳例

　最も広く使われているオプションの方式がデフォルト・プット (default put) である。デフォルト・プットの買い手は売り手にオプション料（一括または分割払い）を支払う。デフォルト・プットの売り手は、参照証券のデフォルト・リスク（債務不履行などに陥った場合のリスク）を取ることになる。もし、オプションの有効期間中に信用事由 (credit event) が発生すれば、オプションの売り手は買い手に対してデフォルト補償 (default payment) をすることになる。

信用事由 (credit event)；(1) 倒産、支払不能や債務不履行 (2) 参照証券価格が一定価格以上に下落すること (3) 参照証券の格付けの下落

デフォルト補償 (default payment)；(1) いくつかの業者から得た参照証券の市場価格を額面から差引いた価格 (2) 想定元本に対してあらかじめ決められた比率または、(3) デフォルトとなった参照証券と引き換えに額面金額を払う。

参照証券 (reference asset)；(1) 活発に取引がある公社債、またはこれらの債券から成るポートフォリオ (2) 広く組成されたローンまたはこれらのローンから成るポートフォリオ

第7章　デリバティブ

第4節　デリバティブの仕組み商品

　オプション・先物・スワップなどのデリバティブを債券や株式に組み入れることによって、顧客のさまざまなニーズに合わせた金融商品を作ることが可能になる。投資家や発行体の要求に合わせて、変幻自在に形を変えることができるのが仕組み商品の特徴なのである。ここでは、デリバティブを応用したいくつかの仕組み商品の例を挙げてみたい。

① ステップ・ダウン／ステップ・アップ債

　通常、債券のクーポン（金利）は満期（maturity）まで一定（たとえば年率5%）である。しかし、デリバティブを活用すると、最初の2年は8%で残り3年を2%といったようにクーポンのレベルを投資家のニーズに合わせて変えることが可能となる。このようにクーポンが先に行くほど下がっていく債券をステップ・ダウン債（step-down coupon bond）といい、逆に先に行くほど上がるものをステップ・アップ債（step-up coupon bond）と呼ぶ（図表7-19、7-20）。スワップ自体、将来のキャッシュフローを現在価値に換算したうえで同価値のものを交換するわけであり、現在価値が変わらない限り、途中のキャッシュ・フローをどんなに変えてもよいことになる。そこで、上記のようなステップ・アップやステップ・ダウンといった変形のキャッシュ・フローを作ることができるわけである。顧客のキャッシュフローのニーズに合わせてクーポンを自由に変えることができるまさしくティラー・メイド商品といえる。

Callable Step-Up Bond
　A callable debt issue that features one or more increases in a fixed rate or

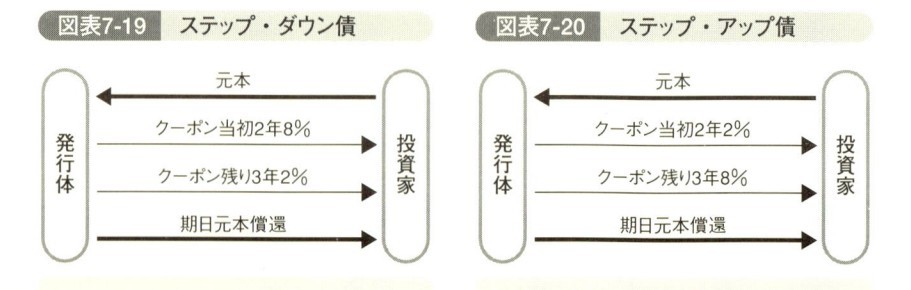

図表7-19　ステップ・ダウン債

発行体 →元本→ 投資家
発行体 →クーポン当初2年8%→ 投資家
発行体 →クーポン残り3年2%→ 投資家
発行体 →期日元本償還→ 投資家

図表7-20　ステップ・アップ債

発行体 →元本→ 投資家
発行体 →クーポン当初2年2%→ 投資家
発行体 →クーポン残り3年8%→ 投資家
発行体 →期日元本償還→ 投資家

a step- up in a spread over LIBOR during the life of the note. Most issuers of these notes have low credit ratings. Consequently, the purpose of the step up is usually to encourage the issuer to refinance. If the issuer does not refinance, the higher rate is designed to be compensation for the investor's acceptance of credit risk. Occasionally a highly-rated issuer will sell one of these bonds to implement a strongly held view that rates will decline and a replacement bond can be issued at a lower rate.
(http://riskinstitute.ch/glossary.htm)

訳例

繰上げ償還可能ステップ・アップ債
　償還までの期間内に、固定金利が1回あるいは2回引き上げられるか、LIBORベースの変動金利の利ざやが引き上げられる仕組みとなっている債券（発行体は金利がステップ・アップする時に繰上げ償還をする権利を有する）。ステップ・アップ債の発行体の多くは低い信用格付である。つまり、ステップ・アップ債は、金利がステップ・アップする時に発行体に借り換えを促す狙いがある。発行体が借り換えをせずにそのまま借入を継続する場合に、投資家が発行体のリスクを続けて取る代償の意味で金利が引き上げられるのである。格付の高い発行体が、先行きの金利が低下傾向にあるので将来低利で債券を再発行できると予測した場合に、この種の債券を発行することもある。

解説

callable：満期前返済（繰り上げ償還）を行なう権利を発行体が有する債券。逆に、債券保有者が満期前償還を求める権利をputtableという。
low credit ratings：「低格付け」。逆に、highly-ratedは「高い格付け」。
refinance：「借り換え」。refinancing bondsは「借換え債」。

② ノックアウト／ノックイン・オプション

　オプションの変形としてノックアウト・オプション（knock-out option）とノックイン・オプション（knock-in option）がある。これはオプション料を節約する方法として有効である。しかし、それだけリスクが増えることに留意する必要もある。ノックアウト・オプションはあらかじめノックアウト行使価格（knock-out price）を決めておき、市場価格がノックアウト行使価格に到達するとオプションが消滅するという取引を意味する。たとえば、ある輸出業者が今後円はさらに安くなると予想しているとする。しかし、万一急激に円高に振れた時のヘッジとしてドル・プット・オプションを購入したいが、単純にドル・プット・オプションを買うとオプション料がかなり高くついてしまう。そこで、

ノックアウト・オプションを利用する。つまり、現在の相場である120円を行使価格とするドル・プットではあるが、115円以上の円高になったらプット・オプションが消滅するというノックアウト条件が付いている。この輸出業者は、為替市場の動きから判断して115円以上の円高はないだろうと予想して、115円をノックアウト価格とするノックアウト・ドル・オプションを買ったわけである。つまり、一度でも円が115円より円高に振れると、せっかく購入したドル・プット・オプション自体が消滅してしまうのである。115円以上の円高になると120円でドルを売るチャンスを失うだけでなく、円高が進むほど損が大きくなるというリスクを負ってしまうことになる。

Knock-Out Option
　Form of derivative that gives the buyer the right, but not the obligation, to buy an underlying commodity, currency, or other position at a preset price. Unlike regular options, however, knock-out options expire worthless, or are "knock-out" if the underlying commodity or currency goes through a particular price level. For example, a knock-out option based on the value of the U.S. dollar against the German mark gets knocked out if the dollar falls below a specified exchange rate against the mark. Knock-out options are much cheaper to buy that regular options, allowing buyers to take larger positions with less money than regular options.
　(J.Downes and J.E.Goodman, *Dictionary of Finance and Investment Terms*, Barron's Educational Series, Inc.)

訳例

ノックアウト・オプション
　このオプションの買い手は、商品、通貨やその他の原資産をあらかじめ決められた価格で買う権利（義務ではない）を得る。ただし、ノックアウト・オプションの場合、通常のデリバティブと異なり、原資産の価格が特定の価格水準を過ぎるとオプションの効力を失う、つまりノックアウトされる。たとえば、ドイツ・マルク/ドル為替のノックアウト・オプションでは、もしドルがマルクに対しある特定の為替レートに達するとオプションの効力を失うことになる。ノックアウト・オプションのオプション料は通常のオプション料に比べかなり安い。つまり、通常のオプションにくらべ、少額でより大きなポジションを取ることができるのである。

　ノックイン・オプションは、ノックアウトとは逆に市場価格がノックイン行使価格（knock-in price）に達するまでオプションが効力を持たない。換言すれ

ば、市場価格がノックイン行使価格に達して始めてオプションの権利が発生する仕組みとなっている。これもオプション料を軽減するための方法である。

たとえば、現状の円/ドルレートが120円とする。この輸出業者は先行き円は強くなると考えている。117円までの円高は許容できる水準なので117円を行使価格とする6カ月先のドル・プット・オプションを買いたいと考えている。ただし、オプション料が高いので、これを節約するためにノックイン・オプションを買う。現在の円の動向からおそらく112円以上の円高は充分あり得ると判断して、112円をノックイン行使価格とするドル・プット・オプションを購入する。こうすることによって、オプション料を節約できる。しかし、オプション料が安くなった代償として、円が112円より円安の水準で推移する限り、117円の歯止めは有効とならないのである。

日経平均株価のノックイン・コール・オプションとノックイン・プット・オプションを組み合わせた債券をノックイン型日経平均連動債券と呼び、個人投資家などに販売されている（2つのオプションを組み合わせてできるポジションをknock-in forwardと呼ぶ）。1999年5月27日付けの日本経済新聞に、このノックイン型日経平均連動債券の広告が出ているので、これを使って債券の仕組みを紹介しよう。発行体はノルウェー輸出金融公社（Moody'sからAaaの最高格付を取得）、償還期限1年で金利が4％に設定されており、期間1年ものとしてはかなり魅力的な水準といえる（1999年5月末時点の期間1年の大口定期預金金利は0.12％）。

広告では、次のようにこの債券を定義している。

> ノックイン型円建日経平均連動債とは、日経平均株価の推移により償還方法が変わる債券です。具体的には、日経平均株価が観測期間中に「あらかじめ定められた水準（ノックイン・レベル）」以下にならなかった場合、額面金額100％にて現金償還されます。一方、観測期間中に一度でも「あらかじめ定められた水準」以下になった場合、日経平均株価に連動した形で償還されることになります。

具体的な数字で説明しよう。この債券では、「当初日経平均株価」の70％が「ノックイン価格」となる。たとえば、「当初日経平均株価」が16,000円とすると「ノックイン価格」はその70％の11,200円となる。1999年6月4日から2000年5月26日までの1年間に日経平均株価が一度でも11,200円以下にならなかった場合には、額面全額が償還される。つまり、4％という極めて高い金利で運用できたことになるわけである。しかし、もし一度でも11,200円以下の水準に達すると償還額は以下の方法で計算されることになる。

第7章 デリバティブ

$$\text{最終償還額} = \text{額面金額} \times \frac{\text{最終日経平均株価終値}}{\text{当初日経平均株価}}$$

　一度でも11,200円以下になる、つまりノックインすると最終日（2000年5月26日）の日経平均株価の終値次第で償還額が額面を下回るというリスクがある。たとえば、日経平均株価が大きく下がり11,200円以下にノックインして、そのまま最終日まで下がり続け「最終日経平均株価終値」が11,000円になったとしよう。この場合には、償還額は額面の68.75%（11,000円／16,000円）と大きく額面を下回ることになる。しかし、一旦ノックインしても、必ずしも損をするとは限らないところがこの債券の面白いところである。たとえば、一旦11,200円を下回ってもその後株価が急速に回復して17,000円に戻ったとしよう。この場合には額面の106.25%（17,000円／16,000円）の償還を受けることができる。つまり、4%の好利回りに加え、額面の106.25%の償還を受け取ることができたことになる。
　このノックイン型円建日経平均連動債の仕組みはどうなっているのであろうか。
　図表7－21で示されている通り、債券の投資家から見れば、11,200円をノックイン価格とするノックイン・コール・オプションを買って、同時に同じく11,200円をノックイン価格とするノックイン・プット・オプションを売る取引をしていることになる。つまり、ノックイン後日経平均株価が上昇すると利益が出るノックイン・コール買いとノックイン後日経平均株価が下がると損が発

図表7-21　ノック・イン型日経平均連動債

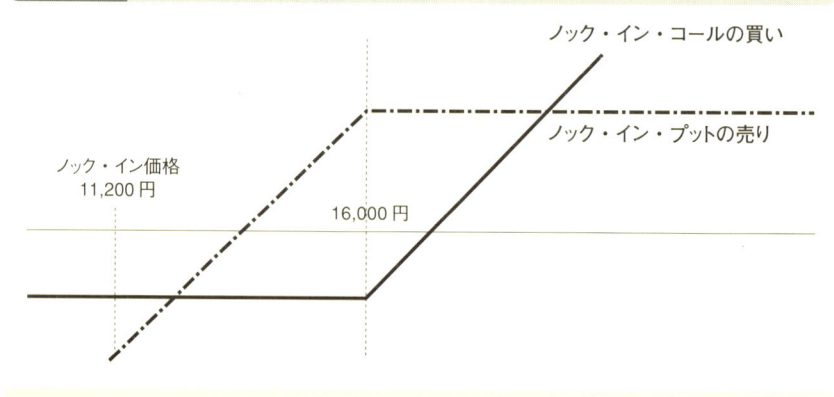

― 346 ―

生するノックイン・プット売りを組み合わせているのだ。この場合、ノックイン・プット売りで受け取るオプション料がノックイン・コール買いで支払うオプション料より高いため、その分金利に上乗せして4%という高い水準を設定できるのである。

③ スワップション

　スワップション（swaption）とはスワップにオプションの機能を組み合わせたものである。たとえば、1年後に固定金利と変動金利のスワップを行なう権利（option）を買うといった具合である。変動金利の借入れを固定金利にスワップしたいが、当面変動金利が低水準で推移すると思われる場合などにスワップションが有効となる。具体例で説明しよう。たとえば、金利上昇リスクをヘッジするために、固定金利を払い変動金利を受け取る金利スワップをしたいとする。現状の金利水準で金利スワップをすると、5年間4.5%の固定金利払いで確定できる。しかし、中期固定金利はまだ下落すると予想するならば、4.5%の水準で固定金利の金利スワップを今実行せずに、1年後に4.0%の固定金利でスワップを実行する権利を買うスワップション（オプション料0.5%）を購入する。もし1年後の固定金利が4%以下に下がっていれば、権利を放棄して改めてその時点の金利で金利スワップを組めばいいし、逆に4%を上回っていれば4.0%の固定金利のスワップションを実行すればいいのである（図表6－22）。

Swaption
　An option to enter into a swap contract either as an opening transaction or as an offsetting swap which cancels an existing swap position. A payer's swaption is the right to be a fixed rate payer and a receiver's swaption is the right to be a fixed rate receiver.
(http://rlskInstitute.ch/glossary.htm)

訳例

スワップション
　新たなスワップを結んだり、既存のスワップ・ポジションを解消するため反対スワップを結んだりするためのオプションを買う取引。ペイヤーズ・スワップションは（変動金利を受け取り）固定金利を支払うスワップを結ぶオプションで、レシーバーズ・スワップションは逆に固定金利を受け取るスワップを結ぶオプションを意味する。

④ 二重通貨建て債

　二重通貨建て債とは、為替の長期先物予約と固定金利債を組み合わせた債券で1984年に登場した。たとえば、途中のクーポンは円建てで支払われるが、元本の満期償還は外貨建てという仕組みである（図表7－23）。投資家は一般の国内債より高い利回りを得ることができるが、元本の為替リスクを負うことになる。この二重通貨建て債は、円安傾向の強かった1998年前半個人投資家に大変人気があったが、急激な円高で価格が大きく下落し、新規発行額も大幅に減少した。

Dual Currency Bond
　Generically, a fixed income instrument which pays a coupon in a base currency (usually the currency of the investor) and the principal in a non-base currency (typically the currency of the issuer).
(http://riskinstitute.ch/glossary.htm)

訳例

二重通貨建て債
　一般的に、金利支払いが基準通貨（通常は投資家の自国通貨）でなされ、元本償還が

図表7-22　ペイヤーズ・スワップション

(1) Payer's Swaption 契約締結時

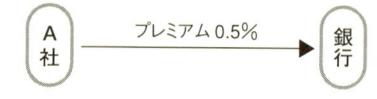

A社 →プレミアム 0.5%→ 銀行
プレミアムを支払うことによって、1年後4.0％の固定金利払いのPayer's Swaptionを買う

(2-1) 1年後、期間5年のスワップ・レート＞4.0％となった場合

A社 ←4％固定金利← 銀行
A社 →LIBOR→ 銀行
A社 ←借入元本← 銀行
A社 →LIBOR→ 銀行

4％の固定金利を支払うPayer's Swaptionを実行。同時にLIBORベースの変動借入を行う。借入のLIBORはスワップのLIBOR受取で相殺されるので、実質的に4％の固定金利借入ができたことになる

(2-2) 1年後、期間5年のスワップ・レート≦4.0％となった場合

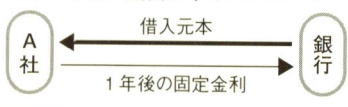

A社 ←借入元本← 銀行
A社 →1年後の固定金利→ 銀行

Swaptionの権利を放棄し、1年後時点の固定金利で借入を実行する

- 348 -

非基準通貨（一般的には発行体の国の通貨）でなされる。

逆に、元本の発行も償還も円建てであるが、途中のクーポン支払いは外貨建てという債券もある、これを逆二重通貨建て債（reverse dual currency bond）と呼んでいる。逆二重通貨建て債は、元本の為替リスクは負いたくないが、為替リスクはあっても高い利回りが欲しいという長期債の投資家に人気がある。

⑤ 天候デリバティブ

天候デリバティブ（weather derivativses）が注目を集めている。天候デリバティブ商品は1997年に米国で開発され。1999年に日本に登場した新しいデリバティブ商品である。天候デリバティブとは、気温、降水量、降雪量といった気象現象を指数化して、実際の気象結果（たとえば、気象庁の公表データ）との比較で資金を受け取ったり支払ったりするデリバティブ商品をいう。主として、天候不順や異常気象によって事業収益が低減するリスクをヘッジするために用いられる。たとえば、冷夏になるとエアコンの売れ行きが予想を下回ってしまうので、「冷夏になれば支払いを受けることができる天候デリバティブ」をあらかじめ購入しておくことで、エアコンの売上げ減を天候デリバティブからの収入でカバーすることができる（図表7－24）。

次頁の表（図表7－25）は、ある日本の損害保険会社が提供している天候デリバティブの一例であるが、このケースでは、7月31日～8月31日の1カ月間における日中平均気温の1カ月間の平均値があらかじめ決めておいた気温（約定気温）を下回った場合（冷夏デリバティブ）、あるいは上回った場合（猛暑デリバティブ）に0.01℃当り4,000円を契約者が受け取る（ただし、上限は100万円）というものである。この天候デリバティブ商品の購入額（一種の保険料な

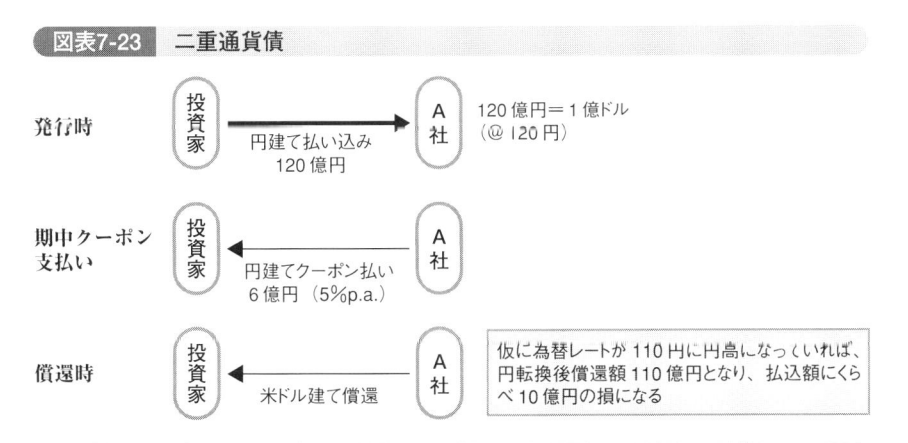

図表7-23　二重通貨債

| 発行時 | 投資家 →円建て払い込み 120億円→ A社 | 120億円＝1億ドル（@120円） |

| 期中クーポン支払い | 投資家 ←円建てクーポン払い 6億円（5%p.a.）← A社 | |

| 償還時 | 投資家 ←米ドル建て償還← A社 | 仮に為替レートが110円に円高になっていれば、円転換後償還額110億円となり、払込額にくらべ10億円の損になる |

のでプレミアムと呼ばれる）は1口当り10万円となっている。たとえば、冷夏デリバティブ契約で、実際の平均気温が約定気温に比べて2℃低かった場合には、1口当たり80万円を受け取ることができる。10万円のプレミアムを差し引いても70万円の収入となる。この収入額が売上げの減少をカバーすることになる。逆に平均気温が約定気温より高かった場合には、受取額はゼロとなる。しかし、10万円の保険料で冷夏対策ができたことになる。

When designing a weather-derivative product, time, place, and specific weather conditions must be defined. A weather derivative for a kerosene sales company might specify conditions such as: "from December through the following February," within the company's sales area, and if an average temperature for the month is as high as equal to or above five degrees. The

図表7-24　天候デリバティブ

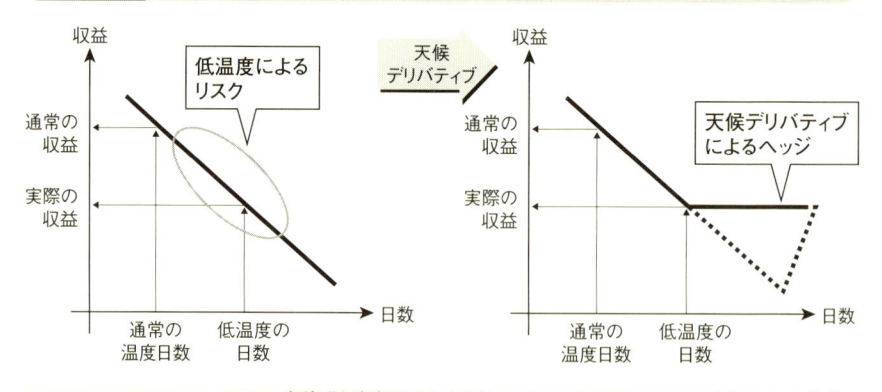

出所：北国銀行Webサイト（http://www.hokkokubank.co.jp）をベースに作成

図表7-25　天候デリバティブの例

	冷夏デリバティブ	猛暑デリバティブ
観測期間	7月31日〜8月31日	7月31日〜8月31日
条件	日平均気温の平均値が約定の気温を下回ったとき	日平均気温の平均値が約定の気温を上回ったとき
支払額	4000円/0.01℃	4000円/0.01℃
最大支払額	100万円（2.5℃分）	100万円（2.5℃分）
プレミアム	10万円（1口）で3口以上	10万円（1口）で3口以上

kerosene company would then pay an option premium based on these conditions, and if all of the conditions were met, receive a specified payment. Although this resembles the function of insurance, with insurance, benefits are paid out based on assessment of the actual damages incurred. Payouts from weather derivatives, however, are based on an agreed, pre-determined amount, which means the products can be designed more flexibly than insurance policies.

(http://www.sumitomo.gr.jp/english/discoveries/special/90_05.html)

訳例

　天候デリバティブ商品を組みたてる際には、時間、場所、特定の気象条件が決められなければならない。灯油販売会社のための天候デリバティブは、会社の販売地域内の「12月から2月まで」というような気象条件を特定し、当該月の平均気温が5度に等しいかあるいは5度以上になるかどうかを特定することになる。灯油会社はその気象条件に基づいてオプション料を支払い、予め決めたすべての条件が適合すれば、一定の支払いを受ける。この仕組みは保険の機能に類似しているが、保険の場合の給付金は実際に発生した災害の評価に基づいて支払われる。しかし、天候デリバティブの場合の支払いは、予め合意して決められた金額に基づいている、つまり、天候デリバティブ金融商品は保険よりも柔軟に組み立てられる。

第5節　デリバティブ商品の営業

　上記で見た通り、デリバティブを組み込んだ商品の特徴は、顧客のニーズにあわせてさまざまな応用ができることである。この節では、デリバティブを利用してどのように顧客のニーズに合ったアプローチができるのか、いくつか簡単な例で考えてみたい。

(ケース1)

　A社は、3カ月後に6カ月間の借入れ予定があるが、先行き金利が上昇することを懸念している。現在の市場金利（4%）辺りで借りたい。

　金利先物市場を利用して金利先物を売る。もし懸念した通り金利が上昇すれば先物価格は下落するので、その時点で既に売ってあった先物を安く買い戻す

ことによって金利上昇リスクをヘッジできることになる。
　または、1994年から日本でも解禁になった金利先渡し契約（forward rate agreement=FRA）を利用する。FRAを利用して、3カ月後決済で6カ月のLIBOR（4％）を買う。この場合、もし金利が5％に上昇した時には、A社はFRAの売り手から5％と4％の差額を受け取ることになり、実質4％で調達できることになる。金利先物とFRAの違いは、金利先物が先物取引市場を通じて行なわれるのに対し、FRAは直接相対取引ができることである。FRAには、金額や期間などを自由に設定できるというメリットがある。

（ケース2）

> B社は、現在5年債を発行して中期資金の調達を検討している。最も安いコストで調達したい。なおB社はAa格と高い信用格付を得ている。

　日本や欧州などの外国債券市場におけるAa格の企業の発行コストと円と主要外貨のスワップ・コストを調べる。外国債の場合には、主要通貨である米ドル、新しい欧州通貨であるユーロやカナダ・ドルなどによる発行コストを比較する。また二重通貨建て債（Dual Currency Note）などの仕組み債の発行コストも比較する。もし、豪州ドルや米ドルの金利が円金利よりかなり高く、また円の為替レートが強い水準にあれば、日本の個人投資家を対象として魅力的なコストで二重通貨建て債を発行できるからである。
　外債、仕組み債の発行コストとスワップ・コストから、各々の調達方法の円建てベースでの発行総コスト（all in cost）を計算していく。その中で最も安く調達できる通貨と発行方法をB社に薦める。

（ケース3）

> C社は、機械の輸出をしているが、円の為替レートを心配している。現在の対ドル110円の水準辺りで3カ月先の輸出についても確保しておきたい。

　仮に現在の円のスポット・レートが110円としよう。まず3カ月先の為替予約レートをチェックする。為替予約レートは円とドルの金利差を反映するが、仮に3カ月後の予約レートが108円50銭とする。つまり、108円50銭でヘッジができたことになる。ただ為替予約の弱点は、もし、3カ月後に予約レート以上の円安となった場合でも、予約レートの108円50銭で為替を実行しなければな

らないことである。

　次に、European style（期日指定）で3カ月後に109円の行使価格でドルを売る権利（プット・オプション）を購入するオプション料をチェックする。この場合、仮にプット・オプションのオプション料が1円50銭であったとすると、実質的に107円50銭を上限とする円予約をしたことになる。つまり、もし3カ月後100円などと急激な円高となった場合でも、109円のプット・オプションを行使することで107円50銭以上の円高ヘッジが可能となる。逆に、109円を上回る円安になった場合（例えば112円）には、プット・オプションを行使せず（オプション料を放棄して）、112円で輸出する。そうすれば、実質的に110円50銭（112円−1円50銭）で輸出できたことになる。この方法を取ると、円高のヘッジをしつつ円安のメリットを得られる。しかし、問題は一般的にいってオプション料が高いことだろう。

　3番目の方法として、ゼロ・コスト・オプションがある。これは、オプション料を節約するために、オプションの売りと買いを同時に行なう方法である。たとえば、円が111円を上回る円安になったとしてもそれ以上の円安メリットを放棄する代わりに、107円以上の円高をヘッジする。つまり、107円から111円の間で予約したのと同じ効果となる。

　円が強くなると予想している場合には、最初の為替予約（108円50銭で予約）が効果的であろう。しかし、基本的には円安を予想しているが、円高ヘッジもしておきたいという顧客には2番目のプット・オプションが魅力的であろう。この場合、1円50銭のオプション料を支払う必要があるが、実質的に107円50銭（行使価格109円—オプション料）以上の円高ヘッジを行なったうえ、将来の円安メリットを100％享受できることになる。109円あたりでヘッジしておきたいが少しでも円安メリットを得たいという顧客には3番目のゼロ・コスト・オプションが勧められる。オプション料をまったく払うことなく、107円から111円の間で円をヘッジすることができるからである。このように、為替予約（forward exchange contract）、プット・オプション（put option）、ゼロ・コスト・オプション（zero cost option）などの中から、各々のメリット、デメリット、コストを顧客に提示して、顧客のニーズに最適の提案を行なっていく。

　上記はあくまでも簡単な取引例であり、取引の形態や顧客のニーズは千差万別である。顧客のニーズを正確に把握し、適切な提案や助言を行なうためには、応用問題が解けるようスワップ・オプション・先物などデリバティブを充分理解することが基本となる。

第6節 デリバティブ取引の留意点

　デリバティブにはさまざまなメリットがあることを理解していただいたと思う。デリバティブの発展によってヘッジや運用に関する金融手法が急速に拡大した。特にヘッジの手段としてデリバティブに勝るものはないといえよう。ヘッジでデリバティブを活用している限りリスクはない。変動金利を納得できるレベルの固定金利とスワップした場合、仮に結果として将来予想したほど金利が上昇しなかったとしても、それはリスクとはいわない。変動金利を固定金利とスワップすることによって、将来の金利変動をヘッジする目的は充分果たせたことになるからだ。株をある特定の株価で購入するコール・オプションの場合でも、最大の損失をあらかじめ確定しておくことができる。つまり、予想通り株価が推移しなくてもオプション料以上の損はない。逆に予想通りに株価が展開すれば、少ないオプション料で大きな利益を得る可能性があるわけである。

　では、一体デリバティブのどこが危険なのだろうか。デリバティブの危険性はデリバティブの持つレバレッジ効果と関係している。とくに、ネイキッド・コールなど投機的な取引を行なうと、結果的に大きな損失を被る可能性がでてくる。しかも、あまり詳しくない金融商品で投機的な取引をするとリスクはさらに大きくなる。

　オプションを例にとって考えてみよう。オプション料はある意味では保険料と同じ役割を果たす。保険料を支払うおかげで、万が一事故に遭って大きな出費を余儀なくされたとしても保険がカバーしてくれる。保険料を支払うあなたにとっては、保険は大切なヘッジ手段といえる。しかし反対に保険会社にとっては、多額の保険金を支払うというリスクが潜在する。もちろん、保険会社は事故率などを精緻に分析した上で保険料率を決定しているので充分ビジネスとして成り立っている。しかし、もしもあなたが保険会社の立場になるとどうだろうか。デリバティブ取引でオプション料を受け取る（オプションを売る）立場になるということは、上記の例で保険会社になるということを意味する。すでにオプションの節で触れた通り、ネイキッド・コール・オプションの売り手になることは、理論的に無限大の損失を被るリスクを負っているのである。目先のオプション手数料に惹かれて、結果的に大きな損失を被った例は決して少なくない。

デリバティブは、原商品の価格変動リスクヘッジとして利用するのが基本であり、投機をするためにあるのではないことを念頭において顧客と接することが肝要である。レバレッジ効果の高い投機的なデリバティブ取引には大きなリスクが潜んでいることを顧客に正確に伝えなければならない。しかし、リスクのないところには収益は存在しないことも事実である。リスクとリターンの章で述べたように、世界の有力な銀行はリスクを如何に緻密に計測し、その上で、どこまで収益を増加させるかという点に全力をあげて取り組んでいる。あなたがデリバティブの営業を行なう場合も同じことがいえる。あなたの顧客にデリバティブのメリットとリスクをできるだけ正確に理解してもらい、その上でデリバティブを有効活用し、効果的なリスク管理と収益の向上に役立ててもらうようアドバイスすることが大切である。決して、リスクの程度を言わなかったり、過少に伝えるたりすることをすべきではない。顧客には、最悪のケースでどれくらいの損失が生じるかなど、リスクについて正確に理解してもらわなければならない。1つの方法は、顧客に対しリスクに関する下記のような内容のメモをあらかじめ手交して、デリバティブ商品には市場リスク、流動性リスク、信用リスクが潜在することを顧客にはっきりと伝えることである。さらに、デリバティブ商品は、市場要因の変動次第で現物取引より大きな損失をもたらすことを認識してもらうことも重要である。

Over-the-counter derivative transactions, like any other capital market transaction, involves market or price risk. At any given time following your entering into an OTC derivative transaction, it will have a market value which either may require you to make a payment, or which may entitle you to receive a payment, in order to adjust the market value of such transaction or to terminate it. Depending on the terms of the Transaction and changes in market conditions, such payment could be significant.

As with other financial instruments, the market value of OTC derivatives may change constantly, which may cause the market value of the Transaction, and therefore, your risk exposure, to change more quickly, more frequently or by a greater degree (or a combination of the three) than the value of other non-derivative financial instruments with which you are familliar.

第7章　デリバティブ

> **訳例**
>
> 　ほかの資本市場取引同様、店頭デリバティブ取引にも市場リスクや価格リスクが潜在する。取引実行後、店頭デリバティブ商品には市場価値がある。つまり、当該店頭デリバティブ商品を時価で調整したり、取引を終了させる場合には、追加的な支払いをしなければならないことも起こり得るし、逆にお金を受け取ることもあり得る。取引条件や市場状況の変化によっては、かなり多額の追加支払額になることもあり得る。
> 　ほかの金融商品の市場と同様に、店頭デリバティブ市場も常に変動する。その変動によっては、当該店頭デリバティブ商品価格やそこから生じるリスクに影響を与える可能性がある。しかも、その影響度はなじみのあるデリバティブ以外の金融商品に比べ、より速く、より頻繁で、より大きくなる（またはこの3つが組み合わさる）こともあり得る。

　さらに、デリバティブについての助言をしかるべき人から受けるなり、自ら充分取引内容を検討してもらうという、顧客の自己責任原則についても正確に顧客に伝えていく必要がある。通常デリバティブ商品の提案書には、次の内容の免責文言が付されている。顧客にはっきりとこの文言を示し、顧客の理解と了解をあらかじめ取りつけておくことが肝要である。

　Clients should evaluate the financial, market, legal, regulatory, credit, tax and accounting risks、or consult with their professional advisors, before entering into any derivative transaction. Clients should undertake their own evaluation of the risks and consequences of a transaction.

> **訳例**
>
> 　デリバティブ取引を行なう前に、顧客自身が金融、市場、法律、規制、信用、税法、会計のリスクついて評価するか、専門家に相談すべきである。顧客は、そのリスクや結果について自らが行なった評価と結果に責任を持たねばならない。

　顧客からの信頼に基づく長期間の取引関係を築いていくことが金融機関にとって最も重要であることはいうまでもない。リスクとリターンを適確にアドバイスしていくことが長期的な取引関係を築いていく大前提となる。

あとがき

　初版を上梓して5年間が経過したが、その間公私にわたってさまざまな出来事があった。なかでも、2003年3月に17年間にわたって勤務したCIBC World Markets（日本の拠点はCIBC証券会社東京支店）を退職したことが私にとっては最大の出来事といえる。私に投資銀行の何たるかを教えてくれたのがCIBC World Marketsであったからである。退職にあたっては、トロント本店にてCIBCのCEO（John Hunkin）主催で、CIBCグループの仲間や在職中お世話になった元カナダ大使などの方々を招いてのHappy Retirement Partyを開催していただいたことはかけがいのない思い出である。つくづくCIBCグループに17年間勤務してよかったと実感したものであった。

　CIBCグループに転職する以前に勤務していた三菱銀行でも貴重な経験をさせていただいただけでなく、社内外に多くの友人を得ることが出来た。その意味で、私にとって36年間の金融マン人生に悔いはまったくなく、2つの勤務先には大変感謝している。

　もともと1999年に本書を書いた動機は、日本の大手都市銀行とカナダの投資銀行というまったく異なる企業文化にほぼ同じ期間身を置いた者として、自分自身の学習や体験を伝えることで、新しい日本の金融業界を担う若い人達を少しでも応援できればとの思いからであった。明治学院大学経済学部での非常勤講師やいくつかの大学でのゲスト講師などの機会に恵まれ、多くの学生諸君と交流ができたことは本書を上梓したおかげであった。また、神戸大学大学院の故西川永幹先生、中央大学法科大学院の柏木昇先生、横浜国立大学大学院の柴田裕通先生、和光大学の三宅輝幸先生、明治学院大学の白石渉、河村寛治両先生、福岡大学の中塚晴雄先生をはじめ多くの方々からご助言やご支援をいただいたことにも感謝したい。さらに、その後上梓した『金融先端用語辞典』や『基礎からわかる金融英語の意味と読み方』の共著を通じて、依田孝昭氏（エイビーエス・アセット・マネジメント代表取締役）、清水和明氏（ステラ・コンサルタンツ代表取締役）、G.P.マクリン氏（慶応大学法科大学院教授）などさまざまな分野の方々との交友を深めることもできた。

　CIBCグループ退職後は、若い人たちを応援したいという思いに一歩でも近

づく目的から、早稲田大学大学院アジア太平洋研究科MBAコースに籍を置き、西村吉正先生や寺本義也先生をはじめ素晴らしい先生方から多くを学ぶことができた。また、大志を抱いてMBA課程で学んでいる多数の仲間ができたことも幸いであった。

本年4月からは大学の教師として新たな人生を歩む機会を与えていただいた。自分の思いが少しでも実現するように努力していきたい。

最後に、2版の原稿が出来上がるのを辛抱強く待っていただいた日経BP社の黒沢正俊氏と編集者の尾崎泉氏にはお詫びと感謝を申し上げたい。また、退職後もいろいろと相談に乗ってくれた昔の仲間たちや、勤務時代と同様に迷惑をかけた家族に心から感謝したい。

参考文献

青野正道（2003）『金融ビジネスの歴史―金融技術の制度化と再構築―』中央経済社
アンドルー・チャン（1998）『〔最新〕ビジネス用語英和辞典』大修館書店
池尾和人（2003）『銀行はなぜ変われないのか―日本経済の隘路－』中央公論社
伊藤秀史（編）（2002）『日本企業変革期の選択』東洋経済新報社
糸瀬茂『ビッグバンを超えるスーパー金融マンの条件』経済法令研究会（1997）
井出正介・高橋由人（1977）『アメリカの投資銀行』日本経済新聞社
今井光（2001）「企業への財務アドバイザリー・サービスこそが真髄―組織ではなくコンセプトの転換が不可欠―」『金融財政事情』2001年5月14日号
大垣尚司（1997）『ストラクチャード・ファイナンス入門』日本経済新聞社
大澤真（2002）「事業再生におけるバイアウト・ファンドの役割―事業再生研究機構・日本銀行共催セミナーにおける議論の概要」日本銀行ワーキング・ペーパー・シリーズ
大野克人（1997）『金融常識革命―日本ビッグバンを生き残るために―』金融財政事情研究会
大村敬一・増子信（2003）『日本企業のガバナンス―なぜ株主重視の経営が実現しないのか―』日本経済新聞社
格付投資情報センター（2003）『R&I金融業界展望2004』格付投資情報センター
木島正明（1999）『金融リスクの計量化〔上〕バリュー・アット・リスク』金融財政事情研究会（1998）
北地達明、烏野仁『日経文庫786　M&A入門』日本経済新聞社
日下部元雄（1995）『金融機関リスクマネジメント』金融財政事情研究会
グロービス・マネジメントインスティテュート（1999）『MBAファイナンス』ダイヤモンド社
郷一尚（2000）「米国専門人材育成システムから得られるインプリケーション―金融業界を中心に―」『ニッセイ基礎研究所所報特別号』January 2000
越純一郎（編）（2000）『プライベート・エクイティ―急拡大する未公開株式投資の世界』日本経済新聞社
小宮一慶（1998）『図解キャッシュフロー経営』東洋経済新報社
財団法人資本市場研究会（2001）『投資銀行の戦略メカニズム』清文社
ジェイ・R・ガルブレイス（2002）（斉藤影悟監訳）『グローバル企業の組織設計』春秋社
島村高嘉（2002）「日本の証券風土」建部正義（編著）『21世紀の金融システム』中央大学出版部
首藤恵・松浦克己・米澤康博（1996）『日本の企業金融―変化する銀行・証券の役割』東洋経済新報社
俊野雅司（2004）「オルタナティブ投資入門」『年金レポート』大和総研
証券経営研究会編（1998）『金融市場の変貌と証券経営』日本証券経済研究所
住友信託銀行市場金融部（1995）『デリバティブキーワード250』金融財政事情研究会
高木仁（2001）「アメリカ金融制度改革の長期的展望」原書房
高橋誠、新井富雄（1996）『ビジネス・ゼミナール　デリバティブ入門』日本経済新聞社
津守信也（2001）「投資銀行業務においてもメインバンクの存在意義は大きい」『金融財政事情』2001年5月14日号
中尾武彦（1998）「ヘッジファンドと国際金融」『ファイナンス』1999年7月号
中窪文雄（2002）「オルタナティブ投資（代替投資）の基礎知識―ヘッジファンド・ブームの影にリスクあり」『ニッセイ基礎研究所REPORT』2002年8月
中沢恵、池田和明（1998）『キャッシュフロー経営入門』日本経済新聞社
中塚春雄（2002）『金融論』税務経理協会
中野次郎(2004) [M&Aの増加と日本企業の事業再構築」『世界観測2004年夏号』野村證券株式会社
永野学（1998）『信用リスクを取引する』シグマベイスキャピタル
西村信勝、井上直樹、牟田誠一郎、平畠秀典、阿部清（2003）『金融先端用語辞典第2版』日経BP社
西村信勝、清水和明、マクリン（2003）『基礎からわかる金融英語の意味と読み方』日興企画
日経ビジネス「乱立する企業ファンド」『日経ビジネス』2004年11月29日号
日本貿易振興会経済情報部（2002）「日本における外資系ファンドの動向」日本貿易振興会
野々口秀樹、武田洋子(2001)「米国における金融制度法の概要」『日本銀行調査月報』2001年1月28日
服部暢達（2004）『実践M&Aのすべて』東洋経済新報社
早瀬保行、西正（1997）『信用格付とリスク管理』銀行研修社
淵田康之・大崎貞和（編）（2002）『検証アメリカの資本市場改革』日本経済新聞社

藤原直哉（1995年）『大転換-アメリカのエゴ・日本の怠慢-』総合法令出版
堀内昭義（1999）『日本経済と金融危機』岩波書店
マイケル・コーパー(1999)『プライベート・エクイティ価値創造の投資方法』東洋経済新報社
松井和夫（監訳）（1991）『投資銀行のビジネス戦略』日本経済新聞社
三宅輝幸（1998）『入門の金融 デリバティブのしくみ』日本実業出版社
本島康史（2003）『銀行経営戦略論－日本の銀行を蘇らせる逆転の発想』日本経済新聞社
牟田誠一郎（1995）『バリュー・アット・リスク』近代セールス社
森信静治、川口義信、湊雄二（1999）『M&Aの戦略と法務』日本経済新聞社
山岡洋一（1999）『〔CD-ROM〕経済・金融 英和/和英実用辞典』日経BP社
蝋山昌一（編）（2002）『金融システムと行政の将来ビジョン』財経詳報社
渡辺章博（1998）『M&Aのグローバル実務』中央経済社
渡部亮（2003）『アングロサクソン・モデルの本質 株主資本主義のカルチャー—貨幣としての株式、法律、言語』ダイヤモンド社
渡部亮（2003）「米国投資銀行の興亡—問われる産業金融の役割—」『東証取引参加者協会レポート』
Allen, F. and Gale, D. (2001) *Comparing Financial Systems* The MIT Press
Boot A. (2000) *Relationship Bankig: What do we know?*, Journal of Financial Intermediation
Basel Committee on Banking Supervision (1988) *International convergence of capital measurement and capital standards*, Bank for International Settlements, 1988.7
Basel Committee on Banking Supervision (1994) *Amendment to the Capital Accord of July 1988*, Bank for International Settlements, 1994.7
Basel Committee on Banking Supervision (1996) *Amendment to the capital accord to incorporate market risks*, Bank for International Settlements, 1996.1
Basel Committee on Banking Supervision (1999) *A new capital adequacy framework, Basel Capital Accord*, Bank for International Settlements, 1999.6
Basel Committee on Banking Supervision (2004) *International Convergence of Capital Measurement and Capital Standards - A Revised Framework*, Bank for International Settlements, 2004.6
CIBC Grobal Learning Network, *Corporate Finance Mergers & Acqusitions*, The Globecon Group, Ltd.
Davis, S. (2003) *Investment Banking*, Palgrave Macmillan
Dunne, J. (2002) *Investment banking and the Importance of Relationships*, Inside the Minds:Leading Investment Bankers, Aspatore Books, inc.
Downes, J. and Goodman, J. (1998) *Dictionary of Finance and Investment Term（Fifth Edition）*, Barron's Educational Series, Inc.
Eccles, R. and Crane, R. (1988) *Doing Deals, Investment Banks At Work*, Harvard Business School Press（松井和夫監訳1991）『投資銀行のビジネス戦略』日本経済新聞社）
Greenwich Associates (2001) *Finacial Services without Borders*, Greenwich Assocaites
Groppelli, A. and Nikbakht, E. (1995) *Barron's Business Review Series FINANCE (Third Edition)*, Barron's Educational Series, Inc.
Group of Thirty (1993), *Derivatives: Practices and Principles*, International Organization of Securities
Hayes, S.L.,Spence M.,Marks, D.(1983) *Competition in the Investment Banking Industry*, Cambridge, MA: Harvard University Press （宮崎幸二訳（1984）『アメリカの投資銀行—ピラミッド構造と競争』東洋経済新報社）
Hsu, D and Kenney, M. (2004) *Organizing Venture Capital. The Rise and Demise of American Research & Development Corporation, 1946-1973*, Wharton Management Working Paper
Liaw, T.(1999) *The Business of Investment Banking*, John Wiley & Sons, Inc.
Lorsch, W. (1996) *The Board as A Change Agent* THE CORPORATE BOARD, Vanguard Publications Inc.
Moody's Investors Service, Global Credit Research(1993), *Asset-Backed Commercial Paper: Understanding The Risks*, Moody's Investors Service, 1993.4
Pohl, N., (2002) *Foreign Penetration of Japan's Investment-Banking Market; Will Japan Experience the Wimbledon Effect* Asia/Pacific Research center, Stanford University, 2002
Schinasi,G., Craig, R.,Drees, B., and Kramer, C.(2001) *Modern Banking and OTC Derivatives Markets The Transformation of Global Finance and its Implications for Systemic Risk*,International Monetary Fund
Swad, R.(1994) *Discount and capitalization rates in business valuation*, The CPA Journal, October 1994

Smithson, C. and Clifford, S. Jr. and Wilford, D. (1995) *Managing Financial Risk*, Irwin
Smithson, C. and Minton, L. (1996) Value-At-Risk (1): *Understanding the Various Ways to Calculate VAR*, Risk, 1996.1
The Technical Committee (1995) *The Implications for Securities Regulators of the Increased Use of Value at Risk Models by Securities Firms*, International Organisation of Securities Commissions,
The Technical Committee (1998) *Methodologies for Determining Minimum Capital Standards for Internationally Active Securities Firms Which Permit the Use of Models Under Prescribed Conditions*, International Organisation of Securities Commissions

本書で使用及び参考とした主要URL一覧

報道関係

朝日新聞（asahi.com）： http://www.asahi.com/special/ufj/TKY200407160309.html
東洋経済新報社：http://job.toyokeizai.co.jp/
日本経済新聞（NIKKEI NET）： http://bizplus.nikkei.co.jp/
レコフ：http://www.recof.co.jp/
American Banker： http://www.americanbanker.com/
Bloomberg： http://www.bloomberg.com/（米国サイト）
Bloomberg： http://www.bloomberg.co.jp/（日本サイト）
Financial Times： http://news.ft.com/home/asia
Investment Dealers' Digest： http://www.iddmagazine.com/idd/weeklyheadlines.cfm
Thomson Financial： http://www.tfsd.co.jp/（日本サイト）
Thomson Financial： http://thomson.com/financial/fi_investbank.jsp（米国サイト）
The Economist： http://www.economist.com/
The Wall Street Journal： http://online.wsj.com/public/us

国際機関及び海外の公的機関（含む取引所）

Bank for International Settlements： http://www.bis.org/index.htm
Bond Markets Association： http://www.bondmarkets.com/
International Organization of Securities Commissions（IOSCO）： http://www.iosco.org/
London Stock Exchange： http://www.londonstockexchange.com/en-gb/
New York Stock Exchange： http://www.nyse.com/
National Association of Real Estate Investment Trust： http://www.nareit.com/
NASDAQ Stock Exchange： http://www.nasdaq.com/
U.S. Securities and Exchange Commission： http://www.sec.gov/
U.S. Department of Labor： http://www.bls.gov/

日本の公的機関（含む団体、取引所）

金融庁：http://www.fsa.go.jp/
財務省：http://www.mof.go.jp/
全国銀行協会：http://www.morebank.gr.jp/
東京証券取引所：http://www.tse.or.jp/
日本銀行：http://www.boj.or.jp/
日本監査役協会：http://www.kansa.or.jp/index2.html
日本証券業協会：http://www.jsda.or.jp/
日本貿易振興機構：http://www.jetro.go.jp/index.html

金融機関

大和証券グループ：http://www.daiwa.jp/
日興シティグループ：http://www.nikkocitigroup.com/ja/
野村證券グループ： http://www.nomura.com/jp/

みずほフィナンシャルグループ：http://www.mizuho-fg.co.jp/
三井住友フィナンシャルグループ：http://www.smfg.co.jp/index.html
三菱東京フィナンシャル・グループ：http://www.mtfg.co.jp/top.html
Bank of America：http://fleet.com/
Canadian Imperial bank of Commerce：http://www.cibc.com/ca/about.html
CIBC World markets：http://www.cibcwm.com/wm/
Citigroup：http://www.citigroup.com/citigroup/homepage/
Goldman Sachs：http://www.gs.com/
JPMorgan Chase：
http://www.jpmorganchase.com/cm/cs?pagename=Templates/Page/JPMC_CacheHome&cid=8014123
Morgan Stanley：http://www.morganstanley.com/

格付け関連

格付投資情報センター：http://www.r-i.co.jp/jpn/
日本格付研究所：http://www.jcr.co.jp/homepageJ.htm
Fitch Ratings：http://www.fitchratings.com/；
Moody's Investors Service：http://www.moodys.com/cust/default.asp
Standard&Poor's：http://www2.standardandpoors.com/servlet/Satellite?pagename=sp/Page/HomePg

用語解説（グロッサリー）

金融大学：http://www.finac.net/index.html
証券用語（東京証券取引所）：http://www.tse.or.jp/glossary/
証券用語解説集（野村證券）：http://www.nomura.co.jp/terms/
Contingency Analysis：http://www.contingencyanalysis.com/
GloriaMundi.org (All about Value at Risk)：http://gloriamundi.org/
IFCI Risk Institute：http://riskinstitute.ch/glossary
Investopedia com.：http://www.investopedia.com/
Market Volume Analysis：http://www.marketvolume.com/glossary/m0183.asp
Riskglossary com.：http://www.riskglossary.com/
Smart Money University：http://datek.smartmoney.com/

大学・研究所・学会

大和総研：http://www.dir.co.jp/
ニッセイ基礎研究所：http://www.nli-research.co.jp/
日本経営財務研究学会：http://www.zaim.jp/
日本金融学会：http://wwwsoc.nii.ac.jp/jsme/
野村総合研究所：http://www.nri.co.jp/
McGill University：http://www.mcgill.ca/
Tuck School of Business：http://mba.tuck.dartmouth.edu/

その他、年金基金、コンサルタント、ファンド運用会社など

厚生年金基金連合会：http://www.pfa.or.jp/
Allison Appraisals & Assessments：http://www.allisonappraisals.com/
Almeida Capital：http://www.altassets.com/aboutus.php
Bain & Company：http://www.bain.com/bainweb/home.asp
CalPERS：http://www.calpers.ca.gov
Carlyle Group：http://www.thecarlylegroup.com/eng/index.html
Lens（コーポレートガバナンス関連ニュース）：http://www.lens-library.com/
RR Donnelley：http://realcorporatelawyer.com/
Southern Appalachian Fund：http://www.southappfund.com/overview.html
Stanford Management Company：http://www.stanfordmanage.org/
Stern Stewart & Co.：http://www.sternstewart.com/

金融英語インデックス

A

ABCP	277, 280
ABS(asset backed securities)	275, 276, 277
account payable	219
account receivable	218
accountability	10
acquired company	198
acquiring company	204
acquisition	107, 186
acquisition multiple method	231
adjusted book value method	230
administration of the receivables	280
administrative guidance	53
advance	292
affiliated	69
agency function	50
alternative investment	21
American style	324
amortization	217, 218
amortize	237
analyst	117
anti-trust security laws	247
approach stage	213
arbitrage	338
asked	97
asset acquisition	234
asset management	104, 116
asset revaluation reserves	169
asset-backed commercial paper	277
asset/liability mismatches	299
auction	195
audit committee	69

B

B/S	217
bad-loan crisis	13
balance sheet management	114
Bank for International Settlement (BIS)	168
bank line	338
bank run	317
banking group	108
bankruptcy estate	302
bankruptcy proceeding	300
bankruptcy remote	275, 299
base salary	123
basis rate swap	322
basis swap	322
beneficiary trust right	274
bid	97, 113, 195
bid-asked spread	141
binding agreement	142
board of directors	65, 266
bond	22
bonus	123
boost	195
borrowers in danger of bankruptcy	306
borrowers needing attention	306
brand	231
brand-equity	33
bridge debt	111
bridge financing	50, 96
broadcast letter	214
broker	95
bulge bracket	108
business	184
business alliance	186
business collaboration	58
business judgment rule	67
buyout	249

C

callable	343
call option	324

cap	334
Capital Asset Pricing Model (CAPM)	222
capital expenditure	217
capital gain	51, 72
capital gain tax	237
capital markets	111, 189, 339
capital tie-up	186
carry forward	238
cash collateral	296
cash flow	148
CBO (collateralized bond obligation)	293
CDO (collateralized debt obligation)	293
CEO (Chief Executive Officer)	65, 70, 195
chief executives	13
Chief Financial Officer	71
Chief Information Officer	71
clearing and settlement	98
collar	335
CLO (collateralized loan obligation)	293
closing stage	214
CMO	295
commercial banking	51
commercial loan	307
commercial paper	338
commercial real estate	22, 307
commingling risk	290
commodity	111, 114, 115, 140
commodity swap	322
common stock	111
community-oriented activities	71
company buy-back	261
comparing financial systems	17
compensation	162
compensation and benefits program	71
compensation committee	69
compensation package	247
competitor peer group	81
compliance	120
compliance with	70
concentration	193
condition precedent	245
conduit	298
confidence level	155
confidentiality	240
confidentiality agreement, non-disclosure agreement	210
conflict of interest	106
consolidated financial accounting	251
consolidated financial statement	53
consolidation	13, 189
consortium	45
consumer loan	307
contingency liability	204
contingent	139
contract basis	95
control premium	215
controlled auction	212
controller	121
controlling block of shares	266
controlling interest	215
convertible bond	276
convoy system	14
core business	190
corporate bonds	114
corporate culture	58
corporate governance	71
corporate renewal	31
corporate restructuring	107
corporate social responsibility=CSR	71
corporate units	13
cost of capital	220
cost of goods sold	218
counterparty	138, 316
covenant	244
covered option	328
creative equity	111

credit	288
credit card receivables	307
credit downgrade	138
credit enhancement	280, 291
credit event	341
credit exposures and leverage	317
credit facility	295
credit quality	298
credit rating	48, 119, 285
credit risk	119, 137, 288
credit support	310
cross-border M&A	51
cross-currency interest rate swap	320
currency contract	315
currency swap	319
currency-coupon swap	320
current asset	218
current liability	218
current value accounting	251
current yield	332

D

de facto bankrupt and bankrupt borrowers	306
dealer	95
debt	85, 109
debt capital market	131, 189
default	138
default payment	341
defaulted receivable	311
defaults and dilution	299
defense against unsolicited takeover attempts	108
deficit unit	15
defined benefit pension plan	21, 75
defined contribution pension plan	21, 75
delinquent receivable	311
deposit	307
depreciation	217, 218
deregulation	251

developed market	18
developing market	18
dilute	289
dilution	288
direct and portfolio investment	51
direct approach	212
direct financing	15
disclose	211
disclosed reserves	169
discounted cash flow methodology	216
dispute	288
distressed assets	114
distressed securities	24
distribution	95
distribution capabilities	112
diversified portfolio	20
diversify	193
diversity program	71
divest	190
divested	258
divestiture	13, 107
documentation	206
domain knowledge	32
dotted reporting line	103
dual currency bond	348
due diligence	106, 206, 241
due diligence process	209
duration of their assets and liabilities	334
duty of care	67
duty of loyalty	67

E

EBIT(earnings before interest and taxes)	218
earnings per share	197, 220
EBITDA	75
economic capital	180
economist	117
economy of scale	199

economy of scope	199	filing system	302
effective maturity(M)	160	finance	15
eligible receivables	292	financial advisory	93
emerging market	18, 22, 51, 116	financial holding company	35, 36
engagement fee	205	financial intermediary	15
equity	22, 109, 111, 140	financial investor	262
equity capital	32, 221	financial loss	140
equity capital markets	131	Financial Service Agency	44
equity derivatives	111	financial-leverage ratio	85
equity-index swap	322	financing	98
equity REIT	25	Fitch IBCA	298
equity sales and trading	112	fixed income	111, 112, 114, 315
equity valuation	189	fixed rate	275
equity-index swap	322	flagship	193
equity-linked	132	floating rate	275
Eurobond	112	foreign currency denominated bond	333
European Style	324	foreign exchange	111, 115
EVA®	85	forward	330
event driven	22	forward P/E	200
exchange offer	107	free cash flow	216
exchange-traded	315	front office	101
exclusivity	240	fund manager	20
execute	131	future value	145
executive capacity	69	futures	115
executive committee	67		
executive officer	79	**G**	
executives	247	general administrative and selling expenses	218
exercise price	328	general partner	257
exit	258	global macro	22
expertise	18	going private	266
exposure	138, 160	going public	266
exposure at default(EAD)	160	goodwill	217, 231
		growth market	18

F

fair market value	231	**H**	
fairness opinion	13	hands-on approach	32
FRB(Federal Reserve Bank)	45	head-on competition	198
fiduciary	195	hedge fund	317

hidden liability	204	internal audit	122
high yield bond	55	in the money	329
high yield debt securities	109	inverted yield curve	142
high-net-worth	117	investment bank	95
historical value	231	investment banker	51, 106
holding company	231, 251	investment banking	51, 105
home equity loan	272	investment earnings	75
honor (honour)	139	Investment research	117
horizontal integration	201	investment trust	20
human resources	122		
human resources market	125	**J**	
hurdle rate	258	J-REIT	28
hybrid capital instruments	170	Japanese Big Bang	36
		JGB	114
I		job description	123
illiquid	141, 270	job grade	123
IN-IN	187	joint venture	107, 132, 186
IN-OUT	187	junior debt	111
incentive funding level	81	junk bond	295
incentive structure	161		
income gain	51	**K**	
income producing real estate	27	knock-out option	343
independent director	68	knock-in option	343
indirect financing	15		
individual investor	22	**L**	
industry specialist	111	law of large numbers	42
inefficiencies in the financial markets	25	lease receivables	307
initial public offering (IPO)	45, 132	legal	119
institutional investor	22, 111	Lehman Formula	206
institutions	131	leverage	85
insurance company	22	leveraged buyout	107, 111
intangible assets	231	leveraged finance	131, 256
intangible fixed asset	218	leveredÉ¿	225
intellectual property	217, 231	LIBOR	139, 321
interest payment	85	limited partner	257
interest rate	140	limited partnership	250, 257
interest rate risk	122	limited recourse	279
interest rate swap	321	liquidate	231

liquidating pool	291
liquidity	112, 220, 295
liquidity facility	297
liquidity risk	122, 297
liquidity support	298
listed	279
London Borough	143
long hedge financial future	332
long list	208
long position	25, 113
Long-Term Capital Management (LTCM)	317
long-term incentive bonus	123
loss given default (LGD)	160
loss-to-liquidation ratio	292
low credit ratings	343

M

Maastricht treaty	339
managed futures	22
MBO (management buyout)	54, 111, 264
managing director	100
mandate	205
manufacturing gains	119
market	109
market capitalization	13, 87, 192
market maker	113
market making	97
market neutral	22
market risk	24, 119
market value accounting	53
marketability	141
marketable securities	25
matching asset and liability maturities	142
material dollar losses	145
maturation stage	200
matured market	18
maturing receivables	282
maturity	114

mean	150
merchant bank	109
merchant banking	50, 253
merger	13, 186
merger arbitrage	24
M&A (mergers and acquisitions)	51, 97, 131, 186
mezzanine	111
mezzanine financing	43
middle/back office	101
mismatch	334
mismatched funding	275
monetary assets	302
money market	189
MBS (mortgage backed securities)	27, 271
municipal bonds	109, 114
mutual fund	20

N

naked option	328
negative yield curve	142
negotiation	106, 206
negotiation stage	214
net income	217
netting agreement	320
nominating committee	69
non-compete clause	244
non-core	190
non-executive director	67
non-investment grade	55
non-management director	79
non-performing loan	15, 251
noninvestment-grade corporate bonds	294
normal borrowers	306
normal probability distribution	150
normal yield curve	142
normal	302
not quoted on a stock market	254
not-for-profit entity	69

note	22
notional amount	315

O

obligor	277
off-balance sheet	122
offer	113
offerings	109
offsets	288
one-stop shopping	97
open market	328
operating profit	217, 218
operational risk	144
operations	120
option	115
option premium	324
originate	109
origination	95
originator	277
orphan	300
OUT-IN	188
out of the money	329
out-of-the pocket expenses	205
outside director	67
over the counter market	97
over-the-counter(OTC)derivatives	316
overcollateralization	291
own stock	124
ownership and management issues	254

P

P/E	199
P/L	217
paid-up capital	169
parallel loan	319
partner	126
partnership	132
payer's swaption	348

pay-off	119
pension fund	22, 332
perfection	302
performance	272
performance-based pay	79
performance-based pay system	123
physical commodities	115
placement	95
plain vanilla	321
pooled	270
portfolio assets	298
portfolio strategy	209
position	122, 141
positive yield curve	142
preferred return	259
preferred stock	111
premium	215, 328
preparation stage	213
presence	193
present value	145
pricing	184
primary distribution	95
primary market	104
principal activities	109
principal amount	320
principal investment	253
principal payment	85
private company	22
private equity	22, 29, 110, 249
private equity fund	55
private placement	97, 274
privately owned	192
probability	155
probability of default(PD)	160
proceeds	299
process	145
product specialist	111
professional	79

professional service firm	79
program review	298
promissory notes	307
property investment	23
proprietary investment	50
proprietary trading	50, 98
prospectus	108
provisions	170
proxy fight	195
proxy statement	76
prudent	122
prudent man rule	67
public and private placements	109
public company	22, 69
public issuance	274
public issue	97
public offering	97, 274
publicly owned	192
publicly traded securities	22
publicly-registered but non-exchange traded	27
purchase price	309
put option	325
puttable	343

Q

quantitative analyst	113
quantitative risk evaluation	145

R

RAROC	165
RARORAC	165, 167
rated	279
real estate	22, 131
recapitalization	107
receivables	270, 309
reference asset	341
refinance	343
Regulation S-K	69

regulatory body	143
REIT	25
relationship manager	106
replacement cost	138
reporting line	101
repos	114
representation and warranties	243
reputation risk	144
research	104
residential mortgage loans	307
residual value	320
restricted stock	79, 81
restructure	189
restructuring	106, 132
retail investor	22, 111
retainer	205
retaining fee	205
retire	282
returns	288
reverse dual currency bond	349
review for possible upgrade	192
revolving credit facility	282
revolving pool	291
risk capital	180
risk capital allocation	180
risk weighted assets	168
ROE(return on equity)	83
ROI(return on investment)	199, 263
RORAC	166

S

sales	218
sales & trading	104, 111
sales force	198
screening	206, 208
secondary capital market	216
secondary distribution	95
secondary market	104

secured bond	276
securities and exchange Commission	45
securities company	36
securitization	109, 270
securitized products	23, 114
self-liquidating financial asset	272
self-regulatory body	143
selling group	94
senior debt	111
senior management	69
senior unsecured long term debt	48
severance package	125
share	22
share buybacks	220
share repurchase	132
short list	208
short position	25, 113
short sales	25
short-term incentive bonus	123
short-term receivables	282
slate of directors	195
solicit	195
sophisticated market	18
sound and prudent	195
sovereign debt	295
SPC (special purpose company)	275, 277
SPV (special purpose vehicles)	271, 277
speculation	144
spin-off	107
sponsor	282
spot and forward	115
spot exchange rate	320
spread	42
stake	262
stakeholder	71
starting from scratch	197
startup and emerging growth companies	249
step-down	342

step-up	342
stock	22
stock certificate	237
stock for stock	251
stock index	315
stock option	81, 132
stock purchase	234
stock-based awards	79
stock-for-stock M&A	107
straight reporting line	103
strategist	117
strike price	324
structured equity	111
structured finance	131
structured note	112
structuring and executing	107
subordinated debt	170
subsidiary	79
succession planning	71
supervisory approval	160
surge	220
surplus unit	15
swap	318
swaption	347
syndicate	93, 108
synergistic benefits	199

T

take company private	266
Tankan	119
target company	111, 204
taxable income	27
technology	120, 145
terms	95, 211
terms and conditions	211
The Office of the Comptroller of the Currency =OCC	44
theory of substantial consolidation	300

Tier 1 capital	168
Tier 2 capital	168
tradable securities	271
trade receivables	307
trader	112
trading group	111
trading limits	161
trailing P/E	200
tranche	294
treasury	121
treasury bill	114
treasury note	114
true sale and perfection	300
turnaround	31

U

U.S. treasury bonds	114
ultra vires risk	142
ultra vires-beyond the powers of the council	144
under management	256
underlying assets	272, 306, 324
underlying debt	143
underwriting	50, 108
underwriting group	93
undisclosed reserves	169
unleveredÉ¿	225
unsecured bond	276
US Treasury	112

V

valuation	106, 206
Value at Risk (VaR)	154
variance	150
venture capital	29, 97, 249, 256
venture capitalist	32
vertical integration	201
volatility	148, 150
voting right	72

vulture capitalist	32
vulture fund	252

W

WALL STREET JOURNAL	12, 14
warranty	289
wealthy individuals	111
weather derivatives	349
Weighted Average Cost of Capital (WACC)	217, 227
white knight	247
wholesale investment banking	58
wide auction	213
working capital	218, 254
write up	237
writer	328

数字

360-degree evaluation	126
401k/defined contribution plan	117

著者略歴──**西村信勝**（にしむら・のぶかつ）

1944年広島県生まれ。大阪外国語大学イスパニア語学科卒業、IIST（貿易研修センター）三期修了、早稲田大学大学院アジア太平洋研究科MBA修了。三菱銀行（現東京三菱銀行）で、ロンドン、シンガポール、ニューヨーク、国際金融部などに勤務。その後、カナダの投資銀行Wood Gundy（現CIBC World Markets）に入社。東京駐在員事務所首席代表やマネージングディレクター兼東京支店長を歴任。2003年3月退任。2005年4月から安田女子大学現代ビジネス学部助教授に就任。著書に『金融先端用語事典』『基礎からわかる金融英語の意味と読み方』、訳書に『バロンズ金融用語辞典』

外資系投資銀行の現場　改訂版

1999年9月27日	初版第1刷発行
2001年1月16日	初版第3刷発行
2005年2月21日	改訂版第1刷発行

著　者──西村信勝
発行者──斎野　亨
発行所──日経BP社
発　売──日経BP出版センター
　　　　　〒102-8622　東京都千代田区平河町2-7-6
　　　　　電話　03・3221・4640（編集）
　　　　　　　　03・3238・7200（販売）
　　　　　homepage　http://store.nikkeibp.co.jp/

装　丁──川畑博昭
本文デザイン──内田隆史
製　作──クニメディア株式会社
印刷・製本──株式会社シナノ

本書の無断複製複写（コピー）は、特定の場合を除き、著作者・出版者の権利侵害になります。

© Nobukatsu Nishimura 2005　Printed in Japan
ISBN 4-8222-4437-7